AF559785

भारतीय राजसत्ता कितनी संवैधानिक

भारतीय राजसत्ता कितनी संवैधानिक

राम लोचन सिंह

ज्ञान गंगा, दिल्ली

प्रकाशक : ज्ञान गंगा, 205–सी चावड़ी बाजार, दिल्ली–110006
सर्वाधिकार : सुरक्षित / संस्करण : प्रथम, 2018 / मूल्य : पाँच सौ रुपए
मुद्रक : आर–टेक ऑफसेट प्रिंटर्स, दिल्ली ISBN 978-93-86054-74-6

BHARATIYA RAJSATTA : KITNI SAMVAIDHANIK

by Ram Lochan Singh ₹ 500.00

Published by Gyan Ganga, 205-C Chawri Bazar, Delhi-110006

आजादी की लड़ाई में
किए गए वादों को स्वतंत्र भारत में
पूरा नहीं करने वाली सत्ता के प्रति
जनता में पल रहे क्षोभ को
सादर समर्पित

प्राक्कथन

मुझे मेरे मित्र श्री राम लोचनजी द्वारा अत्यंत ही महत्त्वपूर्ण समसामयिक विषय 'नव-उदारवादी आर्थिक नीति-आधारित राजनीतिक अर्थशास्त्र : भारतीय संविधान के परिप्रेक्ष्य में' पर रचित पांडुलिपि के अवलोकन करने का सुअवसर एवं इस पर अपने कुछ विचार प्रकट करने का सौभाग्य प्राप्त हुआ। यह पुस्तक गहन शोध एवं चिंतन का सुपरिणाम प्रतीत होती है।

हम-आप सभी सुधीजन जानते हैं कि भारतीय राजनीतिक अर्थशास्त्र का वाङ्मय आजादी के पूर्व ब्रिटिश शासनकाल की औपनिवेशिक नीति से लेकर आजादी पश्चात् महलनबीस मॉडल पर आधारित नेहरूवादी नीति के अंतर्गत संचालित होते हुए स्व. राजीव गांधी के कार्यकाल में 'पूँजीवाद' पर मूलत: आधारित राजनीतिक अर्थशास्त्र से गुजरकर, 1991 में डॉ. मनमोहन सिंह के नेतृत्व में नव-उदारवादी अर्थव्यवस्था-आधारित संचालन की प्रक्रिया के अंतर्गत विभिन्न उथल-पुथल के दौर से गुजरा। इस उथल-पुथल के पीछे कई महत्त्वपूर्ण स्थितियाँ एवं परस्पर विचारधाराएँ थीं, जिन्होंने संविधान सभा के वाद-विवादों से लेकर अब तक राजनीतिक अर्थव्यवस्था के निरूपण को प्रभावित किया है और कर रही हैं।

किंतु लेखक ने एक अति महत्त्वपूर्ण मुद्दे की ओर हम सभी का ध्यान आकृष्ट किया है और वह—भारतीय संविधान की आत्मा के रूप में निहित प्रस्तावना (Preamble), मार्ग निर्देशक के रूप में उल्लिखित राज्य के नीति निर्देशक तत्त्व (Directive principles of State Policy) एवं मौलिक अधिकार (Fundamental Rights) के परिप्रेक्ष्य में ये नीतियाँ थीं या नहीं? यह एक ऐसा प्रश्नवाचक चिह्न था या है, जिस पर गहन चिंतन एवं शोध की आवश्यकता थी और है।

इसी कमी को ध्यान में रखते हुए लेखक ने लगभग 200 शोधपरक पुस्तकों, रिपोर्टों के आधार पर 11 अध्यायों में समाहित अपना यह मूल्यवान ग्रंथ प्रस्तुत किया है, जो वर्तमान के राजनीतिक अर्थशास्त्र का भूतकाल से लेकर अब तक का एक गहरे शोध

पर आधारित विचार प्रस्तुत करता है।

संपूर्ण ग्रंथ इस बात पर संशय प्रकट करता है कि वर्तमान की 'नव-उदारवादी आर्थिक नीति' वैश्विक आर्थीकरण के युग में विकासपरक होते हुए भी संविधान की मूल भावना, 'नीति-निर्देशक तत्त्वों' तथा मौलिक अधिकारों के विपरीत ही नहीं, वरन् उनका उल्लंघन भी करती है, जो काफी हद तक सही भी प्रतीत होता है। लेखक ने हालाँकि इसका कोई स्पष्ट विकल्प नहीं सुझाया है, किंतु ग्रंथ में उल्लिखित विचारों से विकल्प की झलक तो मिलती ही है कि द्रुत आर्थिक विकास अगर कुछ शिथिल भी होता हो तो भी भारतीय संविधान की मूल भावना के अनुरूप 'समावेशी विकास' ही सर्वथा प्रासंगिक एवं समीचीन है।

अंततः, मैं समझता हूँ कि यह अत्यंत ही लाभप्रद एवं गहन शोध पर आधारित ऐसा ग्रंथ है, जो 'राजनीतिक अर्थशास्त्र' के छात्रों एवं शोधार्थियों के लिए काफी उपयोगी प्रमाणित होगा एवं संभवतः एक ऐसी वैकल्पिक नीति के निर्माण में सहायक होगा, जो पूर्णतः भारतीय संविधान की आत्मा, मूल भावना तथा नीति निर्देशक तत्त्वों का उल्लंघन नहीं करते हुए उसके अनुरूप हो, साथ ही मुझे अत्यंत प्रसन्नता होगी यदि सभी महाविद्यालयों एवं विश्वविद्यालयों के पुस्तकालयों में इस ग्रंथ को स्थान दिया जाए।

—श्याम सुंदर तुलस्यान
प्रो. डॉ. एस.एस. तुलस्यान
पूर्व अध्यक्ष, स्नातकोत्तर अर्थशास्त्र विभाग
पटना विश्वविद्यालय
पूर्व प्राचार्य, पटना कॉलेज (पी.यू.)
पूर्व कुलपति, मगध विश्वविद्यालय, बोधगया

अनुक्रम

1

भूमिका

भारत में नव-उदारवादी आर्थिक सुधारों को लागू किए जाने, यानी पी.वी. नरसिम्हा राव द्वारा 1991 में कांग्रेस की एक अल्पमत सरकार के प्रधानमंत्री नियुक्त होने और डॉ. मनमोहन सिंह द्वारा वित्त मंत्री के रूप में पहला बजट लाए जाने के समय भारतीय संसद् में जो बौद्धिक और राजनीतिक बहस शुरू हुई थी, वह आज भारतीय जनता के बीच, खासकर अर्थशास्त्रियों, समाजवैज्ञानिकों, राजनीतिक दलों आदि के साथ-साथ श्रम संगठनों और औद्योगिक प्रतिष्ठानों समेत जनता के प्रायः व्यापक हिस्से में प्रचारित हो चुकी है। नव-उदारवादी आर्थिक सुधारों के समर्थकों और विरोधियों, दोनों के अपने-अपने तर्क हैं और प्रत्येक समूह अपने तर्कों को, जब से रखता आ रहा है, उस काल के बाद से, करीब दो दशक से ज्यादा की अवधि बीत चुकी है, सरकारें नव-उदारवादी सुधारों के नाम से अपना आर्थिक एजेंडा लागू करती जा रही हैं। इन सुधार कार्यक्रमों को लागू किए जाने के जो परिणाम सामने आ रहे हैं, वे भारत की व्यापक जनता की आर्थिक परेशानियों को बढ़ाते जा रहे हैं। फिर भी, इसके समर्थकों द्वारा ऐसे तर्कों को सामने लाया जा रहा है जैसे कि देश आर्थिक विकास की तरफ द्रुत गति से बढ़ता जा रहा है, भारत 'विश्व शक्ति' के रूप में उदित हो रहा है और एक उज्ज्वल भविष्य की प्राप्ति के लिए भारत के लोगों को वर्तमान में उपस्थित हो रहे कष्टों को सहन करना चाहिए। इसके लिए नव-उदारवाद समर्थकों ने नए सिद्धांत 'ट्रिकिल डाउन इफेक्ट'[1] और 'टीना सिन्ड्रोम'[2] (देअर इज नो अल्टरनेटिव/कोई दूसरा विकल्प नहीं) जैसे सिद्धांतों और अभिव्यक्तियों को व्यापक ढंग से गढ़ लिया है और प्रचारित कर रहे हैं। इसका एक छिपा मकसद भी है।[3]

इस तरह की मिथकीय और अवैज्ञानिक स्थापनाओं का जो भी विरोध अब तक नव-उदारवादी सुधार के विरोधियों की तरफ से आता रहा है, वह एकांगी रहा है, मात्र इसके आर्थिक पहलुओं और प्रभावों के विश्लेषणात्मक प्रभावों को ही उद्घाटित

करनेवाला। उसने इसके व्यापक संवैधानिक प्रभावों को अपने में कभी नहीं समेटा है। इस वैचारिकता के तहत नव-उदारवादी सुधारों की समीक्षा कभी नहीं की गई कि लागू किए जा रहे नव-उदारवादी सुधार कार्यक्रम भारतीय संविधान की 'आत्मा', जिसे मूलतः संविधान की 'प्रस्तावना', 'मौलिक अधिकारों' और 'राज्य के नीति निर्देशक सिद्धांतों में व्यक्त किया गया है और जो भारतीय राज्य की चारित्रिक विशेषताओं का निर्धारण करनेवाले प्रमुख मानक और कारक हैं, उनके अनुकूल हैं या प्रतिकूल और इस नव-उदारवादी नीति के प्रभावी होने की वजह क्या सही है ? अगर नव-उदारवादी आर्थिक सुधार कार्यक्रम संविधान-प्रदत्त भारतीय राज्य की चारित्रिक विशेषताओं को सम्पुष्ट करनेवाले हैं, तो सही हैं और अगर उसके विरोध में जाते हैं, तब असंवैधानिक कदम हैं, जिनको लागू करना गैर-संवैधानिक कृत्य है, जिनकी इजाजत नहीं दी जानी चाहिए। इस कारण उन स्थितियों का आकलन जरूरी है, जिनके कारण यह प्रभावी हो गया।

भारतीय संविधान के संदर्भ में नव-उदारवादी आर्थिक सुधार कार्यक्रमों की समीक्षा, उनकी संवैधानिक स्थितियों आदि का जाँच किया जाना एक सामान्य विषय नहीं है, बल्कि इसका एक व्यापक सैद्धांतिक आयाम है, खासकर जब यह स्वीकार कर लिया जाता है और जिसे स्वीकार्य किया जाना एक वस्तुगत हकीकत भी है—कि भारत का संविधान महज चंद नागरिक अधिकारों, राज्य-व्यवस्था को चलाने के कुछ नियमों-कानूनों आदि का एक पुलिंदा नहीं, बल्कि एक ऐसी आर्थिक-सामाजिक संरचना है, जो ब्रिटिश औपनिवेशिक शासकों द्वारा पूर्णतः शोषित और बरबाद कर दिए जाने के बाद स्वतंत्र भारत को मिली थी। उस बरबाद आर्थिक-सामाजिक संरचना को एक नई और उन्नत आर्थिक-सामाजिक संरचना में रूपांतरण करने संबंधी रणनीति और कार्यनीति को निर्देशित करनेवाला एक बहुमूल्य दस्तावेज है, तब इस विषय का सैद्धांतिक क्षितिज काफी विस्तृत हो जाता है। जरूरत और समय की माँग या तकाजा यही है कि नव-उदारवादी आर्थिक सुधारों का मूल्यांकन महज इनको लागू किए जाने के फलस्वरूप होनेवाले मात्र आर्थिक लाभ-हानि के ही परिप्रेक्ष्य में सिर्फ न किया जाए, बल्कि इस संकल्पना के परिप्रेक्ष्य में किया जाए कि ब्रिटिश शासन द्वारा तहस-नहस कर दी गई आर्थिक संरचना को स्वतंत्र भारत का संविधान किस दिशा की तरफ संक्रमण करने के लिए निर्देशित करता है और नव-उदारवादी आर्थिक सुधार कार्यक्रमों को जब लागू किया जा रहा है, तब राज सत्ता संविधान प्रदत्त आर्थिक-सामाजिक नव-निर्माण की संकल्पना की अनुगामी है या उसके विलोम की स्थितियों को बनानेवाली है।

यह एक महती प्रश्न है और इसके जवाब में जब समस्या के विश्लेषण की तरफ जाया जाएगा, तब एतत् संबंधी बहुत सारे विषय इसमें समाहित होकर अपनी उपस्थितियाँ दर्ज करा देते हैं, मसलन—भारत की वह कौन सी आर्थिक-सामाजिक संरचना थी, जिसे

अंग्रेज उपनिवेशवादियों ने बरबाद किया, भारत की उस आर्थिक-सामाजिक संरचना की समीचीनता स्वतंत्र भारत में है या नहीं, स्वतंत्र भारत की आर्थिक-सामाजिक संरचना को रूपांतरित करने को स्वतंत्र भारत का संविधान जिस 'आधार और संरचना' को खड़ा करने का निदेश देता है, उसे नव-उदारवादी आर्थिक सुधार कार्यक्रम प्रस्तुत करता है या नहीं या उससे इतर किसी अन्य दिशा की तरफ विकास को ले जाता है, आदि ऐसे प्रश्न इसके साथ जुड़ जाते हैं, जिनका उत्तर नव-उदारवादी सुधारों के प्रसंग में दिया जाना अनिवार्य बन जाता है। खासकर उन स्थितियों का मूल्यांकन, जिन्होंने इसके लिए भौतिक स्थितियाँ बना दीं।

द्वितीय, एक और प्रश्न भी नव-उदारवादी आर्थिक सुधारों की समीचीनता के निर्धारण में अपने को सामने ला देता है और वह प्रश्न है : स्वतंत्र भारत के संविधान द्वारा स्वतंत्र भारत की आर्थिक-सामाजिक संरचना को स्वीकृति प्रदान करने के पीछे भारत की बहुसंख्यक जनता के सोच का प्रश्न। वह कौन सी जन-वैचारिकता थी, जिसने संविधान निर्माताओं को स्वतंत्र भारत के संविधान में उनके द्वारा प्रस्तावित आर्थिक-सामाजिक ढाँचे को स्वीकृति प्रदान करने के लिए बाध्य किया। ऐसा क्योंकर हुआ कि उन्होंने स्वतंत्र भारत के लिए जिस आर्थिक-सामाजिक ढाँचे को संविधान में प्रस्तुत किया, उसे स्वतंत्र भारत के विकास के लिए समीचीन माना गया? नव-उदारवादी आर्थिक सुधार कार्यक्रमों के प्रभावी होने की स्थिति की जाँच करने के लिए ऐसे प्रश्नों के उत्तर ढूँढ़ना जरूरी है। अन्यथा बिना इसके नव-उदारवादी सुधार कार्यक्रमों की व्याख्या वैज्ञानिक और वस्तुनिष्ठ आधारों पर किया जाना संभव नहीं है।

यह एक सार्वभौम सत्य है कि भारत की ब्रिटिश पूर्व की आर्थिक-सामाजिक संरचना को अंग्रेज उपनिवेशवादियों ने बरबाद तो कर ही दिया था, साथ ही, उसके विकल्प में किसी नई आर्थिक-सामाजिक संरचना के निर्माण का प्रयास तक नहीं किया गया था।[4] फिर भी, उनके विनाशकारी कृत्यों के परिणामस्वरूप भारत में नई आर्थिक-सामाजिक संरचना के निर्माण के लिए भौतिक स्थितियाँ तैयार हो गई थीं। स्वतंत्र भारत में ब्रिटिश-पूर्व भारत की आर्थिक-सामाजिक व्यवस्था की पुनर्स्थापना की माँग नहीं उठी थी, ऐसा नहीं कहा जा सकता। आजादी के संघर्ष में और आजादी के पश्चात् भारत को नया संविधान देने के लिए गठित संविधान निर्मात्री सभा ने इसे नकारा भी नहीं था, भले ही उसे संविधान में प्रस्तावित आर्थिक-सामाजिक संरचना के केंद्रबिंदु के रूप में न रखा गया, फिर भी, उसके कई तत्त्वों और कारकों को संविधान सभा की स्वीकृति मिली, जैसे—ग्राम पंचायतें, कुटीर उद्योग, हस्तकला आदि।

ब्रिटिश पूर्व भारत की आर्थिक-सामाजिक संरचना का स्वरूप स्वावलंबी ग्राम-व्यवस्था का था, जिसकी विशेषता थी उत्पादन के प्रमुख स्रोत, कृषि की सामूहिक मिल्कियत, कृषि और दस्तकारी के परस्पर सहयोग, उत्पादन, विनिमय के लिए नहीं,

बल्कि उपभोग के लिए, इस कारण उत्पादन का चरित्र 'माल उत्पादन' का नहीं, 'उपभोग उत्पादन' का होना और श्रम का सामाजिक विभाजन। 20वीं सदी के मध्य में जब भारत आजाद हुआ और उसके सामने स्वतंत्र भारत की आर्थिक-सामाजिक व्यवस्था की पुनर्संरचना का दायित्व आया, तब तक भारत के प्राचीन या ब्रिटिश-पूर्व की आर्थिक संरचना बरबाद हो चुकी थी और उसके विकल्प में किसी अन्य आर्थिक-सामाजिक ढाँचे को, जो उससे बेहतर या उच्च हो, स्थापित भी नहीं किया गया था। इस कारण संविधान निर्मात्री सभा में भविष्य के भारत के लिए एक आर्थिक-सामाजिक ढाँचे की स्वीकृति पर एकमतता भी नहीं थी। अंग्रेज उपनिवेशवादियों ने भारत की प्राचीन आर्थिक-सामाजिक संरचना का विध्वंस तो कर दिया था, मगर उसे पुनर्जीवन देने के दायित्वों को पूरा नहीं किया था और साम्राज्यवादी इसे पूरा करते भी नहीं हैं। 19वीं सदी के मध्य में ही मार्क्स ने इसके संबंध में लिखा था कि भारत में इस तरह के पुनर्जीवन के कर्तव्य को तभी पूरा किया जा सकता था, जब या तो ब्रिटेन में मजदूर वर्ग सत्ता में आ जाए और भारत को आजाद कर दे या भारतीय स्वयं अपने संघर्षों के बल पर उपनिवेशवादी जुए को उतार फेंक आजाद हो जाएँ।[5] संविधान निर्मात्री सभा को इसी पुनर्जीवन देनेवाले दायित्वों को पूरा कराने के लिए स्वतंत्र भारत के आर्थिक-सामाजिक ढाँचे के प्रारूप को संविधान में स्थापित करना था और संविधान के आधार पर गठित राज सत्ता को उसे अमली रूप प्रदान करने का दायित्व सँभालना था।

भविष्य की आर्थिक-सामाजिक संरचना पर संविधान निर्मात्री सभा की स्थिति

स्वतंत्र भारत की आर्थिक-सामाजिक संरचना के प्रारूप के निर्धारण के प्रश्न पर संविधान निर्मात्री सभा के सामने एक सपाट, विवाद रहित स्थिति नहीं थी, मामला पेचीदा था। भारतीय स्वतंत्रता संघर्ष के दौरान देखा गया था कि भारत में ऐसी ताकतवर प्रतिक्रियावादी शक्तियाँ भी रही थीं, जो विशेषाधिकार संपन्न थीं और आजादी के पश्चात् भी ये प्रतिक्रियावादी शक्तियाँ अपने विशेषाधिकार को बनाए रखने के लिए प्रयासरत थीं। हालाँकि उनके अंदर एक अनिश्चितता की स्थिति पैदा हो गई थी। एक राष्ट्रीय पूँजीपति वर्ग था, जिसने भारतीय स्वतंत्रता आंदोलन का नेतृत्व तो किया था, मगर आंदोलन के उस प्रत्येक मोड़ पर, जहाँ आंदोलन क्रांतिकारी रूपांतरण की स्थिति में आया था, साम्राज्यवाद के साथ समझौता किया था और आर्थिक रियायतें लेकर आंदोलन को या तो स्थगित कर दिया था या बंद कर दिया था। पुनः उसके वर्गीय स्वार्थ जब साम्राज्यवाद से टकराए थे, तब उसने पुनः आंदोलन का नेतृत्व किया था। इस प्रकार भारतीय राष्ट्रीय पूँजीपति वर्ग साम्राज्यवाद के साथ संघर्ष और समझौते की दोहरी नीति का अनुसरण करता रहा था और आजादी के बाद भी वह अपनी इस नीति को वर्तमान रखे हुए था,

मगर बुनियादी तौर पर उसके स्वार्थ साम्राज्यवाद के खिलाफ थे, साम्राज्यवाद से टकराते थे। स्वतंत्रता संघर्ष में मजदूर वर्ग और किसानों के संघर्षों का भी एक लंबा इतिहास था, जिसकी भूमिका आजादी के संघर्ष में अवर्णनीय ढंग से महत्त्वपूर्ण थी। इसके अलावा बुद्धिजीवियों, छात्रों, नौजवानों का तबका था, जिसने अदम्य उत्साह के साथ स्वतंत्रता आंदोलन में हिस्सा लिया था, उनकी आकांक्षाओं का एक स्वरूप भी संविधान निर्मात्री सभा के सामने था। इसके अलावा भारतीय जनता की चारित्रिक विशेषता एक सजातीय समूह की भी नहीं थी। वह विभिन्न धर्मों, संस्कृतियों, संप्रदायों, जातियों आदि में विभाजित थी। स्वतंत्रता संघर्ष में आजादी की प्राप्ति के लिए, साम्राज्यवाद विरोध एक ऐसा राजनीतिक पहलू था, जो सबको एकजुट किए हुए था। स्वतंत्र भारत में इन सबकी एकता का यह आधार ठीक अपने उसी मूल रूप में नहीं रह गया था।

स्वतंत्र भारत के लिए संविधान बनानेवाले संविधान निर्माताओं के सामने ब्रिटिश उपनिवेशवादियों द्वारा बरबाद कर दी गई आर्थिक-सामाजिक संरचना को पुनर्जीवन देने के कर्तव्य को, जिसे कोई साम्राज्यवादी अपने उपनिवेशों में उसके पुनर्जीवन का दायित्व नहीं निभाता, पूरा करने में ऊपर वर्णित इन सारी स्थितियों को ध्यान में रखते हुए एक ऐसा संविधान बनाना था, जो भारत के रूपांतरण को ऐसी आर्थिक-सामाजिक व्यवस्था में रूपांतरित कर दे, जिससे औपनिवेशिक काल के ध्वंस के दर्द को झेलती आबादी को पुनर्जीवन मिल सके। भारत में औपनिवेशिक काल में किए गए ध्वंस का सबसे जहरीला दर्द झेलनेवाले वर्गों में थे दस्तकारों, कारीगरों, मजदूरों, किसानों के साथ-साथ अन्य मेहनतकश अवाम, जिनके जीवन-यापन के साधनों को विध्वंस तो कर दिया गया, मगर विध्वंस के पश्चात् उसकी जगह पर किसी भी तरह के विकल्प को खड़ा नहीं किया गया, उन्हें यह अवसर कभी नहीं मिला था जैसा यूरोपीय कारीगरों, दस्तकारों, मजदूरों आदि को मिला था कि वे यूरोपीय सामंतवाद के विध्वंस के बाद, जब अपने जीवन-यापन के साधनों से वंचित हुए, तब उनका समायोजन नवनिर्मित फैक्टरियों में दिहाड़ी मजदूरों की तरह हो गया था। ठीक इसके विपरीत भारत को उसकी स्वाभाविक विकास-प्रक्रिया से जान-बूझकर वंचित कर दिया गया और इसके ऊपर पूँजीवाद को आरोपित कर दिया गया और वह भी विदेशी शासकों द्वारा, जिन्होंने आर्थिक विकास प्रक्रिया को जान-बूझकर बाधित कर रखा था, ताकि भारत की स्थिति इंग्लैंड के कल-कारखानों के लिए कच्चे माल के आपूर्तिकर्ता और तैयार माल के बाजार के रूप में बनाए रखी जा सके। कृषि के क्षेत्र में हलके बदलावों के साथ इंग्लैंड की भू-प्रबंधन प्रणाली को लागू कर दिया गया, जिससे खेतों की नीलामी, किसानों की दरिद्रता, उनका सर्वहाराकरण तेजी से हो गया।

संविधान निर्मात्री सभा में प्रवृत्तियों का द्वंद्व

स्पष्ट था कि भारत की आर्थिक-सामाजिक संरचना के प्रारूप पर, संविधान निर्मात्री सभा की बहसों पर ऊपर वर्णित बहु-आयामी स्थिति का प्रभाव पड़ता। देखा जा सकता है कि संविधान निर्मात्री सभा में भारत को एक आर्थिक-सामाजिक ढाँचा प्रदान करने के प्रश्न पर एकमतता नहीं रह सकती थी। राष्ट्रीय आंदोलन के दौरान इस प्रश्न पर जिन प्रमुख तीन प्रवृत्तियों के बीच संघर्ष चलता रहा था, उनके बीच के संघर्ष की झलक संविधान निर्मात्री सभा की बहसों में भी दिखी। संविधान निर्मात्री सभा में भारत को एक आर्थिक-सामाजिक ढाँचा प्रदान करने की बहसों में जिन मुख्य तीन प्रवृत्तियों के बीच बहस चली, उनमें पहली प्रवृत्ति को रूढ़िवादी या पीछे की ओर ले जानेवाली प्रवृत्ति कहा जा सकता है। यह प्रवृत्ति अपने कार्यक्रम को एक ऐसी आदर्श पुरातन भारतीय सभ्यता के आधार पर तैयार करती है, जिसकी बुराइयाँ तो मोटे तौर पर निकाल दी जाती हैं, परंतु जिसमें हिंदुत्व की बुनियादी संस्थाएँ और उनके सिद्धांत बने रहते हैं। यह आधुनिक उद्योगवाद को खतरनाक समझती है और आदिम कृषीय जीवन पद्धति को आदर्श मानती है।[6]

दूसरी मजबूत प्रवृत्ति औद्योगिक पूँजीवाद की प्रवृत्ति थी, जो यूरोपीय उद्योगवाद के तर्ज पर भारत की आर्थिक-सामाजिक संरचना के पुनर्निर्माण की आकांक्षी थी, साथ ही यह इस प्रक्रिया में मजदूर वर्ग की बढ़ती ताकत और किसानों के साथ उनकी एकता के खतरों से भयभीत भी दिखती थी। इसका परिणाम होता है कि वह इस तरह के संभावित खतरों से निजात के लिए प्रायः अर्धसमाजवादी नारा देती है, जैसे—'वर्ग संघर्ष के बिना समाजवाद', 'भारतीय समाजवाद' आदि। इस तरह के नारों के द्वारा वह एक तरह के 'अस्पष्ट मानवतावाद' और 'वर्ग समझौतावाद' की अभिव्यक्त करती है।

तीसरी प्रवृत्ति थी समाजवाद की उभरती प्रवृत्ति, जो अत्यंत स्पष्ट रूप में औद्योगिक मेहनतकश वर्ग के लक्ष्य की सचेतन अभिव्यक्ति थी और भारतीय समाज के बुनियादी रूपांतरण का प्रतिनिधित्व करती थी। राष्ट्रीय आंदोलन में इस प्रवृत्ति की विकास-प्रक्रिया तेजी से बढ़ी थी—खासकर युवाओं के बीच।[7]

संविधान निर्मात्री सभा में चल रही इन तीन प्रवृत्तियों के बीच की बौद्धिक बहस में पहली प्रवृत्ति का, इसके बावजूद कि उसका कोई ठोस आधार नहीं था। और न उसे अपने लक्ष्य की प्राप्ति की कोई व्यावहारिक संभावना थी, महत्त्व कम नहीं हुआ था। इस प्रवृत्ति के वाहक तत्त्व एक बहुत बड़ा भ्रम पाल रहे थे कि भारत की ग्रामीण जनता का, खासकर किसानों-मजदूरों की वास्तविक आकांक्षाओं का प्रतिनिधित्व वे ही कर रहे हैं। इस कारण यही प्रवृत्ति भारतीय आर्थिक-सामाजिक संरचना की सच्ची तसवीर हो सकती है। वास्तव में यह समझ उस निम्न पूँजीवादी वैचारिकता का प्रतिनिधित्व कर

रही थी, जो पूँजीवाद के विकास के क्रम में होनेवाले बदलावों के कारण निम्न पूँजीपति वर्ग का एक हिस्सा, जो इस प्रक्रिया के मूल केंद्रबिंदु से बाहर फेंक दिया जाता है और अपनी स्थिति को सँभालने में असहाय हो जाता है, तब वह मशीनों को ही अपना मुख्य दुश्मन मान लेता है। देखा जाए तब यह प्रवृत्ति अपनी गूढ़ सैद्धांतिकता में सभी हारी हुई और बरबाद सामाजिक शक्तियों की बरबादी की अभिव्यक्ति थी, जिसमें बरबाद कारीगर, दस्तकार, अपनी जमीन से बेदखल किए गए किसान, छोटे व्यापारी, दुकानदार आदि का तबका था, जिन्हें साम्राज्यवाद और ब्रिटिश औपनिवेशिक सत्ता ने बरबाद कर दिया था। वास्तव में यह एक निराशावादी दृष्टिकोण का प्रतिनिधित्व कर रही प्रवृत्ति थी, जो इस लोक को ही मिथ्या मानकर दूसरे लोक के एक काल्पनिक जगत् में सुख तलाशती है। यह उन हार चुकी शक्तियों की अभिव्यक्ति थी, जो राष्ट्रीय मुक्ति आंदोलन में भी एक हारी हुई लड़ाई लड़ रही थीं, जबकि राष्ट्रीय आंदोलन का किसी भी देश में उपनिवेशवाद के खिलाफ मुक्ति का जो संघर्ष होता है, उसका चरित्र उदीयमान और प्रगतिशील होता है। फिर भी, स्वतंत्र भारत को नया संविधान प्रदान किए जाने के क्रम में चल रही बहसों में इसका महत्त्व था और वह महत्त्व सिर्फ इस कारण ही नहीं था कि यह भारत में साम्राज्यवाद द्वारा चलाई गई विनाश प्रक्रिया का एक सामाजिक लक्षण था, जो भारत को प्रभावित कर रही थी, बल्कि इस कारण भी इसका महत्त्व था कि यह भी भारत की पुरातनपंथी कट्टरवादिता का आधार थी, जो कांग्रेस के अंदर मौजूद थी और गांधीवादी रामराज्य की संकल्पना को लेकर इकट्ठा हो गई थी, गांधी को मसीहा के रूप में स्वीकार करके।

भारत में, जिसकी आर्थिक-सामाजिक संरचना को अंग्रेज उपनिवेशवादी संपूर्णता में बरबाद कर चुके थे और जो बिना किसी वैकल्पिक व्यवस्था की स्थापना किए और जान-बूझकर विकास प्रक्रिया को बाधित करके रखे थे, उनके खिलाफ चलाए जा रहे मुक्ति संघर्ष में उनकी भारत के प्रति अपनाई गई आर्थिक नीति के विरोध में चरखा और करघा एक प्रतीक हो सकता था और विरोध का प्रतीक बना हुआ भी था, मगर स्वतंत्र भारत की आर्थिक विकास प्रक्रिया को आगे बढ़ाने के कार्यक्रमों में इसकी समीचीनता और उपयोगिता को मशीनीकरण के आधार पर विकसित उत्पादन प्रक्रिया ने नकार दिया था।

भारत की आर्थिक-सामाजिक संरचना के प्रति राष्ट्रीय आंदोलन का दृष्टिकोण

इन सभी प्रवृत्तियों के परस्पर द्वंद्व में स्वतंत्र भारत की आर्थिक-सामाजिक संरचना के संबंध में जिस वैचारिकता का उदय हो चुका था, उसकी प्रतिध्वनि कई बार सुनाई दी थी और उसका मॉडल सामने आया भी था। इस मॉडल की एक रूपरेखा 1931 के

कराची में संपन्न कांग्रेस के महाधिवेशन में स्वीकृत 'मूल अधिकारों' संबंधी प्रस्ताव, 1938 में स्थापित राष्ट्रीय नियोजन समिति के दस्तावेजों, 1938 में ही कांग्रेस अध्यक्ष सुभाषचंद्र बोस के द्वारा इंडियन साइंस कांग्रेस में दिए गए बयानों आदि में स्पष्ट हो गई थी। कराची में आयोजित कांग्रेस के 1931 के अधिवेशन ने मूल अधिकारों संबंधी जो प्रस्ताव स्वीकृत किया था, उसमें कहा गया था, ''कांग्रेस का मत है कि जनता का शोषण समाप्त करने के लिए आवश्यक है कि राजनीतिक स्वतंत्रता में भूखों मर रहे करोड़ों लोगों की वास्तविक आर्थिक स्वतंत्रता अवश्य शामिल हो।'' उस प्रस्ताव में आगे कहा गया था कि इस कारण स्वराज्य में ऐसी यथार्थवादी सामाजिक-आर्थिक अंतर्वस्तु होनी चाहिए, जिसे जनता समझ सके तथा स्वाधीन भारत की सरकार का कर्तव्य होगा, इसकी सुनिश्चित व्यवस्था करना।

कांग्रेस पार्टी, जो स्वतंत्रता संघर्ष का नेतृत्व कर रही थी, के इतिहास में पहली बार सरकारी कार्यकलाप के कार्यक्रम में अर्थतंत्र के 'राज्य द्वारा नियमन' की ओर खासतौर पर 'मूल उद्योगों और खनिज संसाधनों' पर राज्य का नियंत्रण लागू करने की आवश्यकता का विचार समाविष्ट किया गया।[8] उसी तरह 1938 में कांग्रेस द्वारा गठित की गई नियोजन समिति की रिपोर्ट में राष्ट्रीय लक्ष्यों को निरूपित करते हुए राष्ट्रीय स्वतंत्रता प्राप्त करना, विदेशी नियंत्रण समाप्त करना, घनघोर गरीबी मिटाना, जनता के रहन-सहन को यथेष्ट स्तर मुहैया कराना आदि को विकास का मुख्य लक्ष्य घोषित किया गया था। रिपोर्ट में कहा गया था कि इसकी एक अनिवार्य शर्त यह है कि एक स्वतंत्र राष्ट्रीय सरकार का गठन किया जाए, जो इतनी शक्तिसंपन्न और लोकप्रिय हो कि 'सामाजिक और आर्थिक ढाँचे में मूलभूत परिवर्तन ला सके।''[9] समिति की रिपार्ट में इस बात को स्वीकार किया गया था कि आर्थिक विकास को नियोजित किया जाना आवश्यक है तथा उस नियोजन का सबसे महत्त्वपूर्ण हिस्सा औद्योगिकीकरण को होना चाहिए। आर्थिक योजनाओं को कृषि और औद्योगिक उत्पादन में वृद्धि, बेरोजगारी में कमी, प्रति व्यक्ति आय में बढ़ोतरी, निरक्षरता के उन्मूलन, सामुदायिक सेवाओं के ताने-बाने में विस्तार, खाद्य आपूर्ति, वस्त्र, आवास, चिकित्सा सेवा आदि की समस्याओं के समाधान की व्यवस्था करनी चाहिए। इन कर्तव्यों के निर्वाह के लिए मूलगामी आर्थिक उपाय आवश्यक माने गए। नेहरू ने कहा था, ''इस नियोजन का सारतत्त्व है—बड़े अंश में नियमन और समायोजन। ऐसा नहीं है कि स्वतंत्र उद्यम के लिए कोई स्थान ही न हो, किंतु इसका कार्य क्षेत्र अतिशय सीमित है। प्रतिरक्षा उद्योगों के मामले में यह निर्णय किया गया था कि उन पर अवश्यमेव राज्य का स्वामित्व और नियंत्रण होना चाहिए। अन्य धुरीन उद्योगों के मामले में बहुमत की यह राय थी कि उन्हें राज्य के स्वामित्व में होना चाहिए, किंतु समिति के एक अच्छे-खासे अल्पमत का विचार था कि राज्य का नियंत्रण काफी होगा।''[10]

नियोजन समिति की अनुशंसाओं में सामुदायिक सेवाओं के लिए एक केंद्रीय या प्रांतीय निकाय या स्थानीय स्वशासन निकायों को जिम्मेदार बनाया जाएगा, ऋण की एक समाजीकृत प्रणाली स्थापित की जाएगी, बैंकों, बीमा आदि का अगर राष्ट्रीयकरण नहीं किया जाएगा, तब उन्हें राज्य के नियंत्रण में रखा जाएगा, ताकि पूँजी और ऋण पर राज्यीय नियमन कायम हो सके, आयात और निर्यात व्यापार को नियंत्रण में रखा जाए।[11] राज्यीय स्वामित्व के उद्योगों के संचालन के लिए 'स्वायत्त लोक न्यासों' की प्रणाली लागू की जाए, क्योंकि वह सार्वजनिक 'स्वामित्व और नियंत्रण तो सुनिश्चित ही कर देगी', साथ ही 'प्रत्यक्ष लोकतांत्रिक में कभी-कभी घुस आनेवाली कठिनाइयों और अकुशलता को भी समाप्त कर देगी'। इसी तरह कृषि के संबंध में समिति की योजना में यह कल्पना की गई थी कि 'खेती की जमीन, खान-खदान, नदियाँ और वन राष्ट्रीय संपदा के रूप में हैं, जिनका स्वामित्व सामूहिक रूप में भारत की जनता में पूर्णतः न्यस्त होना चाहिए', 'खेती की व्यक्तिगत और सामूहिक दोनों विधियों के आधार पर' कृषि कर्म के प्रबंधन के सहकारी सिद्धांत के प्रयोग की सिफारिश की गई थी। छोटी जोतों पर शुरू-शुरू में रोक लगाने से समिति की सिफारिशें इनकार करती थीं, किंतु 'संक्रमण के दौर के समाप्त हो जाने के बाद तालुकेदार, जमींदार आदि जैसे किसी भी बिचौलिए को मान्यता नहीं दी जाने'[12] की बातें थीं। 1938 की इस राष्ट्रीय नियोजन समिति की सिफारिशों से मिलता-जुलता दृष्टिकोण 1938 में ही कांग्रेस के अध्यक्ष सुभाष चंद्र बोस के एक बयान में भी आया था, जब वे इंडियन साइंस कांग्रेस की वार्षिक बैठक में प्रो. शाहा के एक सवाल का जवाब दे रहे थे। प्रो. शाहा ने पूछा था, ''मैं जान सकता हूँ कि आनेवाले कल को भारत ग्राम्य जीवन दर्शन या बैलगाड़ी-दर्शन को फिर से जीवित करने जा रहा है, जिससे गुलामी को शाश्वत बनाया जा सके अथवा वह एक ऐसे आधुनिक औद्योगिक राष्ट्र का रूप लेने जा रहा है, जो अपने सभी प्राकृतिक संसाधनों का विकास करके गरीबी, अज्ञानता और सुरक्षा की समस्याओं को हल कर सके और राष्ट्रों के सौजन्य में सम्मानजनक स्थान प्राप्त कर सभ्यता का एक नया चक्र शुरू कर सके?'' प्रो. शाहा का प्रश्न भविष्य के भारत में स्थापित की जानेवाली आर्थिक-सामाजिक संरचना के स्वरूप से ही संबंधित था। इस सवाल के जवाब में श्री बोस द्वारा दिया गया जवाब स्पष्ट दिशा निर्देशन था कि जिस आर्थिक-सामाजिक संरचना को उपनिवेशवादी शासकों ने बरबाद कर दिया था, उसके पुनर्जीवन की दिशा क्या होगी, जब भारत आजाद हो जाएगा। श्री बोस ने अपने जवाब में कहा था—राष्ट्रीय विकास का काम विज्ञान की मदद से ही संभव है। भारत अभी भी पूर्व-औद्योगिक अवस्था में है। कोई भी पुनर्जीवन या पुनरुत्थान तब तक संभव नहीं है, जब तक भारत एक औद्योगिक क्रांति की यातना से न गुजरे। हम चाहे इसे पसंद करें या नहीं, लेकिन हमें यह तथ्य मानना होगा कि आधुनिक इतिहास का वर्तमान युग औद्योगिक

युग है। औद्योगिक क्रांति से बचने का कोई उपाय नहीं है।

अधिक-से-अधिक हम यही तय कर सकते हैं कि यह क्रांति अर्थात् औद्योगिकीकरण का काम ग्रेट ब्रिटेन की तरह अपेक्षया धीरे-धीरे हो या सोवियत रूस की तरह तेजी के साथ, जिसमें अधिक प्रयत्न की जरूरत होती है। मैं समझता हूँ कि इस देश में भी यह काम तेजी से होना है।[13]

ऊपर के विवरणों में, चाहे 1931 का मौलिक अधिकारों की घोषणा संबंधी पारित प्रस्ताव हो या 1938 में गठित राष्ट्रीय नियोजन समिति की रिपोर्ट की सिफारिशें या कांग्रेस अध्यक्ष सुभाष बोस द्वारा इंडियन साइंस कांग्रेस में प्रो. शाहा के प्रश्न के जवाब में दिया गया वक्तव्य, किसी से यह संकेत नहीं मिलता की स्वतंत्र भारत की आर्थिक-सामाजिक संरचना के पुनर्जीवन के कार्यों में प्राचीन भारतीय ग्राम प्रणाली की व्यवस्था की तरफ लौटकर जाया जा सकता है। ज्यों-ज्यों भारतीय मुक्ति संग्राम अपने लक्ष्य की प्राप्ति के नजदीक पहुँचता जा रहा था, यह स्पष्ट होता जा रहा था कि औपनिवेशिक भारत की बरबाद आर्थिक-सामाजिक संरचना के पुनरुद्धार का काम विज्ञान और तकनीक के उपयोग द्वारा द्रुत औद्योगिकीकरण के साथ ही हो सकता था।

वैचारिक स्पष्टता

संविधान निर्मात्री सभा के सामने अब जो वैचारिक विवाद भारत के भविष्य की आर्थिक-सामाजिक संरचना के संबंध में रह गया था, वह मूलत: दो प्रवृत्तियों के बीच का ही द्वंद्व रह गया था। अब संविधान निर्मात्री सभा को भारत में हो रहे व्यावहारिक अनुभवों ने विकास की पुरानी आधिभौतिक अटकलबाजियों का अंत कर दिया था, जवाब दे दिया था कि 20वीं सदी के इस दौर में विज्ञान और उत्पादन के औजारों में जो विकास और तरक्की हो गई है, उन्होंने उन सारी भौतिक और वस्तुगत स्थितियों को ऐतिहासिक तौर पर बेमानी बना दिया है, जिनके आधार पर प्राचीन भारतीय स्वावलंबी ग्राम-व्यवस्था खड़ी थी, उसकी तरफ जाने का प्रयास न सिर्फ असंगत होगा, बल्कि विकास को अवरुद्ध करनेवाला तथा परोक्ष रूप से गुलामी को बनाए रखनेवाला कदम साबित होगा। संविधान निर्मात्री सभा महसूस कर रही थी कि सक्रिय राष्ट्रीय आंदोलन के क्षेत्र से सामाजिक रूढ़िवादिता करीब-करीब जा चुकी है और सिवा कुछ पुराने भ्रमों के रूप में जो बचे हैं, वे अब घिसट-घिसटकर अपना अस्तित्व बनाए हुए हैं, पर अब वे नीति-निर्देशन का दावा नहीं कर सकते। इस प्रकार अब यह बात सामने आ गई थी कि आधुनिक काल में राष्ट्रीय आंदोलन में व्यावहारिक रूप में तीन नहीं, बल्कि दो ही मुख्य प्रवृत्तियाँ या वर्गीकरण या कार्यक्रम या नीतियाँ हैं : एक तो प्रमुख औद्योगिक बुर्जुआ प्रवृत्ति, जिसकी निम्न पूँजीवादी वर्ग के समूहों पर अलग-अलग ढंग की छाप हैं

और दूसरी मजदूर वर्ग की समाजवाद की प्रवृत्ति, जो मजदूरों, गरीब किसानों और शहरी निम्न पूँजीपति वर्ग के निचले तबके के हितों को प्रतिबिंबित करती है। नीति विषयक इन प्रमुख धाराओं के बीच विभिन्न कार्यक्रम, नेतृत्व और वर्ग एक समूह बनाते हैं, हालाँकि इनकी नीति हमेशा साफ नहीं होती। इन वर्गों के आपसी संबंधों और शक्ति-संबंधों पर, जो अपने भिन्न सामाजिक लक्ष्यों के बावजूद राष्ट्रीय पुनर्निर्माण के लक्ष्यों की दिशा में फिलहाल एक साथ बढ़ सकते हैं, भारतीय राजनीति के विकास का भावी मार्ग निर्भर है।

उपनिवेशवादियों द्वारा बरबाद कर दी गई भारतीय आर्थिक-सामाजिक संरचना के पुनर्निर्माण के लिए औद्योगिकीकरण की आवश्यकता को स्वीकार करने संबंधी दृष्टिकोण को संविधान निर्मात्री सभा ने स्पष्टता के साथ रखा, साथ ही, इसके कार्यान्वयन में आनेवाली कठिनाइयों को इंगित भी किया।

भारत के आर्थिक-सामाजिक पुनर्निर्माण के लिए औद्योगिकीकरण की आवश्यकता को एक प्रमुख व्यापक कार्यक्रम के रूप में सामान्य एवं अधिकाधिक सुस्पष्टता के साथ स्वीकृति दे देना ही राष्ट्रीय पुनर्निर्माण की दिशा में एक महत्त्वपूर्ण कदम नहीं था, बल्कि इसके साथ-साथ यह भी स्पष्ट था कि इस तरह के कार्यक्रमों को लागू करने के प्रश्न के साथ कुछ नए तरह के दूरगामी मसले भी पैदा हो जाते हैं, इनका संबंध आवश्यक स्थितियों, इस तरह के कार्यक्रमों की पूर्ति के तरीकों तथा इस कार्यक्रम को पूरा करनेवाली सामाजिक शक्तियों की क्षमता से रहता है। संविधान निर्माताओं ने देखा था कि किस तरह विकसित पूँजीवादी मुल्कों में बार-बार आनेवाले आर्थिक संकट स्थितियों को जहाँ भयावह बनाते रहे हैं वहीं सोवियत रूस में योजनाबद्ध विकास की सफलता इस तरह के आर्थिक संकटों की संभावनाओं को समाप्त कर विकास कर रही है। इसी की प्रेरणा 1938 की राष्ट्रीय नियोजन समिति और प्रो. शाहा के प्रश्न के जवाब में सुभाष बोस के वक्तव्य में प्रतिबिंबित हो रही थी। नियोजनवाली नीति द्वारा औद्योगिकीकरण का और वह भी सोवियत के मॉडल को अपनाते हुए देखा जा सकता है कि भारत ही नहीं, इस काल में अनेक देशों ने योजनाबद्ध विकास की अवधारणा को स्वीकारा और लागू किया, मगर यह काम बहुत ही अमूर्त तकनीक के साथ किया गया। इस अवधारणा को लागू करते समय उन आर्थिक नियमों को भी ध्यान में नहीं रखा गया, जो पूँजीवादी और समाजवादी अर्थव्यवस्था को संचालित करते हैं और न ही वास्तविक सामाजिक और वर्ग-शक्तियों की भूमिका को ध्यान में रखा गया।

1938 की राष्ट्रीय नियोजन समिति की रिपोर्ट के सुझावों को अगर गौर से देखा जाए, तब यह स्पष्ट हो जाता है कि उसमें इसी तरह के भटकाव मौजूद थे, जहाँ सार्वजनिक और निजी क्षेत्र में किए जानेवाले उत्पादन को संचालित करनेवाले नियमों के बीच कोई भिन्नता न करके दोनों को एक समान स्तर पर रख दिया गया था। बाद

में भी स्वतंत्र भारत में नियोजित विकास की संकल्पना के आधार पर चलाए जानेवाले औद्योगिकीकरण की प्रक्रिया में खानगी उद्योगों को चलाने की स्वीकृति में भी यही भटकाव था। संविधान निर्माण के समय भारत औपनिवेशिक शोषण से बरबाद आर्थिक-सामाजिक संरचना का रूपांतरण अगर औद्योगिक विकास के लक्ष्य को ध्यान में रखकर जब कर रहा था, तब ये एक क्रांतिकारी सामाजिक रूपांतरण को अंजाम देने की बातें थीं, जिसमें भूख से मजदूरों, दरिद्र किसानों और अन्य दलित-पीड़ित अवाम की माँगों को अनिवार्य रूप से परिवर्तन की निर्णायक प्रेरक शक्ति के रूप में महत्त्वपूर्ण स्थान पर रखा जाना था। आर्थिक पुनर्गठन के प्रश्न को बुनियादी सामाजिक और वर्गीय मसलों से अलग करके नहीं देखा जा सकता।

रूपांतरण के दायित्व को पूरा करने की शर्तें

उपनिवेशवादियों द्वारा बरबाद कर दी गई अर्थव्यवस्था को, जो निम्नतम उत्पादन तकनीक और दरिद्र आबादी को लेकर कराह रही थी, औद्योगिकीकरण के द्वारा ऊपर उठाकर औद्योगिक राष्ट्रों की कतार में खड़ा कर देने का दायित्व एक ऐसे महान् काम को अंजाम देना था, जिसको पूरा करने के लिए विराट् शक्तियों की जरूरत थी।

इसके लिए संपूर्ण आबादी के सक्रिय सहयोग की और वित्तीय व्यवस्था के निर्णायक स्थलों पर राज सत्ता का अधिकार होना जरूरी कारक था।

संविधान निर्माण के वक्त संविधान निर्माताओं ने राष्ट्रीय और अंतरराष्ट्रीय स्थितियों का मूल्यांकन भी किया; खासकर जब भारत की अर्थव्यवस्था के पुनर्निर्माण, औद्योगिकीकरण और सामाजिक-आर्थिक संबंधों के स्वरूप पर बहस चली। समाजवादी और पूँजीवादी वैचारिकता का समन्वय बिंदु यही था कि भारत में औद्योगिकीकरण की अर्थव्यवस्था के पुनर्निर्माण का काम पश्चिमी देशों में हुए पूँजीवादी विकास प्रक्रिया के शुरुआती दौर यानी औद्योगिक क्रांति से बुनियादी तौर पर भिन्न तरीके से होना चाहिए। देखा गया और अनुभव किया गया कि पूँजीवाद के ह्रास तथा अंतरराष्ट्रीय सर्वहारा क्रांति के विकास के दौर में भारत का औद्योगिकीकरण निश्चित रूप से अपने खास अनुभवों और तरीकों को अपनाते हुए होना चाहिए।

यह अनुभव जरूर किया गया कि औद्योगिक विकास का काम तब तक पूरा नहीं किया जा सकता, जब तक कृषि क्षेत्र को पूरी तरह से संगठित नहीं किया जाए। आज भी भारत के लिए यह एक गंभीर समस्या के रूप में मौजूद है, क्योंकि औद्योगिक विकास और कृषि क्षेत्र का पुनर्गठन एक-दूसरे से अभिन्न रूप में जुड़े हुए हैं। जब तक किसानों और कृषि पर निर्भर आबादी की दरिद्रता बनी रहती है, औद्योगिक उत्पादनों के लिए आंतरिक बाजार का विस्तार अवरुद्ध रहता है और यह प्रक्रिया औद्योगिकीकरण को

वस्तुगत रूप से बाधित करती है, दूसरी तरफ कृषि के पुनरुद्धार के लिए विकसित कृषि औजारों की जरूरतों की पूर्ति उद्योगों के द्वारा ही होती है और अविकसित औद्योगिक संरचना इस माँग की पूर्ति नहीं कर सकती, और कृषि का पिछड़ापन दूर नहीं होता और न उत्पादन बढ़ता है, साथ ही, औद्योगिकीकरण के कारण लाखों लोगों को जब रोजगार मिलता है, तब कृषि पर अत्यधिक जनसंख्या के दबाव के कारण व्याप्त गरीबी से छुटकारा पाया जाता है। यह सवाल भारत के नए संविधान निर्माताओं के जेहन में विद्यमान तो जरूर था, मगर उसके हल को ढूँढ़ने में वैचारिक पार्थक्य भी था।

वास्तव में संविधान निर्माता जिस काल विशेष में भारत को नया संविधान प्रदान करने के लिए संविधान बना रहे थे, उस काम में वे दो परस्पर विरोधी वैचारिकता से या प्रवृत्तियों से संघर्ष कर रहे थे। एक तरफ राष्ट्रीय पूँजीपति वर्ग, जिसने राष्ट्रीय आंदोलन का नेतृत्व किया था और आंदोलन को सत्ता के हस्तांतरण तक लाया था, संविधान निर्मात्री सभा में अपार बहुमत में था। उस बहुमत की वैचारिकता में भारत का पश्चिमी यूरोपीय पूँजीवादी देशों के मॉडल पर औद्योगिकीकरण और उसी के अनुरूप भारत की राजनीतिक संरचना का निर्माण करना ही परम लक्ष्य था। व्यक्तिगत स्वामित्ववाली औद्योगिक उत्पादन प्रणाली, कृषि का पूँजीवादी कृषि फार्मों के जैसा ही पुनर्गठन आदि की उनकी परिकल्पना में समाजवाद का कोई स्थान था ही नहीं। फिर भी, भारतीय राष्ट्रीय आंदोलन में मजदूरों, किसानों और अन्य प्रगतिशील वैचारिकतावाले वर्गों और समूहों की साम्राज्यवाद विरोधी भूमिकाओं और राष्ट्रीय आंदोलन में बनी साम्राज्यवाद विरोधी विभिन्न वर्ग शक्तियों की संघर्षमयी कारवाइयों के साथ-साथ वैश्विक स्तर पर घट रही घटनाओं के प्रभावों को एकदम से नकार देना भी इनके लिए संभव नहीं था, खासकर द्वितीय विश्वयुद्ध में फासीवाद की अजेय-सी दीख रही शक्ति को पराजित करने में सोवियत रूस की भूमिका, औपनिवेशिक शासन के खिलाफ विभिन्न गुलाम देशों के जनगण द्वारा चलाए जानेवाले मुक्ति संघर्षों को वस्तुगत और वैचारिक, दोनों तरह से मदद करने में सोवियत रूस की भूमिका आदि के साथ-साथ आर्थिक विकास के क्षेत्र में, जहाँ पूँजीवादी मुल्क युद्ध-जनित कठिनाइयों या यों कहें कि पूँजीवादी विकास में अंतर्निहित आर्थिक संकटों के कारण परेशान होते आ रहे थे, तो दूसरी तरफ समाजवादी आर्थिक नियोजन के द्वारा सोवियत जिस तरह तेजी से विकास करता जा रहा था, ऐसे उदाहरण थे, जो संविधान निर्माताओं, देश की एक खास आबादी और कांग्रेस के अंदर के नेतृत्व के एक हिस्से को काफी प्रभावित कर रहे थे। 1931 में कराची में मौलिक अधिकारों की घोषणा पर प्रस्ताव, 1938 में राष्ट्रीय नियोजन समिति का गठन, कांग्रेस अध्यक्ष के रूप में 1938 में ही भारतीय साइंस कांग्रेस में प्रो. शाहा के प्रश्न के जवाब में सुभाष चंद्र बोस का दिया गया जवाब आदि, जिनका जिक्र पहले किया जा चुका है, इसी प्रभाव के

परिणाम थे। इस प्रकार द्वितीय विश्वयुद्ध के पूर्व भी समाजवादी वैचारिकता का प्रभाव भारत के राष्ट्रीय आंदोलन को प्रभावित कर रहा था। 1929 और 1936 के बीच के वर्षों में भारतीय राष्ट्रीय आंदोलन पर समाजवादी वैचारिकता के प्रभाव को स्पष्ट देखा गया, जब जवाहरलाल नेहरू ने भारतीय आजादी के लक्ष्य को परिभाषित करते हुए लिखा था—विदेशी सरकार की जगह पर अगर कोई देशी सरकार स्थापित होती है और उस समय भी निहित स्वार्थ ज्यों-के-त्यों बने रहते हैं, तो यह आजादी की छाया भी नहीं होगी। इसलिए भारत का तात्कालिक लक्ष्य महज यही होना चाहिए कि उसकी जनता का शोषण समाप्त हो। राजनीतिक रूप से इसका अर्थ स्वाधीनता तथा ब्रिटेन के साथ संबंधों की समाप्ति अर्थात् साम्राज्यवाद के प्रभुत्व की समाप्ति होना चाहिए; आर्थिक और सामाजिक दृष्टि से इसका अर्थ सभी खास वर्गों के विशेषाधिकारों और निहित स्वार्थों की समाप्ति होना चाहिए।[14]

यह जानते हुए भी कि कांग्रेस समाजवादी और गैर-समाजवादी वैचारिकता वालों का प्रतिनिधित्व कर रही है और गैर-समाजवादी वैचारिकतावालों का इसमें बहुमत है, उन्होंने कहा था—मैं भारत की आजादी के लिए संघर्ष कर रहा हूँ; क्योंकि मेरे भीतर जो राष्ट्रीय तत्त्व है, वह कभी विदेशी प्रभुत्व को बरदाश्त नहीं कर सकता, मैं आजादी के लिए इसलिए भी संघर्षरत् हूँ, क्योंकि मेरे विचार से सामाजिक और आर्थिक परिवर्तन के लिए यह एक निर्णायक कदम है। मैं चाहूँगा कि कांग्रेस एक समाजवादी संगठन का रूप ले और नई सभ्यता के लिए दुनिया की जो अन्य शक्तियाँ काम कर रही हैं, उनके साथ कंधे-से-कंधा मिलाए, लेकिन मैं जानता हूँ कि कांग्रेस का आज जो स्वरूप है, उसमें अधिकांश कांग्रेसी शायद इसके लिए तैयार न हों।

इस देश में समाजवाद की जबरदस्त इच्छा के बावजूद मैं इस प्रश्न को कांग्रेस पर थोपना नहीं चाहता। मैं खुशी-खुशी और पूरी ताकत के साथ लोगों के साथ सहयोग करूँगा कि आनेवाले दिनों में कांग्रेस को और देश को समाजवादी विचारधारा में ढाल लूँगा, क्योंकि मैं जानता हूँ कि ऐसा करके ही आजादी मिलेगी।[15] इस तरह की परस्पर विरोधी प्रवृत्तियों के परस्पर द्वंद्व में संविधान निर्माता नए संविधान के निर्माण कार्य में जुटे थे। इनमें एक प्रवृत्ति, संपत्ति के व्यक्तिगत स्वामित्व के आधारवाली आर्थिक संरचना की पैरोकार थी, तो दूसरी संपत्ति के सार्वजनिक स्वामित्व के आधार पर स्वतंत्र भारत की आर्थिक-सामाजिक संरचना के निर्माण की वैचारिकता के लिए संघर्ष कर रही थी। इन दो परस्पर विरोधी प्रवृत्तियों के बीच एक समझौतावादी समन्वयन के रूप में 'राज्य के नीति निर्देशक सिद्धांतों' को संविधान में प्रविष्ट कराया गया। इस समझौतावादी रुझान को एक ऐसी स्थिति में लागू करना था, जब स्वतंत्र भारत न तो अपनी ब्रिटिश पूर्व की आर्थिक प्रबंधन-प्रणाली—जिसमें जमीन उत्पादन का मुख्य स्रोत थी और जिसकी

मिल्कियत ग्राम समुदाय की सामूहिक मिल्कियत थी और न पूँजीवादी उत्पादन-प्रणाली पूर्णता में औपनिवेशिक शासकों द्वारा लाई जा सकी थी। स्वतंत्र भारत में एक अजीबोगरीब अराजकता और असमंजसवाली स्थिति थी, क्योंकि अभी भी समाज के कई समूहों में उत्पादन के साधनों के सामूहिक स्वामित्व की प्रणाली मौजूद थी जैसे आदिवासी समूहों में भूमि का स्वामित्व और इसके साथ-साथ प्राय: सभी गाँवों में सार्वजनिक उपयोग के कई साधन मौजूद थे, जैसे—सार्वजनिक चारागाह, प्राकृतिक तालाब, नदियाँ आदि, तो अन्यों पर व्यक्तिगत स्वामित्व की प्रथा लागू हो गई थी—स्थिति प्राय: अनिश्चितता की थी। इस हालात में संपत्ति के अधिकार को मौलिक अधिकारों की सूची में लाकर रख दिया गया था, जिसके कारण इसके पीछे, इसके साथ न्यायालय की शक्ति जुड़ गई थी, यह जुडिशिएबुल बन गया था, वहीं दूसरी तरफ, 'राज्य के नीति निर्देशक सिद्धांतों' में संपत्ति और संसाधनों के संकेंद्रण को नियंत्रित करने और उसे इस हद तक संकेंद्रित न होने देने कि वह असामाजिक प्रभाववाला बन जाए आदि प्रावधानों को रख तो दिया गया, मगर उसके पीछे न्यायालय की शक्ति न रखकर, यानी उसे नॉनजुडिशिएबुल बनाकर समाजवादी वैचारिकता को कमजोर बना दिया गया था।

'राज्य के नीति निर्देशक सिद्धांतों' में रखे गए अन्य प्रावधानों, जैसे—शिक्षा का अधिकार, जीवनयापन योग्य वेतन, रोजगार, समान काम के लिए समान मजदूरी, या सामाजिक सुरक्षा संबंधी प्रावधानों—असमर्थता, काम के दौरान घटित दुर्घटना के लिए क्षतिपूर्ति, मातृत्व लाभ, वृद्धजनों की सुरक्षा, बेरोजगारी की अवस्था में राजकीय मदद आदि को लागू किए जाने के लिए स्वतंत्र भारत में विद्यमान उत्पादन संबंधों को प्रगतिशील दिशा में बदलने की एक अहम् जरूरत थी, क्योंकि उपनिवेशवादी शासन में उपनिवेशवादियों ने जिस उत्पादन संबंध को भारत में लागू किया था उस उत्पादन संबंध ने भारत के आर्थिक-सामाजिक जीवन की दशा को ही प्रगतिशील दिशा दी थी, न ही पूँजीवादी राजसत्ता को पूँजीवादी लोककल्याणकारी भावना से उत्प्रेरित ही किया था, बल्कि उसका मूल उद्देश्य ब्रिटेन के हितों की रक्षा की दिशा में यानी साम्राज्यवादी हित पोषक की भूमिका अदा करने की भावना से उत्प्रेरित था। अपने हितों की रक्षा करने, उसे अक्षुण्ण बनाए रखने के लिए साम्राज्यवादी शासकों ने भारत में सामंतवाद या यों कहें कि सामंतवाद के पूर्व के उत्पादन संबंधों के मजबूत अवशेषों के साथ भी एक अजीब ढंग का घालमेल कर रखा था, जिसने भारत को एक पिछड़ा देश, इंग्लैंड के कल-कारखाने के लिए कच्चे माल का उत्पादक और उन कारखानों के तैयार माल के ग्राहक की भूमिका में ही रख छोड़ा था। स्वतंत्र भारत के संविधान में संविधान-निर्माताओं ने न्याय, आजादी, बंधुत्व, समानता आदि[16] जिन जुमलों का प्रयोग करते हुए सबको उन्हें उपलब्ध कराने की जो वचनबद्धता दिखाई थी, वह उनसे माँग करती थी

कि इन वादों को कार्यान्वित किए जाने के लिए वस्तुनिष्ठ स्थितियों का निर्माण किया जाता। असंतुलित आर्थिक-सामाजिक विकास, उत्पादन की पिछड़ी तकनीक, कृषि और उद्योगों के बीच विकास का बड़ा अंतर, विभिन्न तरह के उत्पादन संबंधों के घालमेल वाली उत्पादन व्यवस्था वाले समाज में इन जुमलों को कार्यरूप देना प्राय: असंभव था। 1947 में भी जब भारत को सत्ता हस्तांतरित की गई, तब उत्पादन के औजारों की स्थिति क्या थी, देखा जा सकता था। भारत को मात्र हस्तचालित औजारों की ही जानकारी थी।[17] कृषि और उद्योग में मशीनों का उपयोग बहुत ही कम था, कृषि और विनिर्माण कार्यों में तो हस्तचालित हल, खुरपी, कुदाल का ही उपयोग होता था, वायु और जल-चालित चक्कियों तक का उपयोग नहीं हो रहा था।

कार्ल मार्क्स ने भारत के संबंध में 1853 के अपने लेखों में भारतीय गाँवों के संबंध में जो कुछ लिखा था[18] उस तरह के उत्पादन संबंध 1947 में हू-ब-हू मौजूद रहे हों या नहीं, परंतु उनके मजबूत अवशेष आजादी के बाद भी भारत में मौजूद थे, जिनमें गाँवों में संयुक्त परिवार प्रणाली, गाँवों में धोबी, नाई, लोहार, तेली आदि का एक भिन्न तरह का आर्थिक-सामाजिक संबंध, जो गाँव का काम करते थे, मगर जिनके श्रम के भुगतान का स्वरूप मौद्रिक नहीं था। जातिगत पेशा और पेशे की परिवारगत ट्रेनिंग आदि प्रचलित थी। ये सारी स्थितियाँ प्राक्-पूँजीवादी थी, जो स्वतंत्र भारत में भी विद्यमान थीं। भारत में जो भी औद्योगिक विकास हुआ था, वह सारा का सारा उपभोक्ता वस्तुओं में था, बुनियादी उद्योगों का एकदम अभाव था, मगर भारत पर वित्तीय पूँजी का दबाव काफी बढ़ा हुआ था, खासकर मैनेजिंग एजेंसियों द्वारा कम पूँजी पर भी बहुत सारे उद्योगों के नियंत्रण की प्रणाली के कारण। संविधान की 'प्रस्तावना' और 'राज्य के नीति निर्देशक सिद्धांतों' में किए गए वादों को लागू करने के लिए जरूरी था कि इन सारी स्थितियों को बदला जाता।

इस प्रकार स्वतंत्र भारत में एक ऐसी आर्थिक-सामाजिक संरचना के निर्माण का दायित्व सामने था, जो राष्ट्रीय आंदोलन में अवाम के साथ की गई प्रतिज्ञाओं को पूरा कर सके, स्वतंत्रता आंदोलन के लक्ष्य, साम्राज्यवाद विरोध की दिशा में भारत की आर्थिक स्वतंत्रता को अक्षुण्ण बनाए रखने, सामंतवाद, इजारेदारवाद आदि को समाप्त करने, मजदूरों, किसानों और अन्य मध्यमवर्गीय जनता की कठिनाइयों को दूर करके उनकी स्थितियों में सुधार की गारंटी करने के साथ-साथ एक बहु-धार्मिक, बहु-सांस्कृतिक, बहु-भाषायी जनता की एकता को सुनिश्चित करने की दिशा में उन्मुक्त हो। इस तरह के दायित्वों को पूरा करने के कर्तव्यों को संविधान की 'प्रस्तावना' में समाहित किया गया और बाद के दिनों में आई अनेकानेक कठिनाइयों के समाधान के लिए 'प्रस्तावना' में संशोधन करके 'समाजवाद' और धर्मनिरपेक्षता को जोड़ा गया।

ऊपर वर्णित इन मानदंडों के आधार पर विकास प्रक्रिया में अपनाई गई रणनीति का मूल्यांकन करके यह पता लगाना है कि आजादी के पश्चात् विकास प्रक्रिया की कौन सी विसंगतियाँ रहीं, जिससे नव-उदारवादी आर्थिक कार्यक्रमों को लागू किए जाने की स्थितियाँ पैदा हो गईं और भारतीय संविधान में प्रदत्त मूल्यों, आश्वासनों और लक्ष्यों की प्राप्ति का लक्ष्य ही तिरोहित हो गया। भारतीय संविधान जिन मूल्यों को हासिल करने का दस्तावेज है और राजसत्ता को इन मूल्यों को अमली रूप देने के लिए किस तरह की चारित्रिक विशेषता से नवाजा है, उसके अनुरूप विकास-प्रक्रिया की नीतियाँ काम कर रही थीं या नहीं, यही प्रमाणित करना इस पुस्तक की मूल विषयवस्तु है।

टिप्पणियाँ और संदर्भ

1. 'ट्रिकिल डाउन इफेक्ट्स' की सैद्धांतिकता में यह माना गया है कि अंग्रेजी के यू (u) अक्षर को अगर उसके उलटे में (n) रखा जाए, तब जो आकार या चित्र बनता है, उसी की तरह आर्थिक विकास बढ़ता है, यानी विकास के आरंभिक चरण में संपत्ति और संसाधनों का संकेंद्रण चंद हाथों में होता जाता है और इसी तरह संपत्ति और संसाधनों का संकेंद्रण होते-होते, जब यह अपने उच्चतम शिखर पर पहुँच जाता है, तब संपत्ति और संसाधन के धारकों को विभिन्न तरह के कर्मचारियों, नौकरों आदि की जरूरत अपने धंधों को चलाने के लिए पड़ती है। जब वे अपने धंधों में विभिन्न तरह के नौकरों, कर्मचारियों, मैनेजरों आदि को रखते हैं, तब उनकी तनख्वाहें आदि देने के क्रम में उनकी संपत्ति और संसाधनों का बँटवारा शुरू होता है और देश तथा समाज में आर्थिक समानता क्रमिक गति से आ जाती है। इस कारण संपत्ति के चंद हाथों में केंद्रित होने का काम जब चलता है, तब इसका विरोध नहीं किया जाना चाहिए, इसके उच्चतम स्तर तक जाने के क्रम में धैर्यपूर्वक इसको बढ़ावा देना चाहिए, क्योंकि यह एक उज्ज्वल भविष्य की प्राप्ति की तरफ जाने की एक प्रक्रिया का पहला चरण है। विशेष जानकारी के लिए देखें—समीर अमीन, कैपिटलिज्म इन दि एज ऑफ ग्लोबलाइजेशन, मध्यम बुक, दिल्ली, 1997, पृ. 112।

   हालाँकि मानव समाज के आर्थिक-सामाजिक विकास के किसी भी चरण में इस प्रक्रिया के द्वारा आज तक समानता आने का कोई दृष्टांत उपलब्ध नहीं है। यह सैद्धांतिक अवधारणा किसी सच्चाई को या विकास की किसी वैज्ञानिक अवधारणा पर आधारित है, नहीं माना जा सकता।
2. 'टीना सिंड्रोम' (देअर इज नो अल्टरनेटिव) की अवधारणा में यह प्रचारित किया जा रहा है कि शीत युद्ध की समाप्ति यानी सोवियत रूस के विघटन के बाद विश्व समाजवादी व्यवस्था की समाप्ति के साथ-साथ यह प्रमाणित हो चुका है कि उत्पादन की जिस व्यवस्था को पूँजीवादी और साम्राज्यवादी देश अमरीकी नेतृत्व में चला रहे हैं, वही उत्पादन प्रणाली अजेय है, इसका कोई दूसरा विकल्प नहीं है। यह एक ध्रुवीय विश्व की परिकल्पना को स्वीकार करती है और इसी उत्पादन प्रक्रिया में जाने के अलावा अन्य किसी विकल्प की संभावना को खारिज करता है (विशेष विवरण के लिए देखा जा सकता है—'इकोनॉमिक ग्रोथ : ए मिनिग्लेष अवसेशन ?' बी.एन. गांगुली मेमोरियल लेक्चर, सी.एस.डी.एस. दिल्ली, नवंबर 2006, सेमिनार में प्रकाशित, जनवरी 2007, द्वारा उद्धृत—अमित भादुरी (संपादक), एस्सेज इन रि-कंस्ट्रक्शन

ऑफ पॉलिटिकल इकोनॉमी, आकार बुक्स, मयूर विहार, दिल्ली, 2010, पृ. 44-45।

3. उद्‌धृत।
4. इस संबंध में कार्ल मार्क्स की टिप्पणी को देखा जा सकता है, जिसमें उन्होंने लिखा है कि भारत में अंग्रेजों को दो भूमिकाएँ निभानी थीं; एक ध्वंसात्मक और दूसरी पुनर्निर्माणात्मक, जिसके अंदर प्राचीन एशियाई समाज को नष्ट करना था और एशिया में पश्चिमी समाज के भौतिकवादी आधार तैयार करने थे। जहाँ तक इसके ध्वंसात्मक पक्ष की बात है, उसे मुख्य रूप में देखा जा सकता था, तो भी पुनर्जीवन देनेवाला उसका काम शुरू हो गया था। कार्ल मार्क्स, 'फ्यूचर रिजल्ट्स ऑफ ब्रिटिश रूल इन इंडिया 'न्यूयार्क डेली ट्रिब्यून, 8 अगस्त, 1853।
5. कार्ल मार्क्स, 'दि फ्यूचर रिजल्ट्स ऑफ ब्रिटिश रूल इन इंडिया' उद्‌धृत।
6. इस प्रवृत्ति को किस तरह ऐतिहासिक विकास प्रक्रिया ने असंगत बना दिया है, उसका विश्लेषण कार्ल मार्क्स ने अपने लेखों में 1853 में ही किया था। मार्क्स के दो लेखों, 'ब्रिटिश रूल इन इंडिया' और 'दि फ्यूचर रिजल्ट्स ऑफ दि ब्रिटिश रूल इन इंडिया' में देखा जा सकता है—कार्ल मार्क्स और एफ. एंजिल्स, दि फर्स्ट इंडियन वार आफॅ इंडिपेंडेंस 1857-59, मास्को, फाॅरैन लैंग्वेज पब्लिशिंग हाउस, मास्को 1959, पृ. 7-14 और 32-39 क्रमश:
7. इन प्रवृत्तियों पर विशेष उल्लेख के लिए देखा जा सकता है—रजनी पाम दत्त, आज का भारत, मैकमिलन इंडिया, 1985, पृ. 625-45।
8. जवाहरजाल नेहरू की संकलित रचनाएँ, खंड 4, पृ. 511-13।
   विशेष विवरण के लिए देखा जा सकता है—
   एलेक्सांदेर चिचेरोव, जवाहरलाल नेहरू और भारतीय राष्ट्रीय कांग्रेस, शब्दकार, दिल्ली, दिसंबर 1985, पृ. 27।
9. एलेक्सांदेर चिचेरोव, जवाहरलाल नेहरू और भारतीय राष्ट्रीय कांग्रेस, शब्दकार, दिल्ली, ज्ञान प्रिंटर्स, 1985, पृ. 28, दिसंबर 1985, पृ. 28।
   विशेष विवरण के लिए देखा जा सकता है—जवाहरलाल नेहरू, डिस्कवरी आफॅ इंडिया, पृ. 429।
10. जवाहरलाल नेहरू, डिस्कवरी आफॅ इंडिया, पृ. 432-33।
11. अलेक्सांदेर चिचेरोव, पूर्वोद्धृत, पृ. 29 और जवाहरलाल नेहरू, ऊपरोद्धृत, पृ. 433-34।
12. 1938 में कांग्रेस द्वारा गठित राष्ट्रीय नियोजन समिति की रिपोर्ट को देखा जा सकता है। इसका प्रसंग जवाहरलाल नेहरू की पुस्तक 'डिस्कवरी ऑफ इंडिया' के पृ. 430 और 445 में उपलब्ध है।
13. ऑल इंडिया साइंस कांग्रेस की वार्षिक बैठक, 1938 की काररवाई पुस्तिका को देखा जा सकता है, उसका हवाला मिल जाता है। रजनी पाम दत्त, आज का भारत, मैकमिलन, 1985, पृ. 633-34।
14. इस संदर्भ में जवाहरलाल नेहरू की पुस्तक 'ह्वीदर इंडिया', 1933 में ही प्रकाशित, को देखा जा सकता है।
15. देखा जा सकता है—
   कांग्रेस के लखनऊ अधिवेशन में जवाहरलाल नेहरू का अध्यक्षीय भाषण, 1936।
16. स्वतंत्र भारत के संविधान में प्रदत्त 'प्रस्तावना' में जिन भावों और जुमलों का प्रयोग किया गया है, उस संदर्भ में इन जुमलों को देखा जाना।

17. कृषि और विनिर्माण के क्षेत्र में उपयोग किए जानेवाले औजारों के संबंध में विस्तृत विवरण के लिए देखा जा सकता है—पी.ए. वाडिया और के.टी. मर्चेंट, आवर इकोनॉमिक प्राब्लेम्स, 1943। 1943 से 1947 के बीच इस दिशा में कोई खास बदलाव नहीं आया था।
18. भारत के संबंध में कार्ल मार्क्स ने अपने लेखों में, जो न्यूयॉर्क डेली ट्रिब्यून के विभिन्न अंकों में 1853 के और उसके कुछ बाद के वर्षों में छपे थे, उन्हें देखा जा सकता है। उन लेखों को मार्क्स और एफ. एंजिल्स, दि फर्स्ट इंडियन वार ऑफ इंडिपेंडेंस 1857–59, फॉरेन लैंग्वेज पब्लिशिंग हाउस, मार्क, 1959 में संकलित कर पुस्तक का रूप दिया गया है।

□

2

भारतीय संविधान की प्रस्तावना की मूल भावना

स्वतंत्र भारत के संविधान में, जिसे 26 जनवरी, 1950 को लागू किया गया, भारतीय राजसत्ता के चरित्र का निर्धारण किस प्रकार के राज्य के रूप में किया गया है और नव-उदारवादी आर्थिक नीति, जिसे, 1990-91 में नरसिम्हा राव के प्रधानमंत्रित्व और डॉ. मनमोहन सिंह के वित्त मंत्रित्व काल में अपनाया गया, संविधान में प्रदत्त राजसत्ता के चरित्र संबंधी प्रावधानों के अनुकूल है या प्रतिकूल, एक विवादित विषय बना हुआ है। भारतीय राजसत्ता के चरित्र का निर्धारण भारतीय संविधान किस तरह करता है और नव-उदारवादी आर्थिक नीति को भारत के आर्थिक-सामाजिक विकास की मूल नीति के रूप में भारत सरकार द्वारा अपना लिये जाने के बाद इन दोनों के अंतर्संबंधों का विवेचन और मूल्यांकन राजनीतिक अर्थशास्त्र का एक विषय बन जाता है। इनके अंतर्संबंधों का सम्यक् वैज्ञानिक विश्लेषण 'आधार और संरचना' (बेस ऐंड स्ट्रक्चर) के सैद्धांतिक फ्रेम वर्क में ही किया जा सकता है। इसका अन्यथा विश्लेषण तथ्यों, आँकड़ों और सूचनाओं आदि का मात्र संकलन हो सकता है, विश्लेषण तो कदापि नहीं हो सकता।

'आधार और संरचना' के प्रतिपादक कार्ल मार्क्स हैं। मानव सभ्यता के विकास के मूल्यांकन और विश्लेषण में 'आधार और संरचना' को वैश्विक मान्यता प्राप्त है और यह अब तक की इतिहास लेखन की पद्धतियों में सबसे ज्यादा वैज्ञानिक पद्धति का गौरव प्राप्त कर चुकी है। 'आधार और संरचना' के सिद्धांत को प्रस्तुत करते हुए कार्ल मार्क्स ने लिखा है कि अपने अस्तित्व के लिए सामाजिक तौर पर किए जानेवाले उत्पादनों के क्रम में मनुष्य आवश्यक रूप से एक खास ढंग के उत्पादन संबंध में पहुँचता है, जो उसकी इच्छा से बिल्कुल स्वतंत्र होता है, जिसे 'उत्पादन संबंध' का नाम दिया जाता है और जो एक खास काल में उसकी भौतिक वस्तुओं को उत्पादित करनेवाली शक्तियों

के विकास के ठीक अनुरूप होता है। इस तरह बननेवाला उत्पादन संबंध ही समाज के आर्थिक ढाँचे का निर्माण करता है; वही वास्तविक 'आधार' है, जिसके अनुकूल तमाम बाह्य संरचनाएँ स्वरूप ग्रहण करती हैं, उसी के अनुरूप सामाजिक चेतना भी एक खास स्वरूप ग्रहण करती हैं। भौतिक वस्तुओं के उत्पादन के तरीके ही सामाजिक, राजनीतिक और बौद्धिक जीवन की सामान्य प्रक्रियाओं को नियमित करते हैं। यह मानवीय चेतना नहीं है, जो उसके अस्तित्व का निर्धारण करती है, बल्कि उसका सामाजिक अस्तित्व उसकी चेतना का निर्धारक होता है।[1] इस 'आधार और संरचना' की सैद्धांतिकता के आधार पर ही यह मूल्यांकन किया जा सकता है कि स्वतंत्र भारत के संविधान के प्रावधान अपने मूल में किस तरह के उत्पादन संबंध को बनाने की दिशा में इंगित हैं, क्योंकि उत्पादन संबंध के आधार पर ही भारतीय राजसत्ता के चरित्र का निर्धारण होगा और यह पता चलेगा कि संविधान किस तरह के चरित्रवाली राजसत्ता के निर्माण को निर्देशित करता है और नव-उदारवादी आर्थिक नीति जिस तरह के उत्पादन संबंध को लागू कर रही है, वह संविधान के प्रावधानों के अनुकूल है या नहीं।

'आधार' (Base) के स्वरूप पर संविधान की वैचारिकता

'आधार और संरचना' के सैद्धांतिक फ्रेम में स्वतंत्र भारत के संविधान के प्रावधानों के आधार पर अगर भारतीय राजसत्ता के चरित्र का निर्धारण किया जाए, तब भारतीय संविधान की 'प्रस्तावना', 'मौलिक अधिकार' और 'राज्य के नीति निर्देशक सिद्धांत' तीन ऐसे कारक हैं, जो सम्मिलित रूप से भारतीय राजसत्ता (State Power) के चरित्र का निर्धारण करते हैं। इनके अलावा अन्य प्रावधान कार्यकारिणी, विधायिका और न्यायपालिका से संबंधित या अन्य व्यवस्थाओं, जैसे—चुनाव, नौकरशाही आदि से संबंधित संवैधानिक धाराएँ राज्य-व्यवस्था को चलाने संबंधी धाराएँ हैं, ये सब राज्य के चरित्र का निर्धारण नहीं करतीं, बल्कि 'प्रस्तावना', 'मौलिक अधिकार' और 'राज्य के नीति निर्देशक सिद्धांतों' के सम्मिलित परिणामों को असली रूप देने के दायित्वों का निर्वहण करनेवाली संस्थाओं के रूप में संविधान में स्थापित हैं। विश्लेषण का मूलबिंदु यही है कि नव-उदारवादी आर्थिक नीति को स्वीकारने के बाद जिस तरह के 'आधार' का निर्माण भारतीय राजसत्ता करने का प्रयास कर रही है, क्या वह संविधान की 'आत्मा' (स्पिरिट) 'प्रस्तावना', 'मौलिक अधिकार' और 'राज्य के नीति निर्देशक सिद्धांतों' में प्रदत्त प्रावधानों का अनुगामी है? नव-उदारवादी आर्थिक नीति की आर्थिक दिशा और उसके द्वारा स्थापित की जा रही आर्थिक विकास नीति का संदर्भ जिस तरह के उत्पादन संबंध को स्वरूप प्रदान करेगा, उसी के अनुकूल राजसत्ता का चरित्र निर्माण भी होगा, यही उत्पादन संबंध वह 'आधार' होगा, जिसके अनुकूल तमाम बाहरी संरचनाएँ (सुपर

स्ट्रक्चर)—राजसत्ता से लेकर सामाजिक, आर्थिक, सांस्कृतिक यानी संपूर्ण आर्थिक-सामाजिक संरचनाओं के चरित्र का विश्लेषण किया जा सकता है।

प्रस्तावना

भारतीय संविधान की प्रस्तावना कहती है कि भारत एक सार्वभौम, समाजवादी, पंथनिरपेक्ष या धर्मनिरपेक्ष, प्रजातांत्रिक गणराज्य होगा, जो अपने सभी नागरिकों को न्याय, सामाजिक, आर्थिक और राजनीतिक स्वतंत्रता, विचार, संप्रेषण, विश्वास, आस्था और पूजा-पाठ, समानता, बराबरी का दर्जा और समान अवसर उपलब्ध कराकर उनके बीच भाईचारे को बढ़ाकर व्यक्ति की गरिमा और राष्ट्र की अखंडता की गारंटी करेगा।[2] 'प्रस्तावना' में दो शब्द 'समाजवादी' और 'पंथनिरपेक्ष' को बाद में 1976 में संविधान के 42वें संशोधन में जोड़ा गया, इसके पूर्व ये दोनों शब्द संविधान की 'प्रस्तावना' में नहीं थे। जो भी हो, संविधान की प्रस्तावना में जिस लक्ष्य को, खासकर चिह्नित करके रखा गया है, उसे संविधान की धारा 368 में प्रदत्त अधिकारों के तहत संशोधित नहीं किया जा सकता, क्योंकि इस 'प्रस्तावना' को ही संविधान का बुनियादी आधार माना गया है।[3] वास्तव में संविधान की धारा 14 (4) और 16(4) में जिस सामाजिक और आर्थिक गैर-बराबरी को मिटाने का लक्ष्य रखा गया है, ताकि सबों को एक समान अवसर उपलब्ध कराया जा सके, उसके लिए संविधान की धारा 14, 15, 16, 21, 38, 39 और 46 में जो प्रावधान किए गए हैं, उनका उद्‌देश्य संविधान की 'प्रस्तावना' में उल्लिखित सामाजिक और आर्थिक न्याय की गारंटी करना है। इन्हें 'मौलिक अधिकारों' और 'राज्य के नीति निर्देशक सिद्धांतों' में रखकर संविधान राजसत्ता को इन्हें लागू करने के लिए निर्देशित करता है।[4] मौलिक अधिकारों और राज्य के 'नीति निर्देशक सिद्धांतों' में प्रदत्त संवैधानिक प्रावधानों को राजसत्ता द्वारा लागू करने की बाध्यता को संविधान की 'प्रस्तावना' स्थापित करती है।[5]

संविधान के 42वें संशोधन, 1976 में प्रस्तावना में समाहित किए गए 'सोशलिस्ट' शब्द की समीचीनता संविधान की धारा 14 और 16 के परिप्रेक्ष्य में देखी जाए अगर, तब इसका स्पष्ट आशय है समान कार्य के लिए समान मजदूरी आदि जैसी स्थिति की तो यह गारंटी कराता ही है, फिर अगर इसी संविधान की धारा 14 के परिप्रेक्ष्य में इसकी व्याख्या की जाए, तब यह 'सोशलिस्ट' शब्द की अवधारणा को संपूर्णता में लागू करने की गारंटी करता है और इसे लागू करने में राज्य द्वारा असफल होने की स्थिति में न्यायपालिका को अधिकृत करता है कि वह राज्य द्वारा उठाए गए ऐसे कदमों को जो 'सोशलिस्ट' शब्द की मान्य अवधारणाओं के विरोध में हैं, उन्हें गैर-संवैधानिक करार दे।[6]

राजसत्ता के चरित्र का निर्धारण 'प्रस्तावना' जिस रूप में करती है, वह यह है कि

भारतीय राजसत्ता एक सार्वभौम प्रजातांत्रिक राज्य है, जिसका कोई राष्ट्रीय धर्म नहीं है, जो 'सोशलिस्ट' अवधारणा का धारक है, सब को सामाजिक, आर्थिक और राजनीतिक न्याय की गारंटी कराता है। सभी नागरिकों को उपासना, पूजा-पाठ आदि की आजादी देता है, वे जिस धर्म, जिस तरह की उपासना आदि को चाहें, कर सकते हैं, आदि।

'प्रस्तावना' के विश्लेषण के वस्तुनिष्ठ आधार

स्वतंत्र भारत की आर्थिक-सामाजिक पुनर्संरचना का दायित्व कांग्रेस पार्टी पर आया, जो 1950 में लागू किए गए स्वतंत्र भारत के संविधान के प्रावधानों के अनुसार हुए 1952 के चुनाव में सत्ता में आई। स्वतंत्र भारत को उसके औपनिवेशिक शासकों के बाद, जो आर्थिक-सामाजिक संरचना मिली थी, वह एक बरबाद कर दी गई आर्थिक-सामाजिक संरचना थी, जिसे औपनिवेशिक शासकों ने 20वीं सदी में वित्तीय पूँजीवादी शासन प्रणाली और भारतीय सामंतवादी प्रणाली के बीच यानी दो परस्पर विरोधी व्यवस्थाओं के अपवित्र घालमेल से ऐसा बरबाद कर दिया था कि भारत में पाश्चात्य पूँजीवादी मुल्कों की तरह स्पष्ट वर्ग विभाजन न होकर विभिन्न आर्थिक-सामाजिक व्यवस्थाओं—आदिकालीन साम्यवादी व्यवस्था से लेकर दास प्रथा, सामंतवाद और वित्तीय पूँजीवाद आदि, सब के तत्त्व या तो मजबूती से या मजबूत अवशेष के रूप में मौजूद थे। जानबूझकर बाधित की गई औद्योगिक विकास प्रक्रिया में वित्तीय पूँजी के शोषण के तरीकों को लागू किए जाने के कारण भारतीय अर्थव्यवस्था का स्वरूप छिन्न-भिन्न ही नहीं, अपितु विकृत हो गया था। इसने वर्ग शक्तियों का ऐसा घालमेल कर दिया था कि आर्थिक ध्रुवीकरण की प्रक्रिया भी बाधित थी, मजदूर वर्ग निर्णायक राजनीतिक हस्तक्षेप में कमजोर था, किसान वर्ग सामंती शोषण के जुए तले कराह रहा था, देशी पूँजीपति वर्ग पूँजी के मामले में कमजोर स्थिति में था और मध्यवर्ती वर्गों की स्थिति को जिस तरह औपनिवेशिक शासकों ने बरबाद किया था, वह भी विभिन्न तरह के आर्थिक दबावों में जी रहा था। सत्ता में आई कांग्रेस पार्टी के सामने राष्ट्रीय मुक्ति आंदोलन में विभिन्न वर्गों के लिए किए गए आश्वासनों को पूरा करने का दायित्व था और उन्हीं आश्वासनों के परिप्रेक्ष्य में भारत की आर्थिक-सामाजिक पुनर्संरचना का कर्तव्य निभाना था। स्वतंत्र भारत की पुनर्संरचना की वस्तुनिष्ठ स्थितियाँ दुरूह और पेचीदा थीं और एक स्पष्ट आर्थिक-सामाजिक और राजनीतिक नीति को अपनाने की माँग करती थी। आजादी के संघर्ष में कांग्रेस ने साम्राज्यवाद विरोधी विभिन्न वर्ग-शक्तियों के एक संयुक्त मोरचे का नेतृत्व जब किया था, तब उस संघर्ष के अंतिम स्वस्थ भारत की आजादी के प्रति पूर्ण एकमतता थी, इसके विरोध का कोई प्रश्न नहीं था, संघर्ष के तरीकों पर कभी-कभी मत भिन्नता जरूर थी, मगर

आजादी के महान् लक्ष्य के सामने वे प्राय: गौण हो जाया करती थीं। आजादी के बाद इस स्थिति में बुनियादी बदलाव आ गया, अब राष्ट्रीय मुक्ति आंदोलन की हिस्सेदार विभिन्न वर्ग-शक्तियाँ अपने-अपने वर्ग-हित के मुताबिक भारतीय आर्थिक-सामाजिक पुनर्संरचना के कार्य को अंजाम देने के लिए प्रयासरत हो गई थीं। भारत को आजादी, जिस समझौतावादी ढंग से प्राप्त हुई थी, उसमें किसी एक खास आर्थिक वर्ग के हित को इस पुनर्संरचना के उद्देश्य के रूप में रखना कांग्रेस के लिए कठिन था। इस कारण 1952 के चुनाव के बाद सत्ता में आई कांग्रेस पार्टी ने भारत की आर्थिक-सामाजिक पुनर्संरचना के लिए उसी नीति का अनुसरण किया, जिसका अनुसरण उसने आजादी की लड़ाई में किया था, यानी विभिन्न वर्ग-शक्तियों के हितों के समन्वयवाली विकास नीति के आधार पर भारत की आर्थिक संरचना का निर्माण करना।

इस कारण भारतीय संविधान की 'प्रस्तावना' का विश्लेषण भी एकमततावाला नहीं रहा, बल्कि न्यायपालिका में भी वर्ग-आधारित विश्लेषण की झलक मिलने लगी। हालाँकि बेरूबारी यूनियन और एक्सचेंज ऑफ इनक्लेव[7] के मामले में भारतीय उच्चतम न्यायालय ने यह स्वीकार किया कि 'प्रस्तावना' संविधान निर्माताओं की मन:स्थिति को समझने की कुंजी है, जो इस बात को खोलकर सामने ला देती है कि संविधान के विभिन्न प्रावधानों, जिनका संविधान निर्माताओं ने सृजन किया, में उनका क्या आशय विद्यमान है, उनका उद्देश्य क्या है। इस तरह सर्वोच्च न्यायालय ने प्रस्तावना के महत्त्व को तो स्वीकार किया, मगर अमेरिका के संविधान की 'प्रस्तावना' के प्रति विलोवी की टिप्पणी के आधार पर भारतीय संविधान की 'प्रस्तावना' को संविधान का अपरिहार्य अंग मानने से इनकार कर दिया। अपनी इस व्याख्या में उच्चतम न्यायालय ने भारतीय संविधान में दिए गए विभिन्न प्रावधानों से 'प्रस्तावना' को अलग करके व्याख्यायित किया, सिर्फ यही माना कि प्रस्तावना और कुछ नहीं, बल्कि संविधान के अन्य प्रावधानों में संविधान निर्माताओं की कौन-सी सोच अंतर्निहित है, वे चाहते हैं, इसे ही समझने की कुंजी 'प्रस्तावना' है। इसके अलावा और कुछ नहीं है, यह संविधान का अंग नहीं है। उच्चतम न्यायालय की इस समझ में जिस वर्गीय हित की रक्षा का भाव छिपा है, उसका खुलासा तब हो जाता है, जब उस काल के भारत की वस्तुनिष्ठ स्थिति का मूल्यांकन किया जाता है। बेरूबारी के केस में उच्चतम न्यायालय के निर्णय का वर्ष 1960 का है। यह वह काल है, जब द्वितीय पंचवर्षीय योजना के तहत भारत में बुनियादी उद्योगों के निर्माण का कार्य चल रहा था और यह निर्माण कार्य सार्वजनिक स्वामित्ववाले उत्पादन संबंध के दायरे में आगे बढ़ रहा था। 'आधार और संरचना' के सैद्धांतिक फ्रेम में रखकर अगर इसका मूल्यांकन या जाँच की जाए, तब यही कहा जा सकता है कि बुनियादी उद्योगों के निर्माण के क्रम में

भारतीय राजसत्ता जिस तरह के उत्पादन संबंध को कायम कर रही थी, वह व्यक्तिगत स्वामित्व पर आधारित उत्पादन संबंध नहीं था, बल्कि उसका आधार सार्वजनिक स्वामित्ववाला था, सार्वजनिक स्वामित्व की प्रमुखतावाला उत्पादन संबंध था। हालाँकि व्यक्तिगत स्वामित्ववाले उत्पादन संबंध को संपूर्णता में नकारा नहीं गया था, बल्कि उसे अर्थव्यवस्था में द्वितीयक दर्जे पर रखा गया था। विकास की यह नीति कांग्रेस पार्टी के मिश्रित वर्ग चरित्र की परिचायक थी। इस नीति पर चलनेवाले वैचारिक संघर्ष में उच्चतम न्यायालय ने बेरूबारी के मुकदमे में अपने को सार्वजनिक स्वामित्व पर आधारित उत्पादन संबंध के खिलाफ खड़ा किया। न्यायालय के इस फैसले को अगर स्वीकार कर लिया जाता या सार्वजनिक स्वामित्ववाले उत्पादन संबंध से हट जाया जाता, तब आर्थिक, सामाजिक और राजनीतिक न्याय की संविधान की 'प्रस्तावना' में प्रदत्त संकल्पना को तिलांजलि दे देना होता, क्योंकि व्यक्तिगत स्वामित्व पर आधारित उत्पादन-प्रणाली सामाजिक, आर्थिक और राजनीतिक न्याय की गारंटी कभी नहीं करती है, गारंटी करती है तो व्यक्तिगत मुनाफे की, जिसको अर्जित करने का तरीका शोषण होता है। अपने इस फैसले में उच्चतम न्यायालय भारतीय पूँजीपति वर्ग के इजारेदार और गैर-इजारेदार तबके के परस्पर संघर्ष में इजारेदार पूँजी के पक्ष में खड़ा दिखा। इस प्रकार न्यायालय का जो चरित्र सामने आया, वह इजारेदार—पक्षीय दिखा, सार्वजनिक स्वामित्ववाले उत्पादन संबंध का विरोधी।

व्यक्तिगत पूँजी की मजबूरी

आजाद भारत को जो आर्थिक संरचना प्राप्त हुई थी, वह औपनिवेशिक शासकों द्वारा पूर्णतः बरबाद की गई संरचना थी। भारत का उदीयमान पूँजीपति वर्ग, जो भी पूँजी संग्रह औपनिवेशिक भारत में कर सका था, उसका चरित्र वणिक पूँजी का था। वह ऐसी पूँजी थी, जो भारत के अंदर ही ब्रिटिश मालों का व्यापार करके अर्जित की गई थी, उसका कोई औद्योगिक आधार नहीं था। टाटा द्वारा स्थापित आयरन ऐंड स्टील कंपनी, जिसे उस काल के भारत में एक बड़ा उद्योग कहा जा सकता था, वह भी ब्रिटिश पूँजी के साथ समझौते का ही परिणाम था। सार्वजनिक स्वामित्ववाली उत्पादन व्यवस्था की विरोधी और निजी स्वामित्ववाली उत्पादन-प्रणाली की पक्षधर वैचारिकतावाले भारतीय पूँजीपति वर्ग की मजबूरी थी कि आजादी के इस शुरुआती काल में उनके पास इतनी यथेष्ट पूँजी नहीं थी, जिससे वे निजी स्वामित्ववाले उत्पादन संबंधों के आधार पर भारत में बुनियादी उद्योगों को खड़ा कर सकें। औपनिवेशिक तौर पर बरबाद भारत की आर्थिक संरचना को द्रुत गति से औद्योगिकीकरण की दिशा में बढ़ाने के लिए जिस आधारभूत संरचना की जरूरत थी, उसे सार्वजनिक यानी सरकारी निवेश से ही संभव

बनाया जा सकता था। इस चाह की अभिव्यक्ति तो भारतीय पूँजीपतियों की सबसे बड़ी योजना 'ए प्लान ऑफ इकोनॉमिक डेवलपमेंट फॉर इंडिया', जिसे सामान्यत: 'बांबे योजना' के नाम से जाना जाता है और जो 1944 और 1945 में दो भागों में प्रकाशित की गई थी, में ही हो गई थी।[8]

बांबे योजना के जो लक्ष्य रखे गए थे, वे प्रथमद्रष्टया बड़े ही प्रशंसनीय थे, मगर उन उद्देश्यों की प्राप्ति के लिए आवश्यक शर्तों की पूर्ति, जैसे—जमींदारी प्रथा के जानलेवा नियंत्रण को समाप्त करना, ब्रिटेन के आर्थिक प्रभुत्व से भारतीय अर्थव्यवस्था की मुक्ति, राष्ट्रीय संपदा के समुचित बँटवारे आदि के संबंध में कोई प्रभावकारी उपाय, उन्हें हल करने के लिए नहीं रखा गया था, यहाँ तक कि पूँजी की जरूरतों को मुद्रा स्फीति और विदेशी पूँजी के जरिए पूरा करने का प्रावधान किया गया था। इस योजना का परीक्षण करने पर यही लगेगा कि आजादी के बाद भारतीय पूँजीपति वर्ग का ऊपरी तबका अब इस प्रयास में था कि अब वह ब्रिटिश महाजनी पूँजी के साथ मिलकर भारत का शोषण करे। इसका स्पष्टीकरण तब हो गया, जब बांबे प्लान के तीन प्रमुख प्रवर्तकों—जे.आर.डी. टाटा, घनश्याम दास बिड़ला और सर श्रीराम ने ब्रिटिश पूँजी के साथ समझौता कर लिया।[9]

न्यायालय का बदला रुख

स्वतंत्र भारत के संविधान की 'प्रस्तावना' जिस सामाजिक, आर्थिक और राजनीतिक न्याय की संकल्पना को रखती है, उसमें यह सन्निहित है कि सामाजिक, आर्थिक और राजनीतिक न्याय की उसकी संकल्पना को व्यावहारिक स्वरूप दिए जाने के लिए एक ऐसा उत्पादन संबंध जरूरी है, जो सामाजिक, आर्थिक और राजनीतिक न्याय की उसकी परिकल्पना को अमली जामा पहनाने योग्य 'आधार' का निर्माण कर सके। इस कारण 'प्रस्तावना' ने सामाजिक, राजनीतिक न्याय के साथ आर्थिक न्याय को संबद्ध करके रखा है। यही आर्थिक न्याय की संकल्पना सामाजिक और राजनीतिक न्याय की संकल्पनाओं को संभव बनाने के लिए 'आधार' का सृजन करनेवाली है। 1970 के दशक में प्रवेश करने के पूर्व ही जब भारतीय अर्थव्यवस्था ने अपने विकास के लिए जरूरी आधारभूत संरचनाओं का मोटामोटी विकास कर लिया, तब भारतीय अर्थव्यवस्था का जो चरित्र उभरा, उसमें इजारेदार पूँजी की स्थिति भी मजबूत दिखी। इसका कारण था, सार्वजनिक क्षेत्र के उद्यमों के साथ-साथ निजी पूँजी को सहायक की भूमिका में कार्यरत रहते हुए उत्पादन प्रक्रिया में हिस्सेदारी करने की दी गई छूट।

इस संपूर्ण काल में भारतीय राजसत्ता का चरित्र कांग्रेस की उस नीति का अनुगामी रहा, जिसमें विभिन्न वर्ग-शक्तियों के साथ सामंजस्य करके विकास को आगे ले

चलने की नीति थी, जिस कांग्रेस राष्ट्रीय आंदोलन में चलाती रही थी और आजादी के बाद भी स्वतंत्र भारत की आर्थिक-सामाजिक पुनर्संरचना के कार्यक्रमों को आगे बढ़ाने में लागू कर रही थी। इस काल में जब कांग्रेस के अंदर का वह तबका, जो इजोरदार पूँजी का पक्षधर था और जब नीतिगत बदलावों के लिए भारत के आर्थिक पुनर्निर्माण के कार्यों को पूँजीवादी विकास की शास्त्रीय शैली के आधार पर ले जाने का प्रयास किया, मगर असफल हो गया और बैंकों का राष्ट्रीयकरण 1969 में हो गया, तब उच्चतम न्यायालय ने भी अपना रुख बदल दिया। केशवानंद भारती के केस में[10] जब यह विवाद उठा कि क्या संविधान की 'प्रस्तावना' में संशोधन किया जा सकता है? इस विवाद पर 6 जजों : राय, बेग, पालेकर, मैथ्यू, द्विवेदी और चंद्रचूड ने राय दी कि इसे बदला जा सकता है, सेलाट और ग्रोवर ने इसे नहीं बदले जाने की दलील दी तथा सिकरी, हेज और मुखर्जी ने कोई स्पष्ट राय नहीं दी। अपनी विमत्ति टिप्पणी में न्यायाधीश ग्रोवर ने कहा कि संविधान की 'प्रस्तावना' को संविधान की धारा 368 के तहत बदलने की राय एक असाधारण बात है। सामान्य प्रावधानों (Statutes) के लिए ऐसी बातें सही हो सकती हैं, परंतु अपने ऐतिहासिक परिप्रेक्ष्य में 'प्रस्तावना' जिन उद्देश्यों को समाहित करती है, उसमें सही नहीं है।[11] इस प्रकार भारतीय संविधान की 'प्रस्तावना' की स्थिति अमेरिकी संविधान से भिन्न हो गई। इस प्रकार न्यायपालिका का दृष्टिकोण भी बदलता रहता है, राज्य की चारित्रिक विशेषता के उसकी नीतियों के अनुकरण में न्यायपालिका के फैसले आते हैं, इसे निष्पक्ष मानना एक मिथक के अलावा और कुछ नहीं है। न्यायपालिका भी एक बाह्य संरचना है, जो समाज के 'आधार' यानी उत्पादन संबंध के अनुकूल आचरण करती है।

प्रस्तावना के निर्धारक तत्त्व

संविधान निर्माताओं ने भारतीय संविधान की 'प्रस्तावना' को संविधान में जिस रूप में रखा है, यह उनकी उस मन:स्थिति का संप्रेषण है, जो संविधान निर्माण के समय की वस्तुनिष्ठ स्थितियों के कारण निर्मित हुई थी। 'आधार और संरचना' की सैद्धांतिकता के आधार पर यही कहा जा सकता है कि संविधान निर्माताओं की चेतना उस काल की वस्तुनिष्ठ स्थितियों के अनुसार निर्मित थी, 'प्रस्तावना' उनकी उसी चेतना के प्रतिफल के रूप में प्रस्तुत हुई।

संविधान निर्माताओं ने भारतीय संविधान में 'प्रस्तावना' को जिस रूप में रखा, वह उनकी उस चेतना का परिणाम था, जो एक ऐतिहासिक परिप्रेक्ष्य की वस्तुनिष्ठ स्थितियों में निर्मित हुई थी। वह परिप्रेक्ष्य था राष्ट्रीय मुक्ति संग्राम में साम्राज्यवाद के खिलाफ विभिन्न वर्ग-शक्तियों की एकता का परिप्रेक्ष्य, जो आंदोलन की मुख्य

धुरी रहा था और जिसका नेतृत्व भारतीय राष्ट्रीय कांग्रेस ने किया था। साम्राज्यवाद विरोधी विभिन्न वर्ग-शक्तियों की इस एकता को स्थायित्व प्रदान करनेवाला कारक था भारत की, आजादी, जो आंदोलन का अंतिम लक्ष्य था और जिसके संबंध में किसी भी वर्ग-शक्ति की, जो संघर्ष में थी, मतभिन्नता नहीं थी। मगर संघर्ष में शामिल विभिन्न वर्ग-शक्तियों की अपनी-अपनी माँगें थीं, जो संघर्ष के दौरान भी मुखरित होती रहती थीं, फिर भी औपनिवेशिक दासता से मुक्ति और भारत की आजादी का उदात्त लक्ष्य इस भिन्नता के कारण साम्राज्यवाद विरोध के संघर्ष को कभी भी खंडित नहीं होने दिया था।

भारतीय पूँजीपति वर्ग साम्राज्यवाद का विरोध इस कारण कर रहा था कि औपनिवेशिक सत्ता भारत के औद्योगिकीकरण में भारतीय पूँजी को बराबर की हिस्सेदारी का अवसर देकर औद्योगीकरण को आगे न बढ़ाकर, भारतीय पूँजी के खिलाफ कई तरह के निरोधात्मक कानूनों को लाकर इसके खिलाफ ब्रिटिश पूँजी को संरक्षण दे रहा था। औद्योगिक मजदूर अपनी आर्थिक और राजनीतिक हड़तालों द्वारा देशी और विदेशी, दोनों ही पूँजियों के द्वारा किए जा रहे अपने शोषण के खिलाफ संघर्ष कर एक शोषणमुक्त आर्थिक-सामाजिक व्यवस्था के निर्माण के लक्ष्य के साथ राष्ट्रीय मुक्ति आंदोलन में शामिल हुए थे। भारत में औपनिवेशिक शासकों द्वारा इंग्लैंड की भू-प्रबंधन-प्रणाली में थोड़ा हेर-फेर कर उसे ही भारत पर थोप दिए जाने के कारण एक ऐसा जमींदार वर्ग अस्तित्व में आ गया था, जिसकी भूमिका परजीविता (Parasite) की थी, जो किसानों का निर्मम शोषण कर आराम और विलासिता का जीवन व्यतीत करता था और ब्रिटिश औपनिवेशिक सत्ता के लिए मजबूत सामाजिक आधार बना हुआ था। किसान समुदाय इस निर्मम शोषणकारी व्यवस्था से मुक्ति के लिए संघर्ष में शामिल हुआ था, वह इस व्यवस्था का उन्मूलन चाहता था। भारत का बुद्धिजीवी मध्यम वर्ग सरकारी नौकरियों और शासन में नस्लवादी भेदभाव और विभेदकारी सेवा-शर्तों के कारण परेशान था, वह बराबरी का दर्जा चाहता था। इस कारण वह राष्ट्रीय मुक्ति आंदोलन में शामिल था। राष्ट्रीय मुक्ति संग्राम में साम्राज्यवाद-विरोधी संयुक्त मोरचे में शामिल विभिन्न वर्ग-शक्तियों की माँगों और उद्देश्यों में विरोधाभास और टकराव तो जरूर था, मगर उनका दुश्मन एक था—ब्रिटिश साम्राज्यवाद और उसकी वित्तीय पूँजी का शासन।

संविधान निर्माताओं ने जब संविधान की 'प्रस्तावना' में सामाजिक, आर्थिक और राजनीतिक न्याय की संकल्पना को समाहित करते हुए 'प्रस्तावना' को संविधान में प्रविष्ट किया, तब उनकी चेतना में ऊपर वर्णित ऐतिहासिक परिप्रेक्ष्य मौजूद था। इस ऐतिहासिक परिप्रेक्ष्य को ध्यान में रखकर 'प्रस्तावना' का मूल्यांकन या विश्लेषण किया

जाए, तब यह स्पष्ट हो जाता है कि 'प्रस्तावना' में प्रदत्त सामाजिक, आर्थिक और राजनीतिक न्याय की संकल्पना में राष्ट्रीय पूँजी को औद्योगिक अवसर प्रदान करने, मजदूरों को शोषण से मुक्ति दिलाने, किसानों की शोषणकारी जमींदारी प्रथा से हो रही तबाही को समाप्त करने और बुद्धिजीवी मध्यम वर्ग को हरेक क्षेत्र में समानता के अवसर को प्रदान करने के भावों को 'प्रस्तावना' में शामिल किया गया है। 'प्रस्तावना' में वर्णित सामाजिक, आर्थिक और राजनीतिक न्याय की व्याख्या इससे हटकर नहीं की जा सकती यानी 'प्रस्तावना' भारत के भविष्य के समाज की जो संकल्पना पेश करती है, उसका लक्ष्य भारतीय नागरिक को सामाजिक, आर्थिक और राजनीतिक न्याय प्रदान करना है और इसी के अनुरूप भारत के भविष्य के समाज के लिए 'आधार' के निर्माण के लिए निर्देशित करता है। भारत में वर्ग-शक्तियों की जो स्थिति संविधान निर्माण के काल में थी, उसमें इस ऊपर वर्णित न्याय की अवधारणा को लागू करने के लिए भारतीय आर्थिक-सामाजिक पुनर्संरचना की दिशा को साम्राज्यवाद विरोधी, इजारेदारवाद विरोधी और सामंतवाद विरोधी दिशा में ले जाने की तरफ इंगित किया गया है, मगर आज की विडंबना है कि 'प्रस्तावना' के इस उदात्त लक्ष्य को विकृत ढंग से स्वार्थी राजनीतिक वैचारिकता ने जाति और समुदाय के संदर्भ में परिभाषित करके सामाजिक, आर्थिक और राजनीतिक न्याय की इस अवधारणा को कई तरह से विकृत कर दिया है, जिसका लाभ ऐसे तत्त्व उठा रहे हैं, जो संविधान के मूल तत्त्व के खिलाफ राजनीति कर रहे हैं।

संविधान की 'प्रस्तावना' में आजादी (Liberty) का, जिसमें विचार सप्रेषण, विश्वास, आस्था, पूजा-पाठ आदि की आजादी का जिक्र है, इस प्रावधान को रखे जाने का भी एक ऐतिहासिक संदर्भ था। इस अवधारणा में भी साम्राज्यवाद विरोध की भावना अंतर्निहित थी और साम्राज्यवाद विरोध के संघर्ष के ही एक अभिन्न अवयव के रूप में संविधान में उसने प्रविष्टि पाई थी। यह विरोध साम्राज्यवादी शासकों द्वारा भारत को एक अप्राकृतिक और अप्रशासनिक बँटवारे के कारण उत्पन्न स्थितियों के परिणामों से स्वतंत्र भारत को निकालने के उद्देश्य से रखा गया था। साम्राज्यवाद ने भारत को असमान खंडों में बाँट रखा था, एक खंड ब्रिटिश भारत का था और दूसरा खंड देशी रियासतों का।

इस बँटवारे को किसी भी सूरत में प्रशासनिक बँटवारा नहीं कहा जा सकता था, मगर इसका विस्तार संपूर्ण भारत की सामाजिक, राजनीतिक और आर्थिक स्थितियों में गहराई तक फैला हुआ था। देशी रियासतों के संबंध में जवाहरलाल नेहरू ने लिखा है कि किस तरह इन रियासतों में दमघोंटू वातावरण व्याप्त है, इस ठहरे हुए या धीरे-धीरे बह रहे पानी के नीचे सड़न और गतिहीनता है, इसे देखकर कोई भी आदमी खुद को

दिमागी और शारीरिक तौर पर कैद और घिरा हुआ महसूस करता है। नेहरू ने आगे लिखा है—इन रियासतों पर रहस्य का परदा रहता है। अखबार निकालने के लिए प्राय: रोक लगी रहती है···रियासतों से जो खबरें आती हैं। उनमें या तो वाइसराय की यात्राओं का वर्णन रहता है। और उन भाषणों के समाचार होते हैं, जो एक-दूसरे की प्रशंसा में दिए गए होते हैं···विशेष कानून के कारण राजाओं की आलोचना नहीं की जा सकती और मामूली-से-मामूली आलोचना पर भी कड़ा-से-कड़ा रुख अपनाया जाता है। सार्वजनिक सभाएँ नहीं के बराबर होती हैं और सामाजिक उद्‌देश्य से आयोजित सभाओं पर भी प्रतिबंध लगा दिया जाता है।[12]

विचार, संप्रेषण, विश्वास, आस्था, पूजा-पाठ की आजादी की गारंटी संविधान की 'प्रस्तावना' में किए जाने का ऐतिहासिक परिप्रेक्ष्य यही था कि संविधान निर्माताओं की यह स्पष्ट समझ थी कि भारतीय जनता को अतीत की विरासत के रूप में तमाम तरह की विसंगतियाँ, समस्याएँ, भेदभाव आदि मिले हैं, जो बीते जमाने के अवशेष के रूप में संविधान निर्माण के समय भी उनके सामने मौजूद थे। भारतीय मुक्ति आंदोलन ने साम्राज्यवाद के खिलाफ संघर्ष के दौरान छुआछूत, संप्रदायवाद, जातिवाद, धार्मिक उन्मादवाद, निरक्षरता आदि जैसी विसंगतियों के खिलाफ निरंतर संघर्ष किया था और औपनिवेशिक शासकों ने लगातार अपने विभिन्न कार्यक्रमों के द्वारा इस तरह के संघर्षों में अड़चनें पैदा की थीं और इन प्रवृत्तियों को पल्लवित-पुष्पित होने से रोकने में कोई कोर-कसर नहीं छोड़ी थी। इन बुराइयों के खिलाफ संघर्ष का नेतृत्व ब्रिटिश शासकों ने नहीं किया था, बल्कि इसका नेतृत्व राष्ट्रीय आंदोलन ने किया था। इस आंदोलन को पूर्णता तक ले जाने का जो दायित्व स्वतंत्र भारत पर आ गया था, उसकी झलक संविधान की 'प्रस्तावना 'के इस प्रावधान में संविधान निर्माताओं ने रखी थी।

बहुभाषायी भारत की विभिन्न भाषाओं के बीच की एक अक्षुण्ण एकता को 1921 की जनगणना ने ही उजागर कर दिया था। जनगणना में दर्ज किया गया था कि इसमें कोई संदेह नहीं कि उत्तर तथा मध्य भारत की मुख्य भाषाओं में एक सामूहिक तत्त्व है, जिसके कारण इन भाषाओं को बनानेवाले अपनी बोलचाल में बिना कोई तब्दीली लाए ही एक-दूसरे की बातचीत समझ लेते हैं। इस प्रकार भारत के बड़े हिस्से में भाषायी, एकता के लिए एक मजबूत आधार पहले से ही मौजूद है।[13] इस प्रकार भाषायी, सांप्रदायिक, धार्मिक आदि जिन विघटनकारी तत्त्वों को शह देकर साम्राज्यवाद बढ़ता रहा था, उन्हें समूल नष्ट करने की अवधारणा 'प्रस्तावना' की इस संकल्पना में अंतर्निहित है।

42वें संविधान संशोधन का सार तत्त्व

1976 में संविधान में किया गया 42वाँ संशोधन और इस पर उच्चतम न्यायालय की बेंच के बहुमत जजों की राय ने इस बात की गारंटी करा दी कि भारतीय संविधान की 'प्रस्तावना' अमेरिकी संविधान की प्रस्तावना से, जिसे अमेरिकी संविधान का अंग नहीं माना जाता, भिन्न है। यह संविधान का अंग है और इसे संविधान के अन्य प्रावधानों की ही तरह संशोधित किया जा सकता है। इसके अलावा इस संशोधन ने यह भी स्थापित कर दिया कि संविधान का अभिन्न अंग होने के कारण 'प्रस्तावना' में समाहित किए गए लक्ष्यों को हटाना या उनसे विचलन संविधान का उल्लंघन है और ऐसा विचलन एक ऐसा गंभीर मामला है, जिसकी अनुमति संविधान नहीं देता।

42वें संशोधन द्वारा 'प्रस्तावना' में 'सोशलिस्ट' और 'सेक्यूलर' शब्दों की प्रविष्टियों से संविधान के अन्य लक्ष्यों की ही तरह भारतीय राजसत्ता का चरित्र एक समाजवादी गणतंत्र की स्थापना करना हो गया। इस प्रकार अब भारतीय संविधान भारत को एक समाजवादी, पंथनिरपेक्ष गणराज्य में रूपांतरित करने के लिए निर्देशित करता है। दूसरे शब्दों में कहा जा सकता है कि जिस तरह के उत्पादन संबंध की वकालत संविधान की 'प्रस्तावना' में की गई है और उस 'आधार' पर निर्मित होनेवाली आर्थिक-सामाजिक संरचना या तमाम बाहरी संरचनाओं—राजसत्ता समेत—का जो खाका प्रस्तुत किया गया है, वह एक समाजवादी समाज के गठन का खाका है। यह संशोधन भी अप्रत्याशित या मनोवादी आधारों पर नहीं किया गया था; बल्कि इसका भी एक ऐतिहासिक परिप्रेक्ष्य था, जिससे हटकर इसके औचित्य-अनौचित्य का मूल्यांकन नहीं किया जा सकता।

1960 के दशक में कांग्रेस को, उसके राजनीतिक वर्चस्व को तब चुनौती मिलनी शुरू हुई, जब 1967 के चुनाव में देश के महत्त्वपूर्ण राज्यों से कांग्रेस सत्ता से बाहर हो गई और संयुक्त मोरचे की सरकारों ने उसकी जगह ले ली। वास्तव में स्वतंत्रता के बाद केंद्र तथा सभी राज्यों में कांग्रेस के एकच्क्षत्र शासन के परिणामस्वरूप राष्ट्रीय पूँजी के, जिसका नेतृत्व कांग्रेस करती थी, एक खास हिस्से की क्रांतिकारी क्षमता समाप्त हो गई थी, उसने पूँजीवादी-जनवादी क्रांति संपन्न करने की क्षमता को खो दिया था। फिर भी कांग्रेस का मिश्रित वर्ग चरित्र समाप्त नहीं हुआ था, अभी भी कांग्रेस अपनी उस नीति पर चल रही थी, जिसे उसने स्वतंत्रता संघर्ष में अपनाया था और विभिन्न वर्ग-शक्तियों का एक संयुक्त मोरचा था। आजादी के बाद भी कांग्रेस स्वतंत्र भारत की आर्थिक-सामाजिक पुनर्संरचना के कर्तव्यों को पूरा करने में इसी नीति का अनुसरण कर रही थी, जिसके कारण कई ऐसी अनुकूल परिस्थितियाँ बनी थीं, जिसकी वजह से कांग्रेस के ढाँचे के अंदर अब भी परस्पर विरोधी प्रवृत्तियाँ

मौजूद रहीं। नेहरू ने यह महसूस किया था कि जब तक एक खास हद तक आर्थिक स्वतंत्रता हासिल नहीं कर ली जाती और साम्राज्यवाद के शोषण के बहुआयामी जाल से देश को बाहर नहीं लाया जाएगा, तब तक स्वाधीनता का राजनीतिक पक्ष भी मात्र एक ढकोसला ही रहेगा। यही वह दृष्टिकोण था, जो मजबूत सार्वजनिक क्षेत्र के आधार पर आर्थिक-सामाजिक तरक्की के लिए अपनाई गई नीति का कारण बना था। भारत की आर्थिक-सामाजिक पुनर्संरचना की यही नेहरूवादी नीति थी। इस नीति को आगे बढ़ाने के लिए आर्थिक, तकनीकी, सामाजिक, सांस्कृतिक आदि क्षेत्रों में भारत की पुनर्संरचना की माँग थी कि शांतिपूर्ण विदेश नीति को दृढता से आगे बढ़ाया जाए, साम्राज्यवाद और उपनिवेशवाद विरोधी नीति को दृढता से चलाया जाए। कांग्रेस-नीति में विद्यमान प्रगतिशील तत्त्वों को बनाए रखने के लिए ऐसे कदमों को उठाया जाना था।

आजादी के शुरुआती वर्षों की स्थिति

आजादी के बाद के शुरुआती वर्षों में सामंती जमींदारों और दलाल पूँजीपतियों को छोड़कर भारतीय समाज के अन्य सभी वर्गों के हितों को ध्यान में रखते हुए सामान्य जनतांत्रिक बदलावों को लागू करने का दायित्व देश के सामने था। कांग्रेस की आंतरिक विविधताएँ उसके सैद्धांतिक मंच से प्रकट हो रही थीं। यह मंच मिश्रित वैचारिकतावाला था, समझौतावादी था और परस्पर विरोधी विचारों के घालमेलवाला था तथा व्यापक जनता के हितों को ध्यान में रखकर कार्यक्रम चलाने और बनाने का प्रयास करता था। जनता के व्यापक भागों के हितों को ध्यान में रखकर बनाई जानेवाली नीति वास्तविक पूँजीवादी नीति से हू-ब-हू मेल नहीं खाती थी, यह पूँजीवाद के संकुचित वर्ग हितों के दायरे से बाहर निकल जाती थी। यह प्रवृत्ति 1930 के दशक से ही प्रकट होने लगी थी, जब राष्ट्रीय मुक्ति आंदोलन में 1927 के बाद से वाम वैचारिकता का प्रभाव राष्ट्रीय आंदोलन में अन्य वर्षों की तुलना में अपेक्षाकृत ज्यादा प्रभावी ढंग से हस्तक्षेप करने की हालत में आ गया था। जनवरी, 1955 में कांग्रेस के अवाड़ी महाधिवेशन में जब जवाहरलाल नेहरू ने 'समाजवादी ढाँचे के समाज' के निर्माण को कांग्रेस का लक्ष्य निर्धारित कराया, तब यह घोषणा पूर्व से चली आ रही प्रवृत्तियों की ही अभिव्यक्ति थी। यह घोषणा वास्तव में पूँजीवादी नीति को समाजवादी नारे के ढाँचे में रखकर प्रस्तुत करने और न्यायसंगत तौर-तरीके अपनाने की दरकार और सामाजिक अंतर्विरोधों को सुलझाने की अपेक्षा आर्थिक विकास पर ज्यादा बल देनेवाली थी।

कांग्रेस के अवाड़ी महाधिवेशन में स्वीकृत 'समाजवादी ढाँचे के समाज' के निर्माण के स्वीकृत लक्ष्य के प्रति कांग्रेस के अंदर वैचारिकता विभाजित या यों कहें कि

मिश्रित रही। कुछ ने 20वीं सदी के ह्रासोन्मुख पूँजीवाद, भारत की सामान्य जनता के बीच प्रतिष्ठित करने के लिए इसे एक आवरण के रूप में स्वीकार किया गया, क्योंकि उनकी राय में पूँजीवादी विकास के फरहरे को आसानी से जनता के लिए स्वीकार्य नहीं बनाया जा सकता था। इस कारण उन्होंने इसे एक चालाकीपूर्ण नारा मात्र माना, इसके अलावा और कुछ नहीं, परंतु कुछ कांग्रेसी नेताओं ने इसे पर्याप्त गंभीरता से स्वीकारा। इस तरह की मिश्रित वैचारिकता को कांग्रेस के अंदर एक साथ समाहित किए जाने की स्थितियाँ कांग्रेस द्वारा मिश्रित वर्ग स्वार्थों को एक साथ लेकर चलने की नीति के कारण मौजूद थी। इसके अलावा एक अन्य कारक भी था, जिसने इस मिश्रित वैचारिकता की मौजूदगी में भी कांग्रेस को एकजुट रखकर सत्ता पर काबिज रखा था, वह कारक आजादी-पूर्व गांधी और आजादी पश्चात् नेहरू के कर्णधार की हैसियत से कांग्रेस में मौजूद था। ऐरो नेता उदार विचारों के लिए सहिष्णु थे और किसी वैचारिक गुट के साथ प्रतिबद्ध नहीं थे।[14]

'समाजवादी ढाँचे के समाज' की अवधारणा कांग्रेस के मिश्रितवर्गीय चरित्र के अनुकूल ही भारत की आर्थिक-सामाजिक संरचना को मिश्रितवर्गीय चरित्रवाले समाज के रूप में ढालने की परिकल्पना को प्रतिबिंबित कर रही थी, जिसमें सार्वजनिक और निजी, दोनों ही क्षेत्रों को साथ-साथ चलने की अनुमति दी गई थी। इस मिश्रित अर्थतंत्र में बननेवाले उत्पादन-संबंध जिस तरह के 'आधार' को प्रस्तुत कर रहे थे, उसी के अनुरूप वैदेशिक नीति को गुटनिरपेक्षता की विदेश नीति के रूप में प्रकट किया गया था और योजनाबद्ध विकास की संकल्पना को आगे बढ़ाया गया था। योजनाबद्ध विकास प्रक्रिया को अपनाए जाने का भी एक ऐतिहासिक परिप्रेक्ष्य था, जो 1938 में गठित राष्ट्रीय नियोजन समिति द्वारा जारी दस्तावेजों में देखा जा सकता है। कांग्रेस के अंदर के वामपंथी रुझानवाले नेताओं के आग्रह पर गठित इस राष्ट्रीय नियोजन समिति का चरित्र भी मिश्रित था, इसमें अनुदार बड़े व्यापारियों से लेकर वामपंथी वैचारिकतावाले तक सदस्य के रूप में शामिल थे, जो अलग-अलग दृष्टिकोण अपनाते थे। 'समाजवादी लोग लाभ के प्रयोजन को समाप्त करना अपना लक्ष्य बनाते थे और न्यायपूर्ण वितरण के महत्त्व पर बल देते थे तथा बड़े व्यापारी स्वतंत्र लाभ के प्रयोजन को यथासंभव बनाए रखने का प्रयास करते थे और उत्पादन पर अपेक्षाकृत अधिक जोर देते थे।'[15]

यह रिपोर्ट एक ऐसी समिति की रिपोर्ट थी, जिसमें विभिन्नवर्गीय हित उपस्थित थे, मगर भारत की बरबाद कर दी गई आर्थिक-सामाजिक व्यवस्था की पुनर्संरचना के प्रश्न समझौते के बिंदु को उपस्थित कर दिया था। अपनी अंतर्दृष्टि में यह रिपोर्ट प्रगतिशील थी—विदेशी सत्ता से स्वतंत्रता प्राप्त करना, घनघोर गरीबी, बेरोजगारी आदि समाप्त करना, जनता के जीवनमान को ऊपर उठाना और विदेशी नियंत्रण को समाप्त

करना आदि जैसे लक्ष्य इसकी प्रगतिशीलता के मानदंड थे। समिति की सिफारिशों में यह स्वीकार किया गया था कि आर्थिक विकास की नीति नियोजित विकास की नीति होने चाहिए और इस नियोजन का लक्ष्य होना चाहिए—औद्योगिकीकरण को सबसे महत्त्वपूर्ण लक्ष्य के रूप में स्वीकार करना। आर्थिक नियोजन को कृषि और औद्योगिक उत्पादन में बढ़ोतरी, बेरोजगारी में कमी, प्रति-व्यक्ति आय में इजाफा, निरक्षरता उन्मूलन, सामुदायिक सेवाओं के ताने-बाने में विस्तार, खाद्य-आपूर्ति, चिकित्सा सेवा, वस्त्र, आवास आदि जैसी आवश्यक सेवाओं को उपलब्ध कराने का प्रयास महती उद्देश्य के रूप में स्वीकार किया जाना चाहिए। इन कर्तव्यों की पूर्ति के लिए मूलगामी आर्थिक उपायों की जरूरत महसूस की गई थी। जवाहरलाल नेहरू ने कहा, ''इस नियोजन का सारतत्त्व है, बड़े अंश में नियमन और समायोजन। अतः ऐसा नहीं है कि स्वतंत्र उद्यम के लिए कोई स्थान ही न हो, किंतु इसका कार्य क्षेत्र अतिशय सीमित है।'' प्रतिरक्षा उद्योगों के मामले से यह निर्णय लिया गया था कि इस पर अवश्यमेव राज्य का ही नियंत्रण और स्वामित्व होना चाहिए। अन्य धुरीन उद्योगों के मामले में बहुमत की राय थी कि इन्हें राज्य के नेतृत्व में होना चाहिए, किंतु समिति के एक अच्छे-खासे अल्पमत की राय थी कि राज्य का नियंत्रण काफी है।[16] सोचा यह गया था कि सामुदायिक सेवाओं के लिए एक केंद्रीय या प्रांतीय निकाय या स्थानीय स्वायत्त निकायों को जिम्मेदार बनाया जाएगा तथा ऋण की एक समाजीकृत प्रणाली स्थापित की जाएगी। इस संबंध में जवाहरलाल की स्पष्ट उक्ति है, 'बैंकों, बीमा आदि का अगर राष्ट्रीयकरण नहीं करना है, तो कम-से-कम उन्हें राज्य के नियंत्रण में तो अवश्य होना चाहिए, ताकि पूँजी और ऋण पर राजकीय नियमन कायम हो सके। यह भी जरूरी है कि आयात और निर्यात व्यापार को नियंत्रण में रखा जाए।'[17] राय दी गई थी कि राज्यीय उद्योगों के संचालन के लिए 'स्वायत्त लोक न्यासों' की प्रणाली विकसित तथा लागू की जाएगी, जो सार्वजनिक स्वामित्व और नियंत्रण को तो सुनिश्चित कर ही देगी साथ-ही-साथ प्रत्यक्ष लोकतांत्रिक नियंत्रण में यदा-कदा घुस आनेवाली कठिनाइयों और अकुशलता को भी पचा ले जाएगी'। उद्योगों के लिए सहकारी स्वामित्व और नियंत्रण का भी सुझाव दिया गया था।

कृषि के मामले में यह कल्पना थी, ''खेती की जमीन, खान, खदान, नदियाँ और वन आदि राष्ट्रीय संपदा के रूप में हैं, जिनका स्वामित्व सामूहिक से भारत की जनता में पूर्णतः न्यस्त होना चाहिए।'' यह उपयोगी माना गया था कि कृषि की व्यक्तिगत और सामूहिक दोनों विधियों के आधार पर कृषि फार्म के प्रबंधन के सहकारी सिद्धांत का प्रयोग किया जाए।'' छोटी जोतों पर किसानी खेती की मनाही का समिति का इरादा नहीं था, किंतु 'संक्रमण के दौर के खत्म हो जाने के बाद

तालुकेदार, जमींदार आदि, जैसे किसी भी बिचौलिए वर्ग को मान्यता नहीं दी जानी चाहिए, उनके संपत्तिगत अधिकारों को धीरे-धीरे खरीद लिया जाना चाहिए। समिति ने राय दी कि राज्य की अनजोती जमीनों पर तुरंत सामूहिक फार्मों की स्थापना की जानी चाहिए।''[18] समिति की सिफारिशों में वर्ग समन्वयवाद के पुट अवश्यमेव रूप में मिल जाते हैं। मगर खुली बाजार व्यवस्था के प्रति इन सिफारिशों का रुझान नहीं के बराबर था—न तो उद्योग में, न कृषि में, न व्यापार में, न वित्तीय संस्थ्याओं आदि के मामले में। सामूहिक कामों के गठन की सिफारिश उस काल की वस्तुनिष्ठ स्थितियों के आलोक में एक अतिक्रांतिकारी कदम जरूर लगता है।

प्रस्तावना में 'समाजवाद' की प्रविष्टि का परिप्रेक्ष्य

1976 में 42वें संशोधन के द्वारा भारतीय संविधान की 'प्रस्तावना' में जब 'समाजवादी' शब्द की प्रविष्टि कराई गई, तब इसको नए सिरे से परिभाषित करने की जरूरत महसूस नहीं की गई, इसे इसके ऐतिहासिक संदर्भों में ही देखा गया। इस कारण इसका यह अर्थ लगाना कतई सही नहीं है कि 'प्रस्तावना' में प्रविष्ट किया गया यह शब्द अपरिभाषित है और परिभाषा न किए जाने के कारण यह अप्रासंगिक बन गया है और भारतीय आर्थिक-सामाजिक पुनर्संरचना के कार्य को आगे बढ़ाने में इसके महत्त्व और समीचीनता को तिलांजलि भी दी जा सकती है। वास्तव में इसकी परिभाषा का जो ऐतिहासिक परिप्रेक्ष्य है, वह 1938 की कांग्रेस की नियोजन समिति की सिफारिशें, 1955 का कांग्रेस के अवाड़ी अधिवेशन में स्वीकृत प्रस्ताव, पंचवर्षीय योजनाओं के प्रति योजना आयोग के प्रतिपादित लक्ष्यों, 1956 की भारत सरकार की औद्योगिक नीति आदि हैं, जो संविधान की 'प्रस्तावना', 'राज्य के नीति निर्देशक सिद्धांतों' आदि में प्रदत्त प्रावधानों के अनुगामी हैं। वास्तव में भारतीय आर्थिक-सामाजिक संरचना को इन ऐतिहासिक लक्ष्यों के अनुकूल आगे बढ़ाने में जो बाधा थी और जो क्रमिक गति से मजबूत होती चली गई, वह थी पाश्चात्य पूँजीवादी राज्यों—खासकर के ब्रिटेन के संसदवाद के मॉडल पर भारतीय जनवाद को खड़ा करने का प्रयास। आजादी के बाद औपनिवेशिक शासकों द्वारा जिस बड़े पैमाने पर भारतीय आर्थिक-सामाजिक संरचना को तहस-नहस किया गया था, उसकी पुनर्संरचना के दायित्वों को पूरा करने के लिए जरूरी था कि भारत में पूँजीवादी जनवादी क्रांति के दायित्वों को पूरा किया जाता। संविधान की 'प्रस्तावना' और 'राज्य के नीति निर्देशक सिद्धांतों' में प्रदत्त प्रावधानों को लागू कर इस दायित्व को काफी हद तक पूरा किया जा सकता था, मगर कांग्रेस का जो मिश्रित चरित्र था, उसने काफी हद तक कांग्रेस के अंदर के उस नेतृत्व को, जो इन कर्तव्यों को पूरा करने की इच्छा रखता था, बाधित करके रखा और कांग्रेस पार्टी

की एकता को अक्षुण्ण रखने के लिए काफी हद तक एक सैद्धांतिक समझौतावादी नीति को चलाया गया। इस तरह का सैद्धांतिक समझौतावाद कांग्रेस की परंपरागत नीति रही थी। 1936 में ही जवाहरलाल के वक्तव्यों में इसे स्पष्ट कर दिया गया था, जब उन्होंने कहा था, "मैं चाहूँगा कि कांग्रेस एक समाजवादी संगठन का रूप ले और नई सभ्यता के लिए दुनिया की अन्य शक्तियाँ जो काम रही है, उनके साथ कंधे से कंधा मिलाए।" उन्होंने आगे कहा, "इस देश में समाजवाद के विकास की जबरदस्त इच्छा के बावजूद मैं इस प्रश्न को कांग्रेस पर थोपना नहीं चाहता…मैं खुशी-खुशी और पूरी ताकत के साथ उन लोगों के साथ सहयोग करूँगा, जो आजादी के लिए काम कर रहे हैं, भले ही वे समाजवादी समाधान से असहमत क्यों न हो।"[19] आजादी के बाद भी भारतीय अर्थव्यवस्था की पुनर्संरचना के दायित्वों को पूरा करने के कार्यों में कांग्रेस इस समझौतावादी नीति का ही अनुसरण करती रही। परिणाम हुआ कि अपने तमाम नियोजित विकास के कार्यक्रमों को लागू करने के क्रम में भी देश में पूँजीवादी जनतंत्र के ही तमाम प्रमुख तौर-तरीकों को बड़े पैमाने पर चलाया जाता रहा। एक पूँजीवादी जनवादी क्रांति के दायित्वों को पूरा करने के लिए जिस तरह की रद्दोबदल की जरूरत थी, उसे नहीं किया जा सका। यह नहीं देखा गया कि आजादी-पूर्व और आजादी के पश्चात् की भौतिक स्थितियों में बुनियादी फर्क आ गया है।

संविधान की 'प्रस्तावना' संबंधी ऊपर के इन संक्षिप्त विवरणों का सारतत्त्व यही है कि संविधान निर्मात्री सभा में बहुमत में रही कांग्रेस पार्टी, जिसने राष्ट्रीय आंदोलन में साम्राज्यवाद विरोधी विभिन्न वर्ग-शक्तियों के एक संयुक्त मोरचे का नेतृत्व करते हुए राष्ट्रीय आंदोलन को पूर्णता तक पहुँचाया था, संविधान निर्माण में भी अपने इसी मिश्रित वर्ग चरित्र को कायम रखा और इसी के अनुरूप संविधान के स्वरूप को गढ़े जाने की कोशिश की ताकि संविधान में भी विभिन्न वर्ग-शक्तियों के हितों को समाहित किया जा सके। स्वतंत्रता आंदोलन की उस मूल दिशा को, जिस पर विभिन्न वर्ग-शक्तियाँ राष्ट्रीय मुक्ति आंदोलन में एकजुट हुई थीं और संघर्ष में अपनी भागीदारी की थी, उसको संविधान में रखा गया। इन लक्ष्यों में साम्राज्यवाद, इजारेदारवाद और सामंतवाद के विरोध का भाव स्पष्ट है। विकास की स्वावलंबी आर्थिक नीति और गुटनिरपेक्षता की विदेश नीति आदि इसके साम्राज्यवाद विरोधी नीति की अर्थव्यवस्था में सार्वजनिक क्षेत्र की महती भूमिका, इसकी इजारेदार विरोधी नीति और जमींदारी उन्मूलन, भूमि सुधार आदि इसकी सामंतवाद विरोधी नीति के स्पष्ट पहलू हैं। इसी के परिप्रेक्ष्य में भारत तमाम मुक्ति संघर्षों का समर्थन करता रहा, विश्व शांति, निरस्त्रीकरण का पक्ष मजबूती से लेता रहा, सैनिक गुटबंदी और सैन्य गठबंधनों का विरोध किया और परस्पर लाभ के आधार पर गठित एक नई विश्व आर्थिक व्यवस्था के लिए संघर्ष से अपने

को संबद्ध कर नव-उपनिवेशवादी शोषण का विरोध करता रहा।

भारतीय संविधान में प्रदत्त 'प्रस्तावना' के इस परिप्रेक्ष्य में ही नव-उदारवादी आर्थिक सुधारों को, भारत 1990-91 के बाद अंगीकार कर, भारत की आर्थिक-सामाजिक संरचना को जिस दिशा में ढालता जा रहा है, उसकी संवैधानिक वैधता की जाँच की जा सकती है। यह निर्णय किया जा सकता है कि भारत के संविधान में प्रदत्त प्रावधानों के अनुकूल नव-उदारवादी सुधार कार्यक्रम है या नहीं। नव-उदारवादी आर्थिक सुधार, जिस तरह के उत्पादन-संबंधों का निर्माण कर रहे हैं, यानी जिस 'आधार' की रचना इनके द्वारा की जा रही है और उस 'आधार' की स्वाभाविक परिणति के रूप में बननेवाली बाहरी संरचनाएँ, जिनमें भारतीय राजसत्ता भी शामिल है, संविधान की प्रस्तावना के लक्ष्यों को प्रतिबिंबित करनेवाली हैं या उसकी भावना की उलटी दिशा में ले जानेवाली हैं। यही मूल प्रश्न विचारणीय है।

टिप्पणियाँ और संदर्भ

1. कार्ल मार्क्स, ए कंट्रीब्यूसन टू दि क्रिटिक ऑफ पोलिटिकल इकोनॉमी, मास्को, प्रोग्रेस पब्लिशर्स, 1970, 'प्रीफेस' पृ. 20-21।
2. भारत का संविधान 'प्रस्तावना'।
3. 'बुनियादी आधार' (Basic Structure) के संबंध में भारत के उच्चतम न्यायालय के फैसलों को नीचे के केसों के निर्णयों में देखा जा सकता है—

(क) केशवानंद भारती बनाम केरल राज्य, ए.आई.आर. 1973, सुप्रीम कोर्ट, 1461, पैरा 292, 437, 599, 682 और 1164।

(ख) इंदिरा गांधी बनाम राजनारायण, ए.आई.आर., 1975 सु. कोर्ट, 2299, पैरा 251-252 (जे. खन्ना), पैरा 664, 665 और 691 (जे. चंद्रचूड़), पैरा 555 और 575 (जे. बेग) पाँच में से 3 जज।

(ग) मिनरवा मिल्स बनाम भारतीय संघ, ए.आई.आर., 1980, सु. कोर्ट 1789 (बहुमत)।

4. वी. पॉल बनाम कोचीन विश्वविद्यालय, ए.आई.आर., 1996, सु. कोर्ट 1011, पैरा 25।
5. (क) केशवानंद भारती बनाम केरल राज्य, पूर्वोद्धृत।

(ख) चंद्रभूषण बनाम मैसूर राज्य, ए.आई.आर., 1970, सु. कोर्ट 2042, पैरा 13।

(ग) धारवाड़ जिला पी.डब्ल्यू.डी. लिटरेट डेली वेज इम्प्लाइज एसोसिएशन बनाम कर्नाटक राज्य (1990) 2 एस.सी.सी. 396, पैरा 14 से 27।

6. इस संदर्भ में उच्चतम न्यायालय के इन फैसलों को देखा जा सकता है।

(क) एक्सेल वियर बनाम भारतीय संघ, ए.आई.आर., 1979, सु. को 25, पैरा 24।

(ख) आतम-प्रकाश बनाम हरियाणा राज्य, ए.आई.आर. 1986, सुप्रीम कोर्ट 859, पैरा 5।

(ग) रणधीर बनाम भारतीय संघ, ए.आई.आर., 1982, सुप्रीम कोर्ट 879, पैरा 8।

(घ) नाकारा बनाम भारतीय संघ, ए.आई.आर., 1983, सु. कोर्ट 130, पैरा 34।

(ङ) मिनरवा मिल्स बनाम भारतीय संघ, पूर्वोद्धृत, पैरा 62, 111।

(च) धारवाड़ जिला पी.डब्ल्यू.डी.''' बनाम कर्नाटक राज्य, पूर्वोद्धृत, पैरा 14 से 17।

7. ए.आई.आर., 1960 सुप्रीम कोर्ट, 845।
8. बांबे योजना पर विस्तृत जानकारी के लिए देखा जा सकता है—
रजनी पाम दत्त, आज का भारत (हिंदी), मैकमिलन इंडिया प्रा.लि., 1985, पृ. 635–36।
9. ऊपर उद्धृत।
10. केशवानंद भारती बनाम केरल राज्य, ए.आई.आर., 1973, सुप्रीम कोर्ट, 1461, (1913), 4 सु. कोर्ट 228 : (1973), सप्लीमेंट्री एस.सी.आर–1 1, 3, 14, 15, 37, 75, 76, 88, 90।
11. ऊपर उद्धृत।
12. जवाहरलाल नेहरू, आत्मकथा, ऑक्सफोर्ड यूनिवर्सिटी प्रेस, दिल्ली, 1936, पृ. 531।
13. सेंसस ऑफ इंडिया, 1921, खंड–1, भाग–1, पृ. 1, 190।
14. आर. उल्यानोवस्की 'भारतीय विकास और कांग्रेस की भूमिका' भारत को छिन्न-भिन्न करने की साम्राज्यवादी साजिश, राहुल स्मारक, लेखक सहयोग समिति, पटना पृ. 201–22।
15. जवाहरलाल नेहरू डिस्कवरी ऑफ इंडिया, जवाहरलाल नेहरू मेमोरियल फाउंडेशन, नई दिल्ली, 1946 और 1992, पृ. 430–31।
16. ऊपर उद्धृत, 432–433।
17. ऊपर उद्धृत, 433–34।
18. ऊपर उद्धृत, 433।
19. जवाहरलाल नेहरू का राष्ट्रीय कांग्रेस के लखनऊ अधिवेशन में अध्यक्षीय भाषण, 1936।

□

3

भारतीय संविधान की मूल भावना और मौलिक अधिकार

भारतीय संविधान के अध्याय (पार्ट) III में प्रदत्त मौलिक अधिकारों की सूची में प्रदत्त अधिकार, जिनके पीछे न्यायालय की शक्ति है, भारतीय राजसत्ता के चारित्रिक लक्षणों को तय करनेवाले कारकों में महत्त्वपूर्ण स्थान रखते हैं। संविधान के कई अन्य प्रावधानों के अलावा यह अध्याय संविधान की 'प्रस्तावना' और 'राज्य के नीति निर्देशक सिद्धांतों' में भारतीय नागरिकों के लिए दिए गए अधिकारों को राज्य द्वारा अपहृत किए जाने या छीने जाने के खिलाफ भारतीय नागरिकों को उन अधिकारों की गारंटी करते हैं। इस कारण इस अध्याय के प्रावधानों को न्यायायिक शक्ति से संविधान निर्माताओं ने संपन्न करके संविधान में प्रविष्टि दी है, यानी इनका चरित्र राज्य के लिए नकारात्मक शर्तोंवाला है, जो भारतीय नागरिकों के पक्ष में इस अध्याय में दिए गए अधिकारों की गारंटी कराता है।

अध्याय III में दिए गए अधिकारों की अपनी विशेषताएँ हैं, जो संविधान निर्माताओं की मन:स्थिति को प्रकट करते हैं। संविधान निर्माताओं ने उस अध्याय को अमेरिकी संविधान में प्रदत्त 'बिल ऑफ राइट्स' के आधार पर इस अध्याय में प्रदत्त अधिकारों को रखा, मगर हू-ब-हू उन सारे प्रावधानों को, जो अमेरिकी संविधान के 'बिल ऑफ राइट्स' में दिए गए हैं, नहीं स्वीकारा। अमेरिकी संविधान के 'बिल ऑफ राइट्स' में जो अधिकार दिए गए हैं, उन्हें अमेरिकी संविधान ने अपने आपमें परिपूर्ण (Absolute) मान लिया है, उनके ऊपर संविधान किसी तरह के प्रतिबंध या सीमा का निर्धारण नहीं करता, बल्कि न्यायालयों को यह अधिकार प्रदान करता है कि वे 'बिल ऑफ राइट्स' में घोषित अधिकारों का सीमा निर्धारण करेंगे। अमेरिकी संविधान की इस अवधारणा को भारत के संविधान निर्माताओं ने अस्वीकृत किया और संविधान में ही उन प्रावधानों

का भी समावेश किया, जिनके आधार पर इन अधिकारों को सीमित किया जा सकता है, इसके अलावा राज्य का कोई भी अवयव, चाहे विधायिका या कार्यपालिका या न्यायपालिका, इसको मनमाने ढंग से सीमित नहीं कर सकता। इस एक महत्त्वपूर्ण फर्क को भारतीय संविधान में प्रदत्त मौलिक अधिकारों और अमेरिकी संविधान में प्रदत्त 'बिल ऑफ राइट्स' के बीच संविधान निर्माताओं ने भारत के संदर्भ में खड़ा किया। अगर इस फर्क का विश्लेषण किया जाए और संविधान निर्माताओं के इस सोच के पीछे जो भारतीय ऐतिहासिक परिप्रेक्ष्य रहा है, उसके संदर्भ में इसे देखा जाए, तब इस फर्क को रखने के कारणों का पता चल जाता है।

वास्तव में संविधान निर्माता जिस काल में संविधान निर्माण में जुटे थे और जब वे मौलिक अधिकारों की प्रविष्टि संविधान में कर रहे थे, तो उनके सामने वैश्विक स्तर पर घट रही घटनाएँ, भारत के मुक्ति संघर्ष के काल में भारतीय अवाम को दिए गए आश्वासनों, आजादी के बाद उन आश्वासनों को कार्यान्वित किए जाने के प्रसंग में उत्पन्न वैचारिक और सैद्धांतिक मत-मतान्तरों आदि के साथ-साथ अन्य कई तरह की समस्याएँ कई तरह की वैचारिकताओं के कारण आ रही थीं। प्रश्न था उन सबों में एक सर्वमान्य तालमेल बैठाकर इन अधिकारों के पीछे दी जानेवाली गारंटियों, इनके दुरुपयोग को नियंत्रित करने, इन अधिकारों को राज्य के द्वारा संकुचित वर्गीय स्वार्थों की पूर्ति न करने के लिए सीमित करना तथा न्यायालय की चारित्रिक विशेषता का मूल्यांकन करते हुए, ऐसे प्रावधानों का सृजन करना था, जिससे न्यायालय इनके कार्यान्वयन संबंधी विवादों के फैसलों पर निष्पक्ष रह सके आदि।

संविधान निर्माताओं ने जब अमेरिकी 'बिल ऑफ राइट्स' की तर्ज पर मौलिक अधिकारों को भारतीय संविधान में प्रविष्ट कराकर, इन अधिकारों को अपने आपमें परिपूर्ण (Absolute) नहीं माना और न्यायपालिका को अमेरिकी 'बिल ऑफ राइट्स' में प्रदत्त प्रावधानों की भाँति, इन्हें सीमित करने के अधिकार से वंचित करके स्वयं उन आधारों के लिए प्रावधान रखा और उन प्रावधानों के अंदर ही इन्हें सीमित करने के लिए न्यायपालिका के ऊपर शर्तें रखी, तब इसका मतलब था कि न्यायपालिका और राज्य में दोनों ही की निष्पक्षता को नकार दिया। इस 'नकार' के पीछे उनकी समझ में यह बात स्पष्ट थी कि भारत का राष्ट्रीय आंदोलन साम्राज्यवाद विरोधी विभिन्न वर्ग-शक्तियों के एक संयुक्त मोरचे के द्वारा लड़ा गया मुक्ति संघर्ष था और संविधान को किसी भी एक वर्ग के स्वार्थों को लक्ष्य करके नहीं बनाया जा सकता था। दूसरी बात, वैश्विक राजनीतिक परिप्रेक्ष्य का था। वह काल वित्तीय पूँजीवाद का काल था, जिसने दो साम्राज्यवादी युद्धों को विश्व पर थोपा था, फासीवाद के कटु अनुभवों से विश्व गुजर चुका था और फासीवाद को द्वितीय विश्वयुद्ध में पराजित करने में उस काल के समाजवाद

की भूमिका और युद्ध के बाद उपनिवेशवाद विरोधी वैश्विक आंदोलनों में प्रगतिशील शक्तियों की भूमिका के प्रभावों को नजरअंदाज कर संविधान निर्माण करना कठिन था। वे दो वैचारिकताओं—पूँजीवादी उदारवादी वैचारिकता और समाजवादी वैचारिकता के बीच परस्पर द्वंद्व की वैचारिक स्थिति से जूझ रहे थे। उदारवादी वैचारिकता का सार तत्त्व था कि कानून जनता के चुने गए प्रतिनिधियों द्वारा बनाए जाने चाहिए और न्यायपालिका को सरकार के अन्य अवयवों से स्वतंत्र होना चाहिए।

कानून को न्यायपालिका द्वारा अनुशासित होना चाहिए, ठीक उसी तरह से, जिस तरह विधान या कानून में उसे रखा गया है। इस प्रकार पूँजीवाद उदारवाद कानून के प्रक्रियात्मक पक्ष पर जोर देता था, उसके सार तत्त्व पर नहीं। पूँजीवादी उदारवादी वैचारिकता कानून के प्रशासन (Rule of Law) को सर्वोपरि महत्त्व देनेवाला विचार होता है, जिसे अरस्तु ने स्थापित किया था और कहा था कि कानून का प्रशासन व्यक्ति प्रशासन से ऊपर है[1] और जिसे डायसी ने पुनर्स्थापित किया। संविधान निर्माता ने इस तथ्य से अपने को संबद्ध कर रखा था, जिसे डनिंग ने कहा है कि अगर लोगों में कानून के प्रति वफादारी को पैदा करना है, तो कानून ऐसा होना चाहिए कि लोग उसे सही समझें और यह तभी होगा, जब कानून किसी भी सूरत में लागों की इस भावना से विलग नहीं हो। दूसरे शब्दों में, इसे जितना संभव हो, अधिक-से-अधिक न्याय की संकल्पना के नजदीक होना चाहिए।[2] अमेरिका के संविधान में प्रदत्त 'बिल ऑफ राइट्स' को संविधान निर्माताओं ने पूँजीवादी उदारवादी वैचारिकतावाला पाया, जिसमें कानून के प्रक्रियात्मक पक्ष पर जोर था, उनके सारतत्त्व पर नहीं और उसको सीमित करने का पूर्ण अधिकार न्यायालय पर छोड़ दिया गया है। यह एक पूँजीवादी शासनतंत्र के अंदर है, जहाँ कानून के राज्य को सर्वोपरि मान लिया गया है, जिससे उसका स्वरूप पूँजीवादी हो गया है। एक पूँजीवादी आर्थिक-सामाजिक संरचना में बना कानून वर्गीय होता है और उसी प्रक्रिया में जब अमेरिकी न्यायालय अपने अधिकारों का उपयोग करेंगे, तब वह निष्पक्ष नहीं रह सकते। इस कारण संविधान निर्माताओं ने भारत के संदर्भ में न्यायालयों को इस तरह की निरंकुश आजादी नहीं दी, बल्कि तर्कसम्मत (reasonable) सीमाओं को रखा, जिनके आधार पर ही न्यायालय मौलिक अधिकारों को भारत में सीमित कर सकते हैं।

संविधान निर्माताओं ने जिस तरह न्यायपालिका को मौलिक अधिकारों को सीमित करने का अधिकार दिया, वह ठीक उसी तरह से नहीं दिया जैसा अमेरिकी संविधान के 'बिल ऑफ राइट्स' में दिया गया है। इसी के साथ उन्होंने राज्य को भी संविधान में प्रदत्त मौलिक अधिकारों को सीमित करने का अनियंत्रित अधिकार नहीं दिया। संविधान निर्माता यह समझ रहे थे कि जिस तरह नागरिकों द्वारा इन अधिकारों का अनियंत्रित ढंग से या बिना किसी तरह के नियंत्रण के उपयोग अराजकता की स्थिति पैदा

करेगा। उसी तरह राज्य द्वारा बिना किसी बंदिश के इन अधिकारों के उपयोग पर सीमा निर्धारित करने या उनका हनन करने की क्रिया भी अराजकता और नागरिक आजादी का हनन कर अराजकता पैदा कर देगी। इस कारण उन्होंने राज्य और राज्य के नागरिकों द्वारा इन अधिकारों के उपयोग किए जाने के तरीकों और उन्हें सीमित किए जाने के तरीकों; दोनों ही के लिए संविधान में प्रावधान किया—नागरिकों द्वारा इन अधिकारों के उपयोग के कारण किसी तरह के सामाजिक सद्भाव, देश की अखंडता, सार्वभौमिकता, संविधान-प्रदत्त परस्पर के राजनीतिक व्यवहारों आदि, जैसे अनेक कारकों को क्षति न पहुँचने पाए और इसी तरह राज्य द्वारा लगाए जानेवाले प्रतिबंधों के कारण नागरिकों के संविधान-प्रदत्त नागरिक अधिकारों, नागरिक आजादी आदि का हनन भी नहीं होना चाहिए। इसी कारण संविधान निर्माताओं ने यह स्पष्ट कर दिया कि मौलिक अधिकारों को सीमित करने संबंधी कानूनों को निश्चित तौर पर तर्कसंगत होना चाहिए। संविधान निर्माताओं ने न्यायपालिका को मात्र यही अधिकार दिया कि मौलिक अधिकारों को सीमित करनेवाले किसी भी कानून की वैधता को न्यायपालिका इसी आधार पर जाँच सकती है कि मौलिक अधिकारों को सीमित करनेवाला जो कानून बनाया गया है, वह तर्कसंगत आधारों पर खरा उतरता है या नहीं। उस कानून की तर्कसंगतता का निर्धारण भी न्यायपालिका अमेरिकी न्यायपालिका की तरह अपने मन से या मनमाने ढंग से नहीं कर सकती, बल्कि संविधान के प्रावधानों के संदर्भ में ही कर सकती है। ए.के. गोपालन के मुकदमे में उच्चतम न्यायालय के फैसले में न्यायमूर्ति मुखर्जी ने मौलिक अधिकारों को सीमित करने के संबंध में सीमित करनेवाले कारकों की तर्कसंगतता को जब स्पष्ट किया था, तब उन दोहरे मापदंडों की चर्चा की, जिन्हें नागरिकों को अपने अधिकारों की गारंटी कराते समय आवश्यक रूप से स्वीकार करना जरूरी है, इन मौलिक अधिकारों के संबंध में न्यायमूर्ति मुखर्जी ने स्पष्ट कहा कि संविधान की मंशा क्या है? उन्होंने अपने निर्णय में निष्कर्षित किया कि लोगों के इन अधिकारों की घोषणा द्वारा जिस चीज को प्रस्तुत करने की कोशिश संविधान ने की है, वह यही है कि नागरिक आजादी और सामाजिक नियंत्रण के बीच एक संतुलन बनाए रखा जाए।[3] हालाँकि कुछ मामले ऐसे हैं, जहाँ समानता के अधिकार के प्रसंग से हटकर कुछ चिह्नित समूहों को कुछ विशेषाधिकार जरूर दिए गए हैं, मगर उसका प्रावधान भी संविधान में कर दिया गया है। यहाँ तक कि संकटकालीन स्थिति में मौलिक अधिकारों के निलंबन के प्रावधान को भी बाद में संविधान संशोधन के द्वारा उसके मनमाने उपयोग को नियंत्रित किया गया है। इस प्रकार मौलिक अधिकारों के संबंध में यही कहा जा सकता है कि ये विशेष चरित्रवाले हैं। वे एक ऐसी दुनिया को चिह्नित करते हैं, जिसमें राज्य के लिए कोई क्षेत्र है ही नहीं।[4]

वास्तव में इनका लक्ष्य राजनीतिक जनवाद की स्थापना करने के साथ-साथ एक

ऐसे औजार के रूप में इन्हें संविधान में प्रतिष्ठित करना था, जिसके द्वारा मानव गरिमा और व्यक्तित्व को बढ़ावा और संरक्षण दिया जा सके। देखा जा सकता है कि संविधान निर्माता जब इन प्रावधानों को संविधान में प्रविष्ट करा रहे थे, तब वे वैचारिकता के स्तर पर दो परस्पर विरोधी वैचारिकताओं से संघर्ष कर रहे थे। इनमें पहली वैचारिक प्रवृत्ति व्यक्ति के अधिकारों से संबंधित थी, तो दूसरी प्रवृत्ति व्यक्तिगत हित पर उस सामाजिक नियंत्रण से संबंधित थी, जो इन अधिकारों के द्वारा व्यक्तिगत हितों पर सामाजिक हितों के पक्ष में नियंत्रण रखे। उनके सामने इन दो परस्पर विरोधी प्रवृत्तियों के बीच एक सामंजस्य की स्थिति में पहुँचने का दायित्व था। इसी कारण उन्होंने न सिर्फ राज्य पर इन मामलों या अधिकारों को सीमित या लंबित करने संबंधी प्रावधानों को लगाया, बल्कि व्यक्ति द्वारा इनके उपयोग को भी तर्कसंगत कारणों के आधार पर सीमित करने संबंधी प्रावधानों को लगाकर एक संतुलन की स्थिति पैदा करने की चेष्टा की। अध्याय III ऐसे प्रावधानों को स्वीकृत करता है, जो सार्वजनिक हित में इनके ऊपर तर्कसंगत प्रतिबंधों को राज्य द्वारा लगाए जाने की स्थिति को ला देता है। इस तरह के प्रावधान अमेरिकी संविधान के 'बिल ऑफ राइट्स' में नहीं दिए गए हैं, बल्कि वहाँ परस्पर विरोधी स्वार्थों में आए टकरावों के समाधान का पूर्ण दायित्व न्यायपालिका के ऊपर छोड़ दिया गया है।

ऊपर वर्णित इन संदर्भों के अलावा, जिसके आधार पर उच्चतम न्यायालय के न्यायाधीश भगवती ने मेनका गांधी बनाम यूनियन ऑफ इंडिया के मुकदमे में अपना निर्णय देते हुए मौलिक अधिकारों के महत्त्व को रेखांकित किया और कहा कि मौलिक अधिकारों की गहरी जड़े भारतीय स्वतंत्रता संग्राम में हैं। उन्होंने ग्रांभीले आस्टिम को उद्धृत करते हुए उनकी पुस्तक 'दि इंडियन कन्स्टीट्यूशन : कार्नर स्टोन ऑफ नेशन' की पंक्तियों को उद्धृत किया कि मौलिक अधिकारों को इस उम्मीद और चाह के साथ प्रविष्ट कराया गया कि एक-न-एक दिन भारत में वास्तविक आजादी/स्वतंत्रता का वृक्ष फले-फूलेगा।[5] उन्होंने कहा कि ये उस जाति (race) की मन:स्थिति में अविस्मरणीय रूप से अंकित थे, जिसने तीस वर्षों तक ब्रिटिश गुलामी से आजादी प्राप्त करने के लिए करीब-करीब एक असंभव संघर्ष किया था और जब भारत का संविधान बना, तब उसमें मौलिक अधिकारों के रूप में प्रविष्ट किया गया।[6]

मूल अधिकारों के संबंध में उच्चतम न्यायालय द्वारा ऊपर दी गई टिप्पणी, जो मूल अधिकारों के ऐतिहासिक परिप्रेक्ष्य को दरशाती है, एक सही टिप्पणी है। मूल अधिकारों को संविधान में प्रविष्ट कराने के सबसे प्रमुख कारकों में राष्ट्रीय आंदोलन द्वारा जनता को विभिन्न तरह की आजादियों की गारंटी कराने, एक नए किस्म की आर्थिक-सामाजिक संरचना के निर्माण, जिसमें सबों को व्यक्तिगत और सामूहिक दोनों रूपों में अपने व्यक्तित्व के विकास, समान अवसर की उपलब्धता, आर्थिक-सामाजिक

शोषण की समाप्ति, रोजगार, शिक्षा, स्वास्थ्य सबकी सुविधा, लैंगिक, जाति, समुदाय, वर्ण आदि के आधार पर भेदभाव न रहने देने की वचनबद्धता, धार्मिक और भाषायी आजादी, एक क्षेत्र से दूसरे क्षेत्र में आने-जाने, अपनी इच्छानुसार पेशा, रोजगार आदि चुनने के साथ-साथ हर तरह की नागरिक आजादी—प्रेस, लेखन, भाषण, संगठन बनाने आदि की गांरटी का वादा स्वतंत्रता आंदोलन ने किया था। इन सब विषयों पर भारतीय मुक्ति आंदोलन के काल में प्रस्तुत विभिन्न वैचारिकताओं के बीच होनेवाली बहसों और राष्ट्रीय आंदोलन का नेतृत्व कर रही कांग्रेस की नीति और कार्यक्रमों का मूल्यांकन कर पता लगाया जा सकता है कि मौलिक अधिकार उन आश्वासनों को कहाँ तक फलितार्थ करते हैं। इसके संदर्भ में यह भी मूल्यांकन करना अनिवार्य होगा कि नव-उदारवादी आर्थिक नीति स्वतंत्रता संग्राम के उन वादों को, जिन्हें संविधान ने अपने में समाहित किया है, लागू करने में संविधानसम्मत है या नहीं।

राष्ट्रीय मुक्ति आंदोलन के परिप्रेक्ष्य और मौलिक अधिकार

जिस संविधान निर्मात्री सभा ने स्वतंत्र भारत के संविधान का निर्माण किया था, उसके गठन पर व्यापक या बालिग मताधिकार पर आधारित जनतांत्रिक संविधान सभा के चुनाव को महज इस आधार पर अस्वीकार कर दिया गया था कि संविधान निर्माण के काम को जल्दी करना था। वास्तव में संविधान सभा का गठन अजनतांत्रिक था, क्योंकि इसका गठन विधानसभाओं के अप्रत्यक्ष निर्वाचन से हुआ था और यह निर्वाचन जिसे निर्वाचन मंडल पर आधारित था, वह भारत के उस काल की आबादी के महज 11 प्रतिशत लोगों को लेकर बना था। इसके अलावा इस संविधान सभा में राजाओं के 93 नामजद सदस्य थे, जो कुल सदस्यों का एक-चौथाई हिस्सा था।[7] इसके अलावा इस अजनतांत्रिक विधान निर्मात्री सभा में भी कांग्रेस पार्टी का बहुमत था। कांग्रेस पार्टी की विचारधारा तथा आर्थिक-सामाजिक एवं राजनीतिक कार्यक्रमों को नियमित करने की प्रक्रिया अत्यंत जटिल और विरोधात्मक थी, मगर अपनी इसी नीति के साथ कांग्रेस राष्ट्रीय आंदोलन में हमेशा अगुआ की भूमिका में रही थी, इसका लाभ भी कांग्रेस के साथ था। इस कारण संविधान सभा के निर्णयों, बहसों आदि पर कांग्रेस पार्टी का ही प्रभाव रहा। जो समूह कांग्रेस के नेतृत्व पर हावी था और पूँजीपतियों के स्वार्थों को आगे बढ़ानेवाला था, उसी समूह ने राष्ट्रीय आंदोलन पर भी अपना नेतृत्व बनाए रखा था। फिर भी राष्ट्रीय मुक्ति आंदोलन में एक वामपंथी राष्ट्रवादी, अंशतः क्रांतिकारी धारा भी विकसित हुई थी और मार्क्सवाद-लेनिनवाद की विचारधारा को अधिकाधिक सुसंगत ढंग से आत्मसात् करनेवाली धारा भी राष्ट्रीय मुक्ति संग्राम में उभर आई थी।

इस प्रकार राष्ट्रीय मुक्ति आंदोलन में वामपंथ की तरफ झुकाव भारतीय राष्ट्रीय

मुक्ति आंदोलन की प्रगतिशील परंपराओं के विकास पर गुणात्मक दृष्टि से एक नए चरण का द्योतक था। इसकी जनवादी परंपराओं का प्रतिनिधित्व बाल गंगाधर तिलक, लाला लाजपतराय, भूपेंद्रनाथ दत्त, लाला हरदयाल, वीरेंद्रनाथ चट्टोपाध्याय आदि ने 20वीं सदी के आरंभिक दिनों में किया था और यह धारा मेहनतकशों के नए संगठनों और खास कर 1920 में अखिल भारतीय ट्रेड यूनियन कांग्रेस के गठन के बाद कांग्रेस नेतृत्व के एक हिस्से को प्रभावित करने लगी थी।[8] राष्ट्रीय मुक्ति आंदोलन पर 1917 की रूसी समाजवादी क्रांति के बाद भारत पर उसके पड़े प्रभावों के कारण, जो राजनीतिक चेतना में एक बदलाव आना शुरू हुआ था, उसका प्रभाव गहरा था। 1922 में ही उस काल के कम्युनिस्टों ने राष्ट्रीय कांग्रेस के वार्षिक अधिवेशन में अपना जो कार्यक्रम प्रस्तुत किया था, जिसे कांग्रेस ने अस्वीकार कर दिया था, उसमें पूर्ण स्वतंत्रता को भारतीय राष्ट्रीय मुक्ति आंदोलन का लक्ष्य बनाने के साथ-साथ सामंती स्वामित्व का उन्मूलन, बड़े उद्योगों का राष्ट्रीयकरण, मजदूरों के लिए संगठन का अधिकार, न्यूनतम वेतन, 8 घंटे काम आदि बातें थीं। यह इसका प्रमाण था कि भारत के राष्ट्रीय आंदोलन में समाजवादी विचारधारा ने एक विचार के रूप में आंदोलन को प्रभावित करना शुरू कर दिया था और इसका प्रसार जनवादी वैचारिकतावाले कांग्रेस नेताओं के बीच तेजी से होना शुरू हो गया था। इसी तरह का एक दस्तावेज, 1934 में गठित कांग्रेस-सोशलिस्ट पार्टी का था, जिसमें समाजवादी ढंग के समाज के निर्माण के लक्ष्य को प्रतिपादित करते हुए मुख्य उद्यमों, बागानों, बैंकों, बीमा कंपनियों, रेलवे और जहाजी बेड़े आदि का राष्ट्रीयकरण आदि को अपरिहार्य कदम माना गया था। कांग्रेस-सोशलिस्ट पार्टी के कार्यक्रमों में न सिर्फ उद्योगों, बल्कि विनिमय और वितरण के क्षेत्र में भी बुनियादी तत्त्वों के सुसंगत राष्ट्रीयकरण के महत्त्व पर बल दिया गया था। उसमें राजवाड़ों, भू-स्वामित्व और अन्य शोषक वर्गों की संस्थाओं का बिना किसी तरह के मुआवजे का उन्मूलन कर दिए जाने, भूमि का पुनर्वितरण करने, भूमिहीनता का उन्मूलन करने, किसानों के कर्ज रद्द करने आदि की जरूरतों को भारतीय आर्थिक संरचना के लिए एक अनिवार्य शर्त के रूप में स्वीकारा गया था।

इस तरह के मूल जनवादी विचारों के प्रभाव तीसरे और चौथे दशक में राष्ट्रीय आंदोलन के राष्ट्रवादी वामपंथ के कांग्रेस नेताओं के द्वारा काफी प्रभावपूर्ण ढंग से ग्रहण किए गए थे। इन दशकों में इन राजनीतिक नेताओं की अवधारणा में राष्ट्रीय मुक्ति आंदोलन और सामाजिक सुधार आंदोलन की एकबद्धता का जो विचार प्रभावी रूप से सामने आया, उसको जवाहरलाल नेहरू ने प्रकट करते हुए रखा, "मैंने हर जगह राजनीतिक स्वाधीनता और सामाजिक स्वतंत्रता का उल्लेख किया और राजनीतिक स्वाधीनता को सामाजिक स्वतंत्रता की प्राप्ति की एक सीढ़ी बताया। मैं समाजवाद की विचारधारा का खासतौर पर कांग्रेस कार्यकर्ताओं के बीच प्रसार करना चाहता था…।"[9]

स्वाधीनता की अवधारणा में मेहनतकशों, अर्थात् किसानों, भूमिहीन ग्रामीण मजदूरों, कारखाना मजदूरों, दुकानदारों और दस्तकारों के लिए अभिप्राय स्पष्ट होना चाहिए। अगर इसके बिना राजसत्ता का 'भारतीयकरण' कर दिया जाता है, तब इससे जनता के रहन-सहन में परिवर्तन नहीं होगा। उन्होंने कहा कि स्वाधीनता के संघर्ष के लिए जनसमर्थन प्राप्त करने के लिए 'हमें जनता के लिए एक आर्थिक कार्यक्रम स्पष्ट से प्रस्तुत करना चाहिए, जिसका आदर्श समाजवाद हो। हमें अवश्य ही क्रांतिकारी दृष्टिकोण पैदा करना चाहिए।'' इसी तरह 1933 में जवाहरलाल नेहरू ने राष्ट्रीय मुक्ति और सामाजिक मुक्ति के बीच के घनिष्ठ संबंधों पर कहा, ''राजनीतिक स्वतंत्रता का राष्ट्रवादी संघर्ष धीरे-धीरे आर्थिक स्वतंत्रता के लिए संघर्ष में भी बदलता जा रहा है। स्वाधीनता और समाजवादी राज्य वे लक्ष्य बनते जा रहे हैं, जिनमें समस्या के इन दोनों पहलुओं पर अलग-अलग अंशों में जोर दिया जा रहा है।''[11] इसी तरह 1936 में लखनऊ में आहूत कांग्रेस के अधिवेशन में नेहरू ने राष्ट्रीय आंदोलन के अंततोगत्वा समाजवाद के लिए आंदोलन में विकसित हो जाने की संभावना के विषय में कहा, ''आज कांग्रेस भारत में पूर्ण लोकतंत्र का समर्थन करती है और लोकतांत्रिक राज्य के लिए लड़ती है, न कि समाजवाद के लिए यह साम्राज्यवाद विरोधी है और हमारे राजनीतिक और आर्थिक ढाँचे में महान् परिवर्तन के लिए संघर्षरत है। मैं आशा करता हूँ कि घटनाओं का तर्क समाजवाद की ओर ले जाएगा।''[12] 1938 में कांग्रेस द्वारा योजना समिति का गठन, 1931 के कांग्रेस के कराची अधिवेशन में मूल अधिकारों पर पारित प्रस्ताव में मूल उद्योंगो और यातायात का राष्ट्रीकरण, मजदूरों के अधिकार और कृषि व्यवस्था में सुधार की माँगें शामिल थीं।[13] 1938 में कांग्रेस अध्यक्ष सुभाष चंद्र बोस ने कहा था, ''कोई भी पुनर्जीवन या पुनरुत्थान तब तक संभव नहीं है, जब तक भारत एक औद्योगिक क्रांति की यातना से न गुजरे···अधिक-से-अधिक हम यही कर सकते हैं कि यह क्रांति अर्थात्, औद्योगिकीकरण का काम ग्रेट ब्रिटेन की तरह अपेक्षाकृत धीरे-धीरे हो या सोवियत रूस की तरह तेजी के साथ, जिसमें अधिक प्रयत्न की जरूरत होती है। मैं समझता हूँ कि इस देश में भी यह काम तेजी से होना है।[14]

संविधान निर्माताओं के सामने इन परस्पर विरोधी वैचारिकताओं के बीच सामंजस्य और संतुलन बनाए रखने की जिम्मेदारी को निभाने का दायित्व था, जिसके लिए वे प्रयत्न कर रहे थे। इस तरह के परस्पर विरोधी हितों के बीच संतुलन बनाने की उनकी चेतना को कई ऐसी वस्तुनिष्ठ स्थितियाँ मजबूर कर रही थीं, जिन्हें भारतीय राष्ट्रीय मुक्ति आंदोलन ने ही कायम कर दिया था और जो आजादी के बाद भी अपनी प्रभावी भूमिका में भारतीय आर्थिक-सामाजिक क्षेत्र में प्रभावी थीं। राष्ट्रीय मुक्ति आंदोलन के काल में भारत को औपनिवेशिक दासता से मुक्त कर, एक स्वतंत्र राष्ट्र के रूप में खड़ा करने का एक ऐसा उदात्त लक्ष्य सामने था, जिसने सारे वैचारिक मतभेदों की तुलना में ज्यादा

महत्त्वपूर्ण होने के कारण साम्राज्यवाद विरोधी एक संयुक्त मोरचा की विभिन्न कड़ियों की तरह तमाम वैचारिकताओं और हितों को इस एक लक्ष्य की प्राप्ति के लिए एकजुट कर दिया था। आजादी के बाद विभिन्न वैचारिकताओं के बीच समन्वय बनाने का यह आधार अब संविधान निर्माताओं के सामने नहीं था, अब प्रत्येक राजनीतिक, आर्थिक, सामाजिक वैचारिकता की कोशिश हो रही थी कि भविष्य के भारत का पुनर्निर्माण उनकी वैचारिकता के अनुकूल होना चाहिए।

कांग्रेस के अंदर भी वैचारिक विभाजन के परिदृश्य ने भारतीय राष्ट्रीय आंदोलन के काल में स्वरूप ग्रहण कर लिया था, वह भी आजाद भारत में विद्यमान था। कांग्रेस के ऊपरी नेतृत्व ने भारत के भविष्य की स्वतंत्रता की संरचना को पाश्चात्य पूँजीवादी ढंग पर गठित करने की वैचारिकता को राष्ट्रीय मुक्ति संघर्ष के काल से ही पाल रखा था। मगर कांग्रेस के अंदर के राष्ट्रवादी-समाजवादी और बाहर के समाजवादी वैचारिकतावालों से जो संघर्ष चल रहा था, वह आजाद भारत की आर्थिक-सामाजिक पुनर्संरचना के प्रश्न पर एक-दूसरे के खिलाफ कभी मजबूती से तो कभी सामान्य ढंग से वैचारिक द्वंद्व में लगा हुआ था। संविधान निर्माताओं के सामने इन दो परस्पर विरोधी वैचारिकताओं के बीच सामंजस्य का एक महती प्रश्न खड़ा था। इन सारी परस्पर विरोधी विचारधाराओं के बीच सामंजस्य स्थापित करते हुए भारत के लिए संविधान का निर्माण करने के क्रम में जब मौलिक अधिकारों को उसमें समाहित करने का प्रश्न उनके सामने आया, तब निश्चित रूप से उनके सामने आजादी के संघर्ष के काल के वे सारे नारे और सारी माँगें सामने थीं, जिन्हें भारत की जनता को उपलब्ध कराने का सिर्फ आह्वान ही राष्ट्रीय आंदोलन ने नहीं किया था, बल्कि उनकी प्राप्ति के लिए एकजुट संघर्ष भी किया था।

उन माँगों में ऐसी माँगें भी थीं, जिन्हें साम्राज्यवाद कभी भी अपने उपनिवेशों की जनता को उपलब्ध नहीं कराता और भारतीय जनता ने भी औपनिवेशिक सत्ता के काल में उनकी प्राप्ति के लिए संघर्ष तो किया था, मगर प्राप्त नहीं किया था। संविधान निर्माताओं के सामने उन माँगों की पूर्ति आजाद भारत में किए जाने की गारंटी करने का दायित्व तो था ही, साथ-ही-साथ, आजाद भारत में गठित सरकार द्वारा उन माँगों की पूर्ति की दिशा में उठाए जानेवाले कदमों के खिलाफ किसी वर्गीय स्वार्थ या अन्य किसी भी तरह के राजनीतिक, आर्थिक, सामाजिक आदि कारणों से उपस्थित की जानेवाली अड़चनों के खिलाफ संविधानशुदा गारंटी भी करनी थी। दूसरी तरफ, उन उठाए गए कदमों को किसी व्यक्ति या समूह के द्वारा अपने तुच्छ स्वार्थों की पूर्ति में किए जानेवाले दुरुपयोगपूर्ण इस्तेमाल को रोकना भी था। इस तरह के अनेक प्रश्न संविधान निर्माताओं के सामने लंबित थे।

मौलिक अधिकारों की श्रेणीबद्धता का प्रसंग

भारतीय संविधान में दिए गए मौलिक अधिकारों को मूलतः नीचे दी गई श्रेणियों में विभाजित करके देखा जाता है—

1. समता (equality) का अधिकार (धारा-14-18)
2. स्वतंत्रता का (freedom) अधिकार (धारा 19-22)
3. शोषण (exploitation) के विरुद्ध अधिकार (धारा 23-24)
4. धार्मिक स्वतंत्रता (religious freedom) का अधिकार (धारा 25-28)
5. सांस्कृतिक और शैक्षणिक (cultural and educational) अधिकार (धारा 29-30)
6. संवैधानिक सुरक्षा (constitutional remedies) का अधिकार (धारा 32-35)।[15]

संविधान में प्रदत्त मौलिक अधिकारों के संदर्भ में अगर धारा 14 का विश्लेषण किया जाए, तब इसके आधार या स्रोत का पता चल जाता है। यों तो इसका स्रोत अमेरिकी और आयरलैंड के सविधानों में निहित है, मगर देखा जा सकता है कि भारत के संविधान की 'प्रस्तावना' में कहा गया है कि भारत का संविधान अपने सभी नागरिकों को बराबरी का दर्जा (status) और एक समान सुअवसर को मुहैया कराता है और यही सिद्धांत संविधान के मूल पाठ के प्रति सैद्धांतिकता को प्रभावित करता है। समानता के इस अधिकार की परिकल्पना को कुछ लोग इस अर्थ में भी भारतीय मुक्ति संग्राम से संबद्ध करते हैं कि भारतीय उन सारे अधिकारों को अपने लिए ठीक उसी तरह या उसी में चाहते थे, जैसा शासक ब्रिटिश सरकार ने अपने देश इंग्लैंड में अपने नागरिकों को प्रदान किया था और भारत में भी शासक ब्रिटिश लोग इस्तेमाल करते थे। यह भी कहा जाता है कि 1885 में जब कांग्रेस का गठन हुआ, तब उसके लक्ष्यों में भी नागरिक अधिकारों की प्राप्ति की अवधारणा सन्निहित थी। कॉमनवेल्थ ऑफ इंडिया बिल, 1925 के क्लाज 8 में समानता संबंधी प्रावधानों को रखते हुए कहा गया था कि महज लिंग के आधार पर किसी को अयोग्य नहीं माना जाएगा। इसके साथ-साथ सबों को एक समान अधिकार के आधार पर सड़कों, न्यायालयों, रोजगार की अन्य जगहों, आरामगाहों, जिन्हें सार्वजनिक उपयोग के लिए बनाया गया है, उपयोग करने का अधिकार होगा।[16] इसके अलावा नेहरू रिपोर्ट (मोतीलाल नेहरू) 1928, कांग्रेस अधिवेशन कराची में मार्च, 1931 में स्वीकृत मौलिक अधिकारोंवाले प्रस्ताव, 1945 के सप्रू रिपोर्ट आदि में यह अवधारणा स्पष्ट रूप में आई थी। सप्रू रिपोर्ट में अल्पसंख्यकों पर बल देते हुए कहा गया था कि जो कुछ संविधान चाहता है और माँग करता है, वह है समाज के समुदाय और दूसरे समुदाय के बीच राजनीतिक और नागरिक अधिकारों के मामले में पूर्ण समानता, पूजा-अर्चना और समान जीवन यापन संबंधी पूर्ण आजादी और सुरक्षा को लागू किया

जाना।[17] समानता के अधिकार को 'राज्य के नीति निर्देशक सिद्धांतों' के आलोक में ही देखे जाने की राय भारत के उच्चतम न्यायालय ने भी दी है।[18]

समता के अधिकार को संविधान में प्रविष्टि देते वक्त संविधान निर्माताओं को इसे एक ऐसे देश, भारत में लागू करना था, जिसकी पौराणिक-आर्थिक संरचना को इसके उपनिवेशवादी शासकों ने मोटा-मोटी संपूर्णता में बरबाद कर नई आर्थिक-सामाजिक संरचना के निर्माण के लिए वस्तुनिष्ठ परिस्थितियों को तो बना दिया था, मगर इसके पुनर्जीवन के दायित्वों को रंचमात्र भी पूरा नहीं किया था। वास्तविकता यही थी कि पुराना भारत अब ध्वस्त हो चुका था। वह अब कभी भी अस्तित्व में आनेवाला नहीं था। करीब पिछले डेढ़ सौ से दो सौ साल में भारत में पूँजीवाद की निर्मम घुसपैठ ने पुरानी व्यवस्था की बुनियाद तक को ध्वस्त कर दिया था, फलतः परिवर्तन की सक्रिय शक्तियाँ गतिशील हो चुकी थीं और उन्होंने एक ऐसी प्रक्रिया की शुरुआत कर दी थी, जिसे रोका नहीं जा सकता था। पुरानी व्यवस्था के ध्वस्त होने के साथ-साथ पुराने दृष्टिकोण और उनके साथ पुरानी रूढ़िवादिता के विश्वास धीरे-धीरे, मगर पूरी अनिवार्यता के साथ, पुराने संप्रदाय और पुराने अवरोध नष्ट होते जा रहे थे। कल-कारखानों में काम करनेवाले सर्वहाराओं के बीच कार्यस्थलों पर जाति या संप्रदाय की भूमिका समाप्त होती जा रही थी, संयुक्त परिवार टूट रहे थे, बुर्जुआ संपत्ति-संबंध, सामाजिक रीति-रिवाजों के आधार पर बने उत्पादन के सामाजिक श्रम विभाजन को नष्ट कर दिया था और मशीनी सामान ने लाखों हस्तकरघाधारी कारीगरों की जीविका को नष्ट कर उन्हें दाने-दाने के लिए मुहताज बना दिया था।[19]

फिर भी, भारत जैसे कालदोषों की धरती पर सामंती और अर्ध-सामंती अवशेष मौजूद थे, दुराचारी राजाओं का न सिर्फ अस्तित्व था, बल्कि उनके नुमाइंदे संविधान सभा की कुल संख्या के करीब चौथाई भाग में उसमें मौजूद थे, मोटरकारों और बेतार के तार जैसे आधुनिक उपकरणों की मौजूदगी के साथ-साथ कृषि दास प्रथा जारी थी, पुरातन मंदिरों और उनमें होनेवाले अनुष्ठान थे, तो उसी जगह, ठीक उसके पास ही, आधुनिक गंदी बस्तियाँ थीं। यानी आधार तो समाप्त हो चुका था, मगर उस आधार पर बने ऊपरी ढाँचे का भूत अब भी सवार था और विडंबना थी कि औपनिवेशिक शासकों ने अपने शासनकाल में इसी भूत को जिंदा रखने के लिए सामंतवाद के साथ एक नापाक गठबंधन कर रखा था।

स्वतंत्र भारत के संविधान को एक ऐसी आर्थिक-सामाजिक संरचना का निर्माण और उसको एक आंदोलन के रूप में स्वीकार कर आगे बढ़ानेवाली एक ऐसी राजसत्ता के गठन को स्वरूप देना था, जो जात-पाँत, निरक्षरता, अछूतों के अपमान, सांप्रदायिक भेदभाव, महिलाओं की गुलामी से जकड़े रहने आदि के साथ-साथ उन सभी चीजों और

व्यवहारों के खिलाफ हो, जो जनता को पिछड़ेपन का शिकार बनाती है। यह सही था कि जहाँ एक ओर प्रतिगामी शक्तियाँ पुरातनकालीन हिंदू सभ्यता और उसकी अपरिवर्तनशील विशिष्टताओं पर विद्वत्तापूर्ण बहसें चला रही थीं, साम्राज्यवाद देशी प्रतिक्रिया के सहयोग से जिसे मदद देकर इसे प्रचारित कर रहा था कि भारत विश्व का आध्यात्मिक गुरु रहा है और उसे अपनी इस स्थिति को बनाए रखने के निए भौतिक संपदा के लोभ में नहीं आना चाहिए, वहीं दूसरी तरफ इन सारी कुंठाग्रस्त दलीलों को दरकिनार कर राष्ट्रीय आंदोलन ने अपनी ध्वजा पर सार्वभौम समान नागरिकता का पूर्ण जनतांत्रिक कार्यक्रम अंकित कर दिया था। उस कार्यक्रम में जाति, धर्म, लिंग आदि का कोई भेदभाव नहीं बरता गया था, सभी विशेषाधिकारों और पद्धतियों को समाप्त करने की वचनबद्धता थी, व्यापक बालिग मताधिकार और निःशुल्क अनिवार्य शिक्षा उपलब्ध कराने की घोषणा थी, धर्म के मामले में राज्य को तटस्थ रहने की घोषणा थी तथा भाषण करने, समाचार-पत्रों के प्रकाशन, विचारों की अभिव्यक्ति, सभा करने तथा संगठन बनाने पर पूर्ण छूट का ऐलान था, जो ब्रिटेन के अर्धजनतंत्र से काफी आगे था। जो लोग भारत की गरीबी को लाइलाज मान रहे थे, उनके तर्कों को अस्वीकार कर दिया गया था और एक सुनहरे भविष्य की कामना को पूरा करने के लिए नए संविधान को नया रास्ता प्रशस्त करना था।

भारतीय संविधान की 'प्रस्तावना' में समानता को उपलब्ध कराने के लक्ष्य को कार्यान्वित करने के लिए मौलिक अधिकारों की धारा 14 के ऊपर के सारे संदर्भों के परिप्रेक्ष्य को उद्‌भाषित करते हैं, क्योंकि संविधान निर्माताओं ने ऊपर वर्णित सारे कार्यक्रमों के संदर्भ में ही इसे संविधान में प्रतिष्ठित किया है।

फिर भी कुछ विभेदकारी प्रावधान मिल जाते हैं, जिनमें भारत के राष्ट्रपति, राज्यों के राज्यपालों, संसद् और विधानसभाओं के सदस्यों को कुछ खास सुविधाओं को दिया गया है, वहीं सरकारी पदाधिकारियों को सरकारी कार्यक्रमों को लागू करते वक्त उनके द्वारा किए गए कृत्यों को सामान्य न्यायिक प्रक्रिया से अलग, कुछ विशेषाधिकार जरूर हैं। अपने सार्वभौम अधिकार के तहत किसी कृत्य को अंजाम देते समय उसके द्वारा पहुँचाई गई चोट के लिए सरकार को दोषी करार नहीं दिया जा सकता।[19] धारा 15 धारा 14 को मजबूती प्रदान करती है। धारा 16 सरकारी नौकरियों में समान अवसर की गांरटी को संवैधानिक बनाती है। धारा 17, 1955 के सिविल राइट एक्ट को लागू करती है, जो अछूतपन को संपूर्णता में उन्मीलित करता है।

संविधान में प्रदत्त मौलिक अधिकारों की धारा 19 नागरिकों को कई तरह की नागरिक आजादी देती है, जिनमें—

(क) भाषण और अभिव्यक्ति की आजादी,

(ख) शांतिपूर्ण ढंग से बिना हथियारों के सभा करने या अन्य कामों के लिए एकत्रित होने की आजादी,

(ग) संघ और यूनियन बनाने की आजादी,

(घ) भारत में किसी भी जगह बिना रोक-टोक के जाने-आने, बसने की आजादी,

(ङ) अपनी इच्छा से किसी तरह के रोजगार-धंधा करने आदि की आजादी देती है।

मौलिक अधिकारों की धाराओं में धारा 19 में जिन आजादियों की चर्चा की गई है, उनका ऐतिहासिक परिप्रेक्ष्य साम्राज्यवाद के विरोध के संघर्ष में देखा जा सकता है और इसे संविधान निर्माताओं ने बखूबी देखा। उन्होंने देखा कि साम्राज्यवादी शासकों ने भारत को ऐसे खंडों में विभाजित कर रखा था, जिसे किसी भी हालत में प्राकृतिक या प्रशासनिक विभाजन नहीं कहा जा सकता था। एक भाग देशी रजवाड़ों का था और दूसरा भाग ब्रिटिश भारत का था। देशी रजवाड़ों के क्षेत्र में हर तरह की नागरिक आजादी प्रतिबंधित थी। इसके साथ-साथ संविधान-निर्माताओं ने यह भी अनुभव किया था कि नागरिक आजादी पर होनेवाले हमले के खिलाफ भारतीय जन अवाम की, खासकर मेहनतकश जन अवाम की प्रतिकिया, कितनी मजबूती के साथ सामने आती है। इसका उदाहरण उनके सामने रॉलेट बिल के खिलाफ भारतीय जनता के विद्रोह का स्वरूप जिंदा था। 1919 में, जब शुरू के महीनों में रॉलेट बिल प्रस्तुत किया गया और मार्च, 1919 में इसे जब लागू कर दिया गया, तब इसका मकसद स्पष्ट रूप से सामने आ गया। वास्तव में सरकार का मकसद युद्धकाल में लागू किए गए विशेष दमनात्मक कानूनों की अवधि समाप्त होने पर उन कानूनों को बरकरार रखने की नीयत से लाए गए इस बिल का मकसद युद्धजनित आर्थिक कठिनाइयों के खिलाफ मजदूरों-किसानों के बीच बढ़ रहे आक्रोश के कारण जो आंदोलन शुरू हो गए थे, उन्हें दबाना था। इसके साथ-साथ रूसी समाजवादी क्रांति के प्रभाव के कारण जो क्रांतिकारी वैचारिकता भारतीय राष्ट्रीय आंदोलन में प्रवेश कर रही थी। उसके वाहक तत्त्वों को बिना मुकदमा चलाए जेलों में बंद कर देने की नीयत से लाए गए इस कानून ने भारतीयों में विरोध का ऐसा स्वर पैदा किया, जो जलियावाला नरसंहार, पंजाब में मार्शल लॉ लागू किए जाने आदि के बाद भी नहीं रुका था। इस आंदोलन में ब्रिटिश सरकार के खिलाफ अभूतपूर्व सांप्रदायिक एकता का निर्माण जिस तरह से हो गया था, आंदोलन जिस क्रांतिकारी तेवर के साथ चला था, उसकी स्थिति निःसंदेह ब्रिटिश सरकार के खिलाफ एक संगठित विद्रोह ने ले ली थी।[20] खासकर, 1905 से 1908 तक के आंदोलनों, तिलक को उनके द्वारा लिखे गए एक लेख के कारण दी गई सजा के खिलाफ आंदोलन से लेकर रॉलेट बिल, असहयोग आंदोलन, साइमन कमीशन, बहिष्कार आंदोलन से लेकर औपनिवेशिक सत्ता के संपूर्ण काल में नागरिक आजादी के खिलाफ उठाए गए कदमों के लिए राष्ट्रीय मुक्ति

आंदोलन ने जो संघर्ष किया था, वह संविधान निर्माताओं के सामने था। इसके अलावा बहुधार्मिक, बहुभाषायी और बहु-सांस्कृतिक भारत की एकता के लिए धारा 19 में दी गई स्वतंत्रताओं के ऐतिहासिक महत्त्व को संविधान निर्माता जरूरी मान रहे थे और यह एक स्वाभाविक मान्यता थी। इस प्रकार संप्रेषण, विश्वास, आस्था आदि की जो संकल्पना भारतीय संविधान की प्रस्तावना करती है, उसे भारतीय नागरिकों के मौलिक अधिकारों के रूप में प्रस्तुत करने में संविधान निर्माताओं अपनी आस्था को रखा। इस प्रकार इस धारा 19 को संविधान की प्रस्तावना से हटकर नहीं देखा जा सकता और न विश्लेषित किया जा सकता है। हालाँकि प्रेस की आजादी का यह धारा खास ढंग से वर्णन नहीं करती, फिर भी न्यायायिक फैसलों में इसकी गारंटी की स्थिति देखी जा सकती है।[21]

इसी तरह, शोषण के खिलाफ आजादी का भी एक ऐतिहासिक परिप्रेक्ष्य संविधान निर्माताओं के सामने था, जो संविधान की प्रस्तावना में सामाजिक, आर्थिक और राजनीतिक न्याय की परिकल्पना पर आधारित है। औपनिवेशिक शासकों से जिस आर्थिक-सामाजिक व्यवस्था को भारत ने प्राप्त किया था, वह पूर्णत: बरबाद आर्थिक-सामाजिक संरचना थी। कृषि क्षेत्र में इंग्लैंड की भू-प्रबंधन प्रणाली को ही चंद संशोधनों के साथ लागू करके ब्रिटिश शासकों ने एक ऐसी कृषि व्यवस्था का निर्माण कर दिया था, जिसमें जमींदारों के साथ-साथ कई किस्म के ऐसे बिचौलिए पैदा हो गए थे, जो परजीविता का जीवनयापन कर रहे थे और किसानों की दशा बिगड़ गई थी। इसके अलावा कृषि दास, बँधुआ मजदूर, बेगारी आदि की प्रथा ने कृषकों के साथ-साथ कृषि मजदूरों को भिखमँगी के करार पर ला दिया था। औद्योगिक जगत् में नस्ली भेदभाव, लिंग आधारित भेदभाव के अलावा बाल श्रमिकों का शोषण तो था ही, नस्ल और लिंग के आधार पर मजदूरी का निर्धारण भी किया जाता था। लिंग आधारित शोषण, मजदूरों को ब्रिटिश उपनिवेशों में ले जाकर उनसे काम लेने संबंधी कृत्य को लॉ ऑफ इंडेन्चर्ड लेबर कानून के द्वारा वैध कर दिया गया था। इस तरह शोषण के अनेक रूप विकसित हो गए थे। क्रांतिकारी आंदोलनकारियों के एक जगह से दूसरी जगह जाने-आने पर प्रतिबंध, प्रगतिशील विचारों के संप्रेषण-लेखन और साहित्य की आवाजाही पर प्रतिबंध, कई तरह के प्रेस कानूनों को बनाकर लागू कर दिया था, खासकर रूसी समाजवादी क्रांति के बाद जो प्रगतिशील विचार भारत के मुक्ति आंदोलन को प्रभावित कर रहे थे, उन्हें बोल्शेविक वोग्गी या षड्यंत्र बताकर प्रतिबंधित किया जाता था।

इस संदर्भ का असर संविधान निर्माताओं पर था और स्वतंत्र भारत में सारे काले कानूनों की समाप्ति और पूर्ण नागरिक आजादी की जिस संकलपना को संविधान की प्रस्तावना स्थापित करती थी, उसे कार्यरूप देने के लिए मौलिक अधिकारों की सूची में यह प्रावधान करते हुए संविधान निर्माताओं ने राज्य के द्वारा मनमाने ढंग से रोक लगाने

की संभावना को समाप्त किया। सभा करने, संगठन बनाने आदि के अधिकारों को प्रदान कर प्रत्येक नागरिक की आजादी को पूर्णता में उपयोग करने का अवसर दिया।

धारा 23 के अंदर किए गए न्यायिक फैसले स्पष्ट करते हैं कि मेहनताना देकर भी जबरदस्ती किसी से काम लेना असंवैधानिक कृत्य है।[22] इस प्रकार संपूर्ण मौलिक अधिकारों, जिनको संविधान निर्माताओं ने भारतीय संविधान के अध्याय iii में अंकित किया और उसे किसी भी अन्य प्रकार से, सिवाय संविधान में दिए गए तर्कसंगत कारणों के राज्य को अन्यथा रूप से प्रतिबंधित करने के अधिकार से वंचित किया। इस प्रकार मौलिक अधिकार भारतीय राजसत्ता के चरित्र निर्धारण में एक मजबूत, आर्थिक और सामाजिक 'आधार' की संरचना करते हैं, जिसके अनुरूप भारतीय राजसत्ता को अपना आकार ग्रहण करना अनिवार्य है। इनके खिलाफ राज्य द्वारा लिया गया निर्णय और किया गया प्रत्येक कृत्य गैर-संवैधानिक होगा।

तर्कसंगत (Reasonable restructions) प्रतिबंध

तर्कसंगत प्रतिबंधों का मतलब यही है कि संविधान ने भारतीय नागरिकों को जिन मौलिक अधिकारों से नवाजा है, वे निरपेक्ष (absolute) अधिकार नहीं हैं, क्योंकि मनमाने ढंग से यानी उनका दुरुपयोगी ढंग से इस्तेमाल किया जाना निरंकुशता, अराजकता और बरबादी को ला सकता है। इस कारण संविधान ने स्वयं उनपर तर्कपूर्ण प्रतिबंधों को लगाया है—संविधान ने उन तर्कपूर्ण प्रतिबंधों को अंकित कर दिया है, किसी भी राज्य के अवयव—विधायिका, कार्यकारिणी या न्यायपालिका के ऊपर इसको नहीं छोड़ा है कि वे यह निर्णय करेंगे कि तर्कपूर्ण प्रतिबंध कौन से हैं। भारतीय संविधान में प्रदत्त मौलिक अधिकार इस अर्थ में अमेरिकी संविधान के 'बिल ऑफ राइट्स' से अपने को भिन्न कर देते हैं, क्योंकि अमेरिकी संविधान इस दायित्व को न्यायपालिका पर छोड़ता है। ए.के. गोपालन के मुकदमे में न्यायाधीश मुखर्जी ने अपने निर्णय में कहा है—कोई भी चीज संपूर्णता में निरपेक्ष नहीं हो सकती और अनियंत्रित आजादी (liberty) भी, जो पूर्णतः किसी भी तरह के प्रतिबंध से पूर्णतः आजाद है, क्योंकि ऐसा होना अराजकता और अस्त-व्यस्तता (disorder) की स्थिति पैदा करेगा। स्वतंत्रता के अधिकारों को धारण करना और उनका खुशी-खुशी उपयोग किया जाना उन तर्कसंगत प्रतिबंधों के अंदर की विषय-वस्तु है, जो देश की सुरक्षा, स्वास्थ्य, शांति, सामान्य अनुशासन या ऑर्डर और समुदाय की नैतिकता के लिए जरूरी शर्तें हैं। एक तरफ जहाँ सामाजिक हितों के लिए व्यक्ति को दी गई स्वतंत्रता के अधिकार को प्रतिबंधित किया जा सकता है, वहीं दूसरी तरफ सामाजिक नियंत्रण, जो सार्वजनिक हित के लिए है, को भी व्यक्ति की आजादी की बरबादी के खिलाफ प्रतिबंधित होना जरूरी है।[23]

आपातकालीन स्थिति में मौलिक अधिकारों की बरखास्तगी का प्रावधान संविधान करता है, मगर 44वाँ संविधान संशोधन एक्ट, 1978 कुछ सुरक्षात्मक प्रावधानों को रखता है, जिससे इसका दुरुपयोग न हो सके। यह स्थापित करता है कि धारा 19 को तभी स्थगित किया जा सकता है, जब आपातकाल की घोषणा युद्ध या बाह्य आक्रमण की स्थिति में की गई हो। यह संशोधन भी स्थापित करता है कि राष्ट्रपति का ऑर्डर, जो मौलिक अधिकारों को लागू करने से स्थगित कर दिए गए हों, के दायरे में जीवन और व्यक्तिगत स्वतंत्रता के अधिकार नहीं आएँगे। धारा 338 किसी भी अन्य कानून के लिए, जिनका संबंध आपातकाल से नहीं है, लागू नहीं होगी।[24]

धारा 14 के अंदर कतिपय प्रावधान किए गए हैं, जो राष्ट्रपति, गवर्नर, संसद् और विधानमडंल के दोनों सदस्यों और सरकारी ऑफिसरों आदि के मामलों में कतिपय प्रावधान हैं, जो उन्हें सामान्य नागरिकों से अलग करते हैं। इसके अलावा सरकारी नौकरियों, शिक्षण संस्थाओं आदि के साथ-साथ जनतांत्रिक निकायों में खास वर्गों, महिलाओं आदि के लिए आरक्षण का प्रावधान संविधान करता है।

मौलिक अधिकारों की प्रवृत्ति और संविधान निर्मात्री सभा

सिर्फ यही बात नहीं थी कि संविधान निर्मात्री सभा का चरित्र बालिग मताधिकार के आधार पर उसका चुनाव न होने के कारण गैर-जनतांत्रिक था, बल्कि यह भी बात थी कि जिस 11 प्रतिशत के करीब लोगों को इस चुनाव में भागीदारी करने का अवसर प्राप्त था, उन्हें मताधिकार का अधिकार संपत्ति के आधार पर निर्धारित मानकों के आधार पर करके दिया गया था। इस प्रकार संविधान निर्मात्री सभा एक तरह से संपत्तिधारकों, देशी राजाओं के प्रतिनिधियों आदि की सभा थी और स्वाभाविक था कि भारतीय पूँजीपति वर्ग, जिसने शुरू से अंत तक राष्ट्रीय आंदोलन का नेतृत्व किया था, जिसने साम्राज्यवाद विरोधी तमाम वर्ग-शक्तियों के संयुक्त मोरचे को गठित करने और उसकी अगुआई करने में सफलतापूर्वक कामयाबी हासिल कर 1947 में भारतीयों के हाथों सत्ता हस्तांतरण को सफल बनाया था, उसे संविधान निर्मात्री सभा में बहुमत हासिल हो। मतदाताओं का वर्गीय चरित्र कांग्रेस पार्टी के राजनीतिक सिद्धांतों के सबसे नजदीक था और रजवाड़ों के प्रतिनिधियों का चरित्र क्रांतिकारी वैचारिकतावाला हो ही नहीं सकता था। वे भारतीय अर्थव्यवस्था में सामंती स्वार्थों के प्रतिनिधि थे, जिनके साथ संपूर्ण राष्ट्रीय मुक्ति आंदोलन में कांग्रेस की नीति इन सामंती स्वार्थों से मेल करके चलने की रही थी, चाहे असहयोग आंदोलन की बेशर्त वापसी के बाद कांग्रेस की अखिल भारतीय कार्य समिति द्वारा बारदोली बैठक में लिया गया प्रस्ताव हो[25] या अन्य।

संविधान निर्माण के समय संविधान निर्माताओं के सामने स्वतंत्र भारत की आर्थिक

तौर पर बरबाद कर दी गई एक तसवीर थी—बेशुमार गरीबी, अपार बेरोजगार लोग, उपनिवेशवादी शासकों द्वारा बरबाद कर दिए गए लाखों दस्तकार और कारीगर, ग्रामीण क्षेत्र में ब्रिटिश भू-प्रबंधन के शोषण से बरबाद किसान, सामंती तत्त्वों द्वारा बनाए गए असीमित भू-दास आदि। ऐसी स्थिति में जरूरी था कि राष्ट्रीय मुक्ति आंदोलन के दरम्यान इनकी गरीबी, बेरोजगारी मिटाने, दासता से मुक्त करने का जो वादा किया गया था, उसको पूरा करने के लिए काम के अधिकार को मौलिक अधिकारों की सूची में रखा जाता। काम/रोजगार की गारंटी को मौलिक अधिकारों की सूची में रखकर करोड़ों गरीब आबादी को राहत दी जा सकती थी और यही बहुसंख्यक आबादी की जरूरत थी, यही अधिकार उस गरीब और बरबाद आबादी को औपनिवेशिक काल में उसे दिए गए जहमत से बाहर ला सकता था और इसी उम्मीद के साथ इस गरीब आबादी ने राष्ट्रीय आंदोलन में साहसिक हिस्सेदारी की थी, मगर कांग्रेस की बहुमतवाली संविधान निर्मात्री सभा ने काम के अधिकार को, जो असंख्य गरीब आबादी की माँग थी, मौलिक अधिकारों की सूची में नहीं रखा, जिसका मतलब था कि इस संविधान के आधार पर निर्मित राज को संविधान निर्मात्री सभा ने सबों को काम की गारंटी कराकर, उसके द्वारा उनकी गरीबी के उन्मूलन के दायित्व से बरी कर दिया।

प्रथम द्रष्टया ऊपर से देखने में यह कृत्य एक साधारण परिघटना लग सकती है, मगर इसका अंतर्निहित अर्थ था कि जो आबादी राष्ट्रीय मुक्ति आंदोलन की मुख्यवाहक शक्ति थी, यानी किसान, मजदूर, शहरी गरीब जनता, बरबाद कारीगर, दस्तकार, छोटे दुकानदार आदि, उनके वे तमाम सपने चूर-चूर हो गए, जिनके प्रभाव के तहत उन्होंने औपनिवेशिक सत्ता के खिलाफ संघर्ष में अपरिमेय दमन को सहा था, मगर हिम्मत के साथ उसका मुकाबला किया था। संविधान निर्मात्री सभा ने भविष्य में बननेवाली सरकार को इनका प्रतिनिधित्व करने से अलग कर दिया, यही इस कृत्य का अंतिम परिणाम था, यानी भविष्य में भी इन शोषित वर्गों को गरीबी और जिहालत की ही जिंदगी जीने को संविधान निर्मात्री सभा ने विवश कर दिया।

दूसरी तरफ संपत्ति के अधिकार को मौलिक अधिकारों की सूची में रखकर संविधान निर्मात्री सभा ने राज्य को पूँजीवादी हितों का संरक्षक बना दिया। विडंबना थी कि इससे जिन संपत्तिधारी वर्गों को अपनी संपत्ति के संरक्षण का अधिकार मिला, वे ऐसे ही लोग थे, जिन्होंने राष्ट्रीय मुक्ति आंदोलन के काल में भी जब विदेशी मालों के बहिष्कार का आंदोलन बहुसंख्यक गरीब आबादी चला रही थी, तब भी वे ब्रिटिश मालों के व्यापार से मुनाफा अर्जित कर, चीन के साथ अफीम का व्यापार कर या प्रथम विश्वयुद्ध काल में जब युद्धजनित आर्थिक कठिनाइयों के खिलाफ समस्त किसान, मजदूर और अन्य गरीब तबका संघर्ष कर रहा था, तब भी वे गरीब आबादी, खासकर कल-कारखानों

के मजदूरों के खिलाफ रेशनालाइजेशन की स्कीमें चलाकर मुनाफा बटोर रहे थे। इससे लाभ पानेवाला भारत का पूँजीपति वर्ग था, जिसका चरित्र मूलतः वणिक पूँजीपति का था और जो ब्रिटिश पूँजी के साथ प्रायः कोलाबोरेशन किया करता था। संपूर्ण राष्ट्रीय आंदोलन के दौरान भी यह वर्ग मुनाफा कमाने में लगा रहा और 'बहिष्कार' आंदोलन के कारण भी इसको अपनी पूँजी को बढ़ाने और उद्योगों में प्रवेश का जो मौका हाथ लगा था, उसका इसने खूब लाभ उठाया था। इस प्रकार संविधान निर्मात्री सभा ने जब काम के अधिकार की गारंटी न कराकर संपत्ति के अधिकार की गारंटी कराया, तब उसने राज्य को बहुसंख्यक आबादी का प्रतिनिधित्व करनेवाली राजनीतिक संस्था के रूप में न रहने देकर उसे अल्पसंख्यक धनीवर्ग के हितों का संरक्षक और प्रतिनिधित्व करनेवाला बना दिया। संविधान निर्मात्री सभा के इस कृत्य की व्याख्या अगर हेराल्ड जे. लास्की की राज्य संबंधी व्याख्या में ले जाकर की जाए, तब स्पष्ट निष्कर्ष निकलता है कि तर्क के आधार पर पाया जाता है कि राज्य वर्ग से ऊपर नहीं हैं, यह वर्गीय होता है।[26] लास्की आगे प्रश्न करते हैं और स्वयं जवाब देते हैं, तब राज्य है क्या? उनका जवाब है—कोई भी समाज जिन मान्यताओं को स्वीकार किए हुए है या जो मान्यताएँ उसमें अंतर्निहित हैं, उनके परिणामों को अमलीजामा पहनाने के लिए दमनात्मक कारवाइयों का सर्वोच्च वाहक है। अगर समाज की मान्यता पूँजीवाद की है, तब तर्क यही रह जाता है कि राज्य पूँजीवादी होगा और पूँजीवाद की जरूरतों को पूरा करने में वह तमाम दमनात्मक शक्तियों का उपयोग करेगा। यह कोई जरूरी नहीं कि राज्य पूँजीवादी अवधारणाओं को एकदम उसके शास्त्रीय में रूप में लागू करे, बल्कि वह ऐसे कल्याणकारी कार्यों को भी लागू करता है, जो पूँजीवाद को उसकी मान्यताओं समेत अक्षुण्ण बने रहने में मदद करते हैं।[27]

संविधान निर्मात्री सभा ने जब संपत्ति के अधिकार को मौलिक अधिकारों की सूची में प्रविष्टि दे दी और उसकी गांरटी करा दी व जनसामान्य की समस्याओं का जो खाका प्रस्तुत किया, उसे राज्य के नीति निर्देशक सिद्धांतों में रखकर उसे बिना न्यायिक ताकत के कर दिया। जब राज्य के नीति निर्देशक सिद्धांतों के बिना न्यायिक शक्ति को राज्य की मर्जी पर छोड़ दिया, तब उसने एक पूँजीवादी लोककल्याणकारी राज्य की संकल्पना को आधार प्रदान कर दिया। इसी तरह के लोककल्याणकारी राज्य को लास्की ने 'सामाजिक सेवा वाला राज्य' (Social service state) कहा है। यह अवधारणा दो तथ्यों की तरफ इशारा करती है—ऐसी अवधारणा में (1) राज्य मात्र पुलिस राज्य होता है, जिसका काम सिर्फ विधि-व्यवस्था लागू कराए जाने जैसी नकारात्मक कारवाइयों तक ही सीमित नहीं रह जाता, बल्कि (2) यह कई तरह को सकारात्मक क्रियाकलापों को अंजाम देनेवाला राजनीतिक संस्थान बन जाता है और सामाजिक जीवन के विभिन्न क्षेत्रों में सामाजिक सेवा-कार्य करनेवाला भी बन जाता है।

मौलिक अधिकारों की सूची में संपत्ति के अधिकार को रखना और काम के अधिकार को न रखना तथा सामान्य जनता की समस्याओं के निवारण संबंधी प्रावधानों को राज्य के 'नीति निर्देशक सिद्धांतों' की सूची में—जिसके पीछे कोई न्यायिक शक्ति नहीं है, डाल देना और इनकी पूर्ति को राज्य की मरजी पर छोड़ देना, एक पूँजीवादी लोककल्याणकारी राज्य की अवधारणा को स्वीकृत करना कांग्रेस पार्टी के वर्गीय चरित्र और राष्ट्रीय मुक्ति आंदोलन में उसके द्वारा अपनाई गई संघर्ष की रणनीति और कार्यनीति; सबों के अनुकूल था। कांग्रेस भारतीय राष्ट्रीय पूँजीपति वर्ग के स्वार्थों का प्रतिनिधित्व करनेवाली एक राजनीतिक संस्था थी, जो भारतीय राष्ट्रीय मुक्ति आंदोलन का नेतृत्व इस कारण कर रही थी कि भारतीय राष्ट्रीय पूँजीपति वर्ग का हित साम्राज्यवादी शासकों और उनकी वित्तीय पूँजी के हितों से टकराता था। इस संघर्ष में कांग्रेस ने दक्षतापूर्वक साम्राज्यवादी हितों के खिलाफ तमाम वर्ग-शक्तियों की गोलबंदी करके साम्राज्यवाद विरोधी एक संयुक्त मोरचे के तहत साम्राज्यवाद के खिलाफ संघर्ष और भारतीय पूँजी के हित में साम्राज्यवाद के साथ समझौते की दोहरी रणनीति का अनुसरण करते हुए संघर्ष को पूर्णाहुति तक पहुँचाया था। आजादी के बाद सामंती हितों के पोषक तत्त्वों के साथ भी कांग्रेस ने पूर्ण विरोध का नहीं, बल्कि समझौतावादी नीति को चलाया और अन्य प्रगतिशील तत्त्वों की माँगों और भावनाओं को पूँजीवादी हितों की तुलना में द्वितीय स्थान पर रखकर एक समझौते के रूप में राज्य के नीति निर्देशक सिद्धांतों में रखा। संविधान निर्मात्री सभा में कांग्रेस ने अपने बहुमत का उपयोग करते हुए जन अवाम की समस्याओं के निदान के कार्यक्रमों को 'राज्य के नीति निर्देशक सिद्धांतों' में रखकर भविष्य के राज्य के चरित्र को एक पूँजीवादी लोककल्याणकारी राज्य का स्वरूप प्रदान करा दिया।

पूँजीवादी लोककल्याणकारी राज्य की बाध्यताएँ

अगर समाजवादी वैचारिकता के आधार पर इस तरह के राज्य की अवधारणा का मूल्यांकन समाजवाद के संदर्भों में न भी किया जाए और लास्की जैसे सोशल जनवादी (Social democrat) की अवधारणा के आधार पर भी मूल्यांकन कर देखा जाए कि जब संविधान निर्माताओं ने भारत के संविधान में प्रदत्त मौलिक अधिकारों की सूची में संपत्ति के अधिकार को प्रविष्ट करा दिया और काम के अधिकार को नीति निर्देशक सिद्धांतों में रखकर उसे न्यायिक शक्ति रहित बना दिया, तब स्वाभाविक रूप से इस स्थिति में दो पहलू उभरकर सामने आ जाते हैं। ऐसी स्थिति में यह जरूरी हो जाता है कि यह स्पष्ट किया जाए कि इस तरह के पूँजीवादी लोककल्याणकारी राज्य निर्धन व्यक्ति की उन सारी जरूरतों को, जो उत्पादन प्रक्रिया के पूँजीवादी चरित्रवाली उत्पादन-प्रणाली में उभरती हैं, पूँजीवादी मानदंडों का अवलंबन करते हुए पूरा किया जा सकता है या नहीं।

दूसरा पहलू यह है कि इस तरह जब जनसामान्य की उम्मीदों को जगाया जाता है, तब वह अपनी उत्तरोत्तर बढ़ती आर्थिक, सामाजिक, राजनीतिक, सांस्कृतिक आदि माँगों के लिए आवाजें उठाने लगता है, उनकी ये सभी माँगें न्यायिक मानदंड पर सही होती हैं। ये माँगें ऐसी भी होती हैं, जिन्हें पूँजीवादी उत्पादन संबंधों में क्रांतिकारी बदलावों को लाकर ही पूरा किया जा सकता है। ऐसी स्थिति में व्यक्तिगत स्वामित्व और व्यक्तिगत मुनाफा वाली पूँजीवादी उत्पादन-प्रक्रिया में, जिसमें व्यक्तिगत स्वामित्व और दिहाड़ी मजदूरों का अस्तित्व बना रहता है, इस तरह के पूँजीवादी लोककल्याणकारी राज्य दिनानुदिन एक ऐसी समस्या से दो-चार होने लगते हैं, जिनका समाधान उनकी पहुँच से बाहर हो जाता है। ऐसी स्थिति में जब इस तरह का पूँजीवादी लोककल्याणकारी राज्य गरीब जन अवाम, जो लगातार गरीबी की मार से त्रस्त रहता है, के बढ़ते विरोध का सामना करता है, तब अपने वित्तीय संकट के कारण लोककल्याणकारी योजनाओं में क्रमिक गति से कटौती करने लगता है। ऐसी स्थिति में राज्य या तो जनवादी अधिकारों में कटौती करते हुए क्रमिक गति से एक रूपांतरण की तरफ बढ़ता है, जिस क्रम में राज्य एक तानाशाही या फासीवाद का रूप ग्रहण करता है या उसे संविधान को बदलकर, समाज में विद्यमान उत्पादन संबंधों को बदलकर, एक क्रांतिकारी आधार की तरफ ले जाने की जरूरत आ जाती है। ऐसा राज्य, जिसने अपनी विधायिका, कार्यपालिका, न्यायपालिका के साथ-साथ एक सुसंगठित फौज का गठन पूँजीवाद को संरक्षण देने के लिए किया है, वह उत्पादन संबंधों में क्रांतिकारी बदलाव लाकर पूँजीवाद को समाप्त करेगा या अवाम के जनतांत्रिक अधिकारों को समाप्त करके अपना रूपांतरण एक तानाशाही के रूप में करेगा—यह एक विचारणीय विषय बन जाता है।

आजादी के बाद भारत की राजसत्ता के चरित्र का निर्धारण संविधान निर्मात्री सभा द्वारा प्रदत्त और भारतीय संसद् द्वारा स्वीकृत संविधान की इसी अवधारणा के अनुसार एक पूँजीवादी लोककल्याणकारी राज्य के रूप में ही हुआ है। संपत्ति को मौलिक अधिकारों की सूची में डाले जाने का जो कुपरिणाम इस तरह के पूँजीवादी लोककल्याणकारी राज्य के सामने आता है, वह भारत की सरकार के सामने संविधान लागू होने के महज पाँच साल के अंदर ही आ गया था, जिसके कारण संविधान का चौथा संशोधन एक्ट 1955 में पास किया गया था।[28] यह संवैधानिक संशोधन भूमि अधिग्रहण के मामले में क्षतिपूर्ति से संबंधित था, जिसमें उच्चतम न्यायालय ने बाजार दर पर क्षतिपूर्ति के लिए फैसला दिया। इसके बाद संपत्ति को मौलिक अधिकारों की सूची में रखे जाने के कारण जनवादी कदमों को इस प्रावधान ने किस तरह क्षति पहुँचाई, उसके प्रमाण बाद के कई मुकदमों में सामने आए, जिसमें एक प्रमुख मुकदमा बैंकों के राष्ट्रीयकरण को चुनौती देनेवाला था।[29]

देखा जा सकता है कि जैसे-जैसे भारत में पूँजीवादी व्यवस्था मजबूत होती गई, इसका सामान्य जनों के हितों के साथ टकराव भी बढ़ता गया। इसका पहला राजनीतिक संकट 1967 में सामने आया, जब भारत के बहुसंख्यक प्रांतों में सत्तारूढ़ कांग्रेस पार्टी सत्ता से बाहर हो गई। इसके बाद केंद्र में स्थापित कांग्रेस की सरकार ने जन आकांक्षाओं की पूर्ति के लिए बढ़ते जन आंदोलनों का मुकाबला करने के लिए अपने मिश्रित वर्ग चरित्र के अनुसार ही एक दोहरी नीति का सहारा लिया। 1969 में बैंकों का राष्ट्रीयकरण, प्रिवीपर्स उन्मूलन आदि कुछ जनवादी कदमों को उठाया मगर 1970 के दशक में दमनात्मक कदमों को उठाने की दिशा में आपातकाल को भी लागू किया। बढ़ते पूँजीवादी संकट के तहत ही इसने 1976 में संविधान का 42वाँ संशोधन पारित कर संविधान की 'प्रस्तावना' में समाजवाद (Socialist) शब्द को जोड़ा और 1978 में 44वें संविधान संशोधन के द्वारा संपत्ति के अधिकार को मौलिक अधिकारों की सूची से हटाकर इसे एक कानूनी अधिकार के दर्जे में डाला। फिर भी उत्पादन संबंध में कोई क्रांतिकारी बदलाव के न आने से इस पूँजीवादी लोककल्याणकारी राज्य का आर्थिक संकट गहराता ही गया और 1990-91 में इसने पूर्णत: नव-उदारवादी नीति को अख्तियार कर लिया। इसके बाद क्रमिक रूप से सारे लोककल्याणकारी कार्यक्रमों को समाप्त करने की दिशा में सरकार कदम उठाती जा रही है।

टिप्पणियाँ और संदर्भ

1. रामावतार शर्मा, 'जुडिशियल सिस्टम ऐंड पोलिटिकल ओपिनयंस इन इंडिया' रामावतार शर्मा (सं.),
   जस्टिस ऐंड सोशल ऑर्डर इन इंडिया, इंटेलेक्चुअल पब्लिशिंग हाउस, 1984, न्यू दिल्ली, पृ. 348।
2. द्वारा उद्धृत : कालिस चंद्र राय, 'रूल ऑफ लॉ इन इंडियन रिपब्लिक', लॉ क्वार्टर्ली, वॉ. 2, नं. 1, मार्च, 1972, पृ. 61।
3. ए.के. गोपालन बनाम मद्रास राज्य, ए.आई.आर., 1950, सु. को. 27।
4. ऊपर उद्धृत, पृ. 516।
5. मेनका गांधी बनाम यूनियन ऑफ इंडिया, ए.आई.आर., 1978, सु. को. 597।
6. ऊपर उद्धृत।
7. रजनी पाम दत्त, आज का भारत, दिल्ली, मैकमिलन इंडिया प्रा. लि., 1985, पृ. 602।
8. देखा जा सकता है—एस.जी. सरदेसाई, इंडिया ऐंड दि रसियन रिवोल्यूशन, नई दिल्ली, 1967, पृ. 24 और आगे।
9. जवाहरलाल नेहरू, आत्मकथा (अंग्रेजी), मास्को, 1955, पृ. 104।
10. जवाहरलाल नेहरू, 'स्वराज्य ऐंड सोशलिज्म' संकलित रचनाएँ, खंड-3, नई दिल्ली, 1975, पृ. 371।

11. सेमिनार ऑन नेहरू, मद्रास, 1974, पृ. 186–87।
12. एम.वी. रमन राय, ए शॉट हिस्टरी ऑफ दि इंडियन नेशनल कांग्रेस, दिल्ली, 1959, पृ. 130।
13. रजनी पाम दत्त, पूर्वोद्धृत, पृ. 383।
14. 1983 में इंडियन साइंस एसोसिएशन की वार्षिक बैठक में प्रो. शाहा के एक सवाल के जवाब में सुभाष चंद्र बोस का उत्तर, द्वारा उद्धृत : रजनी पाम दत्त।
    पूर्वोद्धृत, पृ. 633–34।
15. गुप्ता ऐंड सरकार, ओवर व्यू ऑफ कांस्टीच्यूशनल लॉ ऑफ इंडिया, सुरजीत पब्लिकेशन, 7 के, कोल्हापुर रोड, कमला नगर, दिल्ली, 1982, पृ. 18।
16. चक्रवर्ती ऐंड भट्टाचार्या, कांग्रेस इन इवोल्यूशन, 1940, पृ. 27।
17. ऊपर उद्धृत, पृ. 260।
18. देखा जा सकता है : इंदिरा सावहानी बनाम यूनियन ऑफ इंडिया, ए.आई.आर. सू. कोर्ट 477, पारा 4।
19. राजस्थान राज्य बनाम विद्यावती, ए.आई.आर. 1962, सु. कोर्ट, 933–35।
20. सर वेलेनटाइन चिरोल, इंडिया, 1926, पृ. 207।
21. एक्सप्रेस न्यूज पेपर्स बनाम यूनियन ऑफ इंडिया, ए.आई.आर., 1958, सु. कोर्ट, 578।
    बैनेटकोलमैन बनाम यूनियन ऑफ इंडिया, ए.आई.आर. 1973, सु. कोर्ट, 106।
    इंडियन एक्सप्रेस न्यूज पेपर्स बनाम यूनियन ऑफ इंडिया, ए.आई.आर. 1982, सु. कोर्ट 1473।
22. पीपुल्स यूनियन बनाम यूनियन ऑफ इंडिया, ए.आई.आर. 1982, सु. कोर्ट, 1473।
    संजीव बनाम राजस्थान राज्य, ए.आई.आर. 1983, सु. कोर्ट, 328।
23. ए.के. गोपालन बनाम मद्रास राज्य, ए.आई.आर. 1950, सु. कोर्ट, 27।
24. पूर्ण विवरण के लिए देखा जा सकता है—44वाँ संविधान संशोधन एक्ट 1978।
25. 12 फरवरी, 1922 को बारदोली में कांग्रेस कार्य समिति द्वारा पारित प्रस्ताव, खासकर प्रस्ताव के नुक्ता 6 और 7 को देखा जा सकता है। द्वारा उद्धृत, रजनी पाम दत्त, पूर्वोद्धृत, 360–64।
26. एच.जे. लास्की, दि स्टेट इन थियरी ऐंड प्रैक्टिस, 1935, पृ. 211।
27. ऊपर उद्धृत, पृ. 204–06।
28. संविधान के चौथे संशोधन, 1954–55 के संबंध में पूर्ण जानकारी के लिए देखा जा सकता है—पश्चिम बंगाल राज्य बनाम बेला बनर्जी, ए.आई.आर., 1954, सु. कोर्ट, 170।
29. आर.सी. कुँवर बनाम यूनियन ऑफ इंडिया, ए.आई.आर, 1970, सु. कोर्ट, 564।

□

4

भारतीय संविधान की मूल भावना और राज्य के नीति निर्देशक सिद्धांत

भारतीय संविधान की 'प्रस्तावना' में की गई प्रतिज्ञाओं का ऐतिहासिक परिप्रेक्ष्य राष्ट्रीय आंदोलन द्वारा भारतीय अवाम को दिए गए आश्वासनों की पूर्ति के प्रयास का था। भारतीय राष्ट्रीय मुक्ति आंदोलन में साम्राज्यवाद-विरोधी वर्ग-शक्तियों के जिस संयुक्त मोरचे ने कांग्रेस के नेतृत्व में संघर्ष किया था और आजादी हासिल की थी, उसने कांग्रेस पार्टी की चारित्रिक विशेषता को भी प्रभावित किया था। कांग्रेस संगठन स्वयं में एक ऐसा मोरचा बन गया था, जिसमें पाश्चात्य पूँजीवादी वैचारिकता के धारक, राष्ट्रवादी, समाजवादी, सामंती स्वार्थों के प्रतिनिधि और उदारवादी पूँजीवादी वैचारिकतावाले तत्त्वों का सम्मिश्रण था, फिर भी कांग्रेस भारतीय राष्ट्रीय पूँजीपति वर्ग के स्वार्थों का प्रतिनिधित्व करनेवाली राजनीतिक संस्था के रूप में अपनी वैचारिकता को ही धारण किए हुए थी। दूसरा प्रभावपूर्ण पक्ष था राष्ट्रीय मुक्ति आंदोलन के संपूर्ण काल में और खासकर प्रथम विश्वयुद्ध और उस काल में 1917 की सफल रूसी समाजवादी क्रांति के प्रभावों के कारण वैश्विक राजनीतिक वैचारिकता में आनेवाला बदलाव। रूसी समाजवादी क्रांति ने राष्ट्रों के आत्मनिर्णय के अधिकार को वैश्विक राजनीतिक पटल पर एक एजेंडे के रूप में ला दिया था, जिसके कारण साम्राज्यवादी शक्तियाँ सकते में आ गई थीं। रूसी समाजवादी क्रांति ने जब इसके बाद के काल को साम्राज्यवाद के खात्मे और वैश्विक आर्थिक-सामाजिक विकास प्रक्रिया को पूँजीवाद से समाजवाद में संक्रमण का काल बताया और उसके साथ-साथ प्रथम विश्वयुद्ध के बाद एक तरफ साम्राज्यवादी मुल्कों का चलता आर्थिक संकट और उसके विपरीत समाजवाद का हो रहा द्रुत आर्थिक विकास राष्ट्रीय मुक्ति आंदोलनों में लगी जनता के सामने अपने भविष्य की आर्थिक संरचना के चुनाव के प्रश्न को नए सिरे से खड़ा कर दिया था।

इसके बाद द्वितीय विश्वयुद्ध में फासीवाद की पराजय में सोवियत रूस की भूमिका ने समाजवादी राष्ट्र की सैनिक क्षमता की अपराजेयता को भी स्थापित कर दिया था। अब वैश्विक राजनीतिक पटल पर औपनिवेशिक रूप से गुलाम बनाई गई जनता अपने राष्ट्रीय मुक्ति आंदोलनों के रूप में अपने भविष्य के निर्माण के मामले में समाजवादी समाधान की तरफ ज्यादातर देशों में आकर्षित होती देखी गई। भारत भी इसका अपवाद नहीं रहा। दूसरी तरफ, साम्राज्यवाद अपने पुराने वर्चस्व को बनाए रखने के लिए येन-केन प्रकारेण प्रयासरत था और द्वितीय विश्वयुद्ध के बाद अपनी कमजोर होती ताकत के पुनर्गठन के लिए नई तकनीकों को ईजाद करने का भी प्रयास करता रहा, जिसमें हथियारों की होड़ से लेकर लोक कल्याणकारी योजनाओं को एक खास हद तक अपने यहाँ लागू कर समाजवादी प्रभाव को निरस्त करने का प्रयास करता रहा था। संक्षेप में कहा जाए, तो यही कहा जाएगा कि अब वैश्विक राजनीति में पूँजीवाद या साम्राज्यवाद बनाम समाजवाद की विचारधारा के बीच द्वंद्व शुरू हो गया था।

भारतीय संविधान की 'प्रस्तावना' ने भारतीय आर्थिक संरचना के निर्धारण में राष्ट्रीय मुक्ति आंदोलन में संघर्षरत विभिन्न वर्गीय शक्तियों और संघर्षरत अवाम को राष्ट्रीय मुक्ति आंदोलन के दरम्यान दिए गए आश्वासनों को मूर्त रूप देने का दिशा-निर्देशन दे दिया था। अब संविधान निर्माताओं के सामने उन आश्वासनों को मूर्त रूप देने के लिए आजाद भारत की राज्यसत्ता के चरित्र का निर्धारण इस तरह करना था कि वह राष्ट्रीय मुक्ति आंदोलन के दरम्यान संघर्षरत अवाम को, राष्ट्रीय मुक्ति आंदोलन द्वारा दिए गए आश्वासनों को व्यावहारिक रूप प्रदान करने के लायक बना सके। इन वैश्विक राजनीतिक वैचारिकताओं के परस्पर द्वंद्व का प्रभाव संविधान निर्माताओं पर स्पष्ट रूप से देखा जा सकता था। संविधान निर्माता भी इन दो परस्पर विरोधी वैचारिकताओं, यानी पाश्चात्य पूँजीवादी उत्पादन-प्रणाली और समाजवादी देश की उत्पादन-प्रणाली के बीच के चुनाव के संघर्ष से जूझ रहे थे।

दो वैचारिकताओं का परस्पर द्वंद्व

राज्य के नीति निर्देशक सिद्धांतों पर संविधान निर्माताओं के बीच वैचारिक द्वंद्व का क्षेत्र कितना व्यापक था, इसका अंदाजा संविधान निर्मात्री सभा की इस पर हुई बहसों के अवलोकन से चल जाता है। 19 नवंबर, 1948 को राज्य के नीति निर्देशक सिद्धांतों की विभिन्न धाराओं पर बहस आयोजित करते हुए इसे संविधान निर्मात्री सभा में विचारार्थ रखा गया। ज्यों ही इन धाराओं को संविधान निर्मात्री सभा में रखा गया, विवाद और बहस का एक सिलसिला शुरू हो गया, जिसने दिखाया कि संविधान निर्मात्री सभा इस अध्याय के शीर्षक पर ही विभाजित थी और यह विभाजन सामान्य नहीं, अपितु वैश्विक

राजनीति में चल रहे जिन दो परस्पर विरोधी वैचारिकताओं पर विश्व राजनीति विभाजित थी, वही और उसी आधार पर विभाजन यहाँ भी दिखा। सभा के दो सदस्यों, जिन्होंने इस अध्याय के शीर्षक पर ही संशोधन दिया, उनमें से एक काजी सैयद करीमुद्दीन ने इसके शर्षिक से 'निर्देशक' (directive) शब्द हो हटा देने संबंधी संशोधन दिया।[1] दूसरा संशोधन एच.वी. कामथ का था, जिसके द्वारा माँग की गई थी कि 'निर्देशक' (directive) शब्द के बदले 'मौलिक' (fundamental) शब्द को रखा जाए।[2] संशोधन प्रस्तुत करनेवाले सदस्यों की वैचारिकता स्पष्ट थी, दोनों संशोधन इसे 'निर्देशक सिद्धांत' के रूप में रखे जाने के विरोधी थे। एच.वी. कामथ की वैचारिकता स्पष्ट थी, वे इसे 'मौलिक अधिकारों के समकक्ष का दर्जा देना चाहते थे, जिनके पीछे न्यायायिक शक्तियाँ रखी गई थीं। श्री कामथ इन सिद्धांतों को लागू करने और कराने के प्रसंग को राज के ऊपर, उसकी मर्जी पर, छोड़ना नहीं चाहते थे और यही चाहते थे कि जिस तरह 'मौलिक अधिकारों' को संविधान ने न्यायिक शक्ति प्रदान करके राज्य के लिए इन्हें लागू करना आवश्यक बना दिया है और भारतीय नागरिक को समानता के आधार पर, बिना किसी भेदभाव के यह संवैधानिक अधिकार प्रदान किया है कि अगर उसके मौलिक अधिकारों से राज्य संविधान प्रदत्त तार्किक (Resonable) कारणों के अलावा अन्यथा से वंचित करता है, तब वह न्यायिक सुरक्षा पाने का अधिकारी है, ठीक उसी तरह की शक्ति इस अध्याय 4 की धाराओं को भी देने के लिए इनमें भी 'मौलिक' शब्द को ही रखा जाए। इन सकारात्मक प्रावधानों के पीछे न्यायिक शक्ति देकर इन्हें संविधान में रखने की कामथ की वैचारिकता का मूल उद्‌देश्य यही था कि वे पश्चिमी देशों की पूँजीवादी उत्पादन-प्रणाली वाली उत्पादन व्यवस्था से भिन्न भारत के जनतंत्र को एक ऐसी उत्पादन-प्रणाली में ढालने के इच्छुक थे, जिसमें काम का अधिकार संवैधानिक अधिकार हो, उत्पादन के साधनों का स्वामित्व और संपत्ति को बंद हाथों में संचय को संवैधानिक रूप से बाधित कर दिया जाए, आदि। इसके अलावा अध्याय iv की धाराओं में जिन सकारात्मक कदमों को उठाने की जवाबदेही राज्य को संविधान दे रहा है, उससे लाभान्वित होनेवाले नागरिकों को यह संवैधानिक अधिकार भी दिया जाए कि उन लाभों से वंचित किए जाने के क्रम में नागरिक न्यायिक प्रक्रिया में जाने का अधिकारी हो। ऐसी वैचारिकता पूर्णतः समाजवादी उत्पादन-प्रणाली की वैज्ञानिक समाजवाद की संकल्पना में दिखती हो या नहीं, मगर यह पूँजीवादी उत्पादन-संबंधों के आधार पर भारत की आर्थिक-सामाजिक संरचना किए जाने के खिलाफ वाली वैचारिकता थी।

जिन सदस्यों ने इस संशोधन का विरोध किया, उनमें प्रमुख थे—एम. अनंतसयनम आयंगर और डॉ. भीमराव अंबेडकर। श्री एम. अनंतसयनम के विचार में इनको न्यायिक बल प्रदान कर देने पर न्यायालयों के लिए उनको लागू कराना अव्यावहारिक होगा।[3]

उन्होंने इन्हें मात्र 'निर्देशक' माना और इनको न्यायिक बल प्रदान किए जाने का इसी आधार पर विरोध किया। अपने तर्कों में श्री आयंगर आध्याय iv के प्रावधानों को मौलिक अधिकारों की ही तरह महत्त्वपूर्ण नहीं मानते नजर आते हैं और वे इनकी धाराओं को लागू किया जाना पूर्णत: व्यावहारिक नहीं मानकर अपनी वैचारिकता में सामान्यजनों को दी जानेवाली इन सहूलियतों के महत्त्व को घटाकर आँकते हैं। इस तरह उन्होंने सामाजिक, आर्थिक, राजनीतिक न्याय की उपलब्धि को संविधान द्वारा न्यायिक बल देने के विरोध में खड़े होकर मूल में प्रस्तावित जनवादी तंत्र, जो अपने आपमें पूँजीवादी लोक कल्याणकारी होता है, उसी की हिमायत कर रहे थे। उनकी अस्वीकृति किसी खास धारा पर नहीं, बल्कि इस अध्याय में प्रदत्त सभी धाराओं के समन्वय में थी, जिनमें काम के अधिकार, जीवनयापन योग्य मजदूरी, आदि से संबंधित धाराएँ थीं।[4] इनकी अस्वीकृति का स्पष्ट मतलब था ऐसे उत्पादन-संबंधोंवाली व्यवस्था की तरफदारी करना, जिसमें श्रमजीवी जनता के अधिकार संकुचित रहते। निश्चित तौर पर यह प्रवृत्ति पूँजीवाद समर्थक थी। डॉ. अंबेडकर की दलीलों का आधार इनसे कुछ भिन्न दिखा। वे 'निर्देशक' शब्द की उपस्थिति को इस कारण बनाए रखना चाहते थे कि विधायिका और कार्यपालिका को उस तरीके के संबंध में निर्देश थे, जिस तरीके से सरकार के ये अवयव कानून बनाएँगे और कार्यकारिणी उन्हें लागू करेगी। उन्होंने इस अध्याय के महत्त्व को नहीं नकारा, मगर उन्होंने जब इन प्रावधानों को मात्र 'निर्देशन' स्वीकार किया, तब उनका महत्त्व इस अर्थ में कम हो गया कि इन्हें आवश्यक रूप में विधायिका और कार्यपालिका के द्वारा अमल में लाना जरूरी नहीं रह गया, इनका कार्यान्वयन स्वैच्छिक बनकर रह गया, अनिवार्य नहीं रह गया। इस तरह के स्वैच्छिक प्रावधान वर्ग स्वार्थों की रक्षावाले प्रावधानों का रूप ले लेते हैं, क्योंकि शासक दल अपने वर्ग स्वार्थ में जिन प्रावधानों को लागू करने की जरूरत महसूस करेगा, उसे लागू करेगा, अन्यों की उपेक्षा कर देगा।

एतत संबंधी ऊपर वर्णित दोनों संशोधनों में से श्री काजी सैयद करीमुद्दीन का संशोधन तो सभा में पारित नहीं हो सका, मगर श्री कामथ के संशोधन पर एक समझौतावादी रुख को अख्तियार करते हुए यह तय पाया कि संविधान के मसौदे में उल्लिखित निर्देशक सिद्धांतों को न्यायिक बल प्रदान कर के न्यायालयों द्वारा इन्हें लागू कराने संबंधी प्रावधानों को न रखा जाए, मगर प्रशासन के स्तर पर इन्हें लागू किए जाने को 'मौलिक' माना जाए।[5] इस समझौतावादी रुख को अख्तियार कर लिये जाने के बाद श्री कामथ ने अपना संशोधन वापस ले लिया था। अंतत: जिसमें धारा 37 की प्रविष्टि संविधान में की गई, उसमें इस समझौतावादी रूप को देखा जा सकता है। संविधान की धारा 37 कहती है कि इस भाग में दिए गए प्रावधान किसी भी न्यायालय के द्वारा लागू

कराए जाने की बाध्यता नहीं रखेंगे, हाँ मगर इसमें जिन सिद्धांतों को यहाँ उल्लिखित किया गया है, वे इसके बावजूद प्रशासन के लिए मौलिक होंगे और राज्य का यह दायित्व होगा कि वह कानून या विधि निर्माण में इनको लागू करे।[6] राज्य के 'नीति निर्देशक सिद्धांतों' की गरिमा और महत्त्व इस धारा में स्थापित हैं। हालाँकि संविधान निर्माताओं ने संविधान के अध्याय iv में समाविष्ट प्रावधानों को न्यायिक अधिकार से सुसज्जित नहीं किया, फिर भी प्रशासन और विधि निर्माण में राज्य द्वारा इन निर्देशों का पालन करना 'मौलिक' माना। इसका स्पष्ट मतलब है कि यहाँ इस धारा में समाविष्ट किया गया 'मौलिक' शब्द 'मौलिक अधिकारों' के संदर्भ में उपयोग किए गए 'मौलिक' शब्द का समकक्षी है, यानी राज्य के नीति निर्देशक सिद्धांतों की अवहेलना (राज्य द्वारा प्रशासन और विधि निर्माण में) उतनी ही गैर-संवैधानिक है, जितना 'मौलिक अधिकारों' की अवहेलना करना। कुछ अर्थों में इसकी अवहेलना का अपराध 'मौलिक अधिकारों' की किसी धारा की अवहेलना की तुलना में ज्यादा संगीन बन जाता है, क्योंकि 'मौलिक अधिकारों' की किसी धारा के उल्लंघन का प्रश्न मात्र उस धारा के प्रति संविधान निर्माताओं की वैचारिकता के विश्लेषण का ही प्रश्न रहता है, मगर राज्य के नीति निर्देशक सिद्धांतों की अवहेलना, जब प्रशासन के और विधि निर्माण की प्रक्रिया में की जाती है, तब यह प्रश्न संविधान निर्मात्री सभा के सारे सदस्यों और अध्याय IV पर उनकी वैचारिकता के अनादर का प्रश्न बन जाता है। यही वह तर्क और वजह है कि उच्चतम न्यायालय ने इनकी व्याख्या में कहा था कि मात्र इसलिए कि राज्य के 'नीति निर्देशक सिद्धांतों' के पीछे न्यायालय की शक्ति नहीं, इसका यह मतलब नहीं निकलता कि ये किसी भी सूरत में मौलिक अधिकारों की तुलना में कमजोर या कम महत्त्ववाले हैं।[7]

संविधान में धारा 37 को जिस रूप में प्रविष्टी दी गई और न्यायालय ने इसकी जिस तरह से बाद में व्याख्या की, उसमें कहा गया कि इस धारा में समाविष्ट प्रावधान का अर्थ है कि लोककल्याणकारी राज्य की स्थापना।[8] मगर जल्द ही एक लोककल्याणकारी राज्य की संकल्पना और 'राज्य के नीति निर्देशक सिद्धांतों' के पीछे न्यायिक शक्ति नहीं रहने के कारण, जब टकराव की स्थितियाँ सामने आने लगीं, तब न्यायालय को भी परस्पर वैचारिक विवादों में घिरा हुआ पाया गया। न्यायालय की वैचारिकता उसके द्वारा फैसला दिए जाने के काल में राजसत्ता की नीतियों से प्रभावित दिखी। 1950-51 के बाद के वर्ष भारत में आर्थिक-सामाजिक पुनर्निर्माण के वर्षों को शुरू किए जाने के काल के रूप में आए और 1970 के दशक तक भारतीय पूँजीवाद ने अस्थायित्व ग्रहण कर लिया था। इस पुनर्निर्माण के काल में भारतीय पूँजीवाद के लिए जब 'राज्य के नीति निर्देशक सिद्धांतों' की अवहेलना करके भी पूँजीवाद को स्थायित्व प्रदान करने का दौर सा चला के खास करके 'राज्य के नीति निर्देशक सिद्धांतों' की धारा 39 के उन प्रावधानों का, जिनमें देश के

भौतिक संसाधनों के वितरण को सार्वजनिक हित के अनुसार करने, संपत्ति और संसाधनों का चंद हाथों में संकेंद्रण न होने देने आदि संबंधी दिए गए प्रावधानों का बड़े पैमाने पर उल्लंघन हुआ, तब कोर्ट सरकार के पक्ष में अपने को खड़ा करते हुए यह निर्णय देता रहा कि राज्य के नीति निर्देशक सिद्धांतों के पीछे उन्हें लागू किए जाने संबंधी बाध्यता या न्यायिक शक्ति नहीं है। इस कारण विधायिका द्वारा बनाए गए ऐसे कानूनों को, जो इसके प्रावधानों को नहीं लागू करते हों या विरोध में हों, तो उन कानूनों को असंवैधानिक नहीं माना जाएगा, साथ-ही-साथ किसी भी नागरिक को ऐसी स्थिति में यह अधिकार प्राप्त होता है कि वह ऐसी विधियों के खिलाफ न्यायिक प्रक्रिया में जाकर 'निदेशक' सिद्धांतों को लागू करवाने का प्रयास करें।[9] हालाँकि इस काल में सामंतवाद विरोधी फैसले न्यायालयों ने दिए, जिनमें जमींदारी उन्मूलन, हदबंदी कानून, बँधुआ मजदूरी उन्मूलन कानून आदि थे, मगर इसकी जरूरत पूँजीवाद के विकास के लिए आवश्यक थी, क्योंकि सामंतवाद पूँजीवाद के विकास में अवरोध खड़ा करता है और बँधुआगिरी की प्रथा एक राष्ट्रव्यापी स्वतंत्र श्रम बाजार को—जो पूँजीवादी विकास के लिए जरूरी है, बाधित करता है। सामंतवाद विरोधी न्यायिक निर्णयों को इसी रोशनी में परखा जा सकता है।

1970 के दशक के आते-आते भारतीय पूँजीवाद अपने अंतर्निहित अंतरविरोधों में घिरने लगा, तब नागरिक अधिकारों पर हमला, जनांदोलनों के खिलाफ कारवाइयों आदि की जरूरत भारतीय पूँजीवाद को पड़ी, तब न्यायालय ने अपने पूर्व के फैसलों से हटकर यह फैसला देना शुरू किया कि लोककल्याणकारी राज्य के लक्ष्यों की प्राप्ति के लिए संसद् संविधान के 'आधार' को बिना प्रभावित किए मौलिक अधिकारों में संशोधन कर सकती है और 'मौलिक अधिकारों' तथा 'राज्य के नीति निर्देशक सिद्धांतों' में सामंजस्य स्थापित कर सकती है।[10] इस प्रकार देखा जा सकता है कि जिस समझौतावादी वैचारिकता को संविधान निर्मात्री सभा ने अपनाया था, उसका उपयोग इन निर्देशक सिद्धांतों को अमल में लाने के काम में शुरू हो गया। वास्तव में संविधान निर्मात्री सभा का बहुमत किसी भी रूप में भारतीय आर्थिक-सामाजिक संरचना को एक पूँजीवादी लोककल्याणकारी राज्य की संकल्पना से हटकर दूसरी वैचारिकता, जो समाजवादी वैचारिकता की थी, उस तरफ जाने देने के पक्ष में नहीं था। इसका स्पष्ट प्रमाण धारा 30 में संशोधन पर हुई बहसों से पता चलता है।

संविधान के मसौदे की धारा 30 में वर्णित था कि राज्य जितना ज्यादा संभव हो सकेगा, इसकी कोशिश करेगा कि राष्ट्रीय जीवन के सभी संस्थान सामाजिक, आर्थिक और राजनीतिक न्याय की गारंटी करें।[11] इस धारा पर बहस के दौरान जो दो संशोधन पेश किए गए, उनमें से एक संशोधन दामोदर स्वरूप सेठ द्वारा पेश किया गया था, जो कहता था कि राज्य को लोगों के कल्याण, खुशहाली और तरक्की की गारंटी जनतांत्रिक-

समाजवादी सिस्टम को लागू करके और उसे बनाए रखते हुए करने की कोशिश करनी चाहिए।[12] दूसरा संशोधन श्री नाजीरुद्दीन अहमद द्वारा पेश किया गया था, जो कहता था कि इस धारा से राज्य 'प्रयास करेगा' क्लॉज को इस कारण हटा देना चाहिए, ताकि यह सुनिश्चित किया जा सके कि इस धारा को लागू करना ऐच्छिक नहीं, बल्कि अनिवार्य हो जाए।[13] उनकी दलील थी कि जिसमें यह धारा खड़ी है, वह अनिश्चिततावाला और अस्पष्ट है, यह स्पष्ट नहीं करता कि इस धारा के प्रावधानों को लागू किए जाने के लिए स्थापित सामाजिक ऑर्डर का स्वभाग कैसा होगा। इन संशोधनों का जिन लोगों ने विरोध किया, उनमें एक महबूब अली बेग साहब बहादुर थे, जिन्होंने कहा कि ये संशोधन एक खास राजनीतिक वैचारिकता का आयात कर संविधान में स्थापित कर देना चाहते हैं।[14]

हालाँकि इन संशोधनों का स्वर उस तरह की क्रांतिकारी वैचारिकता का वाहक नहीं था, जो भारतीय संविधान को एक वैज्ञानिक समाजवादी अवधारणा की तरफ ले जाती। 'सोशलिस्ट' शब्द का प्रयोग श्री सेठ के संशोधन में जरूर था, मगर उसके पूर्व 'जनवादी' शब्द का उपयोग कर उन्होंने वैचारिकता के स्तर पर अपनी समाजवाद की अवधारणा को शास्त्रीय समाजवादी वैचारिकता से अलग कर दिया था। फिर भी इन संशोधनों को अस्वीकृत किया गया, मगर विडंबना यह रही कि इस बहस में राष्ट्रीय मुक्ति संग्राम के दरम्यान अपने को दलित वर्ग के हितों की रक्षा के पुरोधा के रूप में पेश करनेवाले डॉ. भीमराव अंबेडकर ने इस वैचारिक संघर्ष में अपने को पूँजीवादी निहित स्वार्थों के पक्ष में खड़ा कर दिया। उन्होंने इन संशोधनों को अस्वीकृत किए जाने पर सफाई देते हुए कहा कि संविधान सत्ता पर कब्जा करने का यंत्र नहीं है, यह राजनीतिक प्रजातंत्र की स्थापना को और जो लोग सत्ता में जाएँगे, उनके सामने एक आदर्श रखने का यंत्र है और वह आदर्श है—आर्थिक जनवाद की स्थापना। जो लोग सरकार की रचना करेंगे, उनके सामने आर्थिक जनवाद की स्थापना का आदर्श संविधान रखता है।[15] संविधान के मसौदे की यह धारा पारित हो गई और संविधान की धारा 38 बन गई। आर्थिक जनवाद को राजनीतिक जनवाद का अभिन्न अंग मानकर भी संविधान की इस धारा को न्यायिक अधिकारों से वंचित कर दिया गया। तब भी अंबेडकर चाहे जैसी दलीलें दें, इसने संपन्न वर्गों खासकर पूँजीपति वर्ग के हाथों में यह औजार तो दे ही दिया कि इसे न लागू किए जाने के बाद भी उस राजनीतिक पार्टी को इसे लागू करने के लिए बाध्य नहीं किया जा सकता—अगर वह सत्ता में आती है—जिसकी प्रबल संभावना थी। इस प्रकार खासकर सदियों से उपेक्षित, आर्थिक तौर पर विपन्न बना दी गई असंख्य जनता, जिनमें दलितों-आदिवासियों आदि की संख्या ही सबसे ज्यादा थी, के उत्थान के प्रयास पर बंदिशें लग गईं। इसी के खामियाजे के रूप में भारत का यह वर्ग आजादी के छह दशकों से भी ज्यादा समय बीत जाने पर भी अपनी स्थिति पर आठ-आठ आँसू बहाने को शापित है।

फिर भी संविधान निर्मात्री सभा में ऐसे लोग थे, जिन्होंने इस अध्याय को मात्र एक पवित्र आशा कहकर इसकी आलोचना की। इनमें नजीरुद्दीन अहमद थे। सैयद करीमुद्दीन ने इसे अस्पष्ट कहा और राष्ट्रीयकरण, जमींदारी उन्मूलन आदि के संबंध में अस्पष्ट कहे जाने की आलोचना की।[16] सोमनाथ लाहिड़ी ने इसकी आलोचना करते हुए कहा कि न्यायिक शक्ति संपन्न और न्यायिक शक्ति से वंचित के बीच फर्क किया जाना समझ से परे है, यह समझना कठिन है कि बिना न्यायिक अधिकार के आर्थिक और सामाजिक न्याय को कौन-सा तत्त्व स्वरूप देगा।[17]

संविधान के अध्याय iv को न्यायिक अधिकारों से वंचित तो कर दिया गया, मगर संविधान निर्मात्री सभा के सामने जो राजनीतिक परिवेश था, उसमें मुक्ति संघर्ष में संघर्ष करनेवाली असंख्य आबादी को दिए गए आश्वासनों से मुकर जाना उस काल में कठिन दिखा और संविधान निर्मात्री सभा में भी इस अध्याय को न्यायिक शक्तिविहीन रखे जाने का विरोधी स्वर भी बहुत कमजोर नहीं था, हालाँकि वह बहुमत में नहीं था, फिर भी उसका प्रभाव जनता के एक मजबूत हिस्से पर था। इन परिस्थितियों में संविधान निर्मात्री सभा का बहुमत और अल्पमत यानी अध्याय iv को न्यायिक शक्तिरहित रखनेवालों का बहुमत और इसे न्यायिक शक्ति-संपन्न बनानेवालों के अल्पमत के बीच एक समझौते के तौर पर इसे पारित किया गया। इस समझौते के मूलबिंदु रहे कि संविधान निर्मात्री सभा नीतिगत मामलों में सरकार को निर्देशित करती है कि (1) राज्य सभी नागरिको-औरत और मर्द दोनों को, एक समान ढंग से जीवनयापन के पर्याप्त साधनों को उपलब्ध कराने संबंधी अधिकारों की गारंटी करेगा, (2) राज्य भौतिक संसाधनों के स्वामित्व और नियंत्रण का इस ढंग से प्रबंध और बँटवारा करेगा कि उससे सार्वजनिक हित की सुनिश्चितता हो, (3) आर्थिक सिस्टम प्रक्रिया का संचालन इस तरह से किया जाएगा कि संपत्ति और उत्पादन संसाधनों का संकेंद्रण बंद हाथों में ऐसा न हों कि वह सार्वजनिक हित के खिलाफ हो, (4) औरत और मर्द दोनों के लिए समान काम के लिए समान मजदूरी होगी। (5) औरत, मर्द और अल्पायु बच्चों की शक्ति और स्वास्थ्य को हानि नहीं पहुँचाने देगा और ऐसा प्रबंध करेगा कि आर्थिक मजबूरियों के कारण कोई भी नागरिक ऐसे कामों को करने के लिए विवश नहीं हो, जो उसकी शक्ति और उम्र के योग्य नहीं हो और (6) बचपन और युवा अवस्था को शोषण के खिलाफ सुरक्षा प्रदान करेगा और नैतिक तथा भौतिक अनुपलब्धता के खिलाफ रक्षा करेगा।[18] इसके अलावा ग्राम पंचायतों के गठन, उन्हें शक्ति दिए जाने से लेकर अनेक प्रावधान इस अध्याय iv में प्रविष्ट किए गए।[19]

संविधान निर्मात्री सभा का दृष्टिकोण

राज्य के 'नीति निर्देशक सिद्धांतों' पर संविधान निर्मात्री सभा में हुई बहसों का

अवलोकन दरशाता है कि जब इस अध्याय की प्रविष्टि संविधान में की गई, तब इसमें भारत के भविष्य के राज्य की संरचना के मूल तत्त्वों को रखने का प्रयास किया गया। इसमें भारतीय राष्ट्रीय मुक्ति आंदोलन में संघर्षरत रही विभिन्न वर्ग शक्तियों, उनकी राजनीतिक पार्टियों और उनकी वैचारिकताओं के साथ सामंजस्य बैठाने के साथ-साथ भारतीय राष्ट्रीय मुक्ति आंदोलन के दरम्यान संघर्षरत रहे अवाम के लिए किए गए वादों को भी समाहित करने की एक कोशिश जरूर थी। मगर इनके लिए किए गए वादों को मूर्त रूप देने के लिए भविष्य की राजसत्ता के स्वरूप-निर्धारण के प्रश्न पर संविधान निर्मात्री सभा वैचारिकता के आधार पर विभाजित थी। यह वैचारिक विभाजन मूलतः दो वैचारिकताओं के बीच का विभाजन था। यह विभाजन भारत के भविष्य की आर्थिक-सामाजिक संरचना को पाश्चात्य पूँजीवादी उत्पादन-प्रणाली वाली आर्थिक-सामाजिक संरचना और नवोदित समाजवादी विश्व-प्रणाली द्वारा प्रस्तुत की गई उत्पादन-प्रणाली वाली आर्थिक-सामाजिक संरचना के बीच के वैचारिक संघर्ष में सामने आया। संविधान निर्मात्री सभा मोटा-मोटी इन दो वैचारिकताओं के बीच के संघर्ष की सभा थी, जिसका भारत के भविष्य की आर्थिक-सामाजिक संरचना के स्वरूप निर्धारण और उस निर्माण स्वरूप के सफल कार्यान्वयन के लिए एक तंत्र के निर्माण का दायित्व था। ये ही दोनों तत्त्व मिलकर भारतीय राजसत्ता के स्वरूप का निर्धारण करते।

संविधान निर्मात्री सभा किसी खास आर्थिक-सामाजिक वर्ग या राजनीतिक पार्टी की वैचारिकता का प्रतिनिधित्व नहीं करती थी, बल्कि विभिन्न वैचारिकताओं के प्रतिनिधि इसके सदस्य थे। वैचारिकता के आधार पर सभा खंडित थी, फर्क सिर्फ अल्पमत बहुमत का ही था। संविधान निर्मात्री सभा के वैचारिक स्तर पर विभाजित रहने के भौतिक या वस्तुगत कारण थे, जिनकी वजह से इसका विभाजित वैचारिकतावाली सभा बन जाना स्वाभाविक था। वास्तव में राष्ट्रीय मुक्ति आंदोलन किसी एक खास वैचारिकता के आधार पर लड़ा गया संघर्ष नहीं था, बल्कि यह साम्राज्यवाद विरोधी तमाम वर्ग-शक्तियों के एक संयुक्त मोरचे के रूप में लड़ा गया संघर्ष था और साम्राज यवाद विरोध की राजनीतिक दिशा ने भारतीय राष्ट्रीय मुक्ति संघर्ष को विश्व क्रांतिकारी प्रक्रिया की एक कड़ी के रूप में प्रस्तुत करके एशिया, अफ्रीका आदि के गुलाम राष्ट्रों द्वारा किए जा रहे स्वतंत्रता संघर्ष के साथ इसकी एकजुटता को स्थापित कर दिया था। इस कारण भारतीय राष्ट्रीय मुक्ति आंदोलन पर तीसरे कम्युनिस्ट इंटरनेशनल का प्रभाव था—खासकर, 1920 में तीसरे कम्युनिस्ट इंटरनेशनल की दूसरी कांग्रेस में 'कालेनियल क्वेश्चन' पर पारित की थीसिस, मजदूरों के ट्रेड यूनियन संगठन, अखिल भारतीय ट्रेड यूनियन कांग्रेस की रेड इंटरनेशनल ऑफ लेबर यूनियन के साथ संबद्धता, 1927 में ब्रुशेल्स में आयोजित साम्राज्यवाद विरोधी लीग (league against imperialism)

के फैसले (जिसमें राष्ट्रीय कांग्रेस के प्रतिनिधि के रूप में जवाहरलाल नेहरू ने भाग लिया था।), आदि अनेक ऐसी घटनाएँ थीं, जिनसे राष्ट्रीय मुक्ति आंदोलन प्रभावित था और उनका प्रभाव भारतीय जनता पर भी मौजूद था। राष्ट्रीय मुक्ति आंदोलन में जिस कारक ने साम्राज्यवाद विरोधी तमाम वर्ग-शक्तियों की एकता को सुनिश्चित किया था, उसमें भारत को औपनिवेशिक जुए से मुक्ति का प्रश्न ही एकमात्र प्रबल एकता का कारक था। इस कारण संविधान निर्मात्री सभा के लिए मुश्किल था कि वह किसी भी एक वैचारिकता के आधार पर संविधान का निर्माण कर दे और अन्य वर्ग-शक्तियों की उपेक्षा करके उस वर्ग विशेष की इच्छाओं की पूर्ति के प्रश्न को नकार दे।

दूसरी बात, संविधान निर्मात्री सभा में विभिन्न वर्ग-शक्तियों के राजनीतिक प्रतिनिधियों की संख्या के आधार पर बहुमत और अल्पमत का सवाल था। संविधान सभा में विभिन्न वर्ग-शक्तियों का प्रतिनिधित्व, अगर जाँच की जाए, तब पता चल जाता है कि उस वर्ग द्वारा राष्ट्रीय मुक्ति आंदोलन में अदा की गई भूमिका का सही प्रतिनिधित्व नहीं था, क्योंकि सदस्यों के चुनाव में मतदाताओं का निर्धारण बालिग मताधिकार के आधार पर नहीं, संपत्ति के आधार हुआ था। देशी राजाओं के प्रतिनिधियों की संख्या करीब 90 से ज्यादा थी, जो सभा के करीब एक चौथाई भाग के बराबर थी। इस तरह के विभेदकारी आधार पर बनी संविधान निर्मात्री सभा की चारित्रिक विशेषता निश्चित रूप से पूँजीवादी वैचारिकता वालों के बहुमतवाली ही होनी थी। एक और कारक जिसका प्रभाव संविधान निर्मात्री सभा पर था, वह कारक था राष्ट्रीय मुक्ति आंदोलन के रूप में आंदोलनों और राष्ट्रीय मुक्ति को संपूर्णता में दिए गए नेतृत्ववाली विचारधारा का इस पर प्रभाव। यह निर्विवाद है कि भारत का राष्ट्रीय मुक्ति आंदोलन साम्राज्यवाद विरोधी विभिन्न वर्ग-शक्तियों के एक संयुक्त मोरचा द्वारा लड़ा गया संघर्ष था, फिर भी यह तथ्य भी निर्विवाद है कि इस मोरचे का नेतृत्व शुरू से आखिर तक भारतीय राष्ट्रीय कांग्रेस ने ही किया था। यह भारत के उदीयमान राष्ट्रीय पूँजीपति वर्ग की पार्टी थी और इसका नेतृत्व इस उच्च-मध्यम वर्ग के पढ़े-लिखे लोग कर रहे थे। राष्ट्रीय मुक्ति आंदोलन में कांग्रेस ने संघर्ष की जो रणनीति अपना रखी थी, वह समयानुकूल विभिन्न वर्ग-शक्तियों के साथ संघर्ष में सामंजस्य स्थापित करके चलने की थी। इस कारण कांग्रेस का सांगठनिक चरित्र भी विभिन्न वर्ग-शक्तियों के संयुक्त मोरचा का ही हो गया था, जिसमें सामंती और अर्द्धसामंती तत्त्वों से लेकर राष्ट्रवादी-समाजवादी वैचारिकता तक के तत्त्व शामिल थे, मगर इसका ऊपरी नेतृत्व हमेशा उदारवादी (Liberal) और पूँजीवादी-उदारवादी (Liberal bourgeoisic) हाथों में रहा था। इसने राष्ट्रीय मुक्ति आंदोलन में जन-गोलबंदी के लिए जिन प्रगतिशील नारों और सामान्य जनों की माँगों की पूर्ति के प्रति वचनबद्ध था, उससे एकदम मुकर जाना इसके लिए काफी कठिन था।

संविधान निर्मात्री सभा में उदारवादी (Liberal), पूँजीवादी उदारवादी (Liberal bourgeoisie), राष्ट्रवादी समाजवादी, देशी नरेशों के प्रतिनिधियों आदि के सम्मिलित योगफल का ही बहुमत था। समाजवादी वैचारिकतावाले अल्पमत में थे, मगर इनके पक्ष में जो प्रबल कारक थे, वह राष्ट्रीय मुक्ति आंदोलन में अवाम को दिए गए आश्वासन थे, जिनको अमली रूप देने के लिए प्रगतिशील नीतियों की जरूरत थी। पूँजीवादी वैचारिकतावालों की मजबूरी थी कि वे राष्ट्रीय मुक्ति आंदोलन में संघर्षरत रहे अवाम को दिए गए आश्वासनों से एकदम मुकरकर अपने जनाधार को खोना नहीं चाहते थे और प्रगतिशील तथा समाजवादी वैचारिकतावालों की मजबूरी थी कि वे अपने अल्पमत के कारण संविधान निर्मात्री सभा में अपनी प्रगतिशील और समाजवादी नीतिगत विचारों को हू-ब-हू पारित नहीं करा सकते थे। नतीजा था कि 'राज्य के नीति निर्देशक सिद्धांतों' को, जिसमें भारतीय आर्थिक-सामाजिक संरचना के स्वरूप का एक खाका था, एक समझौता के रूप में रखा गया, मगर अपने बहुमत का लाभ उठाते हुए पूँजीवादी वैचारिकता इसे बिना न्यायिक बल के पारित कराने में सफल हो गई।

राज्य के नीति निर्देशक सिद्धांतों का महत्त्व

शुरू से ही इनके कार्यान्वयन के प्रश्न पर इन दो वैचारिकताओं के बीच द्वंद्व का सिलसिला चलता आ रहा है और अभी तक किसी खास मान्य परिणाम पर न तो भारत की न्यायपालिका और न राजसत्ता के विभिन्न अवयव पहुँच सके हैं। उच्चतम न्यायालय ने अपने एक फैसले में प्रतिपादित किया कि मात्र इसलिए कि राज्य के नीति निर्देशक सिद्धांतों के पीछे न्यायपालिका की शक्ति नहीं है, इन्हें मौलिक अधिकारों की तुलना में कमजोर मानना गलत है।[20] ये राज्य के ऊपर इस दायित्व को सौंपते हैं कि राज्य अपनी सकारात्मक काररवाइयों द्वारा ऐसी सामाजिक-आर्थिक स्थितियों का निर्माण करे, जिससे व्यक्तिगत स्वतंत्रता एक उत्कृष्ट (cherished) मूल्य और आदमी की प्रतिष्ठा (dignity) एक जीवंत वास्तविकता बन सके और यह न सिर्फ चंद सुविधाभोगी आबादी को हो, बल्कि संपूर्ण जनता को उपलब्ध हो जाए।[21] इस प्रकार देखा जाए, तब भारत के भविष्य की आर्थिक-सामाजिक संरचना के निर्धारण में संविधान राज्य के नीति निर्देशक सिद्धांतों की मजबूत भूमिका की स्वीकारोक्ति करता है।

जिस सामाजिक, आर्थिक और राजनीतिक न्याय को सबको प्रदान करने की बात भारत के संविधान की 'प्रस्तावना' करता है, उसकी गारंटी की बात करते हुए 'निर्देशक सिद्धांत' कहता है कि राज्य लोककल्याणकारी कार्यक्रमों को आगे बढ़ाने के लिए एक ऐसी सशक्त आर्थिक-सामाजिक संरचना का निर्माण करेगा, जिसमें सामाजिक, आर्थिक और राजनीतिक न्याय सभी संस्थाओं द्वारा सुनिश्चित किया जाएगा।[22]

इन राज्य के 'नीति निर्देशक सिद्धांतों' की धारा 38 में धारा 38 (2) जोड़कर वर्गीय असमानता को दूर करने की बात की गई और कहा गया कि राज्य आमदनियों में व्याप्त असमानता को न सिर्फ व्यक्तिगत असमानता, बल्कि समूहों के बीच व्याप्त आमदनियों की असमानता और क्षेत्रीय असमानता को भी दूर करने की कोशिश करेगा।[23] इसकी धारा 39 'प्रस्तावना' में प्रदत्त समाजवादी आर्थिक संरचना को लागू करने की बात करती है और कहती है कि सभी नागरिकों को स्त्री और पुरुष दोनों ही—जीवन निर्वाह के यथेष्ट साधन राज्य प्राप्त कराएगा।[24] इसी धारा में राज्य को निर्देश दिया गया है कि वह भौतिक साधनों और आमदनियों का इस तरह से प्रबंध करेगा जिससे समुदाय को अधिकतम लाभ पहुँचे।[25] पुन: धारा राज्य को निर्देशित करती है कि वह आर्थिक प्रणाली का नियम इस ढंग से करेगा कि उत्पादन के साधनों और संपत्ति का संकेंद्रण बंद हाथों में न सिमट जाए और समाज को क्षति पहुँचानेवाला न बन जाए।[26] समान काम के लिए स्त्री-पुरुष दोनों को समान मजदूरी देने के लिए प्रबंध करने को राज्य को निर्देशित किया गया है।

संविधान में प्रदत्त 'राज्य के नीति निर्देशक सिद्धांत' सभी नागरिकों—स्त्री-पुरुष दोनों को, समान मजदूरी उपलब्ध कराने, वर्गीय, व्यक्तिगत और क्षेत्रीय आमदनियों में व्याप्त विषमता को समाप्त कराने, भौतिक संसाधनों और आमदनी के वितरण को समाज के व्यापक हित को बढ़ाने के ढंग से कराने और उत्पादन के साधनों और संपत्ति के संकेंद्रण को चंद हाथों में इस तरह से संकेंद्रण होने से, जिससे समाज के व्यापक हित को हानि हो, राज्य को रोकने का निर्देश देता है। राज्य के नीति निर्देशक सिद्धांतों की इन धाराओं की समीक्षा की जाए तो संविधान राजसत्ता के जिस स्वरूप को प्रस्तुत करता है, उसका चरित्र इजारेदार विरोधी है, दूसरी तरफ समाजवाद की इस सैद्धांतिकता, जिसमें प्रत्येक को उसकी योग्यता और क्षमता के अनुसार काम देने के सिद्धांत को निर्देशक सिद्धांत स्पष्ट से स्वीकारता है और समान काम के लिए सबको स्त्री-पुरुष दोनों को, समान मजदूरी देने के लिए निर्देशित करता है और इस बात को सुनिश्चित करने के लिए राज्य को निर्देश देता है कि मर्द और औरत तथा अवयस्क (Tender) बच्चों के आर्थिक हालातों को ऐसा न बनने दे कि वे अपनी आर्थिक जरूरतों से मजबूर होकर ऐसे कार्यों को भी करने के लिए विवश हो जाएँ, जो उनकी आयु और शक्ति के अनुकूल न हो।[27] इस प्रकार धारा 39 के सारे प्रावधान इजारेदार विरोधी हैं, शोषण के प्रत्येक रूप को गैर-संवैधानिक बनाते हैं, प्रत्येक को उसकी योग्यता के अनुकूल काम और जीवन-यापन के लिए जरूरी यथेष्ट संसाधनों को उपलब्ध कराने और लैंगिक आधार पर किसी भी तरह के विभेदीकरण को असंवैधानिक बनाते हैं। समाजवाद की शास्त्रीय परिभाषा में भी 'सर्वहारा की तानाशाही' के काल में उत्पादन और विनिमय का यही स्वरूप पाया जाता है—जब यह स्थापित किया जाता है कि 'योग्यता के मुताबिक

काम और काम के अनुरूप दाम या मजदूरी।' यहाँ आकर संविधान की 'प्रस्तावना' में संविधान के 42वें संशोधन, 1976 द्वारा स्थापित 'समाजवाद' (Socialsit) शब्द अपनी पूर्ण अभिव्यक्ति पा जाता है और परिभाषित भी हो जाता है।

इसके अलावा ये 'निर्देशक सिद्धांत' काम के अधिकार और शिक्षा के अधिकार[28], काम के मानवीय हालातों की गारंटी और मातृत्व लाभ[29], जीवन-यापन के लायक मजदूरी[30], कारखाना प्रबंधन में मजदूरों की भागीदारी[31], बच्चों को मुफ्त और अनिवार्य शिक्षा[32], आदि के अलावा अनुसूचित जातियों और जनजातियों की शिक्षा की बढ़ोतरी और आर्थिक शोषण से निजात दिलाने[33], लोगों के जीवन मान को ऊपर उठाने और सार्वजनिक स्वास्थ्य के स्तर को ऊँचा उठाने के लिए राज्य को निर्देशित करता है।'[34] राज्य के नीति निर्देशक सिद्धांतों' में प्रदत्त प्रावधान, जो ऊपर वर्णित हैं, किसी समाजवादी राज्य में दिए जानेवाली सुविधाओं से शायद ही कम होंगे। 'निर्देशक सिद्धांतों' का यह सारा निर्देश अव्यावहारिक भी नहीं है। किसी समाजवादी राजसत्ता के प्रथम चरण के ये ही सब दायित्व हैं, जिन्हें कोई समाजवादी राजसत्ता पूरा करती है। संविधान की 'प्रस्तावना' में 'समाजवाद' (Socialist) शब्द के जुट जाने से इन सारे प्रावधानों को संवैधानिक और न्यायिक वैधता मिल गई, क्योंकि संविधान की 'प्रस्तावना' संविधान का अंग है। ये सारे प्रावधान इजोरदार विरोधी, पूँजी के द्वारा शोषण आदि के खिलाफ और एक ऐसे समतामूलक समाज की स्थापना का निर्देश देते हैं, जिसमें न्याय—सामाजिक आर्थिक और राजनीतिक—की सबके लिए गारंटी की जा सकती है।

इसके अलावा यह 'निर्देशक सिद्धांत' जब पशुपालन को आधुनिक ढंग से संगठित करने और कृषि को वैज्ञानिक ढंग से पुनर्संगठित करने को निर्देशित करता है[35], तब यह सामंतवाद के विरोध के स्वर को संविधान में भर देता है। इसके अलावा, जब यह बातचीत के द्वारा अंतरराष्ट्रीय मसलों को हल करने, अंतरराष्ट्रीय संधियों और समझौतों का पालन करने, अंतरराष्ट्रीय कानूनों को स्वीकारने और उनके अनुसार आचरण करने आदि के लिए राज्य को निर्देशित करता है, तब यह राज्य को साम्राज्यवाद की खिलाफत करने और साम्राज्यवाद विरोधी राजसत्ता को प्रतिष्ठित करने का निर्देश देता है। इस प्रकार संविधान जिस चारित्रिक विशेषतावाली राजसत्ता की स्थापना का निर्देश करता है, वह इजारेदारवाद विरोधी, सामंतवाद विरोधी और साम्राज्यवाद विरोधी राजसत्ता है। यही वह मूल दिशा है, जिसके अनुसार भारतीय राजसत्ता के चरित्र होने को संविधान और उसके 'नीति निर्देशक सिद्धांत' निर्देशित करते हैं। नव-उदारवादी आर्थिक नीति को अपनाकर भारत की राजसत्ता संविधान की इस मूल आत्मा के अनुरूप नीति चला रही है या इसका विरोधी है, यह प्रश्न विचारणीय बन गया है।

टिप्पणियाँ और संदर्भ

1. सविधान निर्मात्री सभा, बहस, 19 नवंबर, 1948, पृ. 473।
2. ऊपरोद्धृत, पृ. 474।
3. ऊपरोद्धृत, पृ. 475।
4. ऊपरोद्धृत, पृ. 476।
5. संविधान के मसौदे की धारा 29, जो संविधान में धारा 37 के रूप में प्रविष्टि पाई।
6. भारत का संविधान, धारा 37।
7. मिनरवा मिल्स और अन्य बनाम यूनियन ऑफ इंडिया और अन्य, ए.आई.आर. 1980, सु. कोर्ट, 1789।
8. केशवानंद भारती बनाम केरल राज्य (1973) 4 एस.सी.सी. 225, पैरा 134, 139 और 174।
9. इस संबंध में इन केसों के फैसलों को देखा जा सकता है—
   केरल एजुकेशन बिल, ए.आई.आर. 1958, सु. कोर्ट, 956।
   दीपचंद्र बनाम उत्तर प्रदेश राज्य, ए.आई.आर. 1959, सु. कोर्ट, 648।
   मद्रास राज्य बनाम चंपकम दुर्राजन, ए.आई.आर. 1951 सु. कोर्ट, 525।
   नसरवानजी बनाम बंबे राज्य, ए.आई.आर. 1951 सु. कोर्ट, 216 आदि।
10. इस प्रसंग में नीचे के निर्णयों को देखा जा सकता है—
    केरल राज्य बनाम थोमस, ए.आई.आर. 1976, सु. कोर्ट, 496।
    लिंगप्पा बनाम महाराष्ट्र राज्य, ए.आई.आर. 1985, सु. कोर्ट, 380।
    मानचगोवाला बनाम कर्नाटक राज्य, ए.आई.आर. 1984, सु.कोर्ट, 1151।
    लक्ष्मीकांत बनाम यूनियन ऑफ इंडिया, ए.आई.आर., 1987, सु.कोर्ट 232।
    ए.बी.के. सिंह बनाम यूनियन ऑफ इंडिया ए.आई.आर., 1981, सु. कोर्ट, 298, 335 आदि।
11. धारा 30, संविधान का मूल मसौदा, संविधान निर्मात्री सभा में पेश किया गया।
12. संविधान निर्मात्री सभा, बहस, 19 नवंबर, 1948, पृ. 486।
13. ऊपरोद्धृत, पृ. 487।
14. ऊपरोद्धृत, पृ. 488–89।
15. ऊपरोद्धृत, पृ. 404–06।
16. कंस्टीट्यूएंट एसेंबली डिबेट (सी.ए.डी.) वॉ. VII, पृ. 344।
17. सी.ए.डी., वॉ. III, पृ 344।
18. वर्तमान संविधान की धारा 39, भारत का संविधान, संविधान सभा बहस, 22 नवंबर 1948, पृ. 527।
19. भारत का संविधान, धारा 40 और अन्य
20. मिनरवा मिल्स लि. बनाम यूनियन ऑफ इंडिया, ए.आई.आर. 1980, सु. कोर्ट, 1789, पृ. 432–33।
21. ऊपरोद्धृत पृ. 433।
22. भारत का सविधान, 'राज्य के नीति निर्देशक सिद्धांत' धारा 38 (1)।
23. ऊपरोद्धृत, धारा 38(2)।
24. ऊपरोद्धृत, धारा 39(2) (a)।

25. ऊपरोद्धृत, धारा 39(2) (b)।
26. ऊपरोद्धृत, धारा 39(2) (c)।
27. ऊपरोद्धृत, धारा 39 (c)।
28. ऊपरोद्धृत, धारा 41।
29. ऊपरोद्धृत, धारा 42।
30. ऊपरोद्धृत, धारा 43।
31. ऊपरोद्धृत, धारा 39 (a)।
32. ऊपरोद्धृत, धारा 45।
33. ऊपरोद्धृत, धारा 46।
34. ऊपरोद्धृत, धारा 47।
35. ऊपरोद्धृत, धारा 48।

□

5

संविधान और नेहरूवादी वैचारिकता की अनुक्रिया

आज भारत का संविधान जिस मूर्त रूप में हमारे सामने है, वह संविधान निर्मात्री सभा की लंबी बहसों के बाद स्वीकृत और 26 जनवरी, 1950 को लागू किया गया तथा उसके बाद उसमें किए गए संशोधनों के सम्मिलित योगफल का संगृहीत है। 1950 में जो संविधान भारत ने अपनाया या स्वीकृत किया[1], उसके प्रावधानानुसार 1952 में स्वंतत्र भारत में संविधान द्वारा स्थापित जनतांत्रिक गणतंत्र (Democratic republic) के लिए सरकार द्वारा निर्माण हेतु प्रथम आम चुनाव कराया गया। 1952 का प्रथम चुनाव 1947 के पूर्व के राजनीतिक परिदृश्य की तुलना में एक भिन्न वस्तुगत स्थिति में संपन्न हुआ—1947, यानी 15 अगस्त, 1947, जिस दिन भारत को सत्ता सौंपी गई, उसके पूर्व का जो साम्राज्यवाद विरोधी संयुक्त मोरचा आजादी के लिए संपूर्ण औपनिवेशिक काल में संघर्षरत रहा था, उसमें आजादी मिल जाने के बाद संयुक्त मोरचा की विभिन्न वर्ग-शक्तियों के बीच भविष्य के भारत की आर्थिक-सामाजिक संरचना के गठन का प्रश्न अब प्रधान हो गया था और साम्राज्यवाद विरोधी संयुक्त मोरचा के घटक दलों में अपने-अपने वर्गीय हितों के अनुकूल भविष्य के भारत की आर्थिक-सामाजिक संरचना को प्रभावित करने की प्रवृत्तियों ने इस संयुक्त मोरचा में विघटन शुरू कर दिया था। खासकर, उस काल के दो वामपंथी वैचारिकतावाले दल—कांग्रेस-समाजवादी पार्टी और कम्युनिस्ट पार्टी ने दो रणनीतिक लाइनों पर अपने कार्यक्रमों को स्वतंत्र रूप से संगठित करना शुरू कर दिया। कांग्रेस-समाजवादी पार्टी, जो कांग्रेस के अंदर ही रहकर अब तक यह प्रयास करती आ रही थी कि कांग्रेस के कार्यक्रमों को वामपंथ की दिशा में ले जाने के लिए उस पर दबाव बनाया जाए और कुछ हद तक उसे सफलता भी मिली थी, खासकर उस काल में जब कम्युनिस्ट पार्टी के साथ मिलकर इसने काम किया था।

उस काल में, यानी 1936 के लखनऊ में आहूत कांग्रेस अधिवेशन से लेकर 1939 तक, यानी द्वितीय विश्वयुद्ध के शुरू होने तक देखा जा सकता है कि कांग्रेस के प्रायः सभी अधिवेशनों में जो प्रस्ताव पारित किए गए, उनकी दिशा वामपंथ की ओर झुकी हुई थी।

युद्ध की चारित्रिक विशेषता पर जो विवाद उठे थे, उसमें कांग्रेस-समाजवादी पार्टी कांग्रेस की वैचारिकता के आधार पर विभाजित दिखी। 1947 के बाद कांग्रेस समाजवादी पार्टी और कम्युनिस्ट पार्टी; दोनों आजादी के बाद, जो नई भौतिक स्थितियाँ पैदा हो गई थीं उनके विश्लेषण और समयानुकूल रणनीति निर्धारण में असफल दिखीं। कांग्रेस-समाजवादी पार्टी ने विश्लेषण कर दिया कि आजादी की प्राप्ति के बाद अब कांग्रेस के अंदर रहकर, दबाव बनाकर उसे वामपंथ की तरफ ले जाने का प्रयोजन समाप्त हो गया। इस कारण अब कांग्रेस-समाजवादी पार्टी का कांग्रेस के अंदर रहना अप्रासंगिक हो गया है। इसी तर्क के आधार पर इसने पार्टी के नाम से 'कांग्रेस शब्द को हटाकर उसका नाम समाजवादी (Socialist) पार्टी रखा और 1948 में कांग्रेस से अलग हो एक अलग पार्टी बन गई। वास्तव में समाजवादी विचारवाली कांग्रेस-समाजवादी पार्टी यह नहीं समझ पाई कि यही सही समय था, जब भारत के भविष्य की आर्थिक-सामाजिक संरचना को वामपंथ की तरफ ले जाने के लिए कांग्रेस पर दबाव डाला जाना पूर्व की अपेक्षा ज्यादा जरूरी था। वास्तव में इन नेताओं ने भारत की राजनीतिक स्थिति का ऐसा मनोगत (Subjective) विश्लेषण किया जैसे भविष्य में आनेवाले चुनाव के दरम्यान सत्ता संघर्ष में वे कांग्रेस को विस्थापित करके स्वयं सत्ता में आ जाएँगें। वे यह भूल गए कि संपूर्ण राष्ट्रीय मुक्ति आंदोलन काल में कांग्रेस नेतृत्व में रही थी और जनता पर उसका व्यापक प्रभाव था। दूसरी तरफ कम्युनिस्ट पार्टी भी यह नहीं समझ सकी कि चीनी मुक्ति आंदोलन में जिस राष्ट्रीय जनवादी मोरचा का गठन जापानी साम्राज्यवाद के खिलाफ हुआ था, उसका नेतृत्व चीनी कम्युनिस्ट पार्टी कर रही थी और इसी कारण बाद के संघर्ष में उसकी रणनीति को चीन की व्यापक जनता का समर्थन मिला। भारत में यह स्थान कांग्रेस का था और आजादी के बाद एक हथियारबंद क्रांति, उसी पार्टी और नेताओं के खिलाफ जिन्होंने भारतीय राष्ट्रीय आंदोलन का नेतृत्व किया था, नहीं चलाई जा सकती थी। तेलंगाना का बहादुराना संघर्ष निजाम के खिलाफ, किसानों की मुक्ति की प्रासंगिकता भले रखता हो, मगर भारतीय फौज के खिलाफ भी संघर्ष को जारी रखना रणनीतिक तौर पर सही नहीं दिखता। कम्युनिस्ट पार्टी के इस बहादुराना संघर्ष का लाभ सिर्फ इतना ही रहा कि 1952 के चुनाव के कुछ दिन पूर्व तक गैर-कानूनी रही पार्टी, जब चुनाव प्रक्रिया में शामिल होने और जनतांत्रिक प्रक्रिया को स्वीकार करने और चुनाव में हिस्सा लेने का फैसला कर चुनाव में शामिल हुई, तब विरोधी पक्ष की सबसे बड़ी पार्टी के रूप में सफलता जरूर पाई। जहाँ समाजवादी पार्टी ने कांग्रेस से

अलग होकर कांग्रेस संगठन पर इजारेदार पूँजी पक्षीय वैचारिकतावाले कांग्रेस नेताओं के लिए राजनीति को अपेक्षाकृत ज्यादा प्रभावित करने का मौका दे दिया। कम्युनिस्ट पार्टी की रणनीति ने इन्हीं तत्त्वों को कम्युनिस्ट विरोधी प्रचार के लिए मौका उपलब्ध करा दिया। कुल मिलाकर भारतीय राजनीति की स्थिति 1952 के चुनाव के मौके पर वैचारिकता के आधार पर विभाजित हो गई थी, खास कर वामपंथ की वैचारिकता के प्रभाववाली जनता में विभाजन हो गया था।

प्रथम आम चुनाव के बाद आर्थिक-सामाजिक संरचना के निर्माण का प्रयास

1952 का प्रथम आम चुनाव नए संविधान के प्रावधानों के अनुसार हुआ और कांग्रेस पार्टी बड़े बहुमत से केंद्र तथा सभी राज्यों में सत्ता में आई। सत्ता में आ जाने के बाद कांग्रेस पार्टी के ऊपर यह दायित्व आ गया कि वह भारत के भविष्य की आर्थिक-सामाजिक संरचना के लिए उपस्थित दायित्वों का निर्वहन कर और संविधान प्रदत्त 'प्रस्तावना', 'मौलिक अधिकारों' और 'राज्य के नीति निर्देशक सिद्धांतों' के अनुकूल उसे पूरा करने के दायित्वों को आगे बढ़ाए। 'मौलिक अधिकारों' की सूची में प्रदत्त प्रावधान राज्य के ऊपर कुछ बंदिशें लगाते थे, जिस कारण उनका चरित्र राज्य के लिए नकारात्मक था, वे भारतीय नागरिकों को ऐसे अधिकार-संपन्न बनाते थे, जिन अधिकारों का राज्य अपहरण नहीं कर सकता था। उन अधिकारों से वंचित किए जाने पर नागरिक न्यायालाय की शरण ले सकता था। 'राज्य के नीति निर्देशक सिद्धांत' राज्य और उसकी सरकार को निर्देशित करते थे (सुझाव नहीं) कि उनमें प्रदत्त प्रावधानों के अनुसार भारतीय नागरिकों को अधिकार, सुविधा, अवसर आदि उपलब्ध कराने संबंधी नीतियों और कार्यक्रमों को राज्य लागू करे। ऐसा निर्देश राज्य के सकारात्मक पक्ष को रखता था।

प्रथम चुनाव के बाद शासक पार्टी कांग्रेस की नीति

प्रथम आम चुनाव में केंद्र और सभी राज्यों में कांग्रेस जीतकर सत्ता में आ गई। इसके बाद भारत की आर्थिक-सामाजिक संरचना के निर्माण का दायित्व जब कांग्रेस पार्टी के कंधे पर आ गया, तब कांग्रेस ने अपनी जो नीति विकसित की उसकी वही विशेषता रही, जिसके कारण कांग्रेस राष्ट्रीय मुक्ति संग्राम में विभिन्न वर्ग-शक्तियों द्वारा गठित साम्राज्यवाद विरोधी संयुक्त मोरचा का नेतृत्व शुरू से आखिर तक करने में सफल हो गई थी, यानी विभिन्न वर्ग-स्वार्थों को साथ लेकर, उन्हें कांग्रेस के नेतृत्व में रखकर चलाना। राष्ट्रीय मुक्ति आंदोलन के काल में अपने अनुभवों ने जो उसे सफलता प्रदान कराई थी—कांग्रेस ने उसका फायदा उठाना उचित समझा और उसने विभिन्न वर्ग-शक्तियों को अपनी नीति के दायरे में लाने का प्रयास किया, जिससे उसका विभिन्न

वर्ग-शक्तियों के एक सहमेलवाली पार्टी का पुराना स्वरूप विनष्ट नहीं हुआ, मगर औपनिवेशिक सत्ता ने भारतीय अवाम को जिस निर्ममता के साथ विभिन्न आर्थिक-सामाजिक स्तरीकरण (Econo-social stratification) में विभाजित करके विभिन्न पायदानों पर रहनेवाली जनता के शोषण को सुनिश्चित करने के लिए ब्रिटिश वित्तीय पूँजी और ग्रामीण अर्थव्यवस्था में उसके द्वारा खड़े किए गए विभिन्न स्तर के जमींदारों और परजीवी वर्गों के साथ एक ऐसा सहमेल बना लिया था कि आबादी का बड़ा भाग भुखमरी और बदहाली के शाप को झेलने के लिए विवश था। कांग्रेस की इस चारित्रिक विशेषता—विभिन्न वर्ग-शक्तियों के एक मोरचा के रूप में बने रहने की विशेषता—के कारण सामाजिक स्तरीकरण की इन सभी पीड़ित जनता की उम्मीदें, उसके साथ काफी दिनों तक बनी रहीं। कांग्रेस का यह बहुवर्गीय चरित्र उसे काफी दिनों तक सत्ता में बनाए रखने में मददगार रहा।

दूसरी विशेषता कांग्रेस की यह रही कि किसी भी पूँजीवादी पार्टी की तरह यह भी हमेशा से नेतृत्व के मामले में व्यक्ति-प्रधान रही। पूँजीवादी पार्टियों की यह विशेषता रहती है कि ऐतिहासिक विकास क्रम में पूँजीवाद का अप्रासंगिकता के कारण पूँजीवादी पार्टियाँ सिद्धांत और प्रोग्राम पर बल देने से ज्यादा एक व्यक्ति को आदर्श के रूप में पेश करके उसी के पीछे जनगोलबंदी की कोशिश करती हैं। कांग्रेस पार्टी इस प्रवृत्ति को शुरू से व्यवहार में अमल करती आ रही थी। प्रथम विश्वयुद्ध के बाद वैश्विक पैमाने पर साम्राज्यवादी देशों का आर्थिक संकट गहराया और भारत में भी उसके कुप्रभावों के कारण जब राष्ट्रीय आंदोलन के चरित्र जनांदोलन का रूप ग्रहण किया, तब कांग्रेस ने गांधी को आदर्श के रूप में पेश किया और प्रतिष्ठित कर दिया। आजादी के बाद के वर्षों में कांग्रेस के आदर्श-पुरुष/नेता जवाहरलाल नेहरू, इंदिरा गांधी आदि रहे, जिनके पीछे कांग्रेस जनगोलबंदी करती रही और सत्ता संघर्ष में हमेशा प्रथम स्थान पर बहुत दिनों तक रही। वास्तव में देखा जा सकता है कि भारत के संविधान में बहुदलीय जनतंत्र की जो अवधारणा संविधान निर्माताओं ने रखी थी, वह काफी दिनों तक संविधान के पन्नों में सिमटी रहा, भारत वास्तव में एक दलीय प्रणाली के रूप में कांग्रेस द्वारा शासित होता रहा। यह कांग्रेस की उस वैचारिकता का परिणाम था, जिसमें विभिन्न वर्ग-स्वार्थों का प्रतिनिधित्व करनेवाले तत्त्वों के संयुक्त मोरचा के रूप में काम करनेवाले संगठन के रूप में अपने को ढाल लिया था।

शुरुआती वर्षों में कांग्रेस की नीति

1947 के बाद नई ऐतिहासिक परिस्थिति में प्रधानमंत्री के रूप में जवाहरलाल नेहरू की गतिविधियाँ स्वाधीन भारत की आधारभूत आर्थिक, सामाजिक और राजनीतिक

समस्याओं के समाधान पर केंद्रित रहीं। नई परिस्थिति के अनुकूल भारत में आजादी की लड़ाई के दरम्यान अवाम से किए गए वायदों की पूर्ति के लिए एक माकूल आर्थिक आधार की रचना के लिए नींव डालने का एक महती दायित्व सत्ताधारी कांग्रेस के कंधों पर आ गया था। वही माकूल आर्थिक आधार राजसत्ता से लेकर निचले स्तर तक के प्रशासन, समाज, संस्कृति आदि जैसी बाह्य संरचनाओं को निर्मित करनेवाला होता।

छठे दशक के उत्तरार्ध और सातवें दशक के आरंभ में नेहरू की अवधारणा के सारतत्त्व और बुनियादी सिद्धांत कांग्रेस के अनेक प्रस्तावों और उसके नेतृत्व में गठित केंद्र की सरकार के दस्तावेजों में मूर्त रूप ग्रहण किए, जैसे—द्वितीय और तृतीय पंचवर्षीय-योजनाओं से संबंधित दस्तावेज, कांग्रेस के अवाडी[2], नागपुर[3] और भुवनेश्वर[4] के अधिवेशनों में पारित प्रस्ताव। इसी के साथ-साथ कांग्रेस संगठन का विभिन्न वर्ग-शक्तियों के एक सहमेलवाला चरित्र रहने के कारण ऐसे प्रस्तावों का कांग्रेस के अंदर के दक्षिणपंथी प्रतिक्रियावादी तत्त्व और बाहर के प्रतिक्रियावादी तत्त्वों की आलोचनाओं का शिकार होते रहने के कारण ये दस्तावेज कभी-कभी नेहरूवादी वैचारिकता को यथेष्ट रूप में व्यक्त करने में असफल भी होते रहे। इस बीच आर्थिक-सामाजिक परिवर्तन को शासित करनेवाले नियमों और उनके ठोस रूपों से संबंधित नेहरू के विचार एक समान नहीं रहे, उनमें काफी बदलाव आता रहा। उन्होंने पूँजीवाद के प्रत्येक रूप की आलोचना की, भारतीय आर्थिक-सामाजिक संरचना को पूँजीवाद का एक प्रकार का भेद माना और पाश्चात्य पूँजीवाद के साथ-साथ भारतीय पूँजीवाद का भी विरोध किया। उन्होंने यह स्वीकार नहीं किया कि यूरोप और अमेरिका में 'सर्वलोककल्याण' और 'सामाजिक साझेदारी' का समाज विकसित हो रहा है। पूँजीवाद को वह अमीरी और गरीबी के बीच की खाई को चौड़ी करनेवाला, वर्गीय, क्षेत्रीय और इसके साथ-साथ धनी और गरीब यानी विकसित और विकासशील देशों के बीच की खाई को चौड़ी कर देनेवाला मानते थे। इस प्रकार उन्होंने पूँजीवाद के 'पारंपरिक' और 'नव-उपनिवेशवादी' दोनों रूपों की आलोचना की। उन्होंने कहा—साम्राज्यवाद और उपनिवेशवाद प्रगतिशील सामाजिक शक्तियों को सीमित करता है, विशिष्ट विशेषाधिकार प्राप्त वर्गों या समूहों के साथ पंक्तिबद्ध होता है, इसकी दिलचस्पी सामाजिक और आर्थिक यथास्थितिवाद को बनाए रखने में होती है।[5] उनकी दृष्टि में विशेष सुविधा प्राप्त वर्ग भू-स्वामित्व के सामंती और अर्ध-सामंती वर्ग ही नहीं, बल्कि इजारेदार पूँजीपति भी थे, जिनके सहयोग से ही औपनिवेशिक सत्ता चल रही थी। आर्थिक-सामाजिक समस्याओं का हल और पुनर्निर्माण के ऐतिहासिक दायित्वों की पूर्ति की समस्या का अल्पकाल में हल नहीं निकल सकता था, यह आदमी का आदमी द्वारा शोषण की सैद्धांतिकता के उन अकर्मण्य व्यवहारों को लेकर चलता है, जो भारत जैसे देश की करोड़ों गरीब आबादी को न तो

आकृष्ट कर सकते हैं और न ही उनकी समस्या का निदान कर सकता है। पाश्चात्य देशों का पूँजीवाद लंबी अवधि का और असंख्य औपनिवेशिक जनगण के शोषण का परिणाम था, जो भारत के लिए न तो उचित है और न संभव। भारत की समस्या के समाधान के लिए नेहरू समाजवादी पुनर्संरचना का आग्रह करते थे। 1946 में संविधान निर्मात्री सभा को संबोधित करते हुए उन्होंने कहा था—"मैं समाजवाद के पक्ष में हूँ और आशा करता हूँ कि भारत समाजवाद के पक्ष में होगा और भारत समाजवादी राज्य के संविधान की ओर अग्रसर होगा और मेरा यह पक्का विश्वास है कि सारी दुनिया को उसी रास्ते जाना होगा।"[6] 1954 में भारतीय संसद् को संबोधित करते हुए भी उन्होंने कहा—"हम समाज के जिस नमूने की बाट जोह रहे हैं, वह है समाज का 'समाजवादी नमूना', जो वर्गविहीन, जातिविहीन होगा।"[7] 1956 में भी उन्होंने समाजवाद और 'समाज के समाजवादी नमूने' दोनों को एक ही बताया, बिना किसी फर्क के 'समाज के समाजवादी नमूने' को परिभाषित करते हुए उन्होंने कहा कि इसका अर्थ है कि यह ऐसा समाज हो, जिसमें "अवसर की समानता हो, और हर किसी के लिए सुखमय जीवन जी पाने की संभावना हो। इस कारण हमें समानता पर, असमानताओं को दूर करने पर जोर देना है···समाजवाद गरीबी का फैलना नहीं है।"[8] मगर इसके साथ ही उन्होंने यह भी कहा कि समाजवाद को परिभाषित करने में वे किसी भी मताग्रही चिंतन से बचना चाहते हैं। फिर भी उन्होंने यह जरूर स्वीकारा कि समाजवाद में अंततः उत्पादन के सभी साधन राष्ट्र के अधीन होंगे और यह पूँजीवाद में अंतर्निहित परिग्रह, अधिक-से-अधिक हथियाने की प्रवृत्ति से मुक्त कर देगा। उनकी राय में यह महज कानून से नहीं पाया जा सकता, जनता को उसके लिए प्रशिक्षित करना होगा।[10] नेहरू ने समाजवाद को भारत के लिए विजातीय मानने से इनकार किया और कहा कि यह भारत की अपनी भौतिक स्थिति के अनुरूप होगा, किसी देश की नकल नहीं।[11]

अपने प्रधानमंत्रित्व काल के शुरुआती वर्षों में जवाहरलाल नेहरू 'भारतीय समाज के समाजवादी नमूने' की अपनी संकल्पना के समाज और समाजवाद के बीच सहमेल की कोशिश करते रहे, इसका असर सरकार द्वारा भारतीय आर्थिक-सामाजिक संरचना के कार्यों पर प्रभावी दिखा, जिससे नियोजित अर्थव्यवस्था, सार्वजनिक क्षेत्र की औद्योगिक इकाइयों का निर्माण आदि की उपलब्धि दिखी। मगर इसके साथ-साथ वे मार्क्सवाद-लेनिनवाद की समाजवाद संबंधी पहल, विद्यमान समाजवादी सिद्धांतों की दृढता से आलोचना भी करते रहे। उनकी अवधारणा में समाजवाद संपूर्ण मानवता के अभ्युत्थान से संबंध रखता था। वे एक ऐसे समाज की कल्पना करते थे, जिसमें पूँजीवादी संपत्ति संबंधी अवधारणाएँ सार्वजनीन आकर्षण का केंद्र नहीं रह जाएँगी और इजारेदारियाँ एक पुराने जमाने की वास्तविकता रह जाएँगी। 'बिलिट्ज' के संपादक आर.के. करंजिया

को दी अपनी सुप्रसिद्ध भेंटवार्त्ता में नेहरू ने कहा था—मैं समाजवाद में विश्वास करता हूँ, उसके लिए कार्य करता हूँ···सारी दुनिया में आधुनिक चिंतन इसी का अनुगामी होता जा रहा है और मात्र वे ही लोग इसके विरेधी हैं, जो समाज-विकास की समसामयिक ऐतिहासिक धारा से संपर्क खो चुके हैं।उन्होंने यह भी कहा कि मैं समाजवाद का कोई रूढ़ मतवाद स्वीकार करने से उसी तरह इनकार करता हूँ, जैसे धर्म या तत्त्व दर्शन का कोई खास मतवाद मेरी प्रकृति के लिए अमान्य है, विजातीय है। इस प्रकार नेहरू ने भारत की भावी सामाजिक सरंचना के प्रयासों में समाजवाद की अपेक्षा नैतिक और आचारगत पहलुओं पर ज्यादा जोर दिया। गांधीवादी प्रभाव का उन पर यह एक मजबूत असर था, जो उनकी इस उक्ति में मुखर होकर आया, ''देश की भौतिक समृद्धि सुनिश्चित करने के अपने प्रयास में हमने मानव स्वभाव के आत्मिक तत्त्वों पर कोई ध्यान नहीं दिया···हमें किसी जीवन-दर्शन को पुनरुज्जीवित करना होगा और अपने चिंतन को एक व्यापक अर्थ में आत्मिक पृष्ठभूमि प्रदान करनी होगी।[12] नेहरू का गांधीवादी 'ट्रस्टीशिप' और संपत्तिधारी वर्गों को समझा-बुझाकर संपत्ति के स्वामित्व से उन्हें अलग करने का विचार उनके चिंतन में कुछ भिन्न रूप में शांतिपूर्ण तरीके से दिखा। समन्वय और समझौते के द्वारा वर्ग अंतर्विरोधों को दूर करने का आह्वान करते दिखे। करंजिया को दिए साक्षात्कार में उन्होंने वर्ग संघर्ष को स्वीकार किया, मगर उसको टकराव और हिंसा से भिन्न अहिंसात्मक और शांतिपूर्ण तरीके से दूर करने की अवधारणा को अपना लिया। इस प्रकार स्वाधीनता के बाद एक औपनिवेशिक तौर पर बरबाद कर दी गई भारत की आर्थिक-सामाजिक संरचना के पुनर्निर्माण में 'समाजवाद' की एकमात्र जरूरत ने अब उनके विचारों में एक नया स्वरूप ग्रहण कर लिया। अब वे मानने लगे कि भारत के आर्थिक-सामाजिक पुनर्निर्माण के कर्तव्यों को केवल शांतिपूर्ण और लोकतांत्रिक तरीकों से ही पूरा किया जा सकता है।[13]

नेहरूवादी विचारों की असफलता

समाजवाद और समाजवादी रूपांतरण की अपनी इसी अवधारणा के साथ नेहरू ने स्वाधीन भारत की आर्थिक-सामाजिक पुनर्संरचना को जब आगे बढ़ाया, तब इसके जो परिणाम सामने आ रहे थे, वे यह प्रमाणित कर रहे थे कि ऐसी वैचारिकता का कोई महत्त्व नहीं रह गया था। सत्ताधारी वर्ग लगातार हिंसा का उपयोग करता जा रहा था और मेहनतकश अवाम के प्रत्येक विरोध को, शक्तिशाली-से-शक्तिशाली विरोध की कारवाइयों को हिंसा के द्वारा कुचल दे रहा था। सामंती तत्त्वों के खिलाफ तेलंगाना के किसानों की कारवाइयों को सरकारी फौज के द्वारा कुचल दिया गया, 1959 में विधि सम्मत तरीकों से चुनी गई केरल की कम्युनिस्ट सरकार के खिलाफ गलत आरोपों को

लगाकर अपदस्थ करने में संविधान का जो दुरुपयोग किया गया, उसमें नेहरू ने स्वयं हिस्सा लिया। ग्रामीण अंचलों में भू-स्वामियों के अत्याचारों और दमन के विरोध में गरीबों और हरिजनों की रक्षात्मक कारखाइयों के खिलाफ पुलिस कारखाई सामने आने लगी, जिसके लिए हिंसा वर्ग-स्वार्थ की रक्षा में राज्य का औजार बन गई।

छठे और सातवें दशक के लिए नेहरूवादी नीति

इन दशकों के लिए नेहरू ने जिन कार्यक्रमों की पेशकश की, उसकी सामाजिक-आर्थिक अंतर्वस्तु थी—भारतीय राष्ट्रीय आंदोलन में अपने जिन विचारों को उन्होंने सूचित किया था, उसकी व्याख्या। 40 के दशक में जनता की खुशहाली के लिए उन्होंने जिन पूर्वापेक्षाओं की अनिवार्यता की बातें की थीं, वे अब पूरी हो गई थीं—भारत औपनिवेशिक दासता से अब मुक्त था। अब उन्होंने सामाजिक-आर्थिक सुधार की जरूरतों को पुनः उठाया और उन्हें नियोजन के आधार पर त्वरित करने की दलीलें दीं और लिखा कि हमारे संसाधन सीमित हैं, उन्हें बरबाद नहीं होने देना है और नियोजन का मतलब एक ऐसी विधि को लागू करना है, जिससे विकास का आधार और गति तेज हो और सबों को लाभान्वित करे।[14] उनकी नियोजित विकास की अवधारणा में कुछ प्रमुख बातें थीं—अलग-अलग क्षेत्रों के लिए लघु पैमाने पर नहीं, बल्कि देश के पैमाने पर संपूर्ण राष्ट्रीय अर्थतंत्र के लिए दीर्घकालिक नियोजन का आह्वान। उनकी दृष्टि में दीर्घकालिक लक्ष्य से सही संदेश प्राप्त होता है। अल्पकालिक नियोजन अंधी गली में भटकाता है। योजनाओं को लागू किए जाने में जन भागीदारी पर जोर दिया और उनका कार्यान्वयन लोकतांत्रिक तरीके से किए जाने की बातें कीं और गरीबी उन्मूलन के लिए कठोर संघर्ष पर बल दिया।[15] उन्होंने योजनाओं को गरीबी और अज्ञान के खिलाफ युद्ध कहा और जनता की सक्रिय भागीदारी से इसे जोड़े जाने की बातें करके, इसका कार्यान्वयन लोकतांत्रिक उपायों से किया जाना बताया।[16] भारी उद्योगों, खासकर लोहा, इस्पात, मशीनरी निर्माण उद्योगों को धुरीन उद्योग कहा, जिससे विदेशी मुद्रा की बचत होगी। उन्होंने कृषि तथा उद्योग की परस्पर निर्भरता पर बल दिया।[17] प्रगति को भारी उद्योगों से जोड़ा, प्रगति को इन्हीं पर निर्भर बताया और राष्ट्रीय स्वाधीनता को बनाए रखने के लिए इन्हें जरूरी माना।[18] उन्होंने अर्थतंत्र में सार्वजनिक क्षेत्र की भूमिका, इजारेदारी पर रोक, मिश्रित अर्थतंत्र में निजी क्षेत्र की भूमिका को स्वीकारा और इनके बीच के परस्पर संबंधों पर उनके विचार लचीले रहे। उन्होंने अंततोगत्वा उत्पादन के सभी साधनों के सार्वजनिक क्षेत्र में आ जाने को स्वीकारा, मगर निजी क्षेत्र के तत्काल राष्ट्रीयकरण को रूढ़ मताग्रह माना। इसके साथ-साथ निजी क्षेत्र की अर्थव्यवस्था में महत्त्वपूर्ण भूमिका निभाने की बात को मानते हुए उसे निर्धारित सीमाओं में काम करने की बातें कीं,

निजी हाथों में संपदा के संकेंद्रण को रोकनेवाले निर्धारित सीमाओं के अंदर। उन्होंने कहा—जाहिर है, सार्वजनिक क्षेत्र को अवश्य बढ़ना चाहिए और अभी भी वह निरपेक्ष और सापेक्ष दोनों दृष्टियों से बढ़ा है, लेकिन निजी क्षेत्र भी कोई महत्त्वहीन चीज नहीं है। यह महत्त्वपूर्ण भूमिका अदा करेगा, हालाँकि धीरे-धीरे और अंततः यह तिरोभूत हो जाएगा, किंतु सार्वजनिक क्षेत्र हमारे अर्थतंत्र के रणनीतिक बिंदुओं पर नियंत्रण रखेगा और रखना चाहिए।[19] इन तथ्यों से आभास होता है कि नेहरू के विचार में सार्वजनिक क्षेत्र के विस्तार के साथ-साथ 'क्रमिक गति से निजी क्षेत्र विलीन हो जाएँगे' का भाव उद्भासित होता है, मगर हुआ इसके ठीक विपरीत।

इजारेदारियों में विकास का नतीजा

सातवें दशक के आते-आते इजोरदारियों में हुए विकास के कुफल ने देश में सामाजिक, राजनीतिक और आर्थिक संघर्षों को तेज कर दिया। इजारेदारियों पर अंकुश लगाने के संवैधानिक प्रावधानों और सरकार द्वारा इसे रोकने की घोषित नीति के बावजूद इजारेदारियों में त्वरित विकास हुआ और इसने मिश्रित अर्थव्यवस्था के खोखलेपन को अवाम के सामने स्पष्ट रूप से प्रकट कर दिया। जन असंतोष-उत्पादित आंदोलनों की प्रखरता, तो इतनी प्रबल रही कि यह समस्या ने केंद्रीय समस्या हो गई। अब नेहरू ने अपनी वैचारिकता को बदला और 1959 में कहा कि मैं यह कतई नहीं स्वीकार करता हूँ कि निजी क्षेत्र जनतंत्र का आवश्यक अंग है। यही सही नीति होगी, यही महसूस करना होगा कि सार्वजनिक क्षेत्र, बुनियादी क्षेत्र, एक रणनीतिक अस्त्र और आगे बढ़ानेवाला क्षेत्र है और इसके बावजूद निजी क्षेत्र के लिए एक विशाल क्षेत्र खाली है।[20] कई अन्य जगहों पर नेहरू ने इसे पुनः दोहराया और कहा—'निजी क्षेत्र को विकास में भूमिका तो अदा करनी है, मगर उसे नियंत्रणाधीन होना चाहिए, जिससे बंद हाथों में संपदा और आर्थिक सत्ता का संकेंद्रण रोका जा सके।'[21] इसी तरह के अनेक बयानों को देखा जा सकता है।[22]

नेहरू 'समाजवादी नमूने' के समाज की रचना भारत में करने और सार्वजनिक क्षेत्र को उसका आवश्यक अंग मानते हुए भी वामपंथी वैचारिकतावालों के द्वारा, जिनमें कांग्रेस के कुछ लोग भी शामिल थे, निजी उद्योगों का राष्ट्रीयकरण करने की माँग को हमेशा नकारते रहे। 1963 में उन्होंने अपने एक लेख में लिखा—भारत की आर्थिक वृद्धि के हितों को ध्यान में रखते हुए 'आज अथवा निकट भविष्य में' उद्योगों का पूर्ण राष्ट्रीयकरण गलत होगा। मेरा व्यक्तिगत विचार यह है कि एक निजी क्षेत्र को रखने और उसे बढ़ावा तक देने के अलावा हमारे लिए और कोई रास्ता नहीं है···सार्वजनिक क्षेत्र को सही ढंग से काम करने के लिए प्रतियोगी निजी क्षेत्र वांछनीय है।' मगर सही समय पर बीमा कंपनियों और खानों जैसी 'बुनियादी चीजों' का राष्ट्रीयकरण कर लेना

जरूरी है।[23] इसके अलावा बहुत सारे मौकों पर नेहरूजी की वैचारिकता गांधीवाद के प्रभाव को लेकर बड़े उद्योगों के साथ-साथ छोटे लघु उद्योगों के विकास पर भी बल देती रही। कारण था कि उनके विचारों में कम पूँजी की लागत से चलने और ज्यादा रोजगार प्रदान करनेवाला यह क्षेत्र उन्हें प्रभावित करता रहा। बड़े उद्योगों में जन-बल की कम संख्या का कार्यरत होना उन्हें बेरोजगारी बढ़ानेवाला दिखा और लघु तथा ग्रामीण उद्योगों में रोजगारी की संभावना ज्यादा दिखी। इस कारण नियोजन से उनका अभिप्राय यह था कि 'भारत में बड़े उद्योग और कुटीर उद्योग, दोनों का विकास किया जाए। उनको इस प्रकार नियोजित किया जाए, जिससे टकराव से बचा जा सके।[24] उन्होंने जोर देकर कहा कि ग्रामीण आबादी बड़े औद्योगिक केंद्रों में रोजगार खोजती है, मगर बड़ी परियोजनाएँ भारत की अपार बेरोजगारी का हल प्रस्तुत नहीं कर सकतीं 'भारत में बड़े उद्योग और कुटीर उद्योग' दोनों का विकास किया जाए।[25] उन्होंने कहा—'इसे (बेरोजगारी) क़ुटीर और लघु उद्योगों के विकास से ही उत्तरोत्तर हल किया जा सकता है।'[26]

ऊपर के विवरणों से देखा जा सकता है कि 'समाजवादी नमूने' के समाज की नेहरू की संकल्पना का सारतत्त्व वर्ग समन्वय, वर्ग संघर्ष के प्रति एक भ्रमित दृष्टिकोण और पूँजीवाद के लाक्षणिक गुणों, जो अनिवार्य से प्रकट होते हैं, के प्रति नेहरू का दृष्टिकोण स्पष्ट था ही नहीं। नेहरू इस तथ्य को स्वीकार नहीं कर सके कि पूँजीवाद यानी उत्पादन के साधनों के व्यक्तिगत स्वामित्व पर आधारित उत्पादन संबंध, जो शोषण पर आधारित और मुनाफा अर्जित किए जाने के मात्र उद्देश्य से संचालित होता है, कभी भी लोककल्याणकारी तो नहीं ही होता, बल्कि काफी तेजी से विकसित होता है और उससे भी ज्यादा तीव्रता से इजारेदारियों को बढ़ाता है। नेहरूवादी वैचारिकता के आधार पर आर्थिक संरचना का चलाया गया कार्यक्रम, इस तथ्य के बावजूद कि उसकी भावना लोककल्याण, जनतांत्रिक ढंग से विकास और इजारेदारियों पर अंकुश लगाने का मंसूबा रखती थी, असफल हो गई। भारत में इजारेदारियों का विकास त्वरित गति से हुआ और संविधान में प्रदत्त 'राज्य के नीति निर्देशक सिद्धांतों' की धारा 39 का कोई मतलब ही नहीं रह गया। इजारेदारियों के विकास का सबसे बुरा परिणाम यह हुआ कि सार्वजनिक क्षेत्र के उद्यमों के कारण उत्पादन में वृद्धि का एक परिदृश्य तो जरूर सामने आया, मगर उस वृद्धि का लाभ अवाम को नहीं मिल सका। सामान्यजनों की आर्थिक स्थिति जहाँ बिगड़ती जा रही थी, वहीं दूसरी तरफ इजारेदार कंपनियों की पूँजी का त्वरित विकास हो रहा था और नए इजारेदार घराने अस्तित्व में आ रहे थे। इसका राजनीतिक-आर्थिक प्रभाव जन-आंदोलनों का तेज होते जाना और कांग्रेस की सत्ता का कमजोरी के रूप में सामने आया। 1967 के चुनाव में कांग्रेस भारत के प्राय: सभी बड़े राज्यों में सत्ता से बाहर हो गई।

कृषि क्षेत्र

भारत की आर्थिक-सामाजिक संरचना के पुनर्निर्माण के दायित्वों में एक दायित्व था—सामंतवादी और अर्ध-सामंतवादी अवशेषों को समाप्त कर कृषि और इससे संबंधित क्षेत्रों का वैज्ञानिक आधार पर पुनर्संगठन, जिसकी चर्चा संविधान के 'नीति निर्देशक सिद्धांतों' की धारा 48 में की गई है और ग्राम पंचायतों को अधिकार-संपन्न संगठन के रूप में लोकतांत्रिक स्तरीकरण के सबसे निचले पायदान पर गठित करने का निर्देश धारा 40 में दिया गया है।

देश में सामाजिक और आर्थिक परिवर्तन लाने की कांग्रेस की नीति का एक सारभूत अंग था—कृषि सुधार। द्वितीय और तृतीय पंचवर्षीय योजनाओं के मसविदे तैयार करने तथा कांग्रेस के जयपुर अधिवेशन 1963 और भुवनेश्वर अधिवेशन 1964 में भूमि सुधार के प्रति लोकतांत्रिक दृष्टिकोण का परिचय मिलता है। इस कार्यक्रम को तैयार करने में नेहरू ने प्रमुख भूमिका का निर्वहन किया था। वे जानते थे कि कांग्रेस के नेतृत्व से लेकर कार्यकर्ता समूह तक में भू-स्वामित्व के धारक बड़े भूमिपतियों की उपस्थिति है। वे इस कार्यक्रम का विरोध करेंगे, क्योंकि यह उनके वर्ग हित के खिलाफ जाएगा। उन्होंने कहा—भूमि-सुधार परम आवश्यक हो गया है। और हम इसके लिए सदियों से लालायित हैं और हम इसके लिए काम कर रहे हैं। हमें इसे बिना किसी विघ्न या बाधा के लागू करना है। अगर कोई व्यक्ति इसके आड़े आता है, तो हमें उसे हटा देना है।

दूसरा कोई रास्ता नहीं है, क्योंकि इसके लिए करोड़ों लोग प्रतीक्षारत हैं और करोड़ों लोग शताब्दियों से प्रतीक्षा करते रहे हैं।[27] आजादी के पूर्व ही भूमि-सुधार कार्यक्रम कांग्रेस के नीति प्रस्ताव में आ गया था। चौथे दशक में ही किसानों के सहकार (Co-operative) का विचार प्रस्तुत किया जाना था, इतने बड़े सामाजिक सुधार की संभावना से कांग्रेस पार्टी और उसके बाहर के भू-स्वामित्वधारी वर्ग के विरोध के कारण एक भीषण संघर्ष छिड़ गया था। ऐसा लग रहा था कि कांग्रेस के अंदर के सामंती वर्ग चरित्र वाले नेता और अनुदारवादी पार्टी छोड़ देंगे। ऐसे समय में इस महती प्रश्न पर नेहरू का विचार असंदिग्ध और लोकतांत्रिक बना रहा। उनकी दृष्टि में कृषि में प्रगतिशील सुधार लाने और करोड़ों लोगों को गरीबी और पिछड़ेपन से बाहर लाने के लिए यही उपाय था कि किसानों को सहकारबद्ध किया जाए और भू-स्वामित्व की एक निश्चित अधिकतम सीमा, हदबंदी को लागू किया जाए और फाजिल जमीन गरीबों और भूमिहीनों को दे दी जाए। उन्होंने कहा कि जमींदारी उन्मूलन का यह कतई मतलब नहीं कि भूमि समस्या हल हो गई··· भूमि की एक हदबंदी होनी चाहिए और यह जितनी जल्दी हो जाए उतना ही अच्छा है।[28] 1957 में नेशनल हेराल्ड में प्रकाशित अपने एक लेख में नेहरू ने लिखा कि देहातों में बड़ी संख्या में किसानों के बीच सामाजिक असमानता

इतनी ज्यादा है कि बड़ी संख्या में किसानों के पास 'खेती के लिए बमुश्किल एक या दो एकड़ जमीन है। अगर भू-स्वामित्व की हदबंदी तय करते हुए कानून लागू कर दिया जाए, तब भी हदबंदी से फाजिल जमीन सभी किसानों को पर्याप्त दे सकने के लिए काफी नहीं होगी।'''उन्होंने सवाल पूछा—अपने छोटे-से-छोटे टुकड़े पर किसान काम कैसे करेगा?' जवाब स्वयं दिया—'जब तक वह अपनी तरह के दूसरे लोगों के साथ सहकार में काम न करे, तब तक उसके लिए आधुनिक तकनीक का और नई विधियों से प्राप्त सुविधाओं का लाभ उठा सकना असंभव है। सहकार उसकी भावी वृद्धि की कुंजी है और सहकारिता आंदोलन को पूरे देश में फैल जाना चाहिए।'[29] सहकारिता आंदोलन के अलावा सामुदायिक विकास कार्यक्रमों और पंचायती राज प्रणाली पर उन्होंने जोर दिया, क्योंकि ये दोनों मिलकर इन सुधारों को जनतांत्रिक तरीके से लागू कर सकते थे। उनकी राय में ग्राम अंचलों में ऋण और विपणन और अन्य तरह-तरह के सहकार कायम किए जाने चाहिए। जहाँ कहीं भी संभव हो, और सहमति हो जाए, संयुक्त खेती अच्छी होगी, मगर इसे थोपा नहीं जा सकता और संयुक्त पक्षों की सहमति से ही इसे लागू किया जाए।'[30] प्रतिगामी और विशाल शक्तियों द्वारा इसका विरोध किए जाने की आशंका को ध्यान में रख उन्होंने लिखा—'हमें विश्वास है कि हमारी ग्रामीण आबादी के लिए सहकारिता के अलावा और कोई रास्ता नहीं है। इसके लिए बहूद्देशीय सहकार अत्यावश्यक है और इन्हें सहकारी खेती का रास्ता खोजना चाहिए। वर्तमान परिस्थिति में सामूहिक खेती उपयुक्त नहीं।'[33]

कांग्रेस पार्टी के अंदर की लोकतांत्रिक शक्तियों और नेहरू के प्रयास का नतीजा है कि कांग्रेस के 1959 के नागपुर अधिवेशन में सहकारिता संबंधी प्रस्ताव पारित किया जा सका और कांग्रेस के आधिकारिक दस्तावेज़ के रूप में स्वीकृति पाया। कृषि सुधार में सहकारिता आंदोलन को नेहरू ने भारत में समाजवाद कायम करने के विचार से संबद्ध करके देखा। उन्होंने स्पष्ट कहा कि किसानों के पास जब तक जमीन के छोटे-छोटे टुकड़े हैं, तब तक समाजवाद की स्थापना की चर्चा कोरी बकवास है।

विडंबना यह रही कि कृषि सुधार का यह कार्यक्रम न तो उनके जीवनकाल और न बाद में आज तक नहीं लागू किया जा सका। जमींदारी उन्मूलन तो किया गया, भूमि हदबंदी कानून भी बनाए गए, तेलंगाना के किसानों के संघर्ष को भी व्यर्थ करने के लिए उसी क्षेत्र से विनोबा भावे का भूदान आंदोलन शुरू कराया गया, मगर आज तक हदबंदी से फाजिल और भू-दान में मिली जमीनों का बँटवारा तक देश के सभी राज्यों में नहीं हो पाया, चंद को छोड़कर ग्रामीण सुधार का यह काम कांग्रेस पार्टी के अंदर के सामंती और अर्ध-सामंती तत्त्वों और बाहर के प्रतिक्रियावादी तत्त्वों के साथ-साथ औपनिवेशिक परंपरा पर चल रही नौकरशाही ने उसका भितरघात कर दिया और मामला आज भी

उठता रहता है, मगर परिणाम वही ढाक के तीन पात। नतीजा हुआ कि संविधान की 'प्रस्तावना' में प्रदत्त न्याय सामाजिक, आर्थिक और राजनीतिक, 'राज्य में नीति निर्देशक सिद्धांतों' में वर्णित धारा 43 में जीवन-यापन के लायक मजदूरी, धारा 46 में वर्णित अनुसूचित जातियों और जनजातियों तथा अन्य पिछड़ी जातियों के लिए प्रदत्त सुविधाओं का प्रावधान, धारा 47 में वर्णित लोगों के पोषण के स्तर को उठाने, धारा 48 में वर्णित कृषि का वैज्ञानिक प्रबंधन आदि का कोई प्रयोजन ग्रामीण क्षेत्रों के लिए नहीं रहा। आज भी कुपोषण, भूख, इलाज के अभाव में लाखों लोग मर रहे हैं, सामंती और अर्ध-सामंती जुल्म बरकरार है, खासकर अनुसूचित जातियों और जनजातियों के खिलाफ यह दिन-ब-दिन उग्रतर होता जा रहा है। 'मौलिक अधिकारों' में जीवन रक्षा के अधिकार का कोई अर्थ नहीं रहा, क्योंकि सामंती और अर्द्ध-सामंती तत्त्वों द्वारा गठित जातीय सेनाओं द्वारा किए जा रहे सामूहिक नरसंहार को यथोचित ढंग से रोकने में सरकार की कोई दिलचस्पी नहीं। उलटे इन तत्त्वों द्वारा की जा रही हिंसा के प्रतिकार में की जा रही इन पीड़ित वर्गों के लोगों की काररवाइयों को आतंकवादी काररवाई बताकर सरकार पुलिस और फौज के द्वारा तथा विशेष कमांडो दलों का गठन कर दबा रही है। राजसत्ता अपनी पुलिस और फौज का इस्तेमाल पूँजीवादी विकास के कुपरिणामों के कारण जन्मी विरोध की काररवाइयों और सामंती अवशेषों की खूनी हरकतों के पक्ष में करके सत्ता का उपयोग वर्गीय स्वार्थों की रक्षा में कर रही है। यह क्रम शुरू से, क्रमिक गति से बढ़ता आ रहा है, जो आर्थिक नीतियों के दुष्परिणामों के कारण गहन हो रहे वर्ग संघर्ष को शासक वर्ग द्वारा राज्य का दमनकारी उपयोग करके इस संघर्ष को हिंसक तरीकों से दबाने और खत्म करने की काररवाइयों के अलावा और कुछ नहीं है। संविधान की 'आत्मा' राज्य के इस चरित्र की स्वीकृति नहीं देती।

विदेश नीति

स्वतंत्र भारत की विदेश नीति के निर्धारण और सूत्रबद्ध करने में तथा संविधान के 'नीति निर्देशक सिद्धांतों' को धारा 51 के अनुसार[32] सूत्रबद्ध करने के रूप में नेहरू ने भारत की विदेश नीति संबंधी उन सिद्धांतों को सूत्रबद्ध किया, जो कांग्रेस पार्टी के नीतिगत कार्यक्रमों के अंदर बहुत दिनों तक रही (हालाँकि आज भी कांग्रेस इसे चलाए जाने का दावा करती है)। गुटनिरपेक्षता की नीति को जिस तरह से नेहरू ने सूत्रबद्ध किया, कहा जा सकता है कि बंद छोटे-मोटे भटकावों के साथ कांग्रेस सरकार ने 1990-91 तक प्रभावकारी ढंग से उसपर अमल किया। भारत की विदेश नीति को सूत्रबद्ध करते हुए नेहरू ने 1947 में ही राष्ट्रवाद और अंतरराष्ट्रीयवाद के बीच के परस्पर संबंधों और अनुपात की व्याख्या करते हुए कहा—हम संकुचित राष्ट्रवाद नहीं चाहते। राष्ट्रवाद का

हर देश में स्थान है और उसे पोषित किया जाना चाहिए, लेकिन उसे आक्रामक नहीं बनने देना चाहिए और अंतरराष्ट्रीय विकास के रास्ते में नहीं आने देना चाहिए। एशिया के साथ यूरोप और अमेरिका तक तथा अफ्रीका तक हमारे मुसीबत के मारे भाई फैले हुए हैं।[33] उन्होंने कहा कि भारतवासी जिस आजादी के लिए लड़ रहे हैं, वह किसी एक देश या कुछ चुने हुए लोगों की आजादी नहीं हो सकती, उसे संपूर्ण मानव जाति की होनी चाहिए।

भारत ने जिस शांतिपूर्ण विदेश नीति का पैरोकार बनने की नीति की घोषणा की, उसके संबंध में नेहरू की टिप्पणी बेलाग थी। उन्होंने कहा—हम शांतिवादी नहीं हैं। हमारे पास एक थल सेना, एक नौ सेना और एक वायु सेना है और अगर हमारे सामने खतरा पैदा होता है, तो हम निश्चय ही उसका इस्तेमाल करेंगे, लेकिन हम दूसरों पर अपना प्रभुत्व कायम करना नहीं चाहते। हमारा एकमात्र आग्रह है कि हमें स्वयं अपनी समस्याएँ हल करने के लिए शांतिपूर्वक स्वयं अपने पर छोड़ दिया जाए और जहाँ कहीं संभव हो, हम दूसरों की मदद करें और उनके साथ सहयोग करें।[34] नेहरू गुटनिरपेक्षता की नीति के प्रवर्त्तकों में से एक थे और इस नीति की सफलता इसी तथ्य में उजागर हो गई थी कि इसे उस काल में एशिया, अफ्रीका और लैटिन अमेरिका के अधिकांश नव-स्वतंत्र और नवोदित राष्ट्रों ने स्वीकार कर लिया था, उस काल में भारत ने अच्छे और बुरे, दोनों तरह के अनुभवों को झेला, मगर संकट की घड़ी में भी भारत ने अपनी इस नीति को नहीं छोड़ा। आजादी के बाद भारत अपनी गरीब जनता की गरीबी और पिछड़ेपन को मिटाने के काम में जुट गया। इस संदर्भ में नेहरू ने कहा—भारत अपने आर्थिक विकास की प्रेरणाप्रद काररवाई में जुट गया है। अब शांति और स्वतंत्रता अविभाज्य हो गए हैं। शांति को बनाए रखना भारतीय नीति का केंद्रबिंदु है। इसी नीति के अनुसरण में भारत ने किसी भी तरह के सैन्य गठबंधन में शामिल होने के बजाय तटस्थता की नीति को अपनाया है। उन्होंने गुटनिरपेक्षता को परिभाषित किया और कहा—इसका अर्थ मन या कार्य से निष्क्रियता या आस्था या विश्वास का अभाव नहीं है, इसका अर्थ यह नहीं कि हम जिसे अनिष्ट समझते हैं, उसके सामने झुक जाएँ। यह हमारे सामने आनेवाली समस्याओं के प्रति सकारात्मक और गतिशील दृष्टिकोण है। हमें विश्वास है कि प्रत्येक देश को न सिर्फ आजादी का, बल्कि स्वयं अपनी नीति और जीवन पद्धति का निर्णय करने का भी अधिकार है। इसी कारण हम अनाक्रमण का और एक देश द्वारा दूसरे देश के मामले में अहस्तक्षेप के पैरोकार हैं, इसी में विश्वास करते हैं, उनके बीच सहिष्णुता की वृद्धि तथा शांतिपूर्ण सह-जीवन की क्षमता में विश्वास करते हैं।[35] युद्ध, नाभिकीय अस्त्र-शस्त्रों के घातक परिणामों, हथियारों की होड़ आदि के खिलाफ तथा शांति और परस्पर मैत्री के पक्ष में उनके नेतृत्ववाली सरकार ने गोटा-मोटी एक सुसंगत नीति का

प्रयोग किया और इस नीति को प्राय: सभी राजनीतिक दलों और वर्गों, जो साम्राज्यवाद, उपनिवेशवाद और राष्ट्रीय मुक्ति संघर्षों के खिलाफ नीतियों के धारक थे, का समर्थन मिला। इसके साथ-साथ साम्राज्यवाद का विरोध, मुक्ति संघर्षों का समर्थन, सैनिक अड्डों का विरोध आदि के साथ-साथ समाजवादी मुल्कों के साथ भारत के संबंधों को मजबूत किया। 8 सितंबर, 1961 को मास्को में एक सभा को संबोधित करते हुए उन्होंने सोवियत रूस द्वारा भारत के आर्थिक पुनर्निर्माण में की गई सहायता के संबंध में कहा था—सोवियत सहायता से भारत में बड़ी संख्या में विशाल संयंत्र निर्मित हो चुके हैं या निर्माणाधीन हैं। उस काम में, जिसे हम अत्यंत महत्त्वपूर्ण समझते हैं, सैकड़ों सोवियत विशेषज्ञ भाग ले चुके हैं, सोवियत सरकार ने हमें जो सहायता दी है और अभी भी देती जा रही है, उसके लिए हम हृदय से उसके आभारी हैं।[36]

जवाहरलाल नेहरू और उनकी नीति का मूल्यांकन

जवाहरलाल नेहरू के प्रधानमंत्रित्व काल में राजसत्ता का जो स्वरूप उभरकर सामने आया, उसका विश्लेषण उस काल में भारत सरकार द्वारा भारत की आर्थिक-सामाजिक पुनर्संरचना के ऐतिहासिक दायित्वों को पूरा करने के लिए उठाए गए कदमों, अपनाई गई नीतियों और कार्यक्रम के कार्यान्वयन की दिशा के आधार पर किया जाए, तब कहा जा सकता है कि भारत के संविधान में प्रदत्त 'प्रस्तावना', 'मौलिक अधिकारों' और 'राज्य के नीति निर्देशक सिद्धांतों' की अवधारणाओं को व्यवहार में उतारने की कोशिश की गई। 'समाजवादी नमूने के समाज' की जिस परिकल्पना को नेहरूवादी नीति में व्यक्त किया गया था, उसको कार्यरूप में अमल करने की कोशिश में समाजवाद पर बराबर जोर दिया जाता रहा और यह स्वीकार किया जाता रहा कि औपनिवेशिक सत्ता द्वारा भारत की बरबाद कर दी गई आर्थिक-सामाजिक संरचना के पुनर्निर्माण का दायित्व बिना 'समाजवादी ढाँचे के समाज' के निर्माण के पूरा नहीं किया जा सकता। यह विश्वास किया गया कि भारत के राष्ट्रीय पुनरुज्जीवन और उसकी विशाल गरीब जनता की आर्थिक-सामाजिक मुक्ति का ऐतिहासिक दायित्व 'समाजवादी नमूने के समाज' के निर्माण के द्वारा ही पूरा किया जा सकता है। समाजवादी प्रणाली और समाजवादी विचारों की अजेय शक्ति को स्वीकार किया गया। यह स्वीकृति भले स्वतंत्र भारत के संविधान की 'प्रस्तावना' और 'राज्य के नीति निर्देशक सिद्धांतों' के संदर्भ में प्रासंगिक दिखे, फिर भी जवाहरलाल नेहरू ने समाजवाद की जिस अवधारणा को व्यक्त किया, वह मार्क्सवादी-लेनिनवादी समाजवादी अवधारणा से मूलत: भिन्न थी, फिर भी यह स्वीकार किया जाना चाहिए कि आजादी के पश्चात् भारत को इन शुरुआती दशकों में भारत की आर्थिक, सामाजिक और राजनीतिक क्षेत्र में घरेलू क्षेत्र और वैदेशिक नीति

के मोरचे पर, अंतरराष्ट्रीय स्तर पर, जो उपलब्धियाँ हासिल की गईं, उनके पीछे इस नेहरूवादी वैचारिकता की प्रमुख भूमिका रही।

इन उपलब्धियों की स्वीकारोक्ति के बाद भी यह स्वीकार किया जाना चाहिए कि नेहरूवादी नीति के पीछे और खास कर व्यावहारिक रूप में इस नीति के आधार पर कार्यक्रमों के प्रणयन के पीछे के वैचारिक और राजनीतिक सिद्धांतों में गंभीर अंतर्विरोधों के लक्षण दिखते हैं। नेहरूवादी विचार एक खास हद तक शासक पार्टी के नेता और शासक कांग्रेस पार्टी की नीतियों का उनपर जो प्रभाव पड़ता रहा, वे उसी के परिणाम थे। वास्तव में कांग्रेस पार्टी एक सामाजिक-वर्गीय साझा मोरचा थी, जिसमें बहुसंरचनात्मक भारतीय समाज की उन सामाजिक-वर्गीय शक्तियों के विविध हित संयुक्त रूप में एकबद्ध थे और वे देश के स्वाधीन राष्ट्रीय विकास के लिए अपने-अपने ढंग से सचेष्ट थे और कांग्रेस को अपना-प्रवक्ता और चैंपियन मानते थे। नेहरूवादी नीति में जहाँ भारतीय समाज के रूपांतरण को 'समाजवादी ढाँचे' में करने के लिए विकास को शासित करनेवाले नियमों के प्रति सकारात्मक आग्रह था, वहीं उनमें असंगति और अंतर्विरोध भी था और वह वर्गीय नहीं, बल्कि सर्वसंग्रहवादी था। फिर भी उनमें राष्ट्रभक्ति, साम्राज्यवाद-विरोध और लोकतांत्रिक मूल्यों के प्रति गंभीर आस्था का भाव ही था। नेहरूवादी नीतियाँ अपनी दृष्टि में मूलगामी, वस्तुगत में लोकतांत्रिक विचारों और अवधारणाओं पर आधारित तो जरूर थीं, लेकिन उनमें कल्पनावादी, उदारपंथी, सुधारवादी और मूलतः पूँजीवादी दृष्किोण की ही प्रधानता दिखाई पड़ती है। यह भटकाव सामाजिक-आर्थिक सुधार कार्यक्रमों को लागू करने के व्यावहारिक तौर-तरीकों के विशदीकरण के क्रम में उजागर हो जाते थे। मिश्रित अर्थतंत्र की व्याख्या और उसमें निजी पूँजी की भूमिका के निर्धारण में तो यह व्यक्त हुई ही, साथ-ही-साथ उत्पादन के साधनों के समाजीकरण के मामले में नेहरूवादी नीति समय बीतने के साथ अपनी क्रांतिकारिता के मामले में अपेक्षाकृत ज्यादा नरम रुख अपनाती गई। इस भटकाव को समाजवादी रूपांतरण के प्रति इस दृष्टिकोण में भी देखा गया कि इस तरह के समाजवादी रूपांतरण को पुराने राज्य-यंत्र के द्वारा 'ऊपर से शांतिपूर्ण सुधार' द्वारा संपन्न करने की बातें की गईं। इसके अलावा इस बात में, सोच में भी देखा जा सकता है कि सामाजिक संघर्ष की भूमिका तथा हावी संपत्तिधारी वर्ग के खिलाफ संघर्ष में बल प्रयोग की आवश्यक सोच को बाद में छोड़ दिया गया। नेहरूवादी नीति का जो क्रांतिकारी पक्ष था, उसका समर्थन कांग्रेस पार्टी के अंदर की वामपंथी वैचारिकतावाले सदस्यों का एक अतिशय छोटा हिस्सा ही करता था, कांग्रेस नेतृत्व का व्यापक बहुमत गांधीवादी रुझानों और विचारों का ही पक्षधर था।

गांधीवाद की तरफ झुकाव

बाद के दशकों, यानी छठे और सातवें दशक के आते-आते नेहरूवादी सैद्धांतिक अवधारणा आर्थिक, सामाजिक और राजनीतिक रूपांतरण की अपनी सैद्धांतिकता में गांधीवादी वैचारिकता की तरफ झुक गई, अब यह कांग्रेस पार्टी के अंदर बहुमत की विचारधारा का स्थान लेकर अपेक्षाकृत ज्यादा व्यापक, ठोस, सच्चाई के ज्यादा करीब और ज्यादा यथार्थवादी और व्यावहारिक जरूर बन गया और शासक कांग्रेस पार्टी के सामने पेश कर्तव्यों को निपटाने की कोशिश में लग गई। इन कर्तव्यों में पार्टी को सत्ता में बनाए रखने का एक महती कर्तव्य भी शामिल था और सत्ता मूलतः राष्ट्रीय पूँजीपति वर्ग के हाथों में थी। इस प्रकार नेहरूवादी विचारधारा अब ज्यादा व्यापक जरूर बन गई, मगर इसका स्वस्थ राष्ट्रीय पूँजीपति वर्ग के हितों का ज्यादा व्यापक और गहन रूप में प्रतिनिधित्व करने वाला बन गया।

राष्ट्रीय मुक्ति आंदोलन के दरम्यान नेहरू ने जिन वामपंथी वैचारिकताओं को अपनाया और विकसित किया था, उनमें से उन्होंने कुछ मूलगामी और जनतांत्रिक विचारों को त्याग दिया और अंतर्विरोधात्मक, अस्पष्ट और सर्वसंग्रहवादी प्रकृतिवाले विचारों को अपना लिया, जो सामाजिक-वर्गीय शक्तियों के जटिल समुच्चय में राष्ट्रीय पूँजीपति वर्ग के प्रभाव की प्रबलता का परिणाम था। अनेक अनुदारपंथी समूहों, राष्ट्रीय पूँजीपति वर्ग, इजारेदार पूँजी, सामंती स्वार्थों, भू-स्वामियों, लघु उद्यमियों आदि के साथ-साथ औपनिवेशिक काल की वैचारिकतावाली नौकरशाही आदि का जो सम्मिलित विरोध प्रगतिशील विचारों और कार्यक्रमों के खिलाफ हुआ, इसके परिणामस्वरूप नेहरूवादी वैचारिकता और जब जनाक्रोश बढ़ा, तब राष्ट्रीय एकता की रक्षा, वर्ग-संघर्ष की तेज होती गति आदि के कारण नेहरूवादी शांतिपूर्ण संक्रमण, वर्ग संघर्ष को रोकने और बातचीत तथा समन्वयवादी सिद्धांतों को आगे बढ़ाने आदि के नेहरूवादी विचार इस वर्गीय संघर्ष में जन-आंदोलनों को सरकारी पुलिस और फौज के द्वारा कुचलने की सीमा तक चला गया। इस प्रकार विविध सामाजिक-आर्थिक वर्ग-शक्तियों के संयुक्त समुच्चयवाले कांग्रेस संगठन में मुख्य संपत्तिधारी वर्ग की राजनीतिक सत्ता को सुदृढ़ करने और सशक्त बनाने के प्रयास में विभिन्न वर्ग-शक्तियों के बीच समन्वय करनेवाले आर्थिक, सामाजिक और राजनीतिक सहमतिवाले कार्यक्रमों को चलाए जाने के कारण नेहरूवादी वैचारिकता का वाम और लोकतांत्रिक पहलू मृतप्राय हो गया। इस प्रकार वर्ग-संघर्ष से बचने, शांतिपूर्ण संक्रमण, निजी क्षेत्र की अर्थव्यवस्था में सीमित भूमिका आदि की अवधारणा के तहत जब सर्व-वर्ग-समन्वयवादी कार्यक्रमों को चलाकर इन लक्ष्यों को हासिल करने का प्रयास किया जाता रहा, तब समाजवादी रूपांतरण की बातें तो दूर रहीं, 'समाजवादी नमूने के समाज' की संरचना के कार्यक्रम के अंदर पूँजीवाद

का विकास होता रहा और इसने इजारेदारियों को त्वरित गति से बढ़ाया। अब भारत के संविधान के 'नीति निर्देशक सिद्धांतों' में इजारेदारियों को प्रतिबंधित करनेवाली धारा 39 का प्रावधान बेमानी हो गया और 'प्रस्तावना' की आत्मा ही मृत हो गई। अब देश के अंदर वर्गगत टकराव तेज हो गए।

फिर भी नेहरूवादी नीति की कुछ स्थापनाओं या स्पष्टीकरणों के आधार पर पता चलता है कि नेहरू की समझ थी कि सार्वजनिक क्षेत्र के विकास से समाजवाद स्वतः आ जाएगा, इसे नेहरू ने 'सार्वजनिक क्षेत्र के साथ पूँजीवादी अर्थतंत्र कहा।[37]

भारतीय, अमेरिकी और ब्रिटिश लेखकों और टिप्पणीकारों ने नेहरू की उपलब्धियों और उनके द्वारा कतिपय महत्त्वपूर्ण आर्थिक-राजनीतिक काररवाइयों से संबंधित कुछ उठाए गएकदमों का कांग्रेस पार्टी के अंदर कुछ यथास्थितिवादी तत्त्वों के विरोधों का वर्णन किया है। चलपति राव ने लिखा है कि कांग्रेस उनके विचारों को समग्र रूप में अमल में लाने में अक्षम थी और उसमें उनके जैसी आस्था की शवित नहीं थी। वे समाजवाद की शक्तियों को कांग्रेस के दायरे से बहुत बाहर तक मुक्त कर रहे थे। उन्होंने समाजवाद के लिए आबोहवा बनाई। जहाँ वे जानते थे कि समाजवाद रातोरात नहीं आ सकता, वहीं वे यह भी समझते थे कि वे उसे लाने का काम कर रहे हैं।[38] हीरेन मुखर्जी ने लिखा है कि 1955 में कांग्रेस के अवाड़ी अधिवेशन में पारित प्रस्ताव सोवियत और अफ्रीका के कुछ देशों को प्रभावित करने के उद्देश्य से पारित था। इसी के साथ उन्होंने यह भी लिखा है कि नेहरूवादी नीति के कारण भारत के बुनियादी उद्योगों के क्षेत्र में ठोस मोड़ आया और यह मोड़ उत्पादन के साधनों के सार्वजनिक स्वामित्व के मामले में सबसे ज्यादा दिखा, लेकिन उन्होंने लिखा है कि अर्थतंत्र पर धन्नासेठों की सत्ता का प्रभुत्व था। फलतः सार्वजनिक क्षेत्र का स्वरूप पूँजीवादी और अर्ध-समाजवादी रूपों के बीच एक अस्थिर सोचवाले मोरचे के द्वारा निर्धारित होता रहा, जिसमें पूँजीवादी प्रॉबल्म मौजूद था। नेहरू ने यह प्रयास किया कि समाजवाद, प्रगति और आधुनीकीकरण विषयक विचार कांग्रेस के आधिकारिक दस्तावेजों में यथोचित स्थान प्राप्त करें। इसे अवाड़ी 1955 और भुवनेश्वर, 1964 के कांग्रेस के अधिवेशनों में स्वीकृत प्रस्तावों में देखा जा सकता है, लेकिन अमल का ऐसा कार्यक्रम कभी सूत्रित नहीं किया जा सका, जो सामाजिक और आर्थिक क्रियाकलाप को एक विशिष्ट दिशा प्रदान कर सके। यह सर्वसंग्रहवाद के समझौतों और रियायतों के द्वारा चिंतन और कार्य की अंतर्विरोधात्मक रीतियों के सामंजस्य की नेहरू की प्रतिभा का प्रतिफलन था।[39] वास्तव में नेहरूवादी नीतियों में एक नासमझवाली अनकही वैचारिकता के प्रति विश्वास था कि एक वर्गीय से मिश्रित समूह—जैसा कांग्रेस पार्टी थी, जिसका सूत्र संचालन पूँजीपति और जमींदार कर रहे थे, वह समाजवाद ला देगा, बशर्ते कि उसमें एकमात्र शर्त पूरी हो जाए कि

उसे लोकतंत्र उद्धारक गुण प्राप्त हो जाए, नागरिक सेवक चटपट भारी उद्योग, पावर, खाद्यान्न आदि की आपूर्ति का बंदोबस्त करने में जुट जाएँ। यह नेहरूवाद पर गांधीवाद का प्रभाव था, जिसकी हमेशा यह कोशिश थी कि क्रांति हो जाए, मगर क्रांति की कीमत किसी भी तरह कम हो जाए।[40] अंततः उसे असफल होना था और असफल हो गया।

रणजीत दास गुप्ता ने अपनी टिप्पणी में कहा है कि नेहरू और नेहरूवाद के अपने बुनियादी दृष्टिकोण में अविचल साम्राज्यवाद विरोध, सुसंगत सामंतवाद विरोध, अर्थतंत्र और समाज की आधारभूत संरचना के लिए चिंता, समाजवाद का अंगीकार शामिल थे। फिर भी अनेक महत्त्वपूर्ण मसलों पर इनका सैद्धांतिक दृष्टिकोण अस्पष्ट, द्वैधपूर्ण, भ्रमजनक और यहाँ तक कि अंतर्विरोधात्मक था।[41] इस प्रकार नेहरू काल में भारत की आर्थिक, सामाजिक पुनर्संरचना का विषय विवादित नीतियों के जाल में फँसा रहा और इसकी विडंबना यह रही कि भारतीय समाज के समाजवादी रूपांतरण का जो कार्यक्रम नेहरूवादी नीतियों ने उठाया, उसके विरोधी तत्त्वों के साथ बाहर की बातें तो अलग रहीं, कांग्रेस पार्टी के अंदर के विरोधी तत्त्वों के खिलाफ संघर्ष के बजाय समझौतावादी नीति अपनाया जो कारगर नहीं हो सकी। भारतीय संविधान की 'प्रस्तावना' और उसमें प्रदत्त 'राज्य के नीति निर्देशक सिद्धांतों' की समीचीनता समाप्त और मृतप्राय अवस्था में पड़ी रही।

टिप्पणियाँ और संदर्भ

1. 26 नवंबर, 1949 को संविधान निर्मात्री सभा ने संविधान को भारतीय जनता के सुपुर्द किया और 26 जनवरी, 1950 से संविधान लागू हो गया।
2. अखिल भारतीय राष्ट्रीय कांग्रेस का अवाड़ी महाधिवेशन, 1955 का प्रस्ताव।
3. कांग्रेस का नागपुर अधिवेशन, 1959 का प्रस्ताव।
4. कांग्रेस का भुवनेश्वर अधिवेशन 1964 में पारित प्रस्ताव।
5. जवाहरलाल नेहरू, 'दि बेसिक एप्रोच' वर्ल्ड मार्कसिस्ट रिव्यू 1959, अंक 4।
6. विट्स ऐंड विजडम ऑफ जवाहरलाल नेहरू, नई दिल्ली, 1969, पृ. 553।
7. ऊपरोद्धृत।
8. जवाहरलाल नेहरू, एन एपोलॉजी, दिल्ली, 1980, पृ. 313-14।
9. ऊपरोद्धृत।
10. ऊपरोद्धृत।
11. ऊपरोद्धृत, पृ. 315।
12. जवाहरलाल नेहरू, 'दि बेसिक एप्रोच' पूर्वोद्धृत, पृ. 41।
13. जवाहरलाल नेहरू, इंडिया ऑफ टुडे ऐंड टुमॉरो, नई दिल्ली, 1960, पृ. 36-39।
15. ऊपरोद्धृत, पृ. 43।
16. टाइम्स ऑफ इंडिया, 7 जनवरी, 1961।

17. ऊपरोद्धृत, 20 मार्च, 1960।
18. जवाहरलाल नेहरू, उनकी रचनाओं और भाषणों का अंश, अंग्रेजी, फरीदाबाद, 1964, पृ. 46।
19. जवाहरलाल नेहरू, आत्मकथा (अंग्रेजी), मास्को, 1955, पृ. 314।
20. इंडियन वर्कर, बंबई, 12 जनवरी, 1959. पृ. 11।
21. टाइम्स ऑफ इंडिया, 23 अगस्त, 1960 और 14 जनवरी, 1961।
22. इंडस्ट्रियल इंडिया, दिल्ली, जून, 1964, पृ. 23।
23. जवाहरलाल नेहरू, 'समाजवाद और राष्ट्रीयकरण', कांग्रेस फोरम, खंड 1 अंक 3, 1963, पृ. 11–13।
24. जवाहरलाल नेहरू, एन ऐंथोलॉजी, 1960, पृ. 308।
25. ऊपरोद्धृत।
26. ऊपरोद्धृत, पृ. 276।
27. 'नेहरू स्पीक्स', 'कांग्रेस फोरम फॉर सोशलिस्ट एक्शन' दिल्ली, 1972, पृ. 34।
28. ऊपरोद्धृत।
29. एन एपोलॉजी, पूर्वोद्धृत, पृ. 276।
30. ऊपरोद्धृत, पृ. 277।
31. जवाहरलाल नेहरू, इंडिया ऑफ टुडे ऐंड टुमॉरो, पूर्वोद्धृत, पृ. 41।
32. भारत के संविधान की धारा 51 'राज्य के नीति निर्देशक सिद्धांत' भारतीय राजसत्ता को निर्देशित करते हैं कि वह कोशिश करेगा—

(क) अंतरराष्ट्रीय शांति और सुरक्षा को बढ़ावा देगा।
(ख) राज्यों के बीच सही (just) और सम्मानजनक (honourable) संबंधों को बनाए रखेगा।
(ग) अंतरराष्ट्रीय कानूनों और संधियों के प्रति आदर और सम्मान दिखाएगा।
(घ) बातचीत के द्वारा अंतरराष्ट्रीय मसलों के समाधान को प्रोत्साहित करेगा।

33. एन एंथोलॉजी, पूर्वोद्धृत, पृ. 363।
34. ऊपरोद्धृत, पृ. 370।
35. ऊपरोद्धृत, 379।
36. जवाहरलाल नेहरू, फॉरेन पॉलिसी ऑफ इंडिया, मास्को, 1965, पृ. 285–86।
37. ए.आई.सी.सी., इकोनॉमिक रिव्यू, दिल्ली, 15 सितंबर, 1977, पृ. 6–7।
38. चलपति राव, जवाहरलाल नेहरू, दिल्ली, 1973, पृ. 268–69।
39. हीरेन मुखर्जी, दि जेंटल कोलोसस : ए स्टडी ऑफ जवाहरलाल नेहरू, पृ. 171।
40. ऊपरोद्धृत, पृ. 175–76।
41. रणजीत दास गुप्ता, 'नेहरूजी का आर्थिक चिंतन और आर्थिक स्वाधीनता के लिए संघर्ष', सेमिनार ऑन नेहरू, पृ. 205–07।

□

6

संविधान की मूल दृष्टि और कांग्रेस की वैचारिकता

कांग्रेस की समाजवादी वैचारिकता की प्रवृत्ति

स्वतंत्र भारत में जिस संविधान को स्वीकृत किया गया था। उसमें प्रदत्त प्रस्तावना, मौलिक अधिकारों और राज्य के नीति निर्देशक सिद्धांतों की मूल दृष्टि का जो विवेचन पीछे के अध्यायों में किया है, उससे पता चल जाता है कि संविधान समाजवादी संविधान नहीं था। कहा जा सकता है कि भारत का उदीयमान राष्ट्रीय पूँजीपति वर्ग, जिसने भारतीय राष्ट्रीय मुक्ति संघर्ष के दौरान साम्राज्यवाद विरोधी विभिन्न वर्ग-शक्तियों के एक समुच्चय का सफलतापूर्वक नेतृत्व करते हुए राष्ट्रीय संघर्ष को उसके अंजाम तक पहुँचाया था और एक सीमित मताधिकार, जो संपत्ति के आधार पर तय किया गया था और जो उस काल की भारत की आबादी का मात्र 11 प्रतिशत का प्रतिनिधित्व करता था, इस तरह वह निर्मित संविधान निर्मात्री सभा में अपार बहुमत में था। फिर भी राष्ट्रीय मुक्ति संघर्ष में अविस्मरणीय भूमिका निभानेवाली भारत की मेहनतकश जनता को राष्ट्रीय आंदोलन के काल में दिए गए वचनों और द्वितीय विश्वयुद्ध के बाद साम्राज्यवाद, उपनिवेशवाद आदि के खिलाफ वैश्विक पैमाने पर उठे विरोध और समाजवाद के प्रति बढ़ते आकर्षण के कारण पैदा हुए वैश्विक राजनीति के परिदृश्य में जब प्रगतिशील वैचारिकतावालों का दबाव संविधान निर्मात्री सभा के सामने आया, तब एक समझौते के तौर पर संविधान में कतिपय प्रगतिशील प्रावधानों को शामिल किया गया। दूसरी महत्त्वपूर्ण बात यह थी कि जिन विभिन्न वर्ग-शक्तियों की सर्वसंग्रहवादी रणनीति के आधार पर राष्ट्रीय पूँजीपति वर्ग और उसकी पार्टी कांग्रेस राष्ट्रीय आंदोलन का नेतृत्व करने में सफल रही थी और इसका संगठन भी विभिन्न तरह की वर्ग-शक्तियों के सर्वसंग्रहवादी वैचारिकता के आधार पर गठित था और वर्ग-शक्तियों के एक समुच्चय

का रूप ले लिया था, उसे विघटित कर कांग्रेस सत्ता में आने और सत्ता में बने रहने की गारंटी भी नहीं कर सकती थी। ऐसी ही अनेक मजबूरियाँ थीं, जिनके कारण संविधान में कुछ प्रगतिशील प्रावधानों का समावेश हो गया था और संविधान में भारतीय राजसत्ता का स्वरूप एक पूँजीवादी लोककल्याणकारी राज्य का जरूर बन गया था।

किसी पूँजीवादी लोककल्याणकारी राज्य के अंदर समाजवादी अवधारणा का मतलब होता है, इसका विश्लेषण और सैद्धांतिक निरूपण किया जाए, तब पता चल जाएगा कि कांग्रेस के संपूर्ण आधिकारिक दस्तावेजों में या उसके नेताओं आदि के वक्तव्यों, सरकारी कार्यक्रमों आदि में समाजवादी कार्यक्रमों के नाम पर उपस्थित किया गया उसका निहित सैद्धांतिक आशय हो सकता था। देखा जा सकता है कि कांग्रेस की समाजवादी अवधारणा में जो मुख्य प्रवृत्तियाँ थीं, उनमें भारत की करीब-करीब पूरी आबादी में विद्यमान मजदूर वर्ग, शहरी और ग्रामीण निम्न पूँजीपति वर्ग, खासतौर पर इसका अपेक्षाकृत गरीब तबका, किसानों समेत अर्ध-सर्वहारा समूहों—दस्तकारों, छोटे व्यापारियों, जनवादी बुद्धिजीवियों तथा मध्यम और निम्न नौकरशाही की स्वस्फूर्त जनतांत्रिक आकांक्षाओं को प्रतिफलित करती थीं। यह शोषण और सबसे बढ़कर बड़ी पूँजी द्वारा शोषण का तथा प्राक्-पूँजीवादी उत्पीड़न के विविध रूपों का विरोध करता था और अधिकांश समाजवाद के प्रति कांग्रेस की अनुरक्ति का यही कारण था।

समाजवाद के प्रति ऐसी अनुरक्ति को 'आत्मनिष्ट समाजवाद' कहा जा सकता है। समाजवाद की यह आत्मनिष्ट प्रवृत्ति पूँजीवादी-जनवादी आंदोलनों में जनवाद से इतर 'जनवाद के संपूरक के रूप में पैदा होती है। इस तरह के समाजवादी सिद्धांत की अंतर्वस्तु अधिकांशतः इस बात पर निर्भर होती है कि इसका विकास पूँजीवाद के आम संकट तथा समाजवादी व्यवस्था और राष्ट्रीय मुक्ति आंदोलन द्वारा हासिल की गई ऐतिहासिक जीतों की परिस्थिति में होता है। देखा जा सकता है कि कांग्रेस ठीक इसी स्थिति में थी। मध्यवर्ती तबकों द्वारा सूत्रित किए गए क्रांतिकारी जनवादी सारतत्त्व से इस बात का खुलासा होता है कि आम जनतांत्रिक सुधारों के लिए कार्यरत देश के लिए सुसंगत रूप से क्रांतिकारी शक्तियों के साथ इन तबकों की मैत्री में कितनी अपार संभावनाएँ निहित हैं। ऐसे विचारों में प्रगतिशील संभावनाओं की चरितार्थता मुख्यतः वर्ग-शक्तियों की आम पंक्तिबद्धता पर और खासकर राजसत्ता पर निर्भर होती है। सुधारों के क्रम में प्रभावशाली संपत्तिधारी वर्ग इनमें से कुछ संभावनाओं का उपयोग समाज के प्राक्-पूँजीवादी संबंधों से मुक्त करने के लिए या दूसरे शब्दों में कहा जाए, तो स्वयं अपनी सत्ता को मजबूत करने के लिए करते हैं। प्रतिक्रियावादी शक्तियाँ इस संघर्ष में, खासतौर से मार्क्सवादी विचारों की विरोधी वैचारिकता को प्रवेश कराने का प्रयास करती हैं। यही प्रवृत्ति कांग्रेस की समाजवादी वैचारिकता की थी।

कांग्रेस ने समाजवाद की जिस वैचारिकता को रखा, उसकी दूसरी प्रवृत्ति थी कि वह गैर-इजारेदाराना राष्ट्रीय पूँजीपति वर्ग की प्रगतिशील जनवादी आकांक्षाओं को प्रदर्शित करती थी। वह वर्ग मध्यवर्ती तबकों, नौकरशाहों के एक हिस्से, पेशेवर तबकों और अपने साथ पंक्तिबद्ध अन्य समूहों के साथ मिलकर एक खासी बड़ी राजनीतिक और आर्थिक शक्ति बन गया था। कांग्रेस के शुरुआती 30 से 40 वर्षों के शासनकाल में बहुदलीय लोकतांत्रिक राज्य में कांग्रेस का एकदलीय शासन जिस तरह का चला, उस अवधि में यह वर्ग संख्या और आर्थिक दृष्टि से बढ़ता गया था, मगर अपनी हैसियत के मामले में यह अर्थव्यवस्था के ऊपरी सोपान पर रही इजारेदार पूँजी से भिन्नता रखता था।

धुरीन उद्योगों (Core industries) को अपने में सन्निविष्ट कर लेनेवाला सार्वजनिक क्षेत्र राष्ट्रीय पूँजीपति वर्ग के विस्तारित उत्पादन और संचय के लिए अभी भी एक पूर्वापेक्षा बना हुआ था। राष्ट्रीय पूँजीपति वर्ग के मध्यम और निम्न तबके को भी इजारेदार पूँजी के साथ अपने उत्तरोत्तर उग्र होते जा रहे संघर्ष में राजसत्ता की मदद और अवलंबन की जरूरत थी। इजारेदार पूँजी बड़े पैमाने के उत्पादन, भारी वित्तीय संसाधन और विदेशी पूँजी के साथ अपने गठजोड़ से प्राप्त लाभों का उपयोग करते हुए राष्ट्रीय पूँजी के इन स्तरों पर लगातार अपना दबाव प्रबल करती जा रही थी। इस कारण इस स्तर के राष्ट्रीय पूँजीपति वर्ग को एक ऐसे राजकीय क्षेत्र की अनिवार्य जरूरत थी कि वह साम्राज्यवादी और खानगी इजारेदारियाँ दोनों से स्वतंत्र और आजाद हो। वे सार्वजनिक क्षेत्र के कार्य संचालन को समाजवादी नीति का कार्यान्वयन मानते थे, मगर वस्तुगत में देखा जाए, तब ग्रामीण अर्थव्यवस्था में सामंतवादी और अर्ध-सामंतवादी उत्पादन संबंधों की समाप्ति तथा आंतरिक बाजार के विस्तारित होने से इनके हितों को बढ़ावा मिलता था। वास्तविकता थी कि राष्ट्रीय पूँजीपति वर्ग का यह तबका एक बहुत बड़ा तबका था और इस तबके को पूँजीवादी तथा समाजवादी; दोनों व्यवस्थाओं से इनके संबंधों को सुदृढ होने से यह लाभान्वित होनेवाला था।

देखा जा सकता था कि कुछ खास स्थितियों में गैर-इजारेदाराना पूँजीपति वर्ग स्थानीय पूँजीपति वर्ग के विकसित हिस्से और संख्या की दृष्टि से सबसे बड़ा उसके निचले हिस्से के बीच के अंतर्विरोधों के बावजूद लंबे समय तक राष्ट्रीय प्रगति की एक महत्त्वपूर्ण शक्ति बना रह सकता था। ऊपरी स्तर जैसे-जैसे इजारेदारियों की तरफ खिंचते जाते हैं और स्वयं इजारेदार बनते जाते हैं, वैसे-वैसे इनके बीच का अंतर्विरोध उग्रतर होता जाता है।

जी स्कूल में गैर-इजारेदाराना पूँजीवर्ग की प्रवृत्ति ढुलमुल और दुतरफा रुझानवाली होती है। एक तरफ उसे स्वतंत्र राजकीय/सार्वजनिक क्षेत्र की कृषि पैदावार में वृद्धि और घरेलू बाजार के विस्तार की आवश्यकता होती है, तो दूसरी तरफ वह सुसंगत

राष्ट्रीयकरण और कृषि में मूलभूत सुधार के जरिए राजकीय क्षेत्र के त्वरित विकास से डरता है। गैर-इजारेदाराना पूँजीपति वर्ग राष्ट्रीय उन्मेष और उभार के लिए संघर्ष करते हुए भी नवनिर्मित सामाजिक उत्पाद के वितरण की प्रणाली में सामान्य जन के पक्ष में किसी तरह के ठोस परिवर्तन के लाए जाने से शंकित रहता है। इससे स्पष्ट होता है कि राष्ट्रीय पूँजीपति वर्ग के कुछ खास समूहों की प्रगतिशील आकांक्षाओं का फलीभूत होना काफी हद तक मजदूर वर्ग की अपनी खास संगठन शक्ति के आधार पर अपनी राजनीतिक क्षमता के द्वारा अपने हितों को राष्ट्रीय हितों के रूप में संपूर्ण जनवादी और राष्ट्र के वास्तविक हित के रूप में बुलंद कर देने की क्षमता का आकांक्षी होता है।'[1] इस सैद्धांतिक परिप्रेक्ष्य में भारत के संविधान में प्रदत्त, जो कुछ भी जनवादी हितों से संबंधित प्रावधान संविधान की 'प्रस्तावना', 'मौलिक अधिकारों' और 'राज्य के नीति निर्देशक सिद्धांतों में समाहित किए गए हैं। उनके कार्यान्वयन और उन्हें अमली रूप देने में कांग्रेस की एकाधिकारी सत्ता के काल में कांग्रेस पार्टी और सरकार दोनों की स्थितियाँ क्या रहीं ?

भारतीय राष्ट्रीय कांग्रेस की नीति संबंधी दृष्टि

1927 के बाद कांग्रेस के अंदर वामपंथी वैचारिकता का प्रभाव बढ़ रहा था—खासकर साइमन कमीशन के बहिष्कार आंदोलन का प्रभाव और 1927 में मद्रास में हुए कांग्रेस अधिवेशन में पारित प्रस्ताव में इसकी झलक मिल चुकी थी। 1936 में कांग्रेस ने अपना जो चुनाव घोषणा-पत्र जारी किया था और जिसे 1936 में फैजपुर में आयोजित कांग्रेस अधिवेशन ने मंजूरी दी थी, उसमें लिखा गया था कि 'कांग्रेस भारत में एक ऐसे जनवादी राज्य की स्थापना के पक्ष में है, जिसे राजसत्ता का हस्तांतरण कुल मिलाकर, जनता को कर दिया गया हो और सरकार जनता के प्रभावकारी नियंत्रण में रहे'' ।[2] इस प्रकार एक जनतांत्रिक राजसत्ता की पुरानी परिकल्पना को कांग्रेस राष्ट्रीय मुक्ति आंदोलन के दौर से ही पालती चली आ रही थी। 1945 में इस जनवादी समझ का और ज्यादा परिष्कृत रूप में कांग्रेस ने अपने चुनाव घोषणा-पत्र में उल्लेख किया और कहा कि पार्टी 'व्यक्तियों और समूहों के हाथों' में संपदा और शक्ति के संकेंद्रण को रोकने तथा उत्पादन के साधनों का समाजीकरण करने के लिए योजना बनाना चाहती है।'[3] प्रस्ताव सैद्धांतिक रूप में राष्ट्रीय पूँजीपति वर्ग की जिन वर्गीय विशेषताओं का वर्णन किया गया है, उसका एक मूर्त प्रकटीकरण था। इस प्रस्ताव में भूमि सुधार के व्यवस्था संबंधी मामलों में कहा गया था कि भूमि उन्हें सौंप दी जाएगी, जो इस पर जुताई-बुआई करते हैं। 1947 में आजादी के बाद, इन प्रतिज्ञाओं को अमली रूप देने के लिए जिस तदर्थ समिति की स्थापना की गई और जिसके अध्यक्ष नेहरूजी थे, उसकी रिपोर्ट जब आई, तो समिति ने अपनी रिपोर्ट में उद्योगों और खासकर भारी उद्योगों की तीव्रतर रफ्तार से

वृद्धि की सिफारिश की थी। रिपोर्ट में कहा गया था कि तमाम सुरति उद्योगों को राज्य के हाथों में होना चाहिए और कृषि के संबंध में सिफारिश की गई थी कि जोतों के आकार की एक सीमा निर्धारित कर और तरह-तरह के सहकारों का निर्माण कर कृषि का पुनर्गठन किया जाना चाहिए।

नवंबर, 1947 में राष्ट्रीय कांग्रेस ने आजादी के तुरंत बाद एक प्रस्ताव पारित किया, जिसमें कहा गया था, 'हमारा लक्ष्य होना चाहिए एक ऐसी राजनीतिक प्रणाली का विकास करना, जो प्रशासन की कुशलता का व्यक्तिगत स्वतंत्रता के साथ समन्वय करे तथा एक ऐसे आर्थिक ढाँचे का विकास करे, जो निजी इजारेदारियों के निर्माण और संपदा के संकेंद्रण के बिना अधिकतम उत्पादन दे सके तथा जो शहरी और ग्रामीण अर्थतंत्रों के बीच सही सतुंलन कायम कर सके।'[5] राष्ट्रीय पूँजीपति वर्ग का इजारेदार पूँजी के साथ स्वार्थों के टकराव में सार्वजनिक क्षेत्र की राष्ट्रीय पूँजी की जरूरत का भाव इस प्रस्ताव में दिख जाता है। इस ढाँचे को निजी और पूँजीवाद के परिग्रही अर्थतंत्र का एक विकल्प प्रस्तुत करना था। इस प्रस्ताव की मूल दिशा वामपंथी पूर्णरूपेण हो या न हो, मगर इस अर्थ में प्रगतिशील थी कि इसमें इजारेदारियों के खिलाफ और संपदा तथा संसाधनों के संकेंद्रण को रोकने और वितरण की ऐसी व्यवस्था को शामिल किया गया था, जो सबों को समान अवसर और सामाजिक, आर्थिक तथा राजनीतिक न्याय सुलभ करा सके। प्रस्ताव स्वतंत्र भारत का नया संविधान लागू होने के पूर्व काल का था, मगर यह दरशा रहा था कि कांग्रेस के अंदर जो राजनीतिक प्रवृत्ति थी, वह मूल में राष्ट्रीय पूँजीपति वर्ग की उस प्रवृत्ति को पाल रही थी, जिसके आधार पर विभिन्न वर्ग-शक्तियों की सर्वसंग्रहवादी वैचारिकता के आधार पर कांग्रेस राष्ट्रीय मुक्ति आंदोलन का नेतृत्व करने में सक्षम रही थी। उस प्रवृत्ति को कांग्रेस आजाद भारत में भी आगे बढ़ाना चाहती थी। सत्ता में बने रहने के लिए राष्ट्रीय पूँजीपति वर्ग की यह आवश्यकता थी, लेकिन 1949 में जयपुर के अधिवेशन में कांग्रेस ने जो प्रस्ताव पारित किया उसने दरशा दिया कि कांग्रेस के अंदर के अनुदारवादी तबके ने 1947 के प्रस्ताव की मूलभूत स्थापनाओं के खिलाफ अपना दबाव बढ़ा दिया था और कांग्रेस के अंदर के प्रगतिशील वैचारिकतावाले समूह को अपनी वैचारिकता के साथ समझौता करना पड़ा। 1949 में जयपुर के अपने अधिवेशन में कांग्रेस ने जो प्रस्ताव स्वीकृत किया, उसमें कहा गया, 'भारतीय राष्ट्रीय कांग्रेस का लक्ष्य है भारत की जनता की खुशहाली और उन्नति तथा भारत में अवसर की तथा आर्थिक, राजनीतिक और सामाजिक अधिकारों की समानता पर आधारित और विश्व शांति और भाईचारे को लक्ष्य मानकर एक सहकारी लोकराज्य की स्थापना।'[6] इस प्रस्ताव में 1947 के प्रस्ताव में प्रदत्त इजारेदार विरोधी और संपदा तथा संसाधनों के संकेंद्रण को रोकनेवाले सारे जुमले विलोपित कर दिए गए। कांग्रेस

के अंदर के जनतांत्रिक-वैचारिकता के वाहकों का पक्ष कमजोर कर दिया गया। इस अधिवेशन में एक ऐसे दस्तावेज को स्वीकृत किया गया, जिसका लक्ष्य था कांग्रेस की आर्थिक नीति के लिए आधार प्रस्तुत करना। कांग्रेस की आर्थिक नीति का लक्ष्य था एक मिश्रित अर्थव्यवस्था का निर्माण, जिसमें निजी क्षेत्र के साथ-साथ सार्वजनिक क्षेत्र का विकास करना था। इस अधिवेशन के दस्तावेज में कहा गया कि कांग्रेस दस्तकारियों और लघु उद्योगों के विकास को बढ़ावा देगी तथा उद्योग और कृषि के बीच के सामाजिक टकराव को दूर करने का प्रयास करेगी। स्पष्ट था कि दस्तावेज में राष्ट्रीय पूँजीवाद के मध्यवर्ती तबकों को, जो संख्यात्मक दृष्टि से बहुत बड़ा था, समेटने का प्रयास किया तथा इजारेदार विरोधी और संपदा तथा संसाधनों के धारकों के खिलाफ के 1947 के प्रस्ताव के जुमलों को छोड़कर बड़ी पूँजी के विरोध को भी कम करने का प्रयास किया। इस तरह के बदलावों का एक कारण यह भी था कि कांग्रेस पार्टी के संगठन में वृद्धि होने पर इसमें पेशेवर लोगों की संख्या में काफी वृद्धि हुई थी और यह गौरतलब था कि यह बड़ा तबका था, जिससे पार्टी के उन अधिकारियों की आपूर्ति होती थी, जिन्हें आमतौर पर राजनीतिक नेतृत्व का और खासतौर पर पार्टी के संगठन तंत्र के संचालन का सबसे ज्यादा अनुभव था। खास बात यह भी थी कि कांग्रेस में सत्ता के सोपानों में मेहनतकशों के प्रतिनिधियों का हिस्सा घटता जा रहा था। इस बात की पुष्टि लोकसभा के विभिन्न चुनावों में निर्वाचित कांग्रेस के प्रतिनिधियों के वर्ग-चरित्र से भी हो जाते है। नीचे की तालिका शुरू की तीन लोकसभा में कांग्रेस के प्रतिनिधियों का इस संदर्भ में विवरण देती है—

तालिका नं. vi-1

लोकसभा में कांग्रेस के प्रतिनिधियों का वर्ग

पेशा	1952	1957	1962
कृषि	21.00	24.2	27.2
व्यापार	11.00	11.2	7.6
पेशेवर लोग	47.00	30.5	42.3
वकीलों को मिलाकर	30.00	23.3	26.4

स्रोत—एस.के. कोचानेक, दि कांग्रेस पार्टी ऑफ इंडिया, पृ. 356-84 में दिए गए विभिन्न तरह के आँकड़ों में से अलेक्सांदेर चिचेरोब द्वारा उद्धृत : जवाहरलाल नेहरू और भारतीय राष्ट्रीय कांग्रेस, दिल्ली, शब्दकार, 1985, पृ. 76।

बदलते वैश्विक परिवेश में कांग्रेस

द्वितीय विश्वयुद्ध के बाद वैश्विक राजनीतिक परिवेश में जो बदलाव आया, वह

विश्व समाजवादी व्यवस्था की उपलब्धियों के प्रति नव-स्वतंत्र पेशों के आकर्षण का काल रहा तथा युद्धजनित कारणों से भारत समेत मुख्यतः पूँजीवादी देशों में आर्थिक संकटजन्य मेहनतकशों का जो आंदोलन तेज हुआ, उसका प्रभाव भारत पर भी पड़ा। ऐसी स्थिति में भारत में आर्थिक विकास प्रक्रिया को त्वरित किए जाने के सवाल पर जो विवाद भारत में उठा और बढ़ता गया, इसी माहौल और संदर्भ में 1955 में कांग्रेस का अधिवेशन अवाड़ी में आयोजित हुआ। कांग्रेस के अवाड़ी अधिवेशन ने 'समाजवादी नमूने के समाज' निर्मित करने का फैसला लिया। दिसंबर, 1954 में भारतीय संसद् इसी आशय का एक प्रस्ताव पारित कर चुकी थी। भारत और वैश्विक पैमाने की राजनीति का रुख इस काल में समाजवाद पक्षीय तो था ही और दोनों ने मिलकर कांग्रेस के अंदर के अनुदारवादी खेमे के प्रस्ताव को स्वीकार करने की मजबूरी ला दी थी, प्रस्ताव का कोई विशेष विरोध नहीं हुआ। प्रस्ताव में कहा गया था, 'कांग्रेस के संविधान के अनुच्छेद में निर्धारित परिवर्तनों के प्रयोजन को चरितार्थ करने तथा भारत के संविधान के आमुख और राज्य के नीति निर्देशक सिद्धांतों में निर्दिष्ट प्रयोजन को आगे बढ़ाने के उद्देश्य से समाजवादी नमूने का नियोजन एक ऐसा समाज स्थापित करने की दिशा में किया जाना चाहिए, जिसमें उत्पादन के प्रधान साधन सामाजिक स्वामित्व या नियत्रंण में हों, उत्पादन को उत्तरोत्तर त्वरित किया जाता रहे तथा राष्ट्रीय संपदा का न्यायपूर्ण वितरण हो।' प्रस्ताव में समाजवादी नमूने के महत्त्व को भी अंकित किया गया।[7]

अब 1957 के कार्यक्रम की शब्दावली को अवाड़ी के प्रस्ताव के अनुकूल बदल दिया गया, अब इसका पाठ इस प्रकार हो गया—'भारतीय राष्ट्रीय कांग्रेस का लक्ष्य है—भारत की जनता की खुशहाली और उन्नति तथा भारत में अवसर और राजनीतिक, आर्थिक और सामाजिक अधिकारों की समानता पर आधारित और विश्व शांति और भाईचारे का लक्ष्य मानते हुए शांतिपूर्ण और विधिसम्मत साधनों से एक समाजवादी सहकारी लोकराज्य की स्थापना।'[8] इस प्रस्ताव में कांग्रेस के अंदर की वामपंथी और जनवादी वैचारिकता का पक्ष कमजोर होकर आया—इजारेदारियों को प्रतिबंधित करने और संपदा तथा संसाधनों का चंद हाथों में संकेंद्रण का भाव प्रायः लुप्त दिखा। यह दक्षिणपंथ की तरफ कांग्रेस का झुकाव था, जो सर्वसंग्रहवादी वैचारिकता और कांग्रेस संगठन को एकताबद्ध रखने के लिए किए गए समझौते के परिणामस्वरूप किया गया था। यही वह तत्त्व था, जो कांग्रेस की सत्ता को स्थायित्व दे सकता था। इसमें संविधान की प्रस्तावना की सामाजिक, आर्थिक और राजनीतिक न्याय पर तो जोर था, मगर इसे प्राप्त करने के लिए 'नीति निर्देशक सिद्धांतों' के निर्देशों को पहले की अपेक्षा कम प्रभावपूर्ण ढंग से रखा गया। यहाँ एक स्पष्ट भटकाव देखा जा सकता था। 'समाजवादी ढाँचे के समाज' और सहकारी लोकराज्य की संकल्पना शब्दावली में यह भाव निहित था कि

सार्वजनिक क्षेत्र के साथ-साथ निजी पूँजी की भूमिका को अर्थतंत्र में स्वीकार किया गया और इसी के आधार पर मिश्रित अर्थतंत्र की परिकल्पना को मूर्त रूप देने के लिए तय कार्यक्रमों द्वारा राष्ट्रीय पुनर्निर्माण के कार्यक्रमों को आगे बढ़ाने के लिए कदम उठाए गए। नियोजित विकास और औद्योगिकीकरण की इस परिकल्पना में सार्वजनिक क्षेत्र की महत्त्वपूर्ण भूमिका को स्वीकृति दी गई। इसी आधार पर निर्धारित विकास की द्वितीय पंचवर्षीय योजना, 1956-61 के दस्तावेज में कहा गया, 'सार्वजनिक क्षेत्र को बृहत्तर किया जाना है, जिसमें बुनियादी और रणनीतिक महत्त्व के तथा लोकोपयोगी सेवाओं के सारे उद्योग इसके अंदर आ जाएँ। उन अन्य उद्योगों को भी सार्वजनिक क्षेत्र में होना है, जो आवश्यक हैं और इतने बड़े पैमाने के निवेश की अपेक्षा करते हैं कि उसे वर्तमान परिस्थितियों में केवल राज्य पूरा कर सकता है। इस प्रकार राज्य को एक व्यापकतर क्षेत्र में उद्योगों के भावी विकास का सीधा उत्तरदायित्व अपने ऊपर लेना है।'[9] यह भी कहा गया कि सार्वजनिक क्षेत्र को अर्थतंत्र के निजी और सार्वजनिक दोनों ही क्षेत्रों में निवेश के पूरे नमूने को ढालने में प्रधान भूमिका अदा करनी चाहिए। यह रेखांकित किया गया कि, 'निजी उद्यम को समग्र योजना के ढाँचे के भीतर अपनी भूमिका निभानी है।'[10]

1956 में सरकार ने एक प्रस्ताव पारित कर 1948 की तुलना में उन उद्योगों की संख्या को बढ़ा दिया, जिनको प्राथमिकता के आधार पर सार्वजनिक क्षेत्र को विकसित करना था। इस प्रस्ताव ने निजी पूँजी निवेश के क्षेत्र को काफी सीमित किया, मगर अभी भी इनकी ताकत पूर्णतया निष्प्रभावी नहीं हो सकी थी। निजी पूँजी का विकास हो ही रहा था, इससे संपदा और संसाधनों के संकेंद्रण की प्रक्रिया को नहीं रोका जा सका। नतीजा हुआ कि औद्योगिकीकरण के लिए जरूरी पूँजी संचयन के मामले में सरकार कठिनाई में पड़ती गई और इस मजबूरी में उस पर दक्षिणपंथी तत्त्वों का दबाव भी बढ़ता गया। इस कारण सरकार को छठे दशक के उत्तरार्ध और सातवें के आरंभ में निजी व्यापार को एक खास हद तक विस्तार की अनुमति देने को बाध्य होना पड़ा। यह कांग्रेस के भीतर और बाहर के दक्षिणपंथी ताकतों के दबाव का परिणाम था कि कराधान में बदलाव लाकर पूँजी जुटाने के बदले निजी क्षेत्र को अपने क्षेत्र के विस्तार का मौका देना पड़ा। इसके बाद भी राष्ट्रीय उत्पादन में सार्वजनिक क्षेत्र का जो हिस्सा केवल 8.4 प्रतिशत था, वह द्वितीय पंचवर्षीय योजनाकाल में ही राज्य के दायित्व में आनेवाले विनिर्माण उद्योग में पूँजी निवेश कुल मिलाकर निजी क्षेत्र के पूँजी निवेश से कई गुना बढ़ गया।

नए समाज के निर्माण पर विवाद

कांग्रेस के संगठन का चरित्र सर्ववर्ग शक्तियों के सर्वसंग्रहवाद स्वरूप के कारण नए समाज के निर्माण के प्रश्न पर, खासकर सार्वजनिक क्षेत्र और निजी क्षेत्र की इसमें

भूमिका के सवाल पर, विवाद तो हमेशा से चलता आ रहा था, मगर 1961 तक, द्वितीय पंचवर्षीय योजना की समाप्ति के वर्ष तक, औद्योगिक विकास के साथ-साथ भारतीय पूँजीवाद अपेक्षाकृत ज्यादा मजबूत स्थिति में आ गया। खासकर इजारेदारियों के त्वरित विकास पर अंकुश नहीं लगने के कारण इजारेदार पूँजी का दबाव राजनीतिक निर्णयों को प्रभावित करने की मजबूत स्थिति में अब आ गया था। 1961 में भावनगर में आहूत कांग्रेस के अधिवेशन में कांग्रेस के अंदर के जनवादी तबकों, जो सार्वजनिक क्षेत्र के विस्तार के पक्ष में थे, और इस दिशा का विरोध करनेवाले दक्षिणपंथी तबके के बीच का विवाद काफी उभरकर सामने आया। उसमें प्रस्तुत प्रस्ताव का एक अंश कहता था, '1956 का प्रस्ताव उस नीति को निर्धारित करता है, जिसका देश के औद्योगिकीकरण के कार्यक्रम में निर्वाह किया जाना है। औद्योगिकीकरण के हमारे विचार के अनुसार सार्वजनिक क्षेत्र का उत्तरोत्तर विकास होगा और वह प्रभुत्वशाली भूमिका अदा करेगा। सार्वजनिक और निजी क्षेत्रों को एक ही क्रियायुक्ति के अंग के रूप में सामंजस्यपूर्ण ढंग से कार्य करना चाहिए। दोनों क्षेत्रों के बीच कोई टकराव नहीं होना चाहिए और इस बात पर जोर दिया जाना चाहिए कि दोनों क्षेत्रों के सफल और कुशल कार्य-संपादन द्वारा ही औद्योगिक कार्यक्रम को सफलतापूर्वक लागू किया जा सकता है। प्रथम और द्वितीय योजना कालों में सार्वजनिक क्षेत्र के उद्योगों के कार्य संपादन से प्राप्त अनुभव को देखते हुए यह आवश्यक है कि उनके सम्यक् और कुशल संचालन के लिए उपर्युक्त सांगठनिक और प्रशासनिक परिवर्तन किया जाए। औद्योगिक प्रतिष्ठानों के प्रभारी लोगों को और अधिक शाक्तियाँ तथा जिम्मेदारियाँ सौंपी जानी चाहिए।'[11]

इस उपर्युक्त प्रस्ताव की सारगर्भिता यही थी कि सार्वजनिक क्षेत्र की भूमिका बढ़ाने के साथ-साथ सार्वजनिक क्षेत्र और निजी क्षेत्र, दोनों को 'सांमजस्यपूर्ण ढंग से' काम करने का विचार इससे जुड़ा हुआ था। प्रस्ताव का यह पक्ष एक ऐसा नकारात्मक पक्ष था, जो उद्देश्य के प्रति अंतर्विरोधों को पैदा करनेवाला था। इस पक्ष पर गांधीवाद की यह वैचारिकता कि संपत्तिधारी वर्ग को समझा-बुझाकर, उनका हृदय परिवर्तन कर, लोककल्याणकारी कार्यक्रमों में उनकी पूँजी लगाई जा सकती है और इसके साथ-साथ इस पर नेहरू की शांतिपूर्ण ढंग से वर्ग-संघर्ष को हल किए जाने की वैचारिकता, दोनों का प्रभाव था। इन दोनों विचारों का सम्मिलित योग इस प्रस्ताव में परस्पर अंतर्विरोधी विचारों का समन्वय कर देता था। इसके अलावा इसकी दूसरी कमजोरी थी कि यह प्रस्ताव यह नहीं समझता था कि सार्वजनिक क्षेत्र का कुशल कार्य निष्पादन का मतलब था निजी पूँजी पर अंकुश लगाना। यह एक तरह का वर्ग-संघर्ष का रूप था, जो पूँजीवाद विरोधी वर्ग की जन-काररवाइयों की मदद से ही पूरा किया जा सकता था, मगर यह प्रस्ताव यह जवाबदेही उस नौकरशाही के ऊपर छोड़ रहा था, जिसकी संरचना औपनिवेशिक

शासन के ढाँचे के अनुरूप हुआ था और जिसमें स्वतंत्र भारत में कोई बुनियादी बदलाव न तो लाया गया था और न भविष्य में लाने की कोई योजना थी। इसके दुष्परिणाम को कांग्रेस पार्टी द्वारा स्वीकार करना पड़ा, जब यह कहा गया कि इन प्रमुख क्षेत्रों में देश के आर्थिक विकास के परिणाम उनके द्वारा हासिल की गई कुल प्रगति के बावजूद कांग्रेस की अपेक्षाओं को पूरा नहीं कर सके। बहरहाल, कांग्रेस के दस्तावेजों में स्वीकार किया गया कि आर्थिक नियोजन के बावजूद शहरी अर्थतंत्र में खानगी पूँजी का बहुत विस्तार हुआ है। परिणामस्वरूप आय का वितरण और भी असमान हो गया है। खासकर इजारेदारियाँ काफी शक्तिशाली हो गई हैं और उत्पादन का केंद्रीकरण काफी बढ़ गया है।

अंततः कांग्रेस को यह स्वीकार करना पड़ा कि नियोजन चंद हाथों में सत्ता का केंद्रीकरण रोकने, आर्थिक-सामाजिक विषमता दूर करने के लिए है। जैसा कि तृतीय पंचवर्षीय योजना (1962-66) में कहा गया है, 'नियोजन का मुख्य प्रयोजन था ऐसी परिस्थिति पैदा करना, जिसमें रहन-सहन के स्तर यथोचित रूप से ऊँचे हों तथा स्त्रियों और पुरुषों; सभी नागरिकों को बढ़ोतरी और सेवा के समान और पूरे अवसर सुलभ किए जा सकें। अतः योजना का प्रयास इस बात का था कि उत्पादन और रोजगार बढ़ाने तथा आर्थिक समानता और सामाजिक न्याय प्राप्त करने पर सतुंलित रूप से जोर दिया जाए। परिकल्पना यह की गई थी कि एक तो ऐसी नीति का अनुसरण किया जाए, जो पूँजी पर प्रतिलाभ, सट्टेबाजी आदि से होनेवाली आय को सीमित करें, दूसरे इस प्रकार की आय पर उपयुक्त कर लगाकर कराधान प्रणाली सुधारी जाए।'

उद्योग के क्षेत्र की विशाल खानगी पूँजी का राष्ट्रीयकरण देश के आर्थिक विकास का एक प्रमुख मुद्दा था और इससे संबंधित सरकार के दृष्टिकोण को लेकर कांग्रेस पार्टी के भीतर विवाद छिड़ गया।

औद्योगिक नीति संबंधी सरकार के प्रस्ताव (1948) में और बातों के अलावा यह भी कहा गया था, 'किसी भी विद्यमान औद्योगिक प्रतिष्ठान का अधिग्रहण कर लेने का राज्य का अधिकार तो सदा कायम रहेगा और जब भी लोकहित का तकाजा होगा, इसका प्रयोग किया जाएगा, किंतु साथ ही सरकार ने यह भी फैसला किया है कि इन क्षेत्रों के मौजूदा प्रतिष्ठानों को दस साल की अवधि तक विकसित होने दिया जाए, जिस दौरान इन्हें कुशल कार्य-संचालन और समुचित विस्तार के लिए समस्त सुविधाएँ प्रदान की जाएँगी। इस अवधि के पूरा होने पर पूरे मामले का पुनरीक्षण किया जाएगा और उस समय की परिस्थितियों की रोशनी में फैसला किया जाएगा। अगर यह फैसला किया गया कि राज्य किसी इकाई का अधिग्रहण कर ले, तो संविधान द्वारा गांरटी किए गए (मानकों को) मूल अधिकारों का पालन किया जाएगा।'[12]

हालाँकि कांग्रेस सरकार समय-समय पर कुछ खानगी प्रतिष्ठानों का राष्ट्रीयकरण

जरूर करती रही, परंतु उसकी यह क्रिया कांग्रेस की नीति में महत्त्वपूर्ण तत्त्व की बात तो अलग रही, सामान्य महत्त्व की भी नहीं रही। कोई भी इजारेदार कंपनी राष्ट्रीयकरण के दायरे में नहीं आई। 1955 में कांग्रेस के अवाड़ी अधिवेशन का प्रस्ताव 1948 की अपेक्षा ज्यादा नमनीय था, क्योंकि उसमें कहा गया था कि सरकार द्वारा खानगी प्रतिष्ठानों के राष्ट्रीयकरण के बजाय राज्य के उद्योगों का विस्तार करके देश के संसाधनों का उपयोग किया जाना चाहिए। राष्ट्रीयकरण के दायरे में उन्हीं उद्योगों को होना चाहिए, जिनके राष्ट्रीयकरण की जरूरत राष्ट्र के हित में हो।

विदेशी पूँजी का सवाल

इसी तरह विदेशी पूँजी के प्रति भी कांग्रेस सरकार के रुख का सवाल एक भीषण समस्या बना हुआ था और विवाद के घेरे में था। 1948 की घोषित नीति में सरकार ने कहा था कि राज्य के नियंत्रण में औद्योगिक विकास के लिए विदेशी पूँजी वांछनीय है। 1948 के ऊपरोक्त प्रस्ताव में कहा गया था, 'भारतीय पूँजी के साथ संपूरक के रूप में विदेशी पूँजी का जोड़ा जाना केवल इसलिए आवश्यक नहीं है कि जितने बड़े पैमाने पर हम देश का त्वरित विकास चाहते हैं, उसके लिए हमारी राष्ट्रीय बचत पर्याप्त नहीं होगी, बल्कि इसलिए भी कि कई मामलों में विदेशी पूँजी के साथ-साथ ही वैज्ञानिक, तकनीकी और औद्योगिक ज्ञान तथा पूँजीगत उपकरणों को भी सबसे अच्छे तरीके से प्राप्त किया जा सकता है। यह आवश्यक है कि उन शर्तों को, जिनके तहत विदेशी पूँजी भारतीय उद्योग में सम्मिलित हो सकती है, राष्ट्रीय हित में सावधानी के साथ नियंत्रित किया जाए…। उद्योग में विदेशी पूँजी और राज्य की भागीदारी के हर एक मामले का केंद्र सरकार को अनुमोदन करना चाहिए।'[13]

इस प्रस्ताव के आलोक में औद्योगिक नीति संबंधी एक संसदीय प्रस्ताव में केवल उन प्रतिष्ठानों और कंपनियों में विदेशी पूँजी की भागीदारी का प्रावधान किया गया, जिनमें भारतीय पूँजी का बाहुल्य हो और वह हावी हो। इस तरह की भागीदारी वाली विदेशी पूँजी को राज्य द्वारा नियमित किया जाना था। विदेशी पूँजीपतियों को अपनी पूँजी पर अर्जित मुनाफे का निर्यात करने, अपनी पूँजी को वापस लेने और राष्ट्रीयकरण की स्थिति में मुआवजा पाने आदि जैसी शर्तों की गारंटी की गई। बाद के वर्षों में, खासकर छठे दशक के उत्तरार्ध में और सातवें दशक के शुरुआती वर्षों में, आर्थिक विकास योजनाओं को लागू करने में आवश्यक विदेशी मुद्रा की बढ़ती कमी के कारण सरकार को विदेशी पूँजी को कई तरह की रियायतों को देने की घोषणा करनी पड़ी। फिर भी स्वाधीनता के वर्षों में विदेशी पूँजी में हुई काफी बड़ी शुद्ध वृद्धि के बावजूद भारतीय अर्थतंत्र में उसकी स्थिति राष्ट्रीय व्यापार की अपेक्षा, जो बहुत तेजी से विस्तार कर रहा था, कमजोर पड़

गई। फलतः विदेशी पूँजी द्वारा उत्पादित माल का हिस्सा लगातार गिरता गया और उद्योगों में उसका हिस्सा कुल उत्पादन का करीब एक प्रतिशत ही रह गया, मगर यह सही था कि नई परिस्थितियों में स्थानीय खानगी पूँजी, खासकर बड़ी पूँजी और विदेशी पूँजी के बीच तकनीकी और आर्थिक सहयोग को विभिन्न रूपों में बढ़ावा मिला।

सातवें दशक तक औद्योगिकीकरण में कुछ खास सफलताएँ तो जरूर हासिल की जा सकीं, फिर भी वह सफलता कांग्रेस पार्टी की उम्मीदों से या उसकी अपेक्षाओं से काफी कम थी। तीसरी पंचवर्षीय योजना के दस्तावेज में कहा गया था कि 'इसमें कोई संदेह नहीं किया जा सकता कि औद्योगिक क्षेत्र में दूरगामी उपलब्धियाँ हासिल की गई हैं, किंतु यह स्वीकार करना होगा कि ये उपलब्धियाँ काफी बड़ी होने के बावजूद आम जनसमुदाय की सामान्य परिस्थितियों पर कोई बड़ा प्रभाव डाल सकने या अर्थतंत्र की संरचना में कोई मूलगामी परिवर्तन लाने के लिए काफी नहीं हैं। दुर्भाग्य से न्यूनताएँ उन्हीं कुछ एक उद्योगों में रह गई हैं, जो निर्णायक महत्त्व के हैं।'[14]

कृषि क्षेत्र

संविधान की 'प्रस्तावना' और 'राज्य के नीति निर्देशक सिद्धांत, राज्य को सामाजिक, आर्थिक और राजनीतिक न्याय दिलाने, अवसर को सब को उपलब्ध कराने, रोजगार जीवनयापन के स्तर को उच्च उठाने आदि संबंधी जो निर्देश दिए थे, उनका एक पक्ष था—ग्रामीण अर्थव्यवस्था में सुधार लाना। औद्योगिक उत्पादन की दो पंचवर्षीय योजनाओं, 1951 से 1961 तक, औद्योगिक विकास के प्रयासों के साथ-साथ भूमि सुधार संबंधी उपायों को लागू किए जाने संबंधी उपाय भी सरकारी एजेंडे पर आया। जमींदारी प्रथा समाप्त करने, कुछ खास किस्म के किसानों को उनके अधिकारों की गांरटी करने आदि के लिए भूमि सुधार करने के प्रयास किए गए। इसके अलावा कुछ खास संगठनात्मक कदम भी उठाए गए, जैसे—सामुदायिक योजनाओं को लागू किया जाना। इन सबों का उद्देश्य था सामंतवादी कृषि संबंधों के उन्मूलन में तेजी लाना, खेती के पूँजीवादी रूपों का विस्तार करना तथा विभिन्न प्रकार की सहकारिताओं को बढ़ावा देना। कृषि पैदावार में भारी वृद्धि करने और खाद्य समस्या को हल करने संबंधी कर्तव्यों को निर्धारित किया गया। इसके साथ-साथ कांग्रेस ने भूमि उन्हें हस्तांतरित करने का, जो उसे जोतते-बोते थे तथा उसका एक हिस्सा गरीब किसानों के हक में नए सिरे से वितरित करने का भी विचार किया। कहा जा सकता है कि संविधान की 'प्रस्तावना' तथा 'नीति निर्देशक सिद्धांतों' को कुछ हद तक लागू किए जाने की तरफ उठाए जानेवाले कदमों में ये निर्णय एक पहल थे।

इस नीति को कांग्रेस पार्टी के अनेक प्रस्तावों में विस्तार से निरूपित किया गया

तथा सरकारी प्रयासों को इस दिशा में ले जाने की कोशिशें भी की गईं, परंतु कृषि सुधार के पहले चरण, यानी 1947 से 1956 के परिणामों से पता चला कि इस दिशा में कोई विशेष सकारात्मक परिणाम नहीं आए—हाँ, कुछ थोड़ी-बहुत सफलता ही मिलकर रह गई। खाद्य समस्या को हल करने और भूमिहीनता की समस्या को समाप्त करने में प्रयास असफल रहे। भूमि सुधार संबंधी एक समिति ने लक्षित किया कि 'इस क्षेत्र में नए कानून का विधि-पुस्तिका में शामिल हो जाने के बावजूद पुरानी प्रथा अब भी जारी है। इस प्रकार काश्तकार और जमींदार के बीच के संबंध को नियंत्रित करने की काररवाई आमतौर पर विफल रही।'[15] तृतीय पंचवर्षीय योजना के प्रारूप को तैयार करनेवालों को बाध्य होकर यह स्वीकार करना पड़ा कि 'हाल के वर्षों में भूमि के हस्तांतरणों के द्वारा (भू-स्वामियों द्वारा अपने सगे-संबंधियों को) भूमि सुधार कानून को निरस्त कर दिया गया है।[16] वास्तव में भूमि सुधार कानूनों को लागू करके कृषि क्षेत्र से सामंती भू-स्वामित्व की समाप्ति का कर्तव्य एक क्रांतिकारी जनवादी कार्यक्रम होता है, जिसका सफल कार्यान्वयन सामंती अवशेषों द्वारा पीड़ित किसान वर्ग और कृषि मजदूरों की सक्रिय भागीदारी के साथ ही, उन कानूनों को लागू किया जा सकता है, उन्हें अलग रखकर मात्र नौकरशाही के भरोसे इसे लागू नहीं किया जा सकता, क्योंकि पूँजीवादी कृषि उत्पादन में विद्यमान सामंती अवशेषों का प्रगाढ़ स्वार्थ-संबंध और नौकरशाही के स्वार्थों और मनोवृत्तियों के बीच एक अघोषित, मगर मजबूत संबंध होता है। भूमि सुधार संबंधी कानूनों को लागू किए जाने की जिम्मेदारी नौकरशाही पर छोड़ दी गई और वह असफल हो गई।

इन असफलताओं ने कांग्रेस के अंदर के प्रतिक्रियावादी तत्त्वों को मौका दिया कि वे जनवादी भूमि सुधारों के कार्यक्रमों को बंद करने और उसमें कटौती करने की माँग उठाएँ और माँग करें कि इसके एवज में कृषि तकनीकों के उपयोग और उन्नत खाद-बीजों आदि के उपयोग को बढ़ावा देकर कृषि पैदावार को बढ़ावा दिया जाए। यह उपाय ऐसा था, जिससे उपज तो बढ़ाई जा सकती थी, किंतु कृषि समस्या का समाधान नहीं किया जा सकता था, क्योंकि इसका लाभ धनी किसानों को ही मिलनेवाला था।[17] वास्तव में उत्पादन के नाम पर यह सुझाव प्रतिक्रियावादी ताकतों का भूमि सुधार संबंधी जनवादी कदमों का विरोध था। इन प्रतिक्रियावादी तत्त्वों का कांग्रेस पार्टी के अंदर के कुछेक अधिक अनुदार मध्यमार्गियों ने समर्थन किया। दूसरी तरफ, कांग्रेस पार्टी के जनवादी तबके ने यह माँग रखी कि भूमि सुधार का एक दूसरा चरण आरंभ किया जाए, जिसमें जोत की एक अधिकतम सीमा का निर्धारण किया जाए और सीमा से फाजिल जमीन भूमिहीन किसानों में वितरित की जाए। यह विचार ग्रामीण क्षेत्रों में उभर रहे जनता के आंदोलनों के परिप्रेक्ष्य को नजर में रखते हुए और उन आंदोलनों में उठाए गए नारों और

माँगों को ध्यान में रखते हुए किया गया था। इसके अलावा जनवादी तबके ने ग्रामीण क्षेत्रों में सुधार के अन्य उपायों—ग्रामीण क्षेत्रों में सहकारिता का विकास किया जाना, उत्पादन-सहकार, संयुक्त खेती आदि—के आधार पर ग्रामीण कृषि के पुनर्गठन की माँगें उठाईं। कांग्रेस नेतृत्व बार-बार इन माँगों को उठाता रहा, मगर दक्षिणपंथी ताकतें अपनी पूरी शक्ति के साथ इनका विरोध करती रहीं और छठे दशक में कांग्रेस के भीतर इस विवाद ने काफी उग्र रूप धारण कर लिया। अंतत: नेतृत्व के जनवादी तत्त्वों के दबाव के फलस्वरूप नागपुर कांग्रेस अधिवेशन में कृषि नीति संबंधी प्रस्ताव स्वीकार किया गया।

राष्ट्रीय कांग्रेस के नागपुर अधिवेशन का कृषि प्रस्ताव जनवरी, 1959 में स्वीकृत किया गया, जिसमें कहा गया, 'कृषि का भावी नमूना सहकारी-संयुक्त कृषि का होना चाहिए, जमीन संयुक्त कृषि कर्म के लिए एक साथ कर दी जाएगी, किसानों का संपत्तिमूलक अधिकार कायम रहेगा और वे कुल पैदावार में से अपनी जमीन के अनुपात में अपना हिस्सा पाते रहेंगे। इसके अलावा जो लोग जमीन पर वास्तव में काम करेंगे, उन्हें संयुक्त फार्म पर उनके द्वारा किए गए काम के अनुपात में एक हिस्सा मिलेगा, चाहे उनके पास जमीन हो या न हो।

'संयुक्त खेती की स्थापना के पूर्व, पहले कदम के बतौर पूरे देश में सेवा (आपूर्ति एवं विपणन), सहकारों का संगठन किया जाना चाहिए। इस चरण को तीन साल के अंदर पूरा कर लेना चाहिए, किंतु इस अवधि के बीच भी जहाँ कहीं संभव हो और जब किसानों की आमतौर पर सहमति मिल जाए, संयुक्त खेती शुरू की जा सकती है।[18]

प्रस्ताव में यह व्यवस्था की गई थी कि 1959 के अंत तक भावी और मौजूदा जोतों की एक अधिकतम सीमा तय कर दी जाएगी तथा एतत् संबंधी विधि निर्माण का काम पूरा कर लिया जाएगा। इस कानून में काश्तकारों को मालिकाना हक भी देने का प्रावधान होगा। जमींदारों से खरीदी गई जमीन पंचायतों को सौंप दी जानी चाहिए और उन पर कृषि कार्य का प्रबंधन ग्राम पंचायतों के सहकारों के जरिए किया जाना चाहिए। इस प्रस्ताव में यह प्रावधान किया गया था कि काश्तकार जिस जमीन पर खेती कर रहे हैं, उस पर से उन्हें बेदखल किए जाने पर रोक लगानी चाहिए तथा जोतों को उन्हें वापस किया जाए, जिसे वे खो चुके हैं। इस तरह के अनेक प्रावधान कांग्रेस के इस प्रस्ताव में सन्निहित किए गए थे।

अपने स्वभाव में इस प्रस्ताव की मूल स्थापनाएँ जनवादी थीं, मगर इनके कार्यान्वयन की कठिनाई यह थी कि कांग्रेस की नीति में वर्ग अंतर्विरोधों को समझौते के जरिए, गांधीवादी अहिंसा के सिद्धांत के आधार पर विविध विचारों के समन्वय के जरिए हल करने की कोशिश की जाती थी, कांग्रेस के सामाजिक-आर्थिक कार्यक्रम में यह वैचारिकता एक अभिन्न अंग बन गई थी। इन समस्याओं के समाधान को वर्गीय आधार पर नहीं, अपितु

संसदीय लोकतंत्र को इस तरह के लक्ष्यों की प्राप्ति का मात्र साधन माना जाता था। यह रेखांकित किया जाता था कि संसदीय लोकतंत्र के ढाँचे में समाजवादी समाज की स्थापना किसी एक वर्ग या कुछ वर्गों के नेतृत्व या इच्छा नहीं, बल्कि संपूर्ण जनता की इच्छा से होती है। यह भी व्यक्त किया जाता था कि जनता की इच्छा समय बीतने के साथ और भी प्रबल रूप से अभिव्यक्त होती है और समाज का वर्गों में ऊपर और नीचे की श्रेणियों में विभाजन क्रमिक गति से लुप्त हो जाता है। यह एक ऐसी काल्पनिक अवधारणा थी, जो कभी फलीभूत नहीं होती। यह गांधीवादी अवधारणा तथा संसदीय लोकतंत्र का स्वत: स्फूर्त ढंग से वर्गविहीन समाज में संक्रमण कर जाने, यानी हृदय परिवर्तन के द्वारा वर्ग-विभेदों के समाप्त हो जाने की कल्पना पर आधारित एक दिवा- स्वप्न था, जो नेहरू की वैचारिकता तक को ग्रसित कर चुका था। भूमि सुधार संबंधी राष्ट्रीय कांग्रेस के नागपुर अधिवेशन का प्रस्ताव नेहरूवादी वैचारिकता की जीत तो जरूर थी, मगर समाजवादी समाज की स्थापना के लिए वर्गीय समन्वयवादी रणनीति इसके माकूल नहीं थी।

औद्योगिक लोकतंत्र की परिकल्पना में उद्योगों के क्षेत्र में वर्ग समन्वय के आधार पर शांतिपूर्ण तरीकों से औद्योगिक विवादों के निपटारे के लिए, जो उपाय निकलता था, वह था—मालिकों और सरकार के साथ-साथ मजदूरों की ट्रेड यूनियनों के प्रतिनिधियों को भी शामिल कर औद्योगिक प्रबंधन समितियों का गठन किया जाना।

इसके अलावा कांग्रेस के प्रस्ताव में सत्ता के लोकतांत्रिक विकेंद्रीकरण के लिए सर्वमताधिकार के आधार पर निर्वाचित ग्राम पंचायतों के निर्माण का प्रावधान किया गया था। इसका राष्ट्रव्यापी ताना-बाना खड़ा करने की योजना थी और इन पंचायतों को राज्य की देखरेख में कुछ प्रशासनिक और आर्थिक कार्यक्रमों को पूरा करने की जिम्मेदारी दिए जाने का प्रावधान था। 1961 में कांग्रेस पार्टी के अधिवेशन के प्रस्ताव में कहा गया था—'ग्राम पंचायतें देश में न केवल लोकतंत्र की आधारशिला हैं; बल्कि शासन में और देश के नियोजित विकास में जनता की भागीदारी का साधन भी हैं।'[19]

गांधीवादी अहिंसा की वैचारिकता पर आधारित अहिंसात्मक उपायों से वर्ग-संघर्ष और वर्गीय स्वार्थों के टकरावों को हल करने की रणनीति के संदर्भ में इस अवधारणा को रखा गया कि भारतीय समाज की संरचना के लिए न तो पश्चिमी देशों की पूँजीवादी उत्पादन-प्रणाली, आर्थिक-सामाजिक व्यवस्था स्वीकार्य है और न वैज्ञानिक समाजवाद की अवधारणा पर आधारित समाजवादी प्रणाली ही मान्य है। 'भारतीय समाजवाद' को एक ऐसी तीसरी अवधारणा के रूप में प्रस्तुत किया गया, जिसमें अन्य सभी व्यवस्थाओं के विवेकसम्मत तत्त्व समाहित कर लिये गए हैं। यह अवधारणा मूलत: गांधीवादी स्थापनाओं के अनुरूप थी, जो जनचेतना में गहरे मूलबद्ध 'शाश्वत' नैतिक और अधिकांशत: धार्मिक दृष्टिकोणों पर जोर देती थी और इसी तरह के विश्वासों पर

टिकी थी। वास्तव में इस अवधारणा के मूल में कांग्रेस की यह सैद्धांतिकता थी, जिसे वह राष्ट्रीय मुक्ति आंदोलन काल से ही लेकर चली आ रही थी—वह सैद्धांतिकता थी राष्ट्रीय एकता के झंडाबरदार के रूप में कांग्रेस की नीति, जिसका सिद्धांत था सामाजिक और आर्थिक समस्याओं के प्रति और राजनीति में धर्मनिरपेक्षता के दृष्टिकोण के महत्त्व पर जोर देना। इसके साथ ही वह व्यक्ति और समाज के जीवन में एक नियामक हेतु के रूप में एक अमूर्त 'आध्यात्मिकता' का उपदेश भी देती थी, जो 'सर्वधर्मसमभाव' की अवधारणा से निःसृत होता था।

कांग्रेस के दस्तावेजों में सामाजिक, आर्थिक और राजनीतिक लक्ष्यों और सरकार का उनके द्वारा कार्यान्वयन के संबंध में विस्तृत रूप से वर्णन किया गया था, मगर विडंबना यह थी कि जनवादी कार्यक्रमों के खिलाफ कांग्रेस के अंदर के प्रतिक्रियावादी तत्त्वों का विरोध तो था ही, साथ-ही-साथ जनवादी तबके की वैचारिकता में भी उन कार्यक्रमों के लोकतांत्रिक कार्यान्वयन के नाम पर उन्हें लागू किए जाने की जो नीति अपनाई गई, उसमें मौजूद वर्ग समन्वयवाद उन लक्ष्यों की प्राप्ति में बड़ा अवरोधक साबित हुआ और कांग्रेस अपनी सरकार के द्वारा अपने निर्धारित लक्ष्यों को प्राप्त करने में असफल रही।

तेज होता विवाद

1970 के दशक के आते-आते कांग्रेस के अंदर के कई समूहों के बीच इस बात पर विवाद छिड़ गया और वह गंभीर होता गया कि पार्टी संविधान के 'नीति निर्देशक सिद्धांतों' और 'प्रस्तावना' की मूल आत्मा के अनुसार गरीबी, बेरोजगारी मिटाने और सामाजिक, आर्थिक न्याय जनता को उपलब्ध कराने के अपने दायित्वों में असफल हो रही है। ऐसी आलोचना से दक्षिणपंथी तत्त्वों को काफी बल मिला, क्योंकि ऐसी आलोचनाएँ कांग्रेस के जनवादी हलके के एक समूह की तरफ से भी आ रही थीं, मगर उनकी आलोचना का सार दक्षिणपंथियों से एकदम भिन्न यानी जनवादी कार्यक्रमों को अपेक्षाकृत ज्यादा सुसंगत ढंग से लागू किए जाने के लिए था, न कि उन्हें त्याग देने के लिए, मगर इन आलोचनाओं की एक भिन्न व्याख्या कर दक्षिणपंथ ने जनवादी नीतियों पर हमला करना शुरू कर दिया और विवाद गंभीर बन गया। उस काल के गृहमंत्री गुलजारी लाल नंदा ने, जो निश्चित रूप से दक्षिणी खेमे के नहीं थे, ने जनवादी कार्यक्रमों को सुसंगत ढंग से लागू नहीं किए जाने के प्रति अपनी चिंता को व्यक्त करते हुए 1962 में लिखा कि जनता महसूस करती है कि असमानताओं की खाई चौड़ी होती जा रही है और स्थिति विस्फोटक होती जा रही है। उन्होंने यथास्थितिवाद से संतुष्ट रहने की आलोचना की और कहा कि पार्टी को 'विद्यमान आर्थिक और सामाजिक संबंधों के विपरीत जाने के लिए कदम उठाने चाहिए।' नंदा ने 'समाज के

आर्थिक ढाँचे में, नियोजन के क्षेत्र में तथा पार्टी और उसके संगठनों के कार्यकलाप में आमूल परिवर्तन की आवश्यकता पर जोर दिया, क्योंकि देश पर्याप्त तेजी से और सही दिशा में नहीं चल रहा है।' उनका विचार था कि देश में समाजवाद की स्थापना के लिए एक सही कार्ययोजना की आवश्यकता है।[20] कांग्रेस के बहुत सारे नेताओं ने, जो नंदाजी की वैचारिकता से सहमत थे, इस बात पर जोर दिया कि कांग्रेस कार्यकर्ताओं और सदस्यों के अलावा जनता को भी समाजवाद की शिक्षा दी जाए, पार्टी के भीतर के समाजवाद विरोधी तत्त्वों के खिलाफ जी-तोड़ ढंग से लोहा लेना और उन्हें परास्त करना, भ्रष्टाचार, गुटबाजी, जातिवाद आदि के खिलाफ संघर्ष करना आदि पर बल दिया। 1962 में जवाहरलाल नेहरू की सहभागिता से कांग्रेस के भीतर 'फोरम फॉर सोशलिस्ट एक्शन' की स्थापना कर इस काम को आगे बढ़ाने का प्रयास किया गया।

इस संबंध में दो मसविदों, जिसे केशवदेव मालवीय और कुछ अन्य सदस्यों ने पहले 1963 में अखिल भारतीय कांग्रेस महासमिति के जयपुर अधिवेशन में और 1964 में भुवनेश्वर अधिवेशन में पेश किया था, को महत्त्वपूर्ण दस्तावेज माना गया था। जयपुर अधिवेशन में पेश मसविदा अपने मूल चरित्र में इजारेदार विरोधी था और मूल में राष्ट्रीय जनवादी था। इसमें कहा गया था कि उद्योग और व्यापार के घुरीन क्षेत्रों को राष्ट्रीय संपत्ति घोषित किया जाए, गल्ले और अन्य प्राथमिक वस्तुओं के व्यापार पर राजकीय इजारेदारी कायम की जाए, सहकारिता आंदोलन का विकास किया जाए तथा किसानों को उस जमीन का मालिक बनाने के लिए कदम उठाए जाएँ, जिसकी वे जुताई-बुआई करते हैं।

भुवनेश्वर अधिवेशन में पेश मसविदा भी कम मूलगामी नहीं था। इसके प्रावधानों में भी शामिल था—अर्थतंत्र में सार्वजनिक क्षेत्र की स्थिति सुदृढ करना, गल्ले का राजकीय थोक व्यापार लागू करना, कृषि पैदावार का निर्धारित भाव तय करना, किसानों को और ज्यादा अनुकूल शर्तों पर ऋण उपलब्ध कराना, बैंकों का राष्ट्रीयकरण किया जाना, व्यक्तियों द्वारा औद्योगिक लाइसेंस प्राप्त करने की संभावनाओं को और सीमित करना, सार्वजनिक सेवाओं का सार्वजनीकरण करना तथा सामाचार-पत्रों को इजारेदारियों से मुक्त करना आदि। इस दस्तावेज में प्रशासन तंत्र के पुनर्गठन और सुधार के लिए विशेष माँगें की गई थीं, जिससे भ्रष्टाचार और अकुशलता दूर की जा सके। उपभोक्ता वस्तुओं का उत्पादन करनेवाले मुख्य उद्योगों, जैसे—चीनी, सूती मिलों आदि को सार्वजनिक नियंत्रण में रखे जाने की प्रक्रिया में तेजी लाई जा सके, छोटे एवं मझोले उद्योगों पर लगाए करों में कमी करने, व्यक्तिगत संपत्ति का अधिकतम स्तर पाँच करोड़ रुपए करने के जमींदारों के स्वामित्व की भूमि का राष्ट्रीयकरण करने, खानगी मालिकों को थोक व्यापार से दो साल की अवधि के भीतर बाहर कर देने तथा 1965

तक ग्रामीण सहकार को पूरा कर लेने और दस्तकारों को विशेष सहायता देने की माँगों को रखा गया था। दस्तावेज सही मायने में जनवादी कार्यक्रमों का दस्तावेज था।

केशवदेव मालवीय द्वारा संपादित पत्रिका 'सोशलिस्ट कांग्रेस मेन' के इर्द-गिर्द रहे कांग्रेस सदस्य एक ही तरह की विचारधारा के वाहक थे। पत्रिका कांग्रेस और सरकार की उन नीतियों का विरोध करती थी, जो इजारेदारियों को बढ़ावा देनेवाली होती थी और विदेशी तथा देशी पूँजी द्वारा नियंत्रित अर्थतंत्र की प्रमुख शाखाओं के राष्ट्रीयकरण की माँग करती थी। पत्रिका इस बात का विरोध करती थी कि मिश्रित अर्थतंत्र की अवधारणा में आर्थिक-सामाजिक निर्माण का जो स्वरूप प्रस्तुत किया गया है, कांग्रेस की नीतियाँ उनके खिलाफ या उनसे अधिकाधिक बेमेल होती जा रही हैं।

जयपुर और भुवनेश्वर अधिवेशनों के मध्यवर्ती काल में दिल्ली, उड़ीसा, असम, महाराष्ट्र, बिहार आदि कुछ अन्य राज्यों में आयोजित कांग्रेस महासमिति की बैठकों में निजी बैंकों, विदेश और थोक व्यापार तथा उपभोक्ता उद्योगों के उद्यमों, खानों, भारी उद्योगों तथा विदेशी पूँजी के स्वामित्ववाली बीमा कंपनियों के राष्ट्रीयकरण की माँग की गई। यह माँग की गई कि निम्नतम और उच्चतम आय-स्तरों में एक और दस से ज्यादा का अंतर नहीं रहना चाहिए। ये ऐसी जनवादी माँगें थीं, जिनको पूरा करने से औपनिवेशिक और सामंती अवशेषों को समाप्त किया जा सकता था और एक जनवादी विकास की तरफ देश की अर्थव्यवस्था को ले जाया जा सकता था।

इस तरह की जनवादी माँगों के पक्ष में कांग्रेस के उन नेताओं में भी वैचारिक एकता का अभाव था, जो जनवादी थे और कांग्रेस पार्टी और सरकार द्वारा अपनाई जा रही नीति पर उनका प्रभावी असर नहीं था। इस कारण 1964 की जनवरी में आहूत कांग्रेस के भुवनेश्वर अधिवेशन में उनकी करारी हार हुई और केशवदेव मालवीय को अपने दस्तावेज पर दक्षिणपंथी तबकों द्वारा किए गए हमले के प्रतिकार को सफल बनाने के लायक समर्थन नहीं मिल सका, उन्हें उसे वापस लेना पड़ा। यह दक्षिणपंथ की जीत थी, जिसने संगठित रूप से जनवादी कार्यक्रमों पर हमला बोला और उसका भितरघात कर दी।

मालवीय की पराजय का एक अन्य महत्त्वपूर्ण कारण था कि जवाहरलाल नेहरू की सक्रिय भागीदारी से तैयार किए गए 'लोकतंत्र और समाजवाद' के शीर्षक में जिस प्रस्ताव को गुलजारी लाल नंदा के नेतृत्व में, कांग्रेस के नेतृत्व के सदस्यों ने पेश किया था और जो सामाजिक-आर्थिक कार्यक्रम का सारतः एक जनवादी वैचारिकतावाला प्रस्ताव था, उसके साथ मालवीय ने कोई सामंजस्य स्थापित कर कुछ और जनवादी कार्यक्रमों को उसमें समाहित करने के प्रयास की अपेक्षा उसके भी खिलाफ अपना दस्तावेज पेश कर दिया। नतीजा यही होना था कि गुलजारी लाल नंदा के नेतृत्व में

पेश किए प्रस्ताव को सम्मेलन ने अनुमोदित कर दिया और मालवीय को प्रस्ताव वापस लेना पड़ा। इसे एक संकीर्ण राजनीतिक भूल ही कहा जाएगा।

पारित प्रस्ताव में लक्षित किया गया था कि पार्टी को यह व्यवस्था करनी चाहिए कि 'नियोजन को समाज के ऐसे समाजवादी नमूने की स्थापना करने के उद्देश्य से किया जाना चाहिए, जो 1955 के अवाड़ी प्रस्ताव के अनुसार उत्पादन के प्रधान साधनों को सामाजिक नियंत्रण में करे और उत्पादन में उत्तरोत्तर तेजी लाई जाए तथा राष्ट्रीय संपदा का न्यायसंगत वितरण हो।

इस दस्तावेज ने लक्षित किया कि कांग्रेस 'भारतीय समाज के आर्थिक और सामाजिक संबंधों में क्रांति के लिए कार्य कर रही है। यह क्रांति जनता की और जन संस्थाओं की अभिवृत्तियों और दृष्टि में, जिनके जरिए यह कार्य करती है, आमूल परिवर्तन लाकर संपन्न की जानी है।' इसमें पार्टी का उद्देश्य एक ऐसे फलते-फूलते अर्थतंत्र और समाज का निर्माण करना बताया गया था, जिसमें प्रत्येक को समान अवसर और प्रगति के फल में न्यायपूर्ण हिस्सा प्राप्त हो। विशेषाधिकार, असमानता और शोषण का खात्मा किया जाना चाहिए। उसमें कहा गया था कि यह लक्ष्य संविधान-प्रदत्त लोकतांत्रिक तरीकों से प्राप्त किया जाना चाहिए। शासक पार्टी की विचारधारा को 'लोकतंत्र', मानव व्यक्तित्व की प्रतिष्ठा और सामाजिक न्याय पर आधारित लोकतंत्रवादी समाजवाद के रूप में परिभाषित किया गया।

दस्तावेज में कहा गया कि 'गरीबी और उससे जुड़े सारे दुर्गुणों को दूर करना', तेज गति से आर्थिक विकास करना, कृषि और औद्योगिक उत्पादन में निरंतर वृद्धि करना, नियोजन तथा नियमन की प्रणाली लागू करना तथा प्राविधिक प्रगति की उपलब्धियों को इस्तेमाल में लाना पार्टी का प्रधान उद्देश्य होगा।'

प्रस्ताव में यह भी कहा गया कि 'निजी हाथों की संपत्ति को सीमित करना आवश्यक है और खासकर यह सीमा विरासत में मिली संपदा और शहरी संपदा पर लागू होनी चाहिए।

इसे रेखांकित किया गया था कि राज्य को पूँजीगत लाभों का एक बड़ा भाग मिलना चाहिए तथा अनर्जित आय का जितना बड़ा भाग वह इस समय प्राप्त करता है, उससे कहीं ज्यादा उसे प्राप्त करना चाहिए।

प्रस्ताव में 'छोटे उद्यमियों को सहायता प्रदान करने तथा वित्तीय संस्थाओं के दुरुपयोग और भ्रष्टाचार को दूर करने के लिए और अधिक कदम' उठाए जाने चाहिए।'

प्रस्ताव में कहा गया कि औद्योगिक नीतियों संबंधी सरकारी निर्णयों के अनुरूप सार्वजनिक क्षेत्र को व्यापार और उद्योग के क्षेत्र में एक रणनीतिक और प्रधान भूमिका अदा करनी है तथा सार्वजनिक क्षेत्र को बड़े पैमाने के उद्योग और व्यापार में, खासतौर पर भारी

बुनियादी उद्योगों में तथा आवश्यक वस्तुओं के व्यापार में, उत्तरोत्तर बढ़ते जाना चाहिए।

प्रस्ताव के प्रणेताओं की राय में 'निजी क्षेत्र को अर्थतंत्र में एक महत्त्वपूर्ण भूमिका अदा करनी है और उसे विकास की राष्ट्रीय योजना की व्यापक रणनीति के भीतर, खासतौर पर कृषि, लघु और प्रोसेसिंग उद्योगों और फुटकर व्यापार के क्षेत्र में अपनी भूमिका निभानी होगी। प्रस्ताव में रेखांकित किया गया कि 'औद्योगिक वृद्धि को बढ़ावा देने में समुदाय, उपभोक्ता और मजदूर के हित' की कारगर तौर पर रक्षा करने का महत्त्व है। इसमें लक्षित किया गया कि 'मजदूर को उद्योग के प्रबंध से जोड़ा जाना चाहिए इससे मजदूर को उद्योग के प्रबंधन में भागीदारी का एहसास होगा और वह अधिक-से-अधिक उत्पादन करना चाहेगा।'

प्रस्ताव में कहा गया कि मूल्य नियंत्रण लागू किया जाना चाहिए, जिससे कुछ खास चीजों की कमी से लाभ उठाने को रोका जा सके, मगर यह कहा गया कि नियंत्रण केवल तभी लागू किया जाना चाहिए जब समुदाय के बृहत्तर हितों के लिए वह अनिवार्य हो जाए।

कृषि संबंधों के सवाल पर प्रस्ताव में कहा गया था कि राज्य और खेती पर काम करनेवाले किसानों के बीच सीधा संपर्क कायम किया जाएगा और बिचौलियों को समाप्त कर दिया जाएगा। उसमें यह भी कहा गया था कि 'निजी कृषि की जोत के आकार की एक अधिकतम सीमा होनी चाहिए' तथा न्यूनतम वेतन सुनिश्चित होना चाहिए और खेतिहर मजदूरों की बेरोजगारी की समस्या हल होनी चाहिए।

प्रस्ताव के प्रणेताओं ने यह दृढविश्वास व्यक्त किया कि कृषि उत्पादकों को उनकी जरूरत के माल मुहैया करने तथा उनके उत्पादों का वितरण करने, दोनों ही कार्यों में सहकारिता को प्राथमिकता से भूमिका का निष्पादन करना चाहिए। उन्होंने लक्षित किया कि जहाँ कहीं भी संभव हो, संबद्ध कृषि कर्मियों की सहमति से संयुक्त सहकारी खेती संगठित की जानी चाहिए तथा जोतों के अलाभकर होने की दशा में कृषि की इकाई को स्वेच्छा से स्वीकृत आधार पर विस्तृत बनाना महत्त्वपूर्ण है।

प्रस्ताव में सीधे कृषि में लगे उत्पादक के माल के लिए 'समुचित' कीमत की व्यवस्था करने के महत्त्व पर जोर दिया गया और कहा गया, 'कृषि पैदावार की प्रोसेसिंग को निजी हाथों में नहीं बने रहना चाहिए।' चावल की मिलों और अन्य प्रोसेसिंग साधनों को सहकारी प्रबंध में चलाना चाहिए और जब तक यह व्यवस्था न कर दी जाए, तब तक के लिए ऐसी इकाइयों के संचालन का जिम्मा स्वयं राज्य को अपने ऊपर लेना चाहिए। बिचौलियों की स्थिति कमजोर करने के लिए 'तमाम कृषि पैदावारों का विपणन यथासंभव अधिक-से-अधिक सीमा तक सहकारों के माध्यम से किया जाना चाहिए।'[22]

अपने निष्कर्ष में प्रस्ताव 'संपदा के संकेंद्रण, असमानताओं में वृद्धि और इजारेदार रुझानों' का उल्लेख करता है और इन घटनाओं के बारे में कहा गया, वे 'समाज विरोधी' हैं और भ्रष्टता पैदा करनेवाला प्रभाव डालती हैं तथा 'लोकतंत्र और समाजवाद के लिए खतरा' पैदा करती हैं।

इस प्रकार देखा जा सकता है कि इस प्रस्ताव में अनेक जनवादी और प्रगतिशील अवधारणाओं को समाहित किया गया था। वास्तव में आजादी के बाद कांग्रेस की सत्ता की मौजूदगी में जितने अन्य प्रस्ताव लाए गए थे, उन सब की तुलना में यह प्रस्ताव जनवाद के प्रति अपेक्षाकृत ज्यादा मूलगामी रूप से समर्पित, इजारेदारियों के खिलाफ वैचारिकतावाला दिखा, जिसमें कांग्रेस के अवाड़ी और नागपुर प्रस्तावों तथा नियोजन संबंधी विचारों को ज्यादा विशद रूप में रखा गया था। इस प्रस्ताव को पारित किए जाने में जनवादी आंदोलनों की भूमिका का भी प्रमुख प्रभाव था, जिसने कांग्रेस के जनवादी तत्त्वों की वैचारिकता को बल पहुँचाया और उसमें प्रतिबिंबित हुआ।

कांग्रेस के अंदर का अनुदार दक्षिणपंथी तबका इन नीतियों का विरोधी था, और काफी मजबूत भी था। वह औपचारिक रूप से कांग्रेस की जनवादी नीतियों, यहाँ तक कि 'समाजवादी नमूने' की सामाजिक व्यवस्था तक को स्वीकार तो कर लेता था, मगर इनके कार्यान्वयन के लिए जब भी इजारेदार विरोधी, शहरी संपत्ति की हदबंदी, भूस्वामियों की जोतों की अधिकतम सीमा तय किए जाने, सहकारी कृषि आदि जैसी बातों को लाया जाता था, तब वह संगठित विरोध उपस्थित करता था। उसकी सुविधा यह थी कि वह शासक पार्टी का हिस्सा था, इस कारण सरकार की नीतियों पर वह अपेक्षाकृत ज्यादा प्रभाव डालता था, उसका दबाव बाहर की प्रतिगामी शक्तियों, साम्राज्यवादी हलकों आदि से समर्थित होकर ज्यादा प्रभावकारी बन जाती थी और परिणामतः उसे प्रायः सफलता भी मिल जाया करती थी।

इसके अलावा जनवादी पक्ष की कमजोरी भी थी कि सत्ता में अपने को बनाए रखने के लिए वह कांग्रेस की उस चारित्रिक विशेषता को नहीं छोड़ सकता था, जो साम्राज्यवाद के खिलाफ भारत के मुक्ति संघर्ष में साम्राज्यवाद विरोधी 'सर्ववर्गशक्तिसंग्रहवाद' की अवधारणा पर गढ़ा गया था। यह रणनीति कांग्रेस के सत्ता में बने रहने के लिए आधार प्रस्तुत करनेवाली कारक थी। भारत की आर्थिक सामाजिक संरचना को जनवादी दिशा में ले जाने का काम एक क्रांतिकारी कार्यक्रम था, जो गांधीवादी सैद्धांतिकता और उसके प्रति नेहरू की आस्था, जो बिना वर्ग संघर्ष के, वर्ग समन्वय के आधार पर, पूँजीवादी लोकतांत्रिक तरीकों से पूरा नहीं किया सकता था। जनवादी कार्यक्रमों और उसे लागू किए जाने की रणनीति के बीच का यह बड़ा अंतर्विरोध था, जो हमेशा जनवादी तत्त्वों के खिलाफ जाता रहा।

इसका परिणाम क्या हुआ? इसकी जाँच जरूरी है, मगर कहा जा सकता है कि 1970 के दशक तक संविधान की 'प्रस्तावना' और 'राज्य के नीति निर्देशक सिद्धांतों' को लागू करने के प्रयास किए गए, मगर इनमें असफलता के कारण बाद के वर्षों में जब वैश्विक पूँजीवादी संकट में भारत पड़ गया, तब इस प्रयास में भी कमी आ गई। भारत का पूँजीवादी वैश्विक संकट में पड़ने का मुख्य कारण भी यही रहा कि जनवादी कार्यक्रमों को लागू नहीं किया जा सका और विकास की दिशा ने इजारेदारियों को बढ़ावा दिया, बाद में साम्राज्यवादी अर्थव्यवस्था के साथ अपने को जोड़ दिया।

संदर्भ और टिप्पणियाँ

1. इस सैद्धांतिक व्याख्या के लिए देखा जा सकता है—पी.सी. कुत्सेविन, टी.एफ. देव्यात्कीना, आर.ए. उल्यानोवस्की, ए.आई. रंगिनिन, ई.एन.कोमोरोव, अलेक्सांदेर चिचेरोव आदि लेखकों की विभिन्न कृतियाँ, जिनमें कांग्रेस के समाजवादी कार्यक्रमों की व्याख्या की गई है।
2. 'कांग्रेस के फैजपुर अधिवेशन में पारित प्रस्ताव 1936' द्वारा उद्धृत रजनी पाम दत्त, आज का भारत मैकमिलन, 1985, पृ. 524-25।
3. अलेक्सांदेर चिचेरोव, जवाहरलाल नेहरू और भारतीय राष्ट्रीय कांग्रेस दिल्ली, शब्दकार, 1985, पृ. 85।
4. ऊपरोद्धृत।
5. ऊपरोद्धृत।
6. 'राष्ट्रीय कांग्रेस के जयपुर अधिवेशन, 1949 में पारित प्रस्ताव' द्वारा उद्धृत : अलेक्सांदेर चिचेरोव, पूर्वोद्धृत, पृ. 85।
7. कांग्रेस के अवाड़ी अधिवेशन में पारित प्रस्ताव, 1955,' द्वारा ऊपर ऊपरोद्धृत, पृ. 46।
8. ऊपरोद्धृत, पृ. 46।
9. ऊपरोद्धृत, पृ. 47।
10. ऊपरोद्धृत।
11. ए.आई.सी.सी., इकोनॉमिक रिव्यू, खंड 12, अंक 17।
12. रिपोर्ट ऑफ दि फिस्कल कमीशन, 1949-50, दिल्ली, 1950, पृ. 411।
13. ऊपरोद्धृत, पृ. 414-18।
14. देखा जा सकता है—
    'तीसरी पंचवर्षीय योजना के दस्तावेज' द्वारा उद्धृत : अलेक्सांदेर चिचेरोव, पूर्वोद्धृत, पृ. 90।
15. रिपोर्ट भूमि सुधारक कमेटी, 1959।
16. देखा जा सकता है—
    'तृतीय पंचवर्षीय योजना का आलेख।
17. गुनार मिर्डल ने इसके संबंध में अपनी पुस्तक, राशियन ड्रामा में विस्तृत विवरण दिया है कि किस तरह यह धनी किसानों को लाभ पहुँचाता है।
18. राष्ट्रीय कांग्रेस के नागपुर अधिवेशन, जनवरी 1959 में पारित कृषि सुधार संबंधी प्रस्ताव।
19. राष्ट्रीय कांग्रेस के 1961 के अधिवेशन में पारित प्रस्ताव।

20. गुलजारी लाल नंदा, 'पिक्चर ऐंड प्रोस्पेक्टस', कांग्रेस फोरम, खंड-1। अंक-1, 1962, पृ. 21-22 इसके अलावा देखा जा सकता है—
स्ट्रेटजी ऐंड ऑफ प्लान कांग्रेस फोरम, ऊपरोद्धृत, पृ. 2-31।
21. कांग्रेस के भुवनेश्वर अधिवेशन, 1964 में स्वीकृत प्रस्ताव 'लोकतंत्र और समाजवाद' को देखा जा सकता है।
22. ऊपरोद्धृत (विशेष विवरण के लिए देखा जा सकता है।)।

□

7

इजारेदारियों का विकास

उद्योग और कृषि-उत्पादन के इन दो प्रमुख क्षेत्रों के संबंध में बदलाव लाकर भारतीय अर्थव्यवस्था का रूपांतरण एक औद्योगिक राष्ट्र के रूप में किए जाने के संबंध में शासक कांग्रेस पार्टी के बीच नीतिगत मामलों में विवाद होता रहा, जैसा पीछे के अध्यायों में दरशाया गया है। वास्तव में स्वतंत्र भारत में शासक पार्टी कांग्रेस और उसकी सरकार के सामने भारतीय अर्थतंत्र को एक विकसित अर्थतंत्र के में रूपांतरित करने का महती दायित्व था। औपनिवेशिक शासकों ने भारतीय अर्थतंत्र को बरबाद और तहस-नहस करके आधुनिक आर्थिक पुनर्संरचना के लिए भौतिक स्थितियों को पैदा तो कर दिया था, मगर इसके पुनर्जीवन के दायित्वों की पूरी तरह उपेक्षा की थी। साम्राज्यवाद इस दायित्व को अपने उपनिवेशों में पूरा करता भी नहीं है, इस कर्तव्य को उस देश की जनता को स्वयं पूरा करना पड़ता है। भारतीय अर्थव्यवस्था इसी स्थिति में थी यानी भारतीय अर्थतंत्र को आधुनिक रूप से विकसित औद्योगिक राष्ट्र के रूप में रूपांतरित करने की भौतिक स्थितियाँ तो मौजूद थीं, अब रूपांतरण के कर्तव्यों को पूरा करना था। संविधान की 'प्रस्तावना' और 'राज्य के नीति निर्देशक सिद्धांत' में उन दिशाओं का निर्देशन कर दिए थे, जिनके आधार पर रूपांतरण के कर्तव्यों को पूरा करना था।

भारतीय शासक वर्ग और उसकी सरकार के सामने देश की अर्थव्यवस्था को एक औद्योगिक से विकसित राष्ट्र के रूप में रूपांतरण के दायित्व को पूरा करने के लिए एक अतिशय आवश्यक अवयव, जिसकी उसे जरूरत थी, वह थी पूँजी की जरूरत, जिसके द्वारा बड़ी औद्योगिक इकाइयों को खड़ा कर औद्योगिकीकरण के कार्यक्रमों को त्वरित रूप से बढ़ाया जा सकता था। भारत में इसका अभाव था। भारतीय राष्ट्रीय पूँजीपति वर्ग, जिसे ब्रिटिश साम्राज्यवादी शासकों ने सत्ता को हस्तांतरित किया था और जो स्वतंत्र भारत की राजसत्ता पर काबिज हुआ था, वह अपनी चारित्रिक विशेषता में औद्योगिक पूँजीपति नहीं था, बल्कि उसका चरित्र वाणिज्यिक पूँजीपति का था, जिसने औपनिवेशिक काल में

ब्रिटिश मालों की खरीद–बिक्री और चीन के साथ अफीम के व्यापार आदि जैसे व्यापारिक क्रिया–कलापों से अपनी पूँजी जमा की थी। हाँ, कुछ खास स्थितियों, जैसे—युद्ध काल और राष्ट्रीय आंदोलन में 'बहिष्कार' आंदोलन के कारण इस पूँजी का थोड़ा प्रवेश कुछ खास क्षेत्रों, जैसे—सूती वस्त्र उद्योग में हुआ था, मगर इसका आकार इतना बड़ा नहीं था कि वह भारत के औद्योगिक विकास के लिए अनिवार्य पूँजी की जरूरतों को पूरा कर सके। भारतीय राष्ट्रीय पूँजीपति वर्ग की दूसरी चारित्रिक विशेषता थी कि वह आर्थिक–सामाजिक स्तरीकरण के कई पायदानोंवाला था, जिसमें कंप्राडोर पूँजी, शहरी निम्न पूँजीपति वर्ग से लेकर इने–गिने बड़ी पूँजीवाले भी थे, जैसे टाटा, जिसने ब्रिटिश पूँजी के साथ सहमेल कर जमशेदपुर में लोहे के कारखाने के निर्माण का काम 1907 में ही शुरू किया था। इसके अलावा इनका मजबूत संबंध सामंती पूँजी वर्ग के साथ भी था, जिसमें बड़े जमींदार, देशी रियासतों के मालिक आदि थे। फिर भी, इनकी पूँजी का कुल योगफल भारत के औद्योगिकीकरण के लिए पूँजी की माँग को पूरा करने में असमर्थ था। आजादी के पूर्व ही राष्ट्रीय पूँजीपति वर्ग ने भविष्य में स्थापित होनेवाली राजसत्ता की औद्योगिक नीति की दिशा संबंधी अपनी योजना का संकेत बांबे प्लान के जरिए व्यक्त कर दिया था।

औद्योगिक पूँजी जमा करने के प्रयास

आजादी के बाद सत्ता में आने के बाद कांग्रेस ने आजादी पूर्व की अपनी सांगठनिक नीति—विभिन्न आर्थिक वर्गों के रूप समुच्चय के रूप में अपने सांगठनिक स्वरूप 'सर्व वर्ग संग्रहवाद' की चारित्रिक विशेषता को बरकरार रखा। कारण था कि उसका यही चरित्र राष्ट्रीय मुक्ति आंदोलन के संपूर्ण काल में उसे नेतृत्व के स्थान पर बने रहने का प्रमुख कारक रहा था और आजादी के बाद उसे सत्ता में बनाए रखने की गारंटी करता था। दूसरी तरफ, इसने गांधीवादी आर्थिक अवधारणा को, जिसे ऐतिहासिक विकास प्रक्रिया ने अप्रासंगिक बना दिया था, त्याग दिया और स्वतंत्र भारत की आर्थिक–सामाजिक संरचना में औद्योगिकीकरण को महत्त्वपूर्ण स्थान पर रखा, हालाँकि गांधीवाद के कुछेक तत्त्वों, जैसे लघु और ग्रामीण उद्योगों—को मदद करना आदि, मगर इसका कारण गांधीवादी अवधारणा को आगे बढ़ाना नहीं था, बल्कि बेरोजगारी के खिलाफ एक उपाय के रूप में लागू करना था। औपनिवेशिक शासकों के शोषण ने भारतीय जनता की गरीबी और दरिद्रता को इस हद तक बढ़ा दिया था कि लोगों के पास बचत का प्रश्न ही नहीं था। जिसे औद्योगिक कार्यों की तरफ प्रवाहित किया जा सकता था, जो कुछ सामंती पूँजी थी, वह भू–प्रबंधन की ब्रिटिश–प्रणाली के कारण ग्रामीण क्षेत्रों में महाजनी पूँजी के रूप में मुनाफा अर्जित करने के कार्य में लगी थी। उसका प्रवाह औद्योगिकीकरण में आने की चेष्टा से परे था। हाँ, विदेशी पूँजी का राष्ट्रीयकरण कुछ हद तक औद्योगिक पूँजी

के निर्माण कार्य को आगे बढ़ा सकता था, मगर सरकार की नीति में यह उसके एजेंडे में नहीं था, क्योंकि आजादी के बाद विदेशी पूँजी के साथ औद्योगिकीकरण में सहयोग की कल्पना की गई। ऐसी स्थिति में, जब सारे दरवाजे बंद दिखे, तब औद्योगिक पूँजी की उपलब्धता को निश्चित करने के लिए विभिन्न तरह की ऐसी विशिष्ट संस्थाओं के निर्माण की कल्पना की गई, जो उदारता के साथ और आसान शर्तों पर ऋण और दूसरी तरह की इमदाद दे सकें और प्रवर्तकों/प्रमोटरों को उद्योग कायम करने को प्रेरित कर सकें तथा जो उद्योग पहले से मौजूद हों वे अपने विस्तार और आधुनिकीकरण के लिए धन का अभाव अनुभव न कर सकें।

इस प्रकार इस शृंखला में 1948 में जिस वित्तीय संस्था का निर्माण किया गया, वह था—औद्योगिक वित्त निगम (Industrial Finance Corporation)। इसका अनुसरण करते हुए विभिन्न राज्यों ने भी स्वयं अपने-अपने यहाँ राज्य वित्त निगमों और राज्य उद्योग विकास निगमों की स्थापना की। औद्योगिक ऋण और निवेश निगम (Industrial Credit and Investment Corporation) आई.सी.आई. सी.आई. की स्थापना 1955 में की गई। इसका मुख्य उद्देश्य था—हामीदारी (Underwriting) की सुविधाएँ बढ़ाना तथा सीधे शेयर और डिबेंचर लेना। 1964 में भारतीय औद्योगिक विकास बैंक (Industrial Development Bank of India) की स्थापना की गई, जिसका मुख्य उद्देश्य था औद्योगिक वित्तदान के कार्य में तालमेल बैठानेवाली एजेंसी का काम करना। उसी वर्ष औद्योगिक उद्यमों में निवेश के लिए बचत राशि जुटाने के लिए भारतीय यूनिट ट्रस्ट (यू.टी.आई.) का गठन किया गया।

इसके बाद इंपीरियल बैंक ऑफ इंडिया का राष्ट्रीयकरण किया गया और उसका नाम स्टेट बैंक ऑफ इंडिया (S.B.I.) हो गया, जिसका मुख्य अभिप्राय था, वित्त और ऋण प्रक्रिया को औद्योगिक विकास की जरूरतों के अनुरूप ढालना। विकास के लिए बचत जुटाने के उद्देश्य से 1956 में जीवन बीमा निगम (Life Insurance Corporation) का राष्ट्रीयकरण भी कर लिया गया।

ये वित्तीय संस्थाएँ उद्योगों के लिए वित्त मुहैया कराने का महत्त्वपूर्ण स्रोत रही हैं और 1968-69 के अंत तक वित्त निगम, राज्यों के वित्त निगमों, औद्योगिक विकास बैंक तथा औद्योगिक ऋण और निवेश निगम ने बतौर वित्तीय सहायता करीब 1000 करोड़ रुपए की मंजूरी दे दी थी। 1961-69 के काल के बीच में उद्योगों को बैंकों से मिलनेवाली वित्त राशि भी 664 करोड़ रुपए से बढ़कर 2000 करोड़ रुपए से ज्यादा हो गई थी।

निर्माण व्यापार में खानगी क्षेत्र की कंपनियों का सार्वजनिक क्षेत्र की वित्तीय संस्थानों से ऋण-ग्रहण द्वितीय योजनाकाल के एक प्रतिशत से भी कम से बढ़कर 1966-67 में कुल कोष-स्रोत 7 प्रतिशत हो गया। मियादी उधारदाता संस्थाएँ ऋणों, हामीदारी तथा

शेयरों और डिबेंचरों (डिबेंचरों और ऋण-पत्रों आदि) की खरीद के रूप में निजी क्षेत्र को सालाना, जितनी वित्तीय सहायता की मंजूरी देती रही, वह 1969-70 में 150 करोड़ रुपए से भी ज्यादा की रकम हो गई, जबकि इससे पूर्ववाले सालों में यह राशि 132 करोड़ रुपए की थी—यह राशि भी कम नहीं थी। इसमें एल.आई.सी., यू.टी.आई. और एस.बी.आई. द्वारा दी गई इमदाद नहीं हैं। राष्ट्रीयकृत किए गए 14 बैंकों द्वारा राष्ट्रीयकरण के तुरंत बाद दी गई राशि इसमें शामिल नहीं है, जो मुख्यत: बड़े औद्योगिक क्षेत्रों को ही जाती है।

आई.एफ.सी.आई. (Industrial Finance Corporation of India) आई.सी.आई., आई.डी.बी.आई., राज्यों के औद्योगिक विकास निगमों (State industrial Development Corporation) जैसी मियादी उधारदाता संस्थाओं और एल.आई.सी. तथा यू.टी.आई. जैसी निवेश संस्थाओं तथा राष्ट्रीयकृत स्टेट बैंक ऑफ इंडिया आदि की इमदाद किस हद तक बड़े औद्योगिक घरानों के पास गई थी, वही औद्योगिक लाइसेंसिंग नीति जाँच समिति का, जिसका प्रचलित नाम दत्त कमेटी रहा है, जाँच का विषय था। जाँच समिति की रिपोर्ट के निष्कर्ष कान खड़ेकर देनेवाले थे। समिति की रिपोर्ट से ऐसा मालूम हुआ कि देश के 73 बड़े औद्योगिक घरानों को आई.सी.आई.सी.आई. द्वारा दी गई इमदाद का 50 प्रतिशत से अधिक, आई.एस.सी.आई. की इमदाद का 40 प्रतिशत और आई.डी.बी.आई. की इमदाद का 41 प्रतिशत इन्हीं बड़े घरानों को प्राप्त हुआ था।[2] राज्यों के वित्त निगमों द्वारा प्रदत्त इमदाद का मात्र 16 प्रतिशत और औद्योगिक विकास निगमों की मदद का 8 प्रतिशत इन्हें मिला, क्योंकि इन निगमों की प्राथमिक मदद रूप में लघु उद्योगों को वित्त प्रदान करना था। मगर एल.आई.सी. के मामले में तो पाया गया कि खानगी (निजी) औद्योगिक क्षेत्र को इसके द्वारा दी गई इमदाद का 54 प्रतिशत बड़े औद्योगिक घरानों को ही गया और यूनिट ट्रस्ट ऑफ इंडिया (U.T.I.) के मामले में इन बड़े औद्योगिक घरानों को मिली इमदाद उसकी कुल इमदाद के रूप में दी गई राशि का तो 77 प्रतिशत इन्हीं बड़े घरानों के पास चला गया था। बड़े औद्योगिक घरानों को स्टेट बैंक ऑफ इंडिया द्वारा दी गई कुल इमदाद राशि का 62 प्रतिशत चला गया था। इसके अलावा उद्योगों को सरकार द्वारा प्रत्यक्षत: दी गई मदद का बड़े औद्योगिक घरानों के पास 30 प्रतिशत चला गया था। अगर इसमें इनकी दूसरी कतार की कंपनियों, विदेश नियंत्रित कंपनियों और बड़ी स्वतंत्र कंपनियों—जो बड़े औद्योगिक क्षेत्र में आती थीं, के हिस्से में पड़नेवाली मदद को भी इस राशि में शामिल कर दिया जाता तो बड़े औद्योगिक क्षेत्र को मिलनेवाली कुल मदद में यू.टी.आई. के द्वारा प्रदत्त इमदाद का जायजा लिया जाता, तो बड़े औद्योगिक क्षेत्र को दी जानेवाली कुल मदद में, जो यू.टी.आई. ने दिया, वह इसके द्वारा प्रदत्त कुल मदद का 94 प्रतिशत, स्टेट बैंक ऑफ इंडिया के मामले में 81 प्रतिशत, एल.आई.सी. के मामले में 80 प्रतिशत हो जाती थी और इसके बाद आई.सी.आई.सी.आई

का यह प्रतिशत 67 प्रतिशत, आई.एफ.सी.आई. का 59 प्रतिशत, आई.डी.बी.आई. का 54 प्रतिशत आदि की इमदाद थी। दत्त कमेटी ने बिना लाग-लपेट, मगर खेद के साथ लिखा कि 'लोकवित्त संस्थाओं द्वारा दी जानेवाली कुल वित्तीय सहायता का तीन-चौथाई से ज्यादा भाग उन संस्थाओं से होकर जाता है, जिनका लघु या मझोले उद्योगों से या संस्थाओं से सरोकार नहीं है और यह तथ्य इस बात का सूचक है कि किस तरह निजी क्षेत्र की वित्तीय सहायता वित्तीय संस्थाओं की पूरी प्रणाली के भीतर ही एक ऐसी प्रक्रिया समाविष्ट है, जो बड़े औद्योगिक क्षेत्र का पक्षपात करती है।'[3]

आश्चर्य की बात है कि इस तरह की नीति का अवलंबन तब किया जा रहा था, जब 1955 में कांग्रेस के अवाड़ी महाधिवेशन के अलावा प्रथम पंचवर्षीय योजना 1948, कांग्रेस के नागपुर अधिवेशन 1959, भावनगर 1961, जयपुर अधिवेशन 1963, भुवनेश्वर अधिवेशन 1964 आदि के अनेक प्रस्तावों में 'समाजवादी नमूने' के समाज के निर्माण, इजारेदारियों को प्रतिबंधित करने आदि के साथ-साथ भारत के संविधान की 'प्रस्तावना' और 'राज्य के नीति निर्देशक सिद्धांतों' के निर्देशनों को लागू किए जाने संबंधी बहसें और प्रतिज्ञाएँ दुहराई जा रही थीं। व्यवहार में जो परिणाम आ रहे थे, वे उन प्रस्तावों में स्वीकृत प्रतिज्ञाओं को लागू किए जाने के प्रति दोषपूर्ण रणनीतिक वैचारिकता, जो 'वर्ग-समन्वयवाद', अंतर्विरोधों को शांतिपूर्ण तरीकों से गांधीवादी अहिंसा के तरीकों को अपनाकर तथा लोकतांत्रिक तरीके से समाजवाद की स्थापना की नेहरूवादी अवधारणा आदि का कुपरिणाम सामने आने लगा था। ऊपर की इन सारी अवधारणाओं का समाजवाद में भारतीय अर्थतंत्र और समाज के रूपांतर के क्रांतिकारी दायित्वों के साथ अंतर्विरोध था, जो इन प्रयासों को असफल करता जा रहा था। इस दायित्व को पूरा करने में भले ही प्रयास ईमानदारी से ही क्यों न किया जा रहा हो। इसके साथ-साथ कांग्रेस के अंदर का मजबूत दक्षिणपंथी तबका था, जो इस क्रांतिकारी कदम का दृढतापूर्वक विरोध करता था और इस विरोध में सामंती तत्त्व उसे भरपूर मदद करते आ रहे थे। जनवादी नेतृत्ववाला तबका कांग्रेस के सर्व वर्ग संग्रहवाद के सांगठनिक चरित्र को भंग करने के पक्ष में इस कारण नहीं जा पाता था क्योंकि यही सत्ता में उनको बनाए रखने का प्रमुख कारक था, जो उन्हें समझौतावादी नीति अपनाने पर हमेशा मजबूर करता रहा था।

व्यक्तिगत और वर्गीय आर्थिक असंतुलन को कम करने के साथ-साथ राज्य के 'नीति निर्देशक सिद्धांतों' का एक निर्देश क्षेत्रीय आर्थिक विषमता को कम करने का भी था[4] मगर इस मामले में वित्तीय संस्थाओं की निष्पत्ति काफी अंसतोषजनक रही। आई.एफ.सी.आई. द्वारा मंजूर की गई इमदाद का 46 प्रतिशत अकेले महाराष्ट्र, पश्चिम बंगाल और तमिलनाडु के हिस्से में चला गया था। आई.सी.आई.सी.आई. और आई.डी.बी.आई. की इमदाद का भी 57 प्रतिशत इन्हीं तीन राज्यों को मिला। राज्य वित्त

निगम द्वारा स्वीकृत कुल इमदाद का आधे से ज्यादा भी इन्हीं तीन राज्यों को मिला था। एल.आई.सी. की कुल इमदाद का 52 प्रतिशत दो राज्यों की महाराष्ट्र और पश्चिम बंगाल के हिस्से में चला गया। यू.टी.आई. के निवेश के राज्यवार आँकड़े प्राप्त नहीं हैं, मगर यह स्वीकार करने का कोई कारण नहीं है कि इसकी नीति इनसे भिन्न होगी। इस प्रकार इन संस्थाओं ने भारतीय संघ के उस काल के 16 राज्यों में से दो या तीन राज्यों की वित्तीय सहायता में पक्षपात करके क्षेत्रीय आय की विषमता को बढ़ाने का काम किया।

इजारेदारियों का विकास

औद्योगिक लाइसेंसिंग नीति पर जाँच संबंधी कमेटी, 1969 की रिपोर्ट ने इन सार्वजनिक वित्तीय संस्थाओं की उधारदायगी नीति पर रिपोर्ट करते हुए कुछ चौंकानेवाले तथ्यों को उद्भासित करते हुए यह निष्कर्ष दिया है कि किस तरह इनकी ऋण-नीति ने इजारेदारियों के विकास को बढ़ावा दिया। कमेटी ने रिपोर्ट में लिखा है कि एक महत्त्वपूर्ण वित्तीय संस्था इंडस्ट्रियल फिनांस कॉरपोरेशन ऑफ इंडिया, जिसकी स्थापना 1948 में ही की गई थी, को उन क्षेत्रों में ऋण सुविधाओं को उपलब्ध कराने के लिए निर्देशित किया गया था, जो क्षेत्र बैंकिंग और पूँजीबाजार की सुविधाओं से महरूम थे। इसके क्रिया-कलापों को विस्तारित करने के लिए इसके बाईलाज में संशोधन करके, इसके ऊपर से कुछ शर्तों को हटाकर, इसे इस काबिल बनाया गया था कि निगम अपने क्षेत्र का विस्तार कर सके और बड़ी रकम भी कर्ज के रूप में दे सके। उस सुविधा का इस निगम ने किस तरह दुरुपयोग किया और अपनी ऋण-नीति को किस तरह बड़ी कंपनियों को फायदा पहुँचाने की तरफ मोड़ दिया, इसका अंदाजा नीचे की तालिका के तथ्य उजागर कर देते हैं—

तालिका नं. VII-1

आई.एफ.सी.आई. द्वारा 1956 से 1966 के दस वर्षों में ऋण-अदायगी की नीति

कंपनियों का ब्योरा	कंपनियों की संख्या	कर्ज की रकम करोड़ रु.	प्रतिशत
बड़े औद्योगिक घराने	89	95.27	36.3
द्वितीय श्रेणी की कंपनियाँ	08	11.88	4.5
बड़ी औद्योगिक कंपनियाँ	12	22.07	8.7
अन्य	178	93.59	35.6
कोऑपरेटिव कंपनी	53	40.10	15.3
कुल	340	262.55	100.00

स्रोत—कमेटी ऑफ इन्क्वायरी ऑन इंडस्ट्रियल लाइसेंसिंग पॉलिसी, रिपोर्ट, 1969।

ऊपर की तालिका दरशाती है कि 1956 और 1966 के वर्षों में आई.एफ.सी.आई. ने कुल 262.55 करोड़ रुपए उधार दिए। इस रकम और इसमें से 95 करोड़ रुपए से ज्यादा या कुल ऋण का 36 प्रतिशत से ज्यादा रकम बड़े औद्योगिक घरानों के पास चली गई, जिनकी संख्या 89 थी। 12 करोड़ रुपए सेकंड बैंकिंग (द्वितीयक दर्जे) की बड़ी कंपनियों को गया, जो कुल ऋण का 4.5 प्रतिशत था। इन द्वितीयक दर्जे की कंपनियों की कुल संख्या 8 थी। 22.7 करोड़ रुपए या कुल उधार का 8 प्रतिशत 12 बड़ी स्वतंत्र कंपनियों के हिस्से में गया। इस प्रकार संपूर्ण उधार दी गई रकम का 50 प्रतिशत 109 कंपनियों को मिला, जिनका आकार बड़ी कंपनियों का था, और 178 कंपनियाँ, जिनका आकार बड़ा नहीं था, उन्हें 94 करोड़ रुपए मिले, जिसमें वह 4 करोड़ रुपए भी शामिल था, जो 4 सार्वजनिक क्षेत्र की कंपनियों को मिला था। अगर चीनी मिलों और सूती बुनाई मिलों आदि जैसी कोऑपरेटिव संस्थाओं को मिलनेवाली मदद को निकाल दिया जाए, तब कुल उधार का 43 प्रतिशत बड़े औद्योगिक घरानों को, 5 प्रतिशत द्वितीयक दर्जे की कंपनियों को और 10 प्रतिशत स्वतंत्र कंपनियों के हिस्से में चला गया था। इस प्रकार आई.एफ.सी.आई. द्वारा उधार दी गई कुल रकम का 58 प्रतिशत बड़ी कंपनियों के हिस्से में चला गया था।

नीचे की तालिका दरशाती है कि आई.एफ.सी.आई. द्वारा उधार दी गई रकम विभिन्न औद्योगिक घरानों को कितनी और किस प्रतिशत में मिली थी—

तालिका नं. VII-2

आई.एफ.सी.आई. द्वारा दी गई कर्ज की रकम का कुछ खास औद्योगिक घरानों में वितरण

क्रम	बड़े औद्योगिक घराने	कर्ज (करोड़ रु.)	प्रतिशत
1	ए.सी.सी.	3.10	1.2
2	बांगड़	—	—
3	बिड़ला	11.89	4.5
4	जे.के. सिंघानिया	6.93	2.6
5	मफत लाल	4.10	1.6
6	टाटा	3.51	1.3
7	बजाज	2.72	1.0
8	चिन्नाया	2.93	1.1
9	इंदिरा सिंह	6.32	2.4
10	किर्लोस्कर	2.73	1.0

11	महेंद्रा ऐंड महेंद्रा	4.61	1.8
12	मोदी	3.65	1.4
13	नायडू	11.89	4.5
14	पेयरी	3.73	1.4
15	पेयरी (सेकंड रैंक)	9.76	3.7
16	शेशई	3.16	1.2
17	शांति प्रसाद जैन	3.03	1.3

स्रोत—ऊपरोद्धृत।

ऊपर की तालिका दरशाती है कि आई.एफ.सी.आई. द्वारा दिए कर्ज का बड़ा भाग बड़े औद्योगिक घरानों को गया। तालिका में वर्णित औद्योगिक घरानों में से 18 कंपनियाँ कुल कर्ज दी गई राशि का 29 प्रतिशत ले गईं। इसमें पेयरी ग्रुप की कंपनियाँ 13.5 करोड़ कर्ज के साथ शिखर पर थीं और उसके बाद 11.9 करोड़ रुपए के साथ बिड़ला ग्रुप दूसरे स्थान पर था।

इस कर्ज का दूसरा चिंतनीय तथ्य यह था कि 50 लाख रुपए से ज्यादा कर्ज लेनेवालों में यह कर्ज की रकम केंद्रित होकर 91 करोड़ रुपए या कुल कर्ज का 60 प्रतिशत हो जाती थी। यह भारतीय मुद्रा में दिए जानेवाले कर्ज की स्थिति थी, मगर जो कर्ज विदेशी मुद्रा में दिया गया, उसका संकेंद्रण बड़े औद्योगिक घरानों में इसकी अपेक्षा और ज्यादा केंद्रित था। विदेशी मुद्रा में कर्ज की माँग करते हुए 104 आवेदन–पत्र इस निगम के पास आए और उनमें से महज 9 आवेदन–पत्रों को उसके लिए स्वीकृति दी गई और उन्हें 16 करोड़ का कर्ज विदेशी मुद्रा में दिया गया, जो विदेशी मुद्रा में निगम द्वारा दिए गए कुल कर्ज का 40 प्रतिशत था।

ऐसा क्योंकर हुआ कि वित्तीय निगमों द्वारा दिए गए कर्ज की बड़ी रकम बड़े औद्योगिक घरानों और कंपनियों के पास चली गई? इसका जवाब बड़ा सीधा, मगर आश्चर्यचकित करनेवाला था। ऐसा इसलिए हुआ कि इन वित्तीय निगमों के बोर्ड ऑफ डायरेक्टरों में इन्हीं बड़े घरानों और बड़ी कंपनियों के नुमाइंदों को रखा गया था, जो बड़ी आसानी से अपने में सामंजस्य बैठा, उन कंपनियों की तरफ कर्ज की रकम को प्रवाहित कर दिए जाने संबंधी फैसले कर दिया करते थे, जिनसे वे संबंधित थे। साधन तो सरकारी था, मगर इस तरह के प्रबंधन उसे इजारेदारों की चाकरी में लगा दिया करता था। आई.एफ.सी.आई. के डायरेक्टरों ने 14 करोड़ रुपए के कर्ज को उन 23 कंपनियों की तरफ प्रवाहित कर दिया, जिससे वे संबंधित थे। यह निगम द्वारा वितरित कुल कर्ज–

राशि का 8 प्रतिशत होती थी, जो कंपनियाँ इनसे संबंधित नहीं रहती थीं, उनके कर्ज की माँग के आवेदनो को एकमुश्त, समूह में अस्वीकृत कर दिया जाता था।

एक अन्य वित्तीय संस्था जिसकी स्थापना औद्योगिक उधार और निवेश के कार्यों को तेज करने के लिए 1955 में कंपनी कानून के अंदर की गई, वह था इंडस्ट्रियल क्रेडिट ऐंड इनवेस्टमेंट कॉरपोरेशन ऑफ इंडिया (आई.सी.आई.सी.आई. इसके कार्य के रूप में निर्धारित वित्तीय क्रिया-कलाप विभिन्न तरह के थे, जैसे—भारतीय और विदेशी मुद्रा में 'टर्म लोन' और 'दीर्घकालिक कर्ज' दोनों देना, शेयरों और डिबेंचरों को जारी करना और खरीदना आदि। इस तरह की अन्य वित्तीय संस्थानों से इसकी भिन्नता इसके गठन की प्रक्रिया में देखी जा सकती है। इसका नियंत्रण और स्वामित्व निजी हाथों में था। इसके शेयरों के एक-तिहाई भाग का धारक एल.आई.सी., यू.टी.आई. और सार्वजनिक क्षेत्र के बैंक हैं। एक-चौथाई शेयर विदेशियों द्वारा धारण किए जाते हैं और बाकी बचे शेयरों के धारक बड़े घरानों के हैं और अन्य हैं। इसके बोर्ड ऑफ डायरेक्टरों में सभी बड़े औद्योगिक घराने के नुमाइंदे हैं, सिवा एक अपवाद के, जिसे सरकार बहाल करती है। सरकार इन बड़े औद्योगिक घरानों पर तो इस कदर मेहरबान है कि इसके कुल शेयरों का एक-तिहाई भाग पर नियंत्रण करनेवाली संस्थानों को इसके बोर्ड ऑफ डायरेक्टरों में एक भी सदस्य को रखने की अनुमति सरकार ने नहीं दी है। एल.आई.सी. के राष्ट्रीयकरण के समय सरकार ने इन बड़े औद्योगिक घरानों को आश्वस्त किया था कि एल.आई.सी. के नुमाइंदे को सरकार इसके बोर्ड ऑफ डायरेक्टरों में शामिल करने की अनुमति नहीं देगी। सरकार पूरी निष्ठा के साथ इनको दिए गए वचनों का पालन करती आ रही है और इसके प्रबंधन में किसी भी तरह का हस्तक्षेप नहीं किया है। इसके बोर्ड ऑफ डायरेक्टरों में बिड़ला, टाटा, कस्तूरभाई, कलाम, गोयनका आदि के ही नुमाइंदे हैं। इसके बोर्ड ऑफ डायरेक्टरों के कुल 13 सदस्यों में से 6 बड़े औद्योगिक घरानों के नुमाइंदे, 6 अन्य कॉरपोरेट समूहों के नुमाइंदे और एक सरकार द्वारा बहाल सदस्य है। सरकार द्वारा बहाल सदस्य की भूमिका इन्हीं की कठपुतली के जैसी ही होती है।

आई.सी.आई.सी.आई. वास्तव में इस बात का एक नमूना है कि बड़े औद्योगिक घरानों के प्रति सरकार की नीति कितनी झुक गई थी और किस हद तक सरकार उन्हें लीक से हटकर भी, फायदा पहुँचाने की तरफ प्रतिबद्ध हो गई थी। इस वित्तीय संस्था को इसके निर्माण वर्ष में ही सरकार द्वारा 7.5 करोड़ रुपए बिना किसी सूद लेने की शर्त पर दिया गया था। इस रकम की अदायगी आई.सी.आई.सी.आई. को 15 साल बाद करनी थी, जो 15 वर्षों में 15 किस्तों में वापस किया जाना था। आश्चर्य की बात यह थी कि गरीब आबादी, दस्तकारों, मजदूरों और किसानों से संबंधित सहकारी समितियों को कभी भी एक छोटी रकम भी सरकार ने बिना सूद के नहीं दी थी, मगर इन बड़े

औद्योगिक घरानों और कॉरपोरेट समूहों पर सरकार इतनी मेहरबान थी कि एक भारी रकम बिना ब्याज के ही दे दी। नीचे की तालिका दरशाती है कि कर्ज देने के संबंध में आई.सी.आई.सी.आई. ने किस तरह की नीति का अनुगमन किया—

तालिका नं. VII-3

आई.सी.आई.सी.आई. द्वारा दी गई कर्ज की राशि

ब्योरा	कंपनियाँ नंबर	दी गई प्रतिशत	कर्ज की राशि	कर्ज प्रतिशत (करोड़ रु.)
बड़े औद्योगिक घराने	167	39.3	85.42	49.7
सेकंड रैंकिंग कंपनियाँ	10	2.4	5.24	3.0
निदेशी नियंत्रणाधीन कंपनियाँ	9	2.1	4.47	2.6
स्वतंत्र बड़ी कंपनियाँ	21	4.9	18.21	10.6
अन्यान्य	218	51.3	52.52	34.1
कुल	425	100.00	171.96	100.00

स्रोत—ऊपरोद्धृत।

ऊपर की तालिका दरशाती है कि आई.सी.आई.सी.आई. ने 1956 और 1966 के बीच विभिन्न तरह के कर्जों में 172 करोड़ रुपए दिए। इस रकम में 80 प्रतिशत कर्ज था, 20 प्रतिशत कर्ज भारतीय रुपए में दिया गया था और 60 प्रतिशत विदेशी मुद्रा में दिया गया। इसे इंटरनेशनल बैंक ऑफ रिकंस्ट्रक्शन ऐंड डेवलपमेंट से भी कर्ज मिला, जिसके कारण इसके पास पर्याप्त विदेशी मुद्रा की उपलब्धता थी। वास्तविकता यही थी कि खानगी प्रबंधन में इसका गठन इंटरनेशनल बैंक ऑफ रिकंस्ट्रक्शन ऐंड डेवलपमेंट के आदेश पर ही हुआ था, इसी कारण सार्वजनिक वित्त की इसमें बहुलता के बावजूद इसका प्रबंधन खानगी क्षेत्र को दे दिया गया।

यहाँ भी देखा जा सकता है कि इसके द्वारा उधार दी गई रकम का आधा के करीब, जो 85 करोड़ रुपए होता था, बड़े औद्योगिक घरानों को ही दिया गया था और उनकी सेकंड रैंकिंग कंपनियों के हिस्से में इसकी कर्ज-राशि का 2 प्रतिशत था। इन बड़े औद्योगिक घरानों की कंपनियों में से 20 सबसे बड़ी कंपनियों ने कुल कर्ज दी गई राशि का 28 प्रतिशत प्राप्त किया था। विदेशी नियंत्रणाधीन कंपनियों का इस कर्ज में हिस्सा 4.5 करोड़ रुपए का था और यह आँकड़ा बड़ी स्वतंत्र कंपनियों के लिए 18 करोड़ रुपए था, जो कुल कर्ज दी गई राशि का 11 प्रतिशत होता था। इस प्रकार आई.सी.आई.सी.आई. बैंक द्वारा आवंटित कर्ज-राशि का दो-तिहाई हिस्सा, या 66 प्रतिशत, बड़ी कंपनियों,

उनकी सेकंड रैंकिंग कंपनियों, विदेशी नियंत्रणाधीन कंपनियों और बड़ी स्वतंत्र कंपनियों के ही जिम्मे चला गया था। इस तरह आई.सी.आई.सी.आई. बैंक द्वारा दिए गए कर्ज का बड़ा भाग बड़े औद्योगिक घरानों के हिस्से में चला जाना कोई आश्चर्य की घटना नहीं थी, क्योंकि जिस तरह से इसका प्रबंधन था, उसमें इससे अन्यथा परिणाम की आशा नहीं की जा सकती थी। कर्ज की बड़ी रकम उन्हीं बड़ी कंपनियों के हिस्से में गई थी, जिनके प्रतिनिधि इस बैंक के बोर्ड ऑफ डायरेक्टरों में थे।

तालिका नं. VII-4

आई.सी.आई.सी.आई. बैंक द्वारा औद्योगिक घरानों को दिए गए कर्ज

क्रम	औद्योगिक घराने	कंपनियों की संख्या	कर्ज की रकम (करोड़ रु.)	प्रतिशत
1	ए.सी.सी.	1	4.76	2.8
2	एंड्रयू	2	1.89	1.9
3	बांगड़	7	2.70	1.6
4	बिड़ला	19	8.66	5.0
5	मफत लाल	11	5.65	3.3
6	सारा भाई	3	2.46	1.4
7	सिंधिया	1	3.39	2.0
8	टाटा	15	6.69	3.9
9	बालचंद	5	2.12	1.2
10	थापर	2	1.77	1.0
11	बजाज	4	3.49	2.0
12	कस्तूरभाई	10	3.48	2.0
13	खटाऊँ	4	4.30	2.5
14	किर्लोस्कर	5	2.87	1.7
15	महेंद्रा ऐंड महेंद्रा	2	2.48	1.4
16	पेयरी (सेकंड रैंक)	1	2.78	1.6
17	शेशाई	3	2.48	1.4
18	कुल बड़े घराने	425	85.42	49.7

स्रोत—ऊपरोद्धृत।

ऊपर की तालिका दिखाती है कि इन बड़ी कंपनियों को दी गई राशि कितनी बड़ी है। इनमें से 16 कंपनियों को दी गई 60 करोड़ रुपए की राशि कुल दिए गए कर्ज का करीब एक–तिहाई से भी ज्यादा है। इनमें से कुल का 5 प्रतिशत केवल बिड़ला को चला गया है और उसके बाद टाटा को 4 प्रतिशत मिला है। चार बड़े औद्योगिक घराने—बिड़ला, टाटा, मफत लाल और ए.सी.सी. को, उनकी 40 कंपनियों के जरिए 26 करोड़ रुपए मिला है, जो कुल कर्ज का 15 प्रतिशत है, इसके बाद बाकी 379 कंपनियों को बाकी रकमें मिली हैं।

तालिका में दिए गए आँकड़ों का अगर विश्लेषण किया जाए, तब बड़े ही चौंकानेवाले तथ्य सामने आते हैं, क्योंकि 80 प्रतिशत कर्ज–राशि उन बड़े औद्योगिक घरानों को मिल गई थी, जिनमें से प्रत्येक को 50 लाख रुपए या उससे ज्यादा की रकम दी गई थी।

12 आवेदन पत्र जो प्रत्येक 50 लाख रुपए के लिए था, उन्हें कुल कर्ज–राशि का एक–तिहाई से ज्यादा मिल गया था। यह रकम भारतीय मुद्रा में भुगतान की गई थी। यह दरशा रहा था कि कर्ज की बड़ी राशि बड़े औद्योगिक घरानों के पास चली गई।

दूसरा तथ्य था कि यह बैंक सीधे विश्व बैंक से कर्ज पाता था और जो विदेशी मुद्रा में मिलती था, उसका भी 60 प्रतिशत कर्ज के रूप में इन्हीं बड़े औद्योगिक घरानों को दे दिया गया। विदेशी मुद्रा में दिए जानेवाले कर्ज का 54 करोड़ रुपए उन कंपनियों को दिया गया, जिनमें से प्रत्येक के आवेदन 50 लाख रुपए के लिए थे। इस प्रकार विदेशी मुद्रा में दिए गए कर्ज का 70 प्रतिशत इन बड़ी कंपनियों को मिल गया। शेयरों और डिबेंचरों के मामले में भी बड़ी कंपनियों के पक्ष में ही रवैया अख्तियार किया गया।

इन 425 कंपनियों में से 47 कंपनियाँ, जिन्हें कर्ज की बड़ी–बड़ी रकमें प्राप्त हुईं, वे थीं, जिनके प्रतिनिधि इस बैंक के बोर्ड ऑफ डायरेक्टर्स में थे और इनका कंपनियों से प्रत्यक्ष या परोक्ष रूप में स्वार्थ जुड़ा हुआ था। इन कंपनियों को 34 करोड़ रुपए का कर्ज मिला, जो आई.सी.आई.सी.आई. बैंक द्वारा प्रदत्त कुल कर्ज का पाँचवाँ भाग था, जिन कंपनियों का स्वार्थ बोर्ड ऑफ डायरेक्टर्स से जुड़ा हुआ था, उनमें 34 कंपनियाँ बड़े औद्योगिक घरानों से संबद्ध थीं, 8 स्वतंत्र बड़ी कंपनियाँ थीं और मात्र 5 ही ऐसी थीं, जिन्हें बड़ी कंपनी नहीं कहा जा सकता था। जिन 34 कंपनियों का संबंध बोर्ड ऑफ डायरेक्टर्स से जुड़ा था, वे इस कर्ज का तीन–चौथाई भाग ले गईं। इन 34 बड़ी कंपनियों में से भी सिर्फ 4 कंपनियाँ ही 15 करोड़ रुपए ले गईं, जो बड़ी कंपनियों को दिए गए कर्ज का 43 प्रतिशत होता था। बैंक के बोर्ड ऑफ डायरेक्टरों ने न सिर्फ अपनी कंपनियों के लिए ही कर्जों की बड़ी रकमें उपलब्ध कराईं, बल्कि उन

कंपनियों के लिए भी ऐसा ही किया, जो उनकी चाहत की थीं (most favoured)। ऊपर के आँकड़ों का मूल्यांकन बताता है कि 27 करोड़ रुपए 7 बड़े औद्योगिक घरानों की 55 कंपनियों को दिया गया, जिनमें 19 कंपनियाँ बिड़ला ग्रुप की थीं, जो 8.7 करोड़ रुपए के साथ सबसे शिखर पर थीं, इसके बाद टाटा ग्रुप की 15 कंपनियाँ 6.6 करोड़ रुपए के साथ दूसरे स्थान पर थीं। बैंक के कुल कर्ज का दसवाँ भाग इन्हीं दो घरानों की कंपनियों ने हड़प लिया। जिन आवेदनों को कर्ज देने से अस्वीकृत कर दिया गया, वह कुल आवेदनों का (जो कर्ज के लिए दिए गए थे) 80 प्रतिशत थे।

विडंबना यह थी कि वित्तीय संस्थाएँ औद्योगिक पूँजी को उपलब्ध कराने के लिए सार्वजनिक धन से गठित की गई थीं, परंतु इसका लाभ बड़े औद्योगिक घराने ले गए। इन्होंने इनके सहारे अपनी पूँजी का विकास किया, अपने को एकाधिकार (Monopoly) करके साम्राज्यवादी वित्तीय पूँजी से अपना संबंध जोड़ लिया। इसी पूँजी ने भारत की स्वावलंबी विकास की आर्थिक नीति का विरोध करते हुए अंततः उसे नव-उदारवादी विकास नीति को अपनाए जाने का रास्ता प्रशस्त किया। इस तरह एक ऐसा आर्थिक खेल होता गया, जो नव-उपनिवेशवादी शोषण के तरीकों से समूचे विकासशील देशों के ऊपर लादे जाने की एक साजिश के रूप में सामने आया।

द्वितीय पंचवर्षीय योजना काल 1964 में उद्योगों, कल-कारखानों की वित्तीय मदद के लिए भारतीय औद्योगिक विकास बैंक (Industrial Development Bank of India) की स्थापना की गई। द्वितीय पंचवर्षीय योजना में औद्योगिकीकरण को सर्वोच्च प्राथमिकतावाले स्थान पर रखा गया था। इस बैंक को (Industrial development Bank of India-IDBI) उधार देने की शर्तों, कर्ज अदायगी, सिक्यूरिटी आदि संबंधी नियमों और कायदों में इसे विशेष अधिकार दिए गए। यह प्रायः दो तरह के कर्जों को देता है—पहला, वित्तीय संस्थाओं को कर्ज देना और दूसरा, उद्योगों, कल-कारखानों को सीधे कर्ज देना। औद्योगिक प्रतिष्ठानों को कर्ज देने का स्वरूप बहुमुखी रखा गया, जैसे—कर्ज, शेयरों और डिबेंचरों की खरीद में वित्तीय सहायता करना, तीसरी पार्टी यानी दूसरी वित्तीय संस्थाओं से किसी औद्योगिक प्रतिष्ठानों द्वारा लिये गए कर्ज के लिये गारंटर बनना आदि।

1964 में स्थापना के बाद से 1966 तक के काल में इस बैंक ने 93 करोड़ रुपए का सीधा कर्ज जारी किया, जिसमें से 64 करोड़ रुपए कर्ज, 14 करोड़ रुपए शेयरों और बॉण्डों की खरीद पर कर्ज दिया और 13 करोड़ रुपए गारंटी के एवज में दिया। नीचे की तालिका दरशाती है कि किस कोटि की कंपनियों को यह कर्ज दिया गया—

तालिका नं. VII-5

आई.डी.बी.आई. (IDBI) द्वारा दिया गया कर्ज

कंपनियों की किस्में	कंपनियों की संख्या	दिया गया कर्ज करोड़ रु.	प्रतिशत
बड़े औद्योगिक घराने	21	38.42	41.3
सेकंड रैंकिग कंपनी	1	7.00	7.5
विदेश नियंत्रित कंपनी	1	0.03	0.3
स्वतंत्र बड़ी कंपनियाँ	4	4.3	4.6
अन्यान्य	44	42.98	46.3
कुल	71	92.95	100.00

स्रोत—ऊपरोद्धृत।

ऊपर की तालिका स्पष्ट रूप से दरशाती है कि 38.4 करोड़ रुपए, या 41 प्रतिशत, कुल दिए गए कर्ज का बहाव सिर्फ 21 बड़े औद्योगिक घरानों की तरफ हो गया और आई.डी.बी.आई. द्वारा दिए गए कुल कर्ज का 34 प्रतिशत 20 बड़े औद्योगिक घरानों के पास चला गया। इसके अलावा इनकी सेकंड रैंकिंग कंपनियों को कुल देय कर्ज का 7.5 प्रतिशत मिल गया और 4 स्वतंत्र बड़ी कंपनियों को 4.3 करोड़ रुपए मिले, जो कुल दिए कर्ज की राशि का 4.6 प्रतिशत था। इन तीनों को मिले कर्ज का योगफल 50 करोड़ रुपए या कुल कर्ज दी गई राशि का 53 प्रतिशत हो जाता है। इन बड़े औद्योगिक घरानों को व्यक्तिगत रूप में जो राशि मिली, उसका विवरण नीचे की तालिका दरशा देती है—

तालिका नं. (VII-6)

कुछ चुनिंदा बड़े औद्योगिक घरानों का आई.डी.बी.आई. (IDBI) द्वारा दिया गया कर्ज में हिस्सा

क्रम	व्यक्तिगत घराने	कंपनियों की संख्या	कुल दिया गया कर्ज (रु. करोड़ में)	प्रतिशत
1	ए.सी.सी.	1	5.0	5.4
2	गोयनका	3	2.2	2.4
3	बिड़ला	4	5.1	5.5
4	मफत लाल	3	13.5	14.5
5	मार्टिन बर्न	1	5.00	5.0
6	पेयरी (सेकंड रैंक)	1	7.00	7.5

7	पेयरी	2	4.40	4.7
8	शेशाई	1	0.95	1.0
9	योगा	15	3.68	—
कुल		71	92.05	100.00

स्रोत—ऊपरोद्धृत।

नोट—ऊपर की तालिका कुछ चुनिंदा कंपनियों का ही विवरण देती है, कुल का नहीं।

ऊपर की तालिका दरशाती है कि आई.डी.बी.आई. द्वारा प्रदत्त कर्ज-राशि से सबसे ज्यादा लाभान्वित तीन कंपनियाँ क्रमशः मफत लाल ग्रुप, 13.50 करोड़ रुपए या 14.5 प्रतिशत कुल दिए गए कर्ज में से प्राप्त कर लिया। इसके बाद पेयरी ग्रुप की तीन कंपनियाँ, जिसमें इसके सेकंड रैंकिंग ग्रुप की एक कंपनी भी शामिल थी, 11.3 करोड़ रुपए या इस बैंक के द्वारा दी गई कर्ज-राशि का 12.2 प्रतिशत के साथ दूसरे स्थान पर थीं। बिड़ला ग्रुप की 4 कंपनियाँ 5 करोड़ रुपए या इस बैंक द्वारा दी गई कुल कर्ज-राशि का 5.5 प्रतिशत को हड़प ले गईं। इसके बाद ए.सी.सी. और मार्टिन बर्न, आई.डी.बी.आई. द्वारा दिए गए कुल कर्ज का 5 प्रतिशत प्रत्येक ने ले लिया। चूँकि आई.डी.बी.आई. बैंक सभी वित्तीय संस्थाओं की शीर्षस्थ (apex) संस्था थी, इस कारण इसके द्वारा प्रदत्त कर्ज की राशि उन सभी वित्तीय संस्थाओं से, जिन्होंने बड़े औद्योगिक घरानों को कर्ज दिया था, बड़ी रकम थी। कर्ज के लिए दिए गए 6 आवेदन-पत्रों जो प्रत्येक 50 लाख या इससे ज्यादा के लिए दिए गए थे, 8.9 करोड़ झटक लिये। दूसरी तरफ 30 आवेदन-पत्रों, जिनमें से प्रत्येक ने 10 लाख रुपए की माँग की थी, उन सबों को मात्र 2 करोड़ रुपए ही मिल सका।

आई.डी.बी.आई. (IDBI) बैंक के बोर्ड ऑफ डायरेक्टर्स में से कुछ के 11 कंपनियों के साथ स्वार्थ संलग्न थे। इन 11 कंपनियों को बैंक द्वारा 49 करोड़ रुपए मिल गए, जो बैंक द्वारा दिए गए कुल कर्ज का 53 प्रतिशत होता था। पाँच बड़े औद्योगिक घरानों की 7 कंपनियों को बैंक द्वारा दिए गए कुल कर्ज का एक-चौथाई भाग मिल गया और इनमें से भी मफत लाल ग्रुप की 3 कंपनियाँ दिए गए कर्ज का 15 प्रतिशत हड़प ले गईं 150 उन आवेदन-पत्रों में से जिन्हें कर्ज नहीं दिया गया, 85 आवेदन-पत्र ऐसे थे, जिनमें से प्रत्येक ने 20 लाख रुपए से कम की माँगें की थीं। जिन कंपनियों को आई.डी.बी.आई. ने कर्ज दिया, उन सब का स्थापना खर्च (Installation cost) कुल 460 करोड़ रुपए था और उसमें से 93 करोड़ या उससे ज्यादा ही आई.डी.बी.आई. बैंक ने अकेले दे दिया। यह रकम उनकी स्थापना कीमत के पाँचवें हिस्से से ज्यादा ही थी। इन

सभी कंपनियों को 15 करोड़ रुपए सरकार के द्वारा उपलब्ध कराए गए थे, जो स्थापना खर्च का 3.2 प्रतिशत होता था। सरकार द्वारा दी गई राशि और आई.डी.बी.आई. द्वारा इन्हें दिए गए कर्ज का कुल योगफल इन कंपनियों की स्थापना कीमत का एक-चौथाई हो जाता था। इसके अलावा कई अन्य वित्तीय संस्थाओं ने इन कंपनियों को सहायता दी थी। अगर सबों का योगफल देखा जाएगा, तब यह राशि काफी बड़ी हो जाती है। इन कंपनियों में से ज्यादातर ऐसी थीं, जिनके प्रोमोटरों की अपनी रकमें, जिसे उन्होंने इनमें लगाया था, 14 प्रतिशत से भी कम थीं, बाकी 86 प्रतिशत से ज्यादा रकम सरकार या विभिन्न सार्वजनिक वित्तीय संस्थाओं, सरकारी वित्तीय निगमों द्वारा दी गई राशि ही थी।

वित्त निगमों की स्थिति

स्वतंत्र भारत की विकास प्रक्रिया में लघु एवं मध्यम उद्योगों को आर्थिक विकास में महत्त्वपूर्ण घटक के रूप में स्वीकार करते हुए इन्हें वित्तीय सहायता देने के लिए राज्यों में वित्त निगमों की स्थापना का प्रावधान स्टेट वित्त निगम अधिनियम, 1952 में लाया गया। इनका उद्‌देश्य रखा गया था छोटे और मझोले उद्योगों को वित्तीय सहायता प्रदान करना। 1956 तक विभिन्न राज्यों में इनकी संख्या 12 थी, जो 1958 में बढ़कर 18 हो गई। 1956 से 1966 तक इन वित्त निगमों ने 13 करोड़ रुपए कर्ज के रूप में दिया। इन वित्तीय निगमों के गठन का, अन्य कई मकसदों के अलावा, एक अतिशय महत्त्वपूर्ण मकसद यह था कि वे अपनी कर्ज-नीति का निर्धारण इस तरह से करेंगे, जिससे राज्यों में विद्यमान क्षेत्रीय आर्थिक असमानता को कम किया जा सके, मगर देखा जाए, तो इन्होंने अपनी कर्ज-नीति को ठीक इसके उलटा चलाया। इन वित्त निगमों द्वारा दिए गए कर्ज का करीब-करीब 50 प्रतिशत सिर्फ दो ही राज्यों महाराष्ट्र और तमिलनाडु के पास चला गया। महाराष्ट्र में इन निगमों द्वारा दिए गए कर्ज का आधा भाग तो प्रति इकाई औसत 5 लाख रुपए या इससे थोड़ा ही कम था। इसी अवधि में कुछ राज्यों, जैसे—उत्तर प्रदेश में इन निगमों का कर्ज निष्पादन बड़ा ही निराशाजनक रहा—1966 के पूर्व के 10 वर्षों में उत्तर प्रदेश को इन निगमों ने मात्र 4.6 करोड़ रुपए ही प्रदान किया, जबकि इसी अवधि में तमिलनाडु में दिया गया कर्ज 40.8 करोड़ रुपए था और इसके बाद महाराष्ट्र का स्थान था, जिसे 26 करोड़ रुपए और पंजाब को 12 करोड़ रुपए प्राप्त हुए। इन निगमों का एक आश्चर्यचकित करनेवाला तथ्य यह भी था कि इन्होंने अपनी कुल कर्ज-राशि का 80 प्रतिशत मझोले और बड़े उद्योगों को ही दे दिया। जिन्हें इनके कर्ज का 80 प्रतिशत भाग मिला, वे लघु उद्योगों की तरह कभी भी वित्तीय संकट में नहीं रहे थे। बड़े औद्योगिक घरानों और लघु उद्योगों को कितनी राशि मिली, इसका विवरण नीचे की तालिका दरशाती है—

तालिका नं. (VII-7)
राज्यों के वित्तीय निगमों द्वारा दिया गया कर्ज

क्र.	कंपनियों के प्रकार/किस्में	कंपनियों की संख्या	दिया गया कर्ज (रु. करोड़ में)	प्रतिशत
1.	बड़े औद्योगिक घराने	62	12.97	15.7
2.	सेकंड रैंकिंग कंपनियाँ	9	0.76	0.9
3.	अपेक्षाकृत बड़े औद्योगिक घराने	22	2.41	3.0
4.	स्वतंत्र बड़ी कंपनियाँ	6	1.32	1.6
5.	अन्यान्य	440	68.61	81.8
6.	15 लाख से ज्यादा पानेवाले (कुल 1+2+4+5)	517	33.66	100.00
7.	जिन्हें 15 लाख से कम मिला	उपलब्ध नहीं	19.94	—

स्रोत—ऊपरोद्धृत।

इन निगमों ने 13 करोड़ रुपए को जिन 62 बड़े औद्योगिक घरानों को दिया, वह इनके द्वारा दिए गए कुल कर्ज का करीब 16 प्रतिशत था। इसके अलावा अपेक्षाकृत और बड़ी कंपनियों को इन्होंने 24 करोड़ रुपए दिए, जो इनकी कुल कर्ज-राशि का 3 प्रतिशत था। इसके अलावा इनकी सेकंड रैंकिंग बड़ी कंपनियों को 75 लाख रुपए दिए गए और स्वतंत्र बड़ी कंपनियों को 1.3 करोड़ रुपए दिए गए, जो इनके द्वारा कुल दी गई कर्ज-राशि का 1.6 प्रतिशत था। इसके बाद बची 440 संस्थाओं को 69 करोड़ रुपए मिले, जो इन निगमों द्वारा दिए गए कर्ज का 82 प्रतिशत था। देखा जा सकता है कि इन निगमों द्वारा दिए गए कर्ज का पाँचवाँ हिस्सा बड़े औद्योगिक घराने, इनकी सेकंड रैंकिंग कंपनियों और स्वतंत्र बड़ी कंपनियों को मिल गया। कोऑपरेटिव सोसाइटियों को 72 लाख रुपए की एक तुच्छ राशि मिली और सार्वजनिक क्षेत्र की 3 इकाइयों को मात्र 36 लाख रुपए से ही संतोष करना पड़ा। रंगास्वामी नायडू और शेशाई को विशेष महत्त्व दिया गया और इन्हें कुल कर्ज का 5 प्रतिशत दे दिया गया और अन्य औद्योगिक घरानों में प्रत्येक अलग-अलग एक प्रतिशत से ज्यादा कोई नहीं पा सका। इन निगमों ने 18 करोड़ रुपए, या अपने कुल कर्ज का 22 प्रतिशत उन 67 संस्थाओं को दे दिया, जिनका स्वार्थ इनके बोर्ड ऑफ डायरेक्टरों से संबद्ध था।

कर्ज के लिए किए गए उन आवेदनों को, जिन्हें नामंजूर कर दिया गया, वे प्राय: लघु उद्योगों के थे। जिन 39 बड़ी कंपनियों के कर्ज आवेदन नामंजूर किए गए, वे

कुल स्वीकृत आवेदनों के मात्र 5.6 प्रतिशत थे। इनके अलावा जिन 657 आवेदनों को अस्वीकृत किया गया, उनमें से प्रत्येक की कर्ज-माँग 10 लाख रुपए से नीचे ही की थी।

इन निगमों ने जो वित्तीय सहायता दी, उनमें 30 प्रतिशत योजनागत खर्चे के लिए दिया, जो कुल रकम 84 करोड़ रुपए थी। 517 और कंपनियों, जिन्हें वित्तीय मदद दी गई, का कुल योजनागत खर्च (Planned cost) 277 करोड़ रुपए की थी। बड़े औद्योगिक घरानों की 22 स्कीमों के लिए इन निगमों की वित्तीय सहायता कुल खर्च की 22 प्रतिशत था।

इन निगमों द्वारा दिए गए कर्ज का अगर मात्रात्मक विश्लेषण किया जाए, तब पता चलंता है कि कुल 30 करोड़ रुपए, 524 उन कंपनियों को दिए गए, जिनके आवेदन 10 लाख रुपए प्रत्येक से कम कर्ज के लिए थे, मगर 3 आवेदनों जो प्रत्येक 50 लाख रुपए से ज्यादा के लिए थे, उन्हें दो करोड़ रुपए दिए गए और 10 आवेदनों, जो प्रत्येक 20 से 50 लाख रुपए के लिए थे, उन्हें 1 करोड़ रुपए मिले।

औद्योगिक क्रियाकलापों को बढ़ावा देने के लिए स्टेट इंडस्ट्रियल डेवलपमेंट कॉरपोरेशंस (State Industrial Development Corporations) की कर्ज-नीति भी इनसे भिन्न नहीं थी। 1966 तक स्टेट इंडस्ट्रियल डेवलपमेंट कॉरपोरेशंस (SIDC) ने 17 करोड़ रुपए 88 कंपनियों को दिए। इस कर्ज में बड़े औद्योगिक घरानों और स्वतंत्र बड़ी कंपनियों का हिस्सा 16 प्रतिशत था और इनमें मात्र एक पेयरी ग्रुप की कंपनियों का हिस्सा 5.8 प्रतिशत का था। इसमें विशुद्ध 50 प्रतिशत कुल कर्ज का अंडरराइटिंग के रूप में था, जिसमें से एक-चौथाई, जो शेयरों के रूप में जारी किया गया, उसे बड़े औद्योगिक घरानों ने ही हड़प लिया।

यद्यपि एस.आई.डी.सी. द्वारा कर्ज के रूप में जारी रकम अतिशय कम थी, मात्र 17 करोड़ रुपए, मगर 88 कंपनियों का, जिनके प्रोजेक्ट खर्च के लिए रुपए दिए गए, कुल 172 करोड़ रुपए का था और एस.आई.डी.सी. ने जो रकम इन्हें कर्ज में दिया वह इनके प्रोजेक्ट की योजना लागत का 10 प्रतिशत थी। जिन प्रोजेक्टों को एस.आई.डी.सी. ने वित्त प्रदान किया, उनका औसत आकार 2 करोड़ रुपए का था, जो दरशाता है कि एस.आई.डी.सी. ने बड़े प्रोजेक्टों को ही वित्तीय सहायता दी।

ऊपर के विश्लेषण दरशाते हैं कि निगमों और वित्तीय संस्थाओं के निर्माण के द्वारा आर्थिक क्रिया-कलापों को बढ़ावा देने के लिए सरकार की जो नीति पूँजी निर्माण की रही, वह बड़े औद्योगिक घरानों की ही तरफ झुकी हुई थी और लघु उद्योग, लघु व्यापार, कृषि आदि का क्षेत्र उपेक्षित बना रहा। इस प्रकार सरकारी धन को बड़ी कंपनियों की तरफ बहा देने के प्रमुख साधन के रूप में सरकारी निगम रहे और इन्होंने सार्वजनिक धन बड़ी कंपनियों की तरफ बहाकर उनकी अतिरिक्त मूल्य पैदा करने की ताकत को

काफी बढ़ा दिया, क्योंकि उनकी पूँजी का आकार क्रमिक गति से बड़ा होता गया। द्वितीय पंचवर्षीय योजना के पूरा होते-होते भारत के औद्योगिक विकास ने गति तो जरूर पकड़ ली, मगर पूँजी प्रवाह और आर्थिक मदद देने की जो प्रक्रिया रही, वह बड़ी कंपनियों के पक्ष में रही। नतीजा हुआ कि अर्थव्यवस्था में एकाधिकारवाद (Monopoly) की जड़ें मजबूत हो गईं और वित्तीय निगमों और आई.डी.बी.आई. की कर्ज-नीति के कारण तेज गति पकड़ ली।

सीधी सरकारी वित्तीय मदद का तरीका

आर्थिक विकास और औद्योगिकीकरण को बढ़ावा देने के लिए वित्त उपलब्ध कराने का एक अन्य सरकारी तरीका रहा उद्योगों के विकास कार्यों के लिए सीधी सरकारी वित्तीय मदद देना। इस तरह की वित्तीय सहायता केंद्र और राज्यों, दोनों ही सरकारों द्वारा दी जाती रही है। कंपनियों के शेयरों को सीधी वित्तीय मदद केंद्र और राज्य सरकारों के द्वारा दिए जाने के अलावा इन सरकारों ने शेयरों आदि की खरीद-फरोख्त के धंधों को वित्तीय सहायता देने के लिए सार्वजनिक धन से वित्तीय संस्थाओं का निर्माण किया गया है, जैसे—नेशनल इंडस्ट्रियल डेवलपमेंट कॉरपोरेशंस (National Industrial Development Corporation—NIDC) जो टेक्सटाइल और मशीन टूल्स उद्योगों को मदद करता है। इंडस्ट्रियल रिहैबिलिटेशन कॉरपोरेशंस (Industrial Rehabilitation Corporation—IRC), जो उद्योगों की पुनर्स्थापना और आधुनिकीकरण में वित्तीय सहायता देता है, फिल्म फिनांस कॉरपोरेशन (Film Finance Corporation—FFC), जो फिल्म उद्योग को वित्तीय मदद देता है, आदि। इसी काल में पी-एल 480 के प्रावधानों में बदलाव लाया गया और भारत सरकार ने इसे स्वीकार किया, उसके अनुसार एक कोष का निर्माण अमेरिकी निर्यात-आयात बैंक के नियंत्रणाधीन रखा गया। इसके प्रावधान में यह तय किया गया कि भारत में कृषिगत मालों की बिक्री से प्राप्त धन का 25 प्रतिशत अमेरिकी निर्यात-आयात बैंक के नियंत्रणाधीन होगा, जिसे भारत में खानगी/निजी क्षेत्र के उद्योगों के विकास में मदद देगा। अमेरिकी साम्राज्यवाद की यह एक ऐसी कुटिल चाल थी, जिसका लक्ष्य था भारतीय वित्त पर अमेरिका का कब्जा, फिर भी भारत की सरकार ने इसे स्वीकार किया। निजी उद्यमों और बड़ी कंपनियों की तरफ वित्त को प्रवाहित करने का यह भी तरीका इस काल में चलता रहा।

1956 से 1966 के काल में केंद्र सरकार द्वारा 30 करोड़ रुपए 73 कंपनियों के लिए या तो सीधी वित्तीय सहायता या उनके शेयरों में लगाए गए। इसी काल में राज्य सरकारों ने भी 25 करोड़ रुपए सीधी आर्थिक मदद के रूप में उद्योगों को दिया। 1963 तक नेशनल इंडस्ट्रियल डेवलपमेंट बैंक (National Industrial Development

Bank—NIDB) ने 28 करोड़ रुपए की मंजूरी दी और फिर 58 करोड़ रुपए भी कंपनियों को पी-एल 480 के कोष से मिला। 1966 के अंत तक केंद्रीय और राज्य सरकारों द्वारा सीधे वित्तीय सहायता के रूप में कंपनियों को 141 करोड़ 80 लाख रुपए दिए गए और इसके अलावा 52 करोड़ रुपए कंपनियों के शेयरों और डिबेंचरों में लगाया गया। इस तरह की सीधी सरकारी वित्तीय सहायता जिन तथ्यों को सामने लाई, वे नीचे लिखे प्रकार के थे—

केंद्र सरकार द्वारा सीधी वित्तीय मदद के रूप में जो 30 करोड़ रुपए दिए गए, उसमें से 8 करोड़ रुपए या करीब एक-तिहाई भाग, बड़े औद्योगिक घरानों की 82 कंपनियों को मिल गया और इनमें से शीर्ष पर रहनेवाले 20 औद्योगिक घरानों ने इसका एक-चौथाई भाग स्वयं झटक लिया। उस वित्तीय मदद में कोऑपरेटिव सोसाइटीज और सार्वजनिक क्षेत्र की यूनिटों को मात्र 4 प्रतिशत (प्रत्येक को) मिल सका, जो स्वतंत्र बड़ी कंपनियों को मिली रकम से भी कम थी। अन्य फर्मों को उस राशि का 53 प्रतिशत मिला। इस प्रकार कोऑपरेटिव सोसाइटियाँ और सार्वजनिक क्षेत्र की इकाइयों को बुरी तरह से नजरअंदाज किया गया। 8 करोड़ रुपए, जो बड़े औद्योगिक घरानों की 82 कंपनियाँ को मिले, उनमें से बिड़ला ग्रुप ने 22 करोड़ रुपए झटके और इसके बाद टाटा था, जिसे 1.3 करोड़ रुपए मिले।

बिड़ला और टाटा को मिली रकमें सार्वजनिक क्षेत्र और कोऑपरेटिव सोसाइटियों को मिली रकमों से क्रमश: 7 गुना और 4 गुना बड़ी रकम थीं।

जहाँ तक इंडस्ट्रियल कॉरपोरेशन, जिसका गठन उद्योगों की पुनर्स्थापना और आधुनिकीकरण के लिए किया गया था, की बात है, उसके द्वारा भी 28 करोड़ रुपए इस तरह की वित्तीय सहायता के लिए दी गई रकम का 6.7 प्रतिशत भाग अकेले बिड़ला टेक्सटाइल और जूट उद्योग के पास चला गया और शेष रकम 9 जूट और टेक्सटाइल्स की बड़ी कंपनियों को दे दी गई। इसके द्वारा दी गई वित्तीय सहायता का लाभ किसी भी छोटे, लघु या मध्यम दर्जे की औद्योगिक इकाइयों को न मिल सका।

एल.आई.सी.

देखा जा सकता है कि आजादी के बाद एल.आई.सी. कॉरपोरेट पूँजी को बढ़ाने और बढ़ावा देने के एक प्रमुख स्रोत के रूप में सामने आया। 1956 के बाद, जिस वर्ष जब 242 इन्श्योरेंस कंपनियों का राष्ट्रीयकरण करके इसका गठन किया गया, तभी से यह स्टॉक एक्सचेंज मार्केट में एक प्रमुख वित्तीय योगकर्ता के रूप में अपनी भूमिका अदा करता आ रहा है। इसकी यह भूमिका कॉरपोरेट सेक्टर के शेयरों और डिबेंचरों में पूँजी लगाने के साथ-साथ यह इनके गारंटर की भूमिका में रहा। अपने स्थापना काल

में एल.आई.सी. की कुल पेड अप कैपिटल (Paid-up capital) 5 करोड़ रुपए की थी, जो सारी-की-सारी सरकार द्वारा इसे प्रदत्त की गई राशि थी और इसके प्रबंधन के लिए एक 15 सदस्यीय बोर्ड का गठन किया गया था, जो केंद्रीय सरकार द्वारा बहाल किया गया बोर्ड था। मुख्य रूप से दो कारक—शेयरों और डिबेंचरों में इसके विस्तारित बड़े पैमाने के आर्थिक क्रिया-कलाप और 1958 के 'मुद्रा घोटाला 'कांड ने स्पष्ट कर दिया था कि एल.आई.सी. किस तरह बड़ी कंपनियों के पक्ष में काम कर रहा था और इसे किस तरह इससे निजात पाना चाहिए। इस तरह के कांडों के परिणामस्वरूप 1958 में कुछ नियम और कायदे इसके संचालन को ठीक करने के लिए बनाए गए। ये नियम और कायदे दोनों तरह के कार्यों; एल.आई.सी. द्वारा निवेश और कॉरपोरेट पूँजी की तरफ इसके द्वारा पूँजी प्रवाह कराने से संबंधित थे। उन नियमों और निर्देशों में से कुछ महत्त्वपूर्ण निर्देश इस प्रकार से थे—

1. एल.आई.सी. को अपने निवेश को इस तरह करना चाहिए, जिससे इसके पॉलिसी धारकों को सबसे ज्यादा लाभ हो सके,
2. इसके लागत खर्चों का बँटवारा विभिन्न तरह से लगाई गई पूँजी, जैसे उद्योग क्षेत्रों और अन्य तरह के तरीकों के बीच होना चाहिए,
3. शेयरों और डिबेंचरों में पूँजी पूरी तरह से छानबीन और जाँच-पड़ताल के बाद ही लगाई जाए।
4. पूँजी लगाने (Investment) की नीति ऐसी होनी चाहिए, जो व्यापक रूप से देश के आर्थिक और सामाजिक कल्याण की तरफ मुखातिब हो,
5. पूँजी बाजार से क्षणिक लाभवाले कार्यों, जिसमें शेयरों के दलाल रहकर करते हैं, वैसे कार्यों में नहीं, बल्कि इसे विशुद्ध रूप से एक निवेशकर्ता के रूप में ही पूँजी लगानी चाहिए,
6. उस तरह के किसी भी संस्थान (Firm) का प्रबंधन अपने हाथ में नहीं लेना चाहिए, जिसके साथ इसके बोर्ड के सदस्यों का स्वार्थ जुड़ा हुआ है, सिवाय कुछ ऐसे अपवादों के, जहाँ इसे टाला नहीं जा सकता, आदि।

एल.आई.सी. की नियमावली (By-laws) में स्पष्ट लिखा हुआ था कि अपने नियंत्रणाधीन पूँजी का 25 प्रतिशत निश्चित रूप में सरकारी सिक्यूरिटियों में और इसके अलावा 25 प्रतिशत और पूँजी सरकार द्वारा अनुशासित सिक्यूरिटियों में निवेश की जाएगी। यानी इसके द्वारा नियंत्रणाधीन पूँजी का 50 प्रतिशत सरकारी और सरकार द्वारा अनुशंसित सिक्यूरिटियों में लगाया जाएगा। बाकी 50 प्रतिशत पूँजी कहाँ और किस तरह निवेशित होगी, यह भी इसकी नियमावली में वर्णित था।

1956 में जब एल.आई.सी. का राष्ट्रीयकरण किया गया, उस वर्ष इसके द्वारा

शेयरों और डिबेंचरों में कुल 57 करोड़ रुपए लगा था, मगर उसके बाद के वर्षों में इसमें अप्रत्याशित वृद्धि हुई। एतत् संबंधी तथ्य और आँकड़े नीचे की तालिका दरशा रही है—

तालिका नं. (VII-8)

एल.आई.सी. द्वारा निवेश का तरीका : (रुपए करोड़ में)

क्र.	किस्में	सितंबर 1956 तक	31 मार्च, 1967 तक
1	बड़े औद्योगिक घराने	32.63 (57.4)	122.6 (61.5)
2	सेकंड रैंकिंग कंपनियाँ	0.79 (1.4)	2.55 (1.3)
3	20 शीर्षस्थ घराने	24.99 (43.9)	93.92 (42.1)
4	स्वतंत्र बड़ी कंपनियाँ	10.79 (19.0)	36.16 (18.1)
5	विदेशी नियंत्रणाधीन	1.42 (2.5)	3.49 (1.7)
6	अन्यान्य	3.01 (6.5)	25.67 (12.9)
7	5 लाख रुपए से कम निवेशवाले	7.52 (13.2)	8.96 (4.5)

नोट—कोष्ठकों के अंक कुल निवेश खर्चे का प्रतिशत है।

स्रोत—ऊपरोद्धृत (अंक इसी रिपोर्ट से संगृहीत किए गए हैं मुख्य रिपोर्ट से)

ऊपर की तालिका दरशाती है कि किस तरह सरकारी धन का उपयोग करके एल.आई.सी. ने भारत में इजारेदारियों के विकास को बढ़ावा दिया।

1956 में एल.आई.सी. ने बड़े औद्योगिक घरानों में 33 करोड़ रुपए, या अपने कुल वित्त का 57 प्रतिशत निवेश किया, मगर 1967 के आते-आते बड़े औद्योगिक घराने में उसके द्वारा निवेशित रकम 123 करोड़ रुपए या 195 करोड़ की तुलना में चार गुना से ज्यादा हो गई। उल्लेखनीय तथ्य यह है कि इस 1956 से 1967 के बीच के काल में बड़े औद्योगिक घरानों की प्राप्ति रकम (Obtainable amount) भी बढ़कर 11 करोड़ रुपए से 36 करोड़ हो गई, लेकिन यह रकम 5 लाख रुपए पानेवालों के मामले में कुछ नहीं बढ़ी, यह 5 लाख तक ही सीमित रही। 1956 में इन छोटे उद्योगों ने एल.आई.सी. से प्राप्त कर्ज का 13 प्रतिशत प्राप्त किया था, मगर 1967 में उनका हिस्सा घटकर मात्र 5 प्रतिशत रह गया। 1956 में एल.आई.सी. द्वारा शीर्षस्थ 20 बड़े घरानों को 25 करोड़ रुपए दिए गए थे, लेकिन यह रकम 1967 में बढ़कर 94 करोड़ रुपए हो गई, जो एल.आई.सी. द्वारा प्रदत्त कुल रकम का 47 प्रतिशत थी।

राष्ट्रीयकरण के बाद भी एल.आई.सी. द्वारा अपनाई गई निवेश-नीति में कोई बदलाव नहीं आया, बल्कि इसने बड़े औद्योगिक घरानों को ही मदद करने की नीति को जारी रखा। पूँजीवादी आर्थिक व्यवस्था में किस तरह राष्ट्रीयकरण भी जन सामान्य

से संपत्ति को लेकर उसे बड़े औद्योगिक घरानों को सुपुर्द करता है, इसका प्रमाण एल.आई.सी. ने प्रस्तुत कर दिया, 'साधन सार्वजनिक, मगर इजारेदारों की चाकरी' का जुमला चरितार्थ हो गया और सरकार का नीतिगत समर्थन मिलता रहा।

1956 से 1967 तक का आँकड़ा दरशाता है कि अपनी वित्तीय इमदाद देने की जो नीति एल.आई.सी. ने अपनाई, वह थी—जितना बड़ा औद्योगिक घराना, उतनी ही बड़ी रकम देना। इस तथ्य की प्रामाणिकता के लिए नीचे की तालिका में दिए गए आँकड़ों को देखा जा सकता है—

तालिका नं. (VII-9)

बड़े औद्योगिक घरानों में एल.आई.सी. द्वारा निवेशित रकम—

(रुपए करोड़ में)

1	ए.सी.सी.	1.55 (2.7)	5.58 (2.8)
2	एंड्रूज	1.43 (2.5)	2.45 (1.2)
3	बांगड़	0.76 (1.4)	4.51 (2.3)
4	बर्ड हेंइल्जर	2.33 (4.4)	3.83 (1.9)
5	बिड़ला	2.52 (4.9)	9.50 (9.8)
6	क्लीक	2.56 (4.5)	6.02 (3.00)
7	मार्टिन बर्न	2.64 (4.7)	9.68 (4.9)
8	साहू जैन	0.70 (1.2)	अनुपलब्ध
9	सिंघानियाँ	0.82 (1.4)	अनुपलब्ध
10	सूरजमल–नागरमल	0.72 (1.3)	अनुपलब्ध
11	टाटा	6.67 (11.7)	45.38 (12.7)
12	जार्डिन हैंडरसन	0.90 (1.6)	–
13	मेक्लीन ऐंड बेरी बिन्नी	1.96 (3.4)	2.17(101)
14	थाकर्स	0.78 (1.4)	2.01 (1.0)
15	मफतलाल	अनुपलब्ध	2.91
16	श्रीराम	–	3.90
17	बालचंद	–	2.38
कुल		26.34 (46.3)	93.06 (46.7)

स्रोत—टेबुल के अंक इंक्वायरी कमेटी ऑन इंडस्ट्रियल लाइसेंसिग पॉलिसी, 1969 की मुख्य रिपोर्ट से संगृहीत हैं।

ऊपर की तालिका दरशाती है कि एल.आई.सी. ने अपनी पूँजी निवेश में बड़े औद्योगिक घरानों को ही वरीयता में रखा। 1956 में बिड़ला ग्रुप की कंपनियों में इसने 2.5 करोड़ रुपए निवेश किया, मगर 1967 में यही रकम 20 करोड़ रुपए की हो गई, 1956 में एल.आई.सी. के कुल निवेशित धन में बिड़ला को मिली रकम 5 प्रतिशत थी, जो 1967 में बढ़कर 10 प्रतिशत हो गई। इसी तरह एल.आई.सी. द्वारा निवेशित रकम 1956 में कुल 7 करोड़ थी, जो 1967 में बढ़कर 25 करोड़ रुपए हो गई। यही बाद के वर्षों में भी जारी रही, जैसे 1969 में एल.आई.सी. द्वारा टाटा ग्रुप में निवेश बढ़कर 28 करोड़ रुपए हो गया और उसके बाद बिड़ला का स्थान था, जिसे 22 करोड़ रुपए, मार्टिन बर्न को 9 करोड़ रुपए, ए.सी.सी. को 8 करोड़ रुपए, बांगड़ को 6 करोड़ रुपए और सब का योगफल 224 करोड़ हो गया।

एल.आई.सी. ने बड़े पैमाने पर बड़े औद्योगिक घरानों की कंपनियों के शेयरों को खरीदा। 1956 में निगम ने 249 कंपनियों के शेयरों को खरीदा, मगर यही संख्या 1967 में 419 हो गई। वे कुल कंपनियाँ, जिनके शेयरों का 21 से 30 प्रतिशत को एल.आई.सी. ने खरीदा, वे तीन थीं, मगर 1967 में इनकी संख्या 57 हो गई और ज्यादातर कंपनियाँ बड़े औद्योगिक घरानों की ही थीं। एल.आई.सी. द्वारा सामान्य शेयरों की खरीद की सीमा 30 प्रतिशत तय थी, लेकिन प्रिफेरेंस शेयरों के संबंध में यह सीमा नहीं तय थी। इस कारण, जिन कंपनियों के शेयरों को एल.आई.सी. ने 30 प्रतिशत से ज्यादा खरीदा, उनकी संख्या 33 थी, लेकिन 1967 में यह बढ़कर 119 की संख्या तक पहुँच गई। इन कंपनियों में भी ज्यादातर कंपनियाँ बड़े औद्योगिक घरानों की ही थीं। 16 ऐसी कंपनियाँ थीं, जिनके 50 प्रतिशत शेयरों को अकेले एल.आई.सी. ने ही खरीद लिया था।

अंडरराइटिंग (इन्स्योरेंस द्वारा दी गई गारंटी) के मामले में भी एल.आई.सी. इन्हीं बड़े औद्योगिक घरानों को ही मदद करने की नीति पर चली, यानी जो कंपनी जितनी बड़ी थी, उतना ही ज्यादा वित्तीय मदद अंडरराइटिंग के द्वारा भी उसे दी गई। 1967 में अंडरराइटिंग के जरिए एल.आई.सी. ने कुल 60 करोड़ रुपए की मदद की और उस मदद में से 55 प्रतिशत उन 92 कंपनियों को मिली, जो बड़े औद्योगिक घरानों से ही संबद्ध थीं और मात्र 20 प्रतिशत रकम या उससे कम ही, उन कंपनियों के पक्ष में गई, जो बड़े औद्योगिक घरानों से संबद्ध नहीं थीं। अंडरराइटिंग के द्वारा दी गई मदद–राशि का 13 प्रतिशत, टाटा के द्वारा 4 करोड़ रुपए या 6 प्रतिशत और क्लीक को 3 करोड़ रुपए या 5 प्रतिशत प्राप्त हुआ।

यू.टी.आई. (यूनिट ट्रस्ट ऑफ इंडिया)

1964 में स्थापित यू.टी.आई. का उद्देश्य था छोटे और मझोले उद्योगों को उनकी बिक्री में मदद करना, मगर यह भी बड़े उद्योगों को ही मदद करने की नीति पर चला। 1966 के 31 दिसंबर तक इस ट्रस्ट का कुल पूँजी निवेश कंपनियों के शेयरों और डिबेंचरों पर 28 करोड़ रुपए का था। इसमें से 18 करोड़ रुपए शेयरों और डिबेंचरों की सीधी खरीद पर लगा था और बाकी 10 करोड़ रुपए अंडरराइटिंग के द्वारा खर्च किया गया था। नीचे की तालिका दरशाती है कि किस तरह ट्रस्ट छोटे और मझोले उद्योगों को मदद करने के अपने निर्धारित लक्ष्य और मकसद से भटक गया था—

तालिका नं. VII–10

यू.टी.आई. के निवेश का तरीका, 1966

क्रम	कंपनियों की किस्में	कंपनियों की संख्या	रकम (रु. करोड़ में)	कुल का प्रतिशत
1.	51 बड़े औद्योगिक घराने	142	18.66	67.4
2.	सेकंड रैंकिंग कंपनियाँ	2	0.30	1.0
3.	18 अपेक्षाकृत बड़ी कंपनियाँ	87	15.21	55.10
4.	स्वतंत्र बड़ी कंपनियाँ	22	5.12	18.52
5.	विदेशी नियंत्रणाधीन कंपनियाँ	13	0.76	2.75
6.	अन्यान्य	56	2.89	10.16
कुल (1+2+4+5+6)		235	27.65	100.00

स्रोत—ऊपरोद्धृत।

स्पष्ट है कि 18 अपेक्षाकृत बड़े घरानों को 15 करोड़ रुपए, या यू.टी.आई. के कुल निवेश का 55 प्रतिशत मिला और 51 बड़े घरानों को 19 करोड़ रुपए या यू.टी.आई. की कुल रकम का 67 प्रतिशत प्राप्त हुआ। इसके बाद स्वतंत्र बड़ी कंपनियों को भी एक बड़ा हिस्सा मिला—इन्हें 5 करोड़ रुपए या कुल यू.टी.आई. के निवेश का 19 प्रतिशत प्राप्त हुआ। विदेशी नियंत्रणाधीन कंपनियों का हिस्सा यू.टी.आई. के कुल निवेश में 3 प्रतिशत का रहा। उन सभी कंपनियों की, जो बड़े घरानों से संबद्ध नहीं थीं, उनकी यू.टी.आई. के कुल निवेश में 10 प्रतिशत की ही हिस्सेदारी रही, जो अतिशय कम थी। इसने सार्वजनिक क्षेत्र की 3 कंपनियों में 8 लाख रुपए लगाया, जो इसके कुल निवेश का 0.03 प्रतिशत था। इस प्रकार बड़े औद्योगिक

घराने, स्वतंत्र बड़ी कंपनियाँ और विदेशी नियंत्रणाधीन कंपनियों में यू.टी.आई. की लगाई गई रकम का कुल योग यू.टी.आई. द्वारा निवेश की गई कुल रकम का 98 प्रतिशत हो जाता है। 18 अपेक्षाकृत बड़ी कंपनियाँ, जो यू.टी.आई. के कुल निवेश का 55 प्रतिशत ले गईं, उनमें यू.टी.आई. के कुल निवेश का 15 प्रतिशत लेकर बिड़ला सर्वोच्च स्थान पर था एवं उसके बाद कमशः टाटा 12 प्रतिशत, ए.सी.सी. 9 प्रतिशत और इन तीनों की राशि का योगफल, यू.टी.आई. द्वारा निवेशित कुल राशि का 36 प्रतिशत हो जाता था।

इसी प्रकार अंडरराइटिंग के रूप में यू.टी.आई. ने जो वित्तीय मदद दी, वह भी बड़े औद्योगिक घरानों के ही पक्ष में गई। 13.6 करोड़ रुपए, जो यू.टी.आई. ने अंडरराइटिंग के रूप में मदद करने के लिए मंजूरी दी, उसमें से 104 करोड़ रुपए बड़े औद्योगिक घरानों को मिल गया। 19.6 करोड़ रुपए, जो बड़े औद्योगिक घरानों के पास आया, उसमें से 78 करोड़ रुपए अपेक्षाकृत बड़े औद्योगिक घरानों ने हड़प लिया—12 बड़े औद्योगिक घरानों की 33 कंपनियों ने 8 करोड़ रुपए या कुल का 61 प्रतिशत ले लिया। इस रकम में से सबसे ज्यादा हिस्सा बिड़ला का था, टाटा और ए.सी.सी., जिन्होंने 6 करोड़ रुपए प्राप्त किए, का प्रतिशत कुल अंडरराइटिंग के रूप में स्वीकृत रकम का 46 प्रतिशत होता था। इस प्रकार 12 कंपनियों को सबसे ज्यादा लाभ यू.टी.आई. के द्वारा स्वीकृत अंडरराइटिंग की रकम से मिला।

स्टेट बैंक ऑफ इंडिया (एस.बी.आई.)

इंपीरियल बैंक के राष्ट्रीयकरण के बाद जब 1955 में स्टेट बैंक ऑफ इंडिया ने अस्तित्व ग्रहण किया, तब से वह औद्योगिक पूँजी जुटाने में एक महत्त्वपूर्ण कारक की भूमिका में रहता आया है। स्थापना के बाद से बैंक की जमा राशि में वर्णनीय बढ़ोतरी देखी जा सकती है। 1955 में इसकी कुल जमा पूँजी 226 करोड़ रुपए से बढ़कर 1,133 करोड़ रुपए पर चली गई। इसी अवधि में इसके द्वारा विभिन्न तरह के कर्जों के लिए किए गए एडवांस की रकम भी छलाँग लगाकर 106 करोड़ रुपए से 668 करोड़ रुपए पर पहुँच गई, जो हर दृष्टि से उल्लेखनीय कहा जा सकता है।

एस.बी.आई. को अंडरराइटिंग द्वारा उद्योगों को मदद करने की क्रिया से एकदम अलग रखा गया और इसने उद्योगों और व्यापार के लिए अल्पकालीन कर्ज (Short term loan) देना भी शुरू किया। इस बैंक ने कर्ज देने की जिस नीति या पैटर्न को अपनाया, वह बड़े औद्योगिक घरानों को मदद देने की ही तरफ झुका हुआ था। नीचे की तालिका कर्ज देने की इस बैंक की नीति को दरशाती है—

तालिका नं. VII-11

एस.बी.आई. द्वारा कर्ज देने का तरीका (Pattern) (रुपए करोड़ में)

क्र.	कंपनियों की किस्में	1956 रकम	प्रतिशत	1966 रकम	प्रतिशत
1.	49 बड़े औद्योगिक घराने	100.39	73'3	281.51	66.7
2.	सेकंड रैंकिंग कंपनियाँ	0.58	0.4	3.44	0.81
3.	18 अपेक्षाकृत बड़े घराने	66.59	48.6	217.89	51.6
4.	विदेशी नियंत्रणाधीन कं.	1.59	1.2	9.59	3.8
5.	स्वतंत्र बड़ी कंपनियाँ	2.40	18	28.50	6.7
6.	अन्यान्य (Miscellaneous)	31.96	23.3	99.23	23.5
	कुल (1+2+4+5+6)	136.92	–	422.27	100
		(97.2)		(80.81)	
7.	कोऑपरेटिव	–	–	9.48	1.8
8.	सार्वजनिक क्षेत्र की इकाइयाँ	3.95	2.8	90.80	17.8
	कुल (7+8+9)	140.87	100	525.55	100

नोट : कोष्ठकों के अंक कुल का प्रतिशत हैं—
स्रोत—ऊपरोद्धृत।

ऊपर की तालिका दरशाती है कि 1956 में एस.बी.आई. द्वारा दी गई कुल कर्ज-राशि 141 करोड़ रुपए में से 49 बड़े औद्योगिक घरानों ने कुल ऋण का तीन-चौथाई भाग झटक लिया। 1956 में सभी अपेक्षाकृत 18 बड़े औद्योगिक घराने एस.बी.आई. के कर्ज से 60 करोड़ रुपए हासिल कर लेने में सफल रहे और इनकी यह रकम 1966 में बढ़कर 218 करोड़ रुपए की हो गई, यानी इन्हें 218 करोड़ रुपए इस बैंक से मिले। स्वतंत्र बड़ी कंपनियों को एस.बी.आई. से 1956 में 24 करोड़ रुपए का कर्ज मिला था, मगर 1966 में उनकी कर्ज की राशि बढ़कर 28.5 करोड़ रुपए की हो गई। 1966 में एस.बी.आई. द्वारा दिए गए कुल कर्ज का 81 प्रतिशत प्राइवेट क्षेत्र की कंपनियों के जिम्मे चला गया। इस काल में कोऑपरेटिव आंदोलन ने कोऑपरेटिवों की पूँजी की कमी संबंधी मजबूत शिकायती आवाज को उठाया, इसके बावजूद एस.बी.आई. ने अपने कुल कर्ज की राशि का मात्र 2 प्रतिशत ही कोऑपरेटिवों को दिया। सार्वजनिक क्षेत्र की औद्योगिक इकाइयों को एस.बी.आई. ने किसी तरह से 91 करोड़ रुपए का कर्ज तो दिया, मगर यह कर्ज भी इस बैंक के द्वारा दिए गए कुल कर्ज-राशि का मात्र

17 प्रतिशत ही था। जिन 18 बड़े औद्योगिक घरानों को एस.बी.आई. द्वारा 218 करोड़ रुपए का कर्ज दिया गया, उसमें बिड़ला घराने की कंपनियों को प्राप्त कर्ज की रकम 35 करोड़ रुपए थी, जो कोआपरेटिवों को मिले कर्ज से चार गुना ज्यादा थी। टाटा को 59 करोड़ रुपए मिले, जो सभी कोऑपरेटिवों को मिले कर्ज के कुल योगफल से 6 गुना ज्यादा था। आश्चर्य की बात थी कि यह सब उस काल में घटित हो रहा था, जब लघु उद्योगों के विकास पर बल दिए जाने पर पूरी राजनीतिक बहसें चल रही थीं, लेकिन किसी भी समय और किसी भी रूप में लघु उद्योगों को कर्ज के रूप में मिली राशि इस बैंक द्वारा दिए गए कुल कर्ज के 24 प्रतिशत से ज्यादा नहीं बढ़ सकी। एस.बी.आई. द्वारा दिए गए कर्ज का तीन-चौथाई भाग बड़े औद्योगिक घरानों, स्वतंत्र बड़ी कंपनियों और विदेशी नियंत्रणाधीन कंपनियों को ही मिल गया। नीचे की तालिका दरशाती है कि एस.बी.आई. के कर्जों का बड़े औद्योगिक घरानों को कितना-कितना भाग मिला—

तालिका न. VII-12

स्टेट बैंक ऑफ इंडिया द्वारा प्रदत्त कर्ज में कुछ चुनिंदा बड़े औद्योगिक घरानों का हिस्सा-1966 (रुपए करोड़ में)

क्रम	औद्योगिक घराने	कंपनियों की संख्या	रकम	कुल का प्रतिशत
1	टाटा	16	59.10	14.0
2	बिड़ला	28	35.15	8.3
3	सूरजमल-नागरमल	16	23.85	5.6
4	ए.सी.सी.	2	18.55	4.4
5	साहू जैन	6	14.23	3.4
6	एंड्रीयू युले	6	11.55	2.7
7	श्रीराम	3	11.37	2.7
8	सुंदरम अयंगार	6	8.04	1.9
9	मार्टिन बर्न	1	7.4	1.8
10	मैक्लयू ऐंड बेरी बिन्नी	5	6.54	1.5
11	बांगड़	7	6.98	1.7
12	गोयनका	4	7.4	1.8
13	खटाऊँ	3	4.50	1.1
14	साराभाई	2	4.40	1.0
15	जार्डिन हेंडर्सन	7	5.79	1.4

16	कुल बड़े घराने	196	281.51	66.7
17	कुल प्राइवेट सेक्टर	406	422.20	100

स्रोत—ऊपरोद्धृत।

ऊपर की तालिका बड़े औद्योगिक घरानों द्वारा एस.बी.आई. से कर्ज के रूप में प्राप्त राशि का विवरण देती है। 59 करोड़ रुपए या बैंक द्वारा प्रदान कर्ज-राशि का 14 प्रतिशत के साथ टाटा शीर्ष स्थान पर है। इसके बाद क्रमिक ढंग से अन्य बड़े औद्योगिक घरानों में बिड़ला का स्थान है, जिसे 35 करोड़ रुपए या कुल प्राइवेट सेक्टर को एस.बी.आई. द्वारा प्रदत्त कर्ज का 8 प्रतिशत मिला। इसके बाद सूरजमल नागामल को 24 करोड़ रुपए या 6 प्रतिशत मिला। एस.बी.आई. द्वारा कुल 422 करोड़ रुपए कर्ज के रूप में दिया गया, जिसमें से 282 करोड़ रुपए बड़े औद्योगिक घरानों द्वारा झटक लिया गया, जो कुल कर्ज-राशि का दो-तिहाई के करीब था। अपनी कर्ज-नीति में एस.बी.आई. ने बिड़ला को खास वरीयता दी, क्योंकि 1956 में उसे मात्र 8.6 करोड़ रुपए ही प्राप्त हुआ था, मगर 1966 में उसको मिली कर्ज-राशि 35 करोड़ रुपए हो गई। मोटा-मोटी टाटा के साथ भी करीब-करीब इसी तरह की वरीयता देने की नीति एस.बी.आई. ने अपनाई— 1956 में उसे 21 करोड़ रुपए प्राप्त हुआ था, जो 1966 में एकबारगी 59 करोड़ रुपए दे दिया गया, जो 1956 की तुलना में करीब-करीब तीन गुना ज्यादा था।

इन ऊपर वर्णित तथ्यों में और ज्यादा आश्चर्यचकित करनेवाला तथ्य यह था कि कुल 565 आवेदन-पत्रों, जिनको कर्ज देने के लिए स्वीकृत किया गया, में से 135 आवेदन-पत्र ऐसे थे, जो प्रत्येक 10 लाख रुपए से कम या 5 लाख और 10 लाख रुपए के बीच की माँग करनेवाले थे। उन सब को जो रकम कर्जस्वरूप प्रदान की गई, वह कुल 87 करोड़ रुपए या एस.बी.आई. द्वारा कुल निर्गत कर्ज-राशि का 1.7 प्रतिशत ही थी। दूसरी तरफ 56 आवेदन-पत्रों, जिनमें से प्रत्येक 2 करोड़ रुपए के लिए थे, उन्हें 277 करोड़ रुपए दे दिया गया, जो इस बैंक द्वारा कर्ज में दी गई कुल राशि का 53 प्रतिशत होता था। ऐसे आवेदन-पत्रों को, जिनमें से प्रत्येक एक करोड़ रुपए या इससे ज्यादा की माँग करनेवाले थे, जो रकम कर्जस्वरूप दी गई, वह एस.बी.आई. द्वारा दिए गए कुल कर्ज-राशि का 77 प्रतिशत था। जिन आवेदन-पत्रों में प्रत्येक आवेदन 50 लाख रुपए के लिए था, उन्हें जो रकम कर्जस्वरूप दी गई, वह रकम एस.बी.आई. द्वारा दी गई कुल-कर्ज-राशि का 12 प्रतिशत से कम ही था।

ऊपर वर्णित तथ्य स्पष्ट प्रमाण है कि एस.बी.आई. ने कर्ज देने की जो नीति अपनाई, वह बड़े औद्योगिक घरानों के पक्ष में झुकी हुई थी। सरकार की मिलीभगत

भी ऐसी नीति के ही साथ दिखती है, क्योंकि इसके द्वारा नामजद बैंक के बोर्ड ऑफ डायरेक्टर्स में जो प्रतिनिधि गए, वे बड़े औद्योगिक घरानों से ही लिये गए थे और बैंक का नौकरशाही तंत्र उन्हीं के साथ सहमेल करके नीति निर्धारण किया करता था। लघु और मझोले उद्योगों को कर्ज देने में एस.बी.आई. ने किस तरह का नकारात्मक रुख अपनाया, इसका अंदाजा बड़े घरानों की कंपनियों को जो कर्ज दिया गया, उनके चंद आँकड़े बता देते हैं। जिन आवेदन-पत्रों में से प्रत्येक 10 करोड़ रुपए या उससे ज्यादा के लिए थे, उनके एवज में टाटा आयरन ऐंड स्टील कंपनी को 22 करोड़ रुपए मिला, टाटा इंजीनियरिंग ऐंड लोकोमोटिव को 15 करोड़ रुपए मिला, एसोसिएटेड सीमेंट कंपनी को 15 करोड़ रुपए मिला और इंडियन आयरन ऐंड स्टील कंपनी को 74 करोड़ रुपए मिला। इन 4 बड़ी कंपनियों को मिली रकमों का कुल योगफल एस.बी.आई. द्वारा दी गई कुल कर्ज-राशि का एक-चौथाई भाग हो जाता है।

एस.बी.आई. का केंद्रीय बोर्ड चूँकि बड़े औद्योगिक घरानों के प्रतिनिधियों को लेकर गठित था, इस कारण ये प्रतिनिधि बड़ी आसानी से उन कंपनियों को कर्ज की बड़ी रकमें मंजूर कराने में सफल हो जाते थे, जिनका स्वार्थ इनसे जुड़ा था। 1956 में 54 करोड़ की राशि 50 उन कंपनियों को मिली थी, जिनके साथ बैंक के बोर्ड ऑफ डायरेक्टरों का स्वार्थ संबद्ध था। 1966 में इस तरह के कर्ज की राशि, यानी बोर्ड ऑफ डायरेक्टरों से किसी-न-किसी रूप में संबद्ध कंपनियों को दिए गए कर्ज की राशि 174 करोड़ रुपए हो गई, जो एस.बी.आई. द्वारा दिए गए कुल कर्ज-राशि का एक-तिहाई हिस्सा थी। कुल मिलाकर 86 कंपनियाँ ऐसी थीं, जिनके साथ बोर्ड के सदस्यों का स्वार्थ जुड़ा था। एस.बी.आई. द्वारा स्वीकृत कुल कर्ज-राशि का तीन-चौथाई भाग 27 बड़े औद्योगिक घरानों की तरफ चला गया। 11 अपेक्षाकृत बड़े औद्योगिक घरानों की 36 कंपनियों ने कुल कर्ज में दी गई राशि का 61 प्रतिशत हड़प लिया। 1956 से 1966 की अवधि में बड़े औद्योगिक घरानों—ए.सी.सी., बिड़ला, गोयनका, श्रीराम, सूरजमल-नागरमल और टाटा के प्रतिनिधि इस बैंक के बोर्ड ऑफ डायरेक्टरों में या तो चुनकर या सरकार द्वारा नामजद होकर आए थे और वे सफलतापूर्वक इस बैंक द्वारा मंजूर किए गए कर्ज की संपूर्ण राशि के आधा से भी ज्यादा भाग बड़ी कंपनियों और बड़े औद्योगिक घरानों की ही कंपनियों के पक्ष में मंजूर किए जाने की स्वीकृति ले लिये।

इस अध्याय के विवरण स्पष्ट करते हैं कि भारत की अर्थव्यवस्था के आधार निर्माण में औद्योगिक विकास के लिए पूँजी जुटाने के प्रयासों के तहत जिन वित्तीय निगमों का निर्माण किया गया और जिन वित्तीय संस्थाओं, जैसे—एल.आई.सी., इंपीरियल बैंक ऑफ इंडिया का राष्ट्रीयकरण किया गया, उनकी औद्योगिक वित्त प्रदान करने की नीति स्पष्टत: बड़े औद्योगिक घरानों के पक्ष में ही रही। नतीजा क्या कि सार्वजनिक धन

का उपयोग सार्वजनिक क्षेत्र के निर्माण, उन्हें मदद करने आदि की तरफ न जाकर बड़े औद्योगिक घरानों को मदद करने का रहा। इस प्रकार सार्वजनिक धन का बहाव, जब इन बड़े औद्योगिक घरानों की तरफ ही होता रहा, तब इनकी पूँजी का बढ़ाव बड़ी तेजी से हुआ। सरकार ने अपनी औद्योगिक नीति में भी इनके पक्ष में लचीलापन लाकर इनके आर्थिक क्रिया-कलाप को बढ़ावा दिया। फलतः भारतीय अर्थव्यवस्था में एकाधिकारवाद का जन्म और सशक्तीकरण हो गया।

विडंबना यह थी कि इस तरह की आर्थिक दुर्घटनाएँ उस काल में हो रही थीं, जब 1954 में भारतीय संसद् भारत की आर्थिक-सामाजिक संरचना को 'समाजवादी नमूने के समाज' के रूप में निर्मित करने संबंधी प्रस्ताव पारित कर चुकी थी, 1955 में अवाड़ी में आयोजित राष्ट्रीय कांग्रेस के अधिवेशन में कांग्रेस 'समाजवादी नमूने के समाज' की स्थापना का लक्ष्य स्वीकार कर चुकी थी। 1963 में राष्ट्रीय कांग्रेस के जयपुर अधिवेशन और 1964 में भुवनेश्वर में आयोजित राष्ट्रीय कांग्रेस के अधिवेशनों में इजारेदारियों को प्रतिबंधित करने, कृषि सुधार, रोजगार बढ़ाने, वर्गीय और क्षेत्रीय आर्थिक असंतुलन को कम करने आदि पर लंबी बहसें कर इसे स्वीकृत किया गया था, फिर भी विकास की दिशा भारत के संविधान के 'राज्य के नीति निर्देशक सिद्धांतों' में प्रदत्त इजारेदार विरोधी, साम्राज्यवाद विरोधी और सामंतवाद विरोधी प्रावधानों की उलटी दिशा में हो रही थी अगर कुछ अपवाद था तो 'मौलिक अधिकारों' के अध्याय में दिए गए नागरिक अधिकारों और 'राज्य के नीति निर्देशक सिद्धांतों' में दिए गए विदेश नीति के मामले तक ही सीमित था।

फिर भी, यह कहा जा सकता है कि शासन में लगातार चली आ रही कांग्रेस पार्टी ने नीतिगत में इजारेवाद पक्षीय-नीति को नहीं अपनाया था, बल्कि विकास की यह प्रक्रिया उसके द्वारा अपनाई गई आर्थिक विकास की नीति में भटकाव का परिणाम था, जिसने 'समाजवादी नमूने के समाज' के निर्माण की कोशिश में बड़ी अड़चन ही नहीं, बल्कि अंतर्विरोधी कारक की भूमिका अदा की। ऐसे भटकावों के कुछ महत्त्वपूर्ण बिंदुओं को अगर रेखांकित किया जाए, तब उन्हें नीचे लिखे प्रकार से रखा जा सकता है—

सबसे बड़ा भटकाव सत्ता में बने रहने की कांग्रेस की वह नीति थी, जिसका उपयोग करके कांग्रेस ने राष्ट्रीय आंदोलन को गढ़ा था और हमेशा नेतृत्व की भूमिका में रही थी। वह नीति थी साम्राज्यवाद विरोधी संयुक्त मोरचा में साम्राज्यवाद का विरोध कर रही सभी वर्ग-शक्तियों की 'सर्व वर्ग संग्रहवाद की नीति'। यही नीति के कारण कांग्रेस सत्ता में आई और कांग्रेस आर्थिक पुनर्संरचना में भी इसी नीति का अनुसरण करती रही। नतीजा हुआ कि दक्षिणपंथी ताकतें इस तरह के 'समाजवादी नमूने के समाज' के निर्माण का विरोध करती रहीं और सत्ता से च्युत होने के भय से कांग्रेस हमेशा वर्ग

समन्वयवाद की नीति अख्तियार करती रही। फलतः इसका परिणाम विकास की मान्य नीति पर उलटा पड़ता रहा। इस भटकाव का जो सैद्धांतिक आधार था, अगर उसे रखा जाए, तब कहा जा सकता है कि यह नेहरूवादी वैचारिकता में ही मौजूद था। इसको संक्षेप में रखा जाए, तब नीचे लिखे प्रकार से रखा जा सकता है। नेहरूवाद वर्ग संघर्ष को स्वीकार तो करता था, मगर अपनी समझ में इसके क्रांतिकारी समाधान को नकार देता था। यह गांधी की शांतिवाद की नीति के आधार पर शांतिपूर्ण तरीकों से, सब को एक साथ लेकर चलते हुए, इसका समाधान ढूँढ़ता था। यह वैचारिकता वर्ग समन्वयवाद की थी, जो समाजवादी निर्माण का दुश्मन होता है।

भारतीय लोकतंत्र एक पूँजीवादी लोकतंत्र था और 'समाजवादी नमूने के समाज' के निर्माण का दायित्व इसी के द्वारा लोकतांत्रिक तरीकों के आधार पर निर्मित करने का प्रयास किया जाता रहा, जो असंभव था। इस तरह की अनेक विसंगतियाँ, जिनका सैद्धांतिक आधार था, विकास की दिशा को उलटी दिशा में क्रमिक गति से मोड़ती गईं, लक्ष्य पूरा नहीं हुआ, जो कुछ प्रयास किए भी गए, वे संपूर्णता में कभी नहीं किए गए।

इसी तरह के सैद्धांतिक भटकावों के परिणामस्वरूप मिश्रित अर्थव्यवस्था की अवधारणा ने भी जन्म लिया था, जिसका परिणाम हुआ कि सार्वजनिक क्षेत्र के विकास का लाभ भी निजी क्षेत्र ने उठाकर अपनी पूँजी और मुनाफे को बढ़ा लिया और भारतीय अर्थव्यवस्था में एकाधिकारवाद ने जन्म ही नहीं लिया, बल्कि प्रभावकारी बनता गया, संविधान के प्रावधान धरे-के-धरे रह गए।

संदर्भ और टिप्पणियाँ

1. मद्रास चैंबर ऑफ कॉमर्स की एक बैठक में रिजर्व बैंक के गवर्नर एल.के. झा का भाषण, 1969 देखा जा सकता है।
2. कमेटी ऑफ इंक्वायरी ऑन दि इंडस्ट्रियल-लाइसेंसिंग पॉलिसी (दत्ता कमेटी) की रिपोर्ट, 1969 के निष्कर्ष।
3. ऊपरोद्धृत, पृ. 149, (मुख्य रिपोर्ट)।
4. भारत का संविधान 'राज्य के नीति निर्देशक सिद्धांत' धारा 38 (2)।
5. इसमें 4 कोऑपरेटिव सोसाइटीज को दिए गए 72 लाख रुपए और सार्वजनिक क्षेत्र की 3 इकाइयों को दिए गए 36 लाख रुपए शामिल हैं।
6. सार्वजनिक क्षेत्र को दी गई 8 लाख की रकम भी इसमें शामिल है।

□

8

दोषपूर्ण विकास का दुष्परिणाम

अर्थव्यवस्था में एकाधिकारवाद (Monopolisation) को जिस तरह से व्याख्यायित किया जाता है, 'उद्योगों का बड़े पैमाने पर विकास और अवर्णनीय या अपवाद के ढंग की तेज बहाव प्रक्रिया से बढ़ रही औद्योगिक इकाइयों (Enterprises) के हाथों में उत्पादन का केंद्रीभूत होते जाना।...'[1] (अनुवाद अपना) की स्थिति स्वतंत्र भारत के शुरुआती वर्षों में नहीं थी। फिर भी, औद्योगिकीकरण की प्रक्रिया भारत में शुरू थी, जिसने राष्ट्रीय मुक्ति आंदोलन में 'बहिष्कार आंदोलन' से बल प्राप्त किया था। यद्यपि भारत औपनिवेशिक तौर पर एक बरबाद और शोषित देश था, फिर भी भारत ने राजनीतिक स्तर पर भारतीय राष्ट्रीय पूँजी के स्वार्थों का प्रतिनिधित्व करनेवाली भारतीय राष्ट्रीय कांग्रेस पार्टी के नेतृत्व में आजादी के संघर्ष के काल में भी काफी मजबूत दबाव डाला था और कुछ सफलता पूँजी निर्माण के क्षेत्र में प्राप्त भी की थी। भारतीय या भारत में विद्यमान पूँजी का आकलन आजादी के शुरुआती वर्षों में, यानी 1948 में विदेशी प्राप्तियाँ (Assetts) और देनदारियाँ (Liabilities) पर किए गए प्रथम सेंसस (Census) या 'घरसुमारी' ने किया था। इस रिपोर्ट में स्पष्ट उल्लेख किया गया था कि भारत में दीर्घकालिक विदेशी निवेश की कुल रकम 3,8,00 मिलियन रुपए की थी और इसके समानांतर भारतीय पूँजी थी, जो अपनी सारी चिंताओं के बावजूद उत्पादन के मामले में ब्रिटिश मैनेजिंग एजेंसियों को पीछे छोड़कर स्वयं आगे निकल गई थी। 69 भारतीय समूह 2,100 मिलियन पेड-अप पूँजी के मालिक थे, जो इस पूँजी पर अपना नियंत्रण रखते थे, 2 ऐंग्लो इंडियन समूहों के पास 200 मिलियन रुपए, 33 विदेशी समूहों के पास 900 मिलियन रुपए और 3 भारतीय देशी राजाओं की सरकारों के पास 100 मिलियन रुपए की पूँजी थी, जिन पर उनका नियंत्रण था। इसमें टाटा समूह की कुल जमा राशि (Asset) की अनुमानित रकम 3000 मिलियन रुपए डालमिया समूह की 2000 मिलियन रुपए, और बिड़ला समूह की 1000 रुपए के अलावा तीन सबसे

बड़ी ब्रिटिश मैनेजिंग एजेंसियों, मार्टिन बर्न, बर्ड हेल्जर्स और एंड्रयू चूले का क्रमशः 248 मिलियन, 246 मिलियन और 215 मिलियन रुपए की पूँजी पर नियंत्रण था। इस प्रकार औपनिवेशिक तौर पर शासित रहे तमाम देशों में भारत का विशेष स्थान बन गया था। इसके बाद द्वितीय विश्वयुद्ध काल में भारतीय पूँजी द्वारा अर्जित विशाल मुनाफे की रकमें थीं—खासकर भारतीय पूँजीवाले समूहों द्वारा अर्जित मुनाफा, जिसे जमा कर इन्होंने अपनी वित्तीय स्थिति को काफी मजबूत बना लिया था।

इस तरह के आर्थिक माहौल में स्वतंत्र भारत की आर्थिक पुनर्संरचना को जनवादी तरीके से निर्मित करने और संविधान के प्रावधानों—खासकर 'राज्य के नीति निर्देशक सिद्धांतों की विभिन्न धाराओं के अनुरूप आगे बढ़ाने का दायित्व एक राजनीतिक दायित्व था, जिसे स्वतंत्र भारत की सरकार को पूरा करना था। संविधान प्रदत्त प्रावधानों के अनुरूप भारतीय समाज की पुनर्संरचना का दायित्व माँग करता था कि इस तरह की बड़ी पूँजी का विकास प्रक्रिया में निजी इस्तेमाल किए जाने की संभावनाओं को संपूर्णता में समाप्त किया जाए, क्योंकि 'समाजवादी नमूने के समाज' के निर्माण के रास्ते की ये सबसे मुख्य और बड़ी बाधाएँ या अवरोध थीं। जरूरत थी कि साम्राज्यवाद के सारे आर्थिक और राजनीतिक संपर्कों को समाप्त किया जाए, जो अभी भी उधारी (credit), वित्त (Finance), विदेशी व्यापार, यातायात आदि जैसे आर्थिक क्षेत्रों पर अपनी मजबूत पकड़ बनाए हुए थे।

आजादी के बाद स्वतंत्र भारत के लिए निर्मित भारत के संविधान के प्रावधानों के तहत भारत में सत्ता में भारतीय राष्ट्रीय कांग्रेस आई, जिस पर राष्ट्रीय मुक्ति संघर्ष के काल में भारतीय अवाम से किए गए वादों और प्रतिज्ञाओं को अमली रूप देने का दायित्व था। कांग्रेस भारतीय पूँजीपति वर्ग के स्वार्थों का प्रतिनिधित्व करनेवाली एक राजनीतिक पार्टी थी, जो स्वतंत्र भारत की आर्थिक-सामाजिक संरचना के दायित्वों को पूरा करने के कर्तव्य को पूँजीवादी उत्पादन प्रणाली के आधार पर, भारत की आर्थिक व्यवस्था को गठित करते हुए, पूरा करने की तरफ बढ़ी। उसकी इस आर्थिक नीति ने देशी या विदेशी पूँजी को, जो जनवादी विकास प्रक्रिया को आगे ले जाने के रास्ते में सबसे बड़ा अवरोध थी, उत्पादन प्रक्रिया में निजी पूँजी की भूमिका को समाप्त करने संबंधी दायित्वों को पूरा करने की दिशा में उठाए जानेवाले कदमों को आगे बढ़ाया, उनका राष्ट्रीयकरण करने के दायित्वों से मुकर गई। इसने ऐसा कोई कदम नहीं उठाया, यहाँ तक कि ब्रिटिश वित्तीय पूँजी के राष्ट्रीयकरण की दिशा में भी नहीं।

आर्थिक विकास की राजनीतिक दिशा

स्वतंत्र भारत की आर्थिक पुनर्संरचना के लिए योजनाबद्ध (Planned) विकास

की अवधारणा को लाया गया, जिसका एक ऐतिहासिक परिप्रेक्ष्य था। यह अवधारणा और इसके अनुरूप विकास को आगे बढ़ाने के लिए एक योजना आयोग (Planning commission) के गठन का परिप्रेक्ष्य 1938 में कांग्रेस द्वारा गठित एक योजना कमेटी से संबद्ध था, जिसकी रिपोर्ट में कहा गया था कि औद्योगिकीकरण का प्रमुख लक्ष्य आत्म-निर्भर आर्थिक विकास होगा, जो घरेलू बाजार के प्रति उन्मुख रहेगा।''[2] इसके अलावा 1944 में इंडियन फेडरेशन ऑफ लेबर द्वारा तैयार प्लान की अवधारणा, 1944 में ही अग्रवाल द्वारा तैयार की गई और गांधी द्वारा उनकी स्वयं की स्वीकृति प्रदत्त गांधियन प्लान की अवधारणा और 1945 में भारत के कुछ प्रधान बड़े उद्योगपतियों, जे.आर.डी. टाटा, बिरला, श्रीराम, लालभाई आदि द्वारा प्रस्तुत 'बांबे प्लान' की अवधारणाएँ इसके ऐतिहासिक परिप्रेक्ष्य में रही थीं। 'बांबे प्लान' की विशेषता थी कि उसने बुनियादी उद्योगों और बाहरी संरचनाओं के क्षेत्र को सार्वजनिक क्षेत्र में रखे जाने की दलील देते हुए सुझाव दिया था कि जब देशी पूँजी इनके संचालन के लिए माकूल विकास कर ले, तब सरकार को इन्हें निजी क्षेत्रों के हाथों के सुपुर्द कर देना चाहिए। इसकी संपूर्ण योजना का उत्प्रेरित लक्ष्य था सार्वजनिक पूँजी : निजी/खानगी नियंत्रण।''[3]

औद्योगिकीकरण और योजना के इसी ऐतिहासिक परिप्रेक्ष्य में स्वतंत्र भारत की पहली औद्योगिक नीति की घोषणा 1948 में भारत सरकार के उद्योग और आपूर्ति मंत्री (Industry and supply) द्वारा पेश की गई। इस औद्योगिक नीति दस्तावेज में सुरक्षा संबंधी और आणविक अस्त्र-शस्त्र आदि संबंधी उद्योगों और रेलवे को पूर्णत: सार्वजनिक नियंत्रण में रखा गया था।[4] अन्य सारे क्षेत्र निजी पूँजी के लिए खुले छोड़ दिए गए थे। वास्तव में इस औद्योगिक नीति दस्तावेज में निजी पूँजी—चाहे विदेशी निजी पूँजी हो या देशी निजी पूँजी—पर किसी भी तरह के अंकुश से उन्हें आजाद रखा गया था। सार्वजनिक क्षेत्र में कोई भी कदम ऐसा नहीं था, जो इसे विस्तारित करता, सुरक्षा और रेलवे पहले से ही सार्वजनिक क्षेत्र में थे और आणविक शक्ति संबंधी कोई भी उद्योग भारत में अस्तित्वमान नहीं था। इस दस्तावेज में पहले से विद्यमान निजी उद्योगों में से किसी उद्योग के राष्ट्रीयकरण या सार्वजनिक क्षेत्र में किसी तरह के नए प्रतिष्ठान की स्थापना का प्रस्ताव भी नहीं था। यह औद्योगिक नीति दस्तावेज विदेशी और देशी दोनों ही तरह की निजी पूँजी के साथ एक समझौतावादी दस्तावेज था।

1951 में जब भारत सरकार की प्रथम पंचवर्षीय योजना आई, तब उसमें भी समाजवादी वैचारिकता का लेशमात्र भी लक्षण नहीं था, क्योंकि उद्योग, व्यापार और वाणिज्य आदि के साथ-साथ अर्थव्यवस्था के व्यापक क्षेत्रों को, चंद अतिशय छोटे और नगण्य आर्थिक क्षेत्र को छोड़कर, व्यापक और आर्थिक क्षेत्रों को निजी पूँजी के नियंत्रण में ही रखा गया था। जिस तरह की 'बुनियादी संरचना' का निर्माण इस योजना का

लक्ष्य था, उसी की परिणति के रूप में राजनीतिक संरचना या सरकार की राजनीतिक वैचारिकता का प्रकटीकरण भी हुआ, उसने 'आधार' बाहरी संरचना को प्रभावित करना शुरू कर दिया था। यह राजनीतिक भारत की वैदेशिक नीति में भी प्रकट हुई, जब भारत ने विकास के लिए साम्राज्यवादी देशों पर अपनी निर्भरता को दरशाया और इसके लिए अंतरराष्ट्रीय राजनीति में राष्ट्र संघ आदि जैसी संस्थाओं में साम्राज्यवादी देशों के पक्ष में खड़ा दिखा। इसने ब्रिटिश साम्राज्यवाद को गोरखा लोगों को सैन्य प्रशिक्षण देकर मलाया के स्वतंत्र संग्राम को कुचलने के लिए भारत में सुविधा दी, फ्रांसीसी साम्राज्यवाद को वियतनाम के मुक्ति संघर्ष को कुचलने के लिए भारत में हवाई अड्डे की सुविधा दिया, कोरिया के प्रश्न पर अमेरिकी साम्राज्यवाद के पक्ष में खड़ा दिखा, आदि अनेक दृष्टांत इस पक्ष में दिए जा सकते हैं।

1948 के औद्योगिक नीति प्रस्ताव ने भारत के औद्योगिकीकरण के तीव्रगामी विकास के लिए विदेशी पूँजी की जरूरत को स्वीकार किया, खासकर तकनीक और ज्ञान के क्षेत्र में इसे अनिवार्य माना। पूँजीवादी मुल्कों से ऐसी मदद या तो उद्योगों में उनके स्वतंत्र क्रिया-कलाप के रूप में लगाए जाने या भारतीय पूँजी के साथ साख-समझौता (Collaboration) के रूप में ही आ सकती था। ऐसी सूरत में विदेशी पूँजी के साथ किसी तरह की सरकारी छेड़छाड़ की कोई गुंजाइश नहीं रह जाती थी और सरकार को उन्हें आश्वस्त करना था कि उनके हित और स्वार्थ सुरक्षित रहेंगे। विदेशी पूँजी को स्वतंत्र रूप से काम करने देने का मतलब था; देश के संसाधनों का नव-उपनिवेशवादी ढंग से शोषण किया जाना और दूसरी तरफ भारतीय पूँजी के साथ उनके सहमेल-समझौता (Collaboration) का स्वाभाविक परिणाम यह भी होने वाला था कि यह प्रक्रिया देशी पूँजी के मुनाफे और लूट को बढ़ाएगी और इनमें से कुछ एकाधिकारवाद की सीमा तक अपने को विकसित कर लेंगे। 1948 के औद्योगिक नीति-प्रस्ताव में यह उल्लेख जरूर था कि स्वामित्व संबंधी प्रधान स्वार्थ और प्रभावकारी नियंत्रण भारतीयों के हाथों में रहेगा। हर हालत में, जो भी हो, भारतीय अधिकारियों (Personnels) को प्रशिक्षित कर विदेशी अधिकारियों की जगह पर उन्हें लाने की जरूरत पर बल दिया जाएगा।[5] इस प्रकार विदेशी पूँजी की उपस्थिति को द्रुत आर्थिक विकास के लिए जरूरी समझकर जब स्वीकृति दे गई, तब विदेशी वित्तीय पूँजी, जो नव-उपनिवेशवादी ढंग से भारत का शोषण कर रही थी, के खिलाफ किसी तरह के कदम उठाने की प्रक्रिया भी प्रतिबंधित हो गई। वह सबकुछ, जिस पर विचार किया गया, वह यही था कि धीरे- धीरे विदेशी पूँजी का भी भारतीयकरण कर लिया जाएगा। 1948 की औद्योगिक नीति-प्रस्ताव का यही मुख्य बिंदु था, जिससे मिश्रित अर्थव्यवस्था की अवधारणा निःसृत हुई और जिसने इस अवधारणा को आधार प्रदान किया कि सार्वजनिक क्षेत्र और निजी

क्षेत्र दोनों एक-दूसरे के पूरक के रूप में साथ-साथ चलेंगे। यह अवधारणा कांग्रेस की 'सर्ववर्गसंग्रहवाद' की राजनीतिक सैद्धांतिकता के फ्रेम में भी फिट बैठ जाती थी। इस अवधारणा की बुनियादी गलती यह थी कि इसने दो परस्पर विरोधी स्वार्थों, जिनके बीच का अंतर्विरोध कभी भी एकात्मकतावाला (Concilable) नहीं, बल्कि हमेशा असहमतिवाला (Irreconcilable) होता है, उसे एक-दूसरे के सहयोगी के रूप में स्वीकार किया। यह निश्चित था कि विकास की ऐतिहासिकता में इन दोनों के बीच टकराव होगा ही और दोनों में से कोई एक अपने प्रतिस्पर्द्धी को समाप्त कर देगा। देखा जाए, तब भारत में इस प्रतिस्पर्द्धा में एकाधिकारवाद को ही सफलता मिली, उसने अर्थव्यवस्था के विकास के रूप में अपने को आगे बढ़ाकर स्वरूप ले लिया।

1956 के अप्रैल माह में भारत का दूसरा औद्योगिक नीति प्रस्ताव एक बदले वैश्विक परिप्रेक्ष्य में आया। वैश्विक स्तर पर साम्राज्यवाद हथियारों की होड़ से लेकर राष्ट्रीय मुक्ति संघर्षों को दबाने, कुचलने तथा आर्थिक मोरचों पर भी उस काल के समाजवादी खेमे—खासकर उस काल के यू.एस.आर. से मात खा रहा था और वैश्विक राजनीतिक परिवेश समाजवादी खेमे की तरफ झुका हुआ था। भारत की भी समस्या थी कि साम्राज्यवादी मुल्कों के साथ आर्थिक विकास में मदद के लिए किए जानेवाले समझौते के साथ—प्रत्येक के साथ—बड़ी ही शर्मनाक राजनीतिक शर्तों को भी जोड़ दिए जाने की साम्राज्यवादी देशों की प्रवृत्ति से निवारण पाने की समस्या खड़ी रहती थी। अब भारत के लिए समाजवादी देशों से बिना राजनीतिक शर्त के विकास के लिए मदद पा सकने की संभावना का दरवाजा खुला दिखा।

समाजवादी खेमे से आर्थिक मदद को सुनिश्चित कराने के लिए जरूरी था कि भारत की आर्थिक और राजनीतिक, दोनों वैचारिकताओं को जनवादी दिशा में झुकाया जाए, खासकर भारत के संपूर्ण मेहनतकश अवाम के हितों की रक्षा संबंधी कुछ प्रावधानों का समावेश आर्थिक नीतियों में कराया जाए और वैदेशिक नीति के मामले में भी साम्राज्यवाद विरोधी भावों को लाया जाए। इस संदर्भ में भारत ने अपनी आर्थिक-सामाजिक नीतियों में कुछ जनवादी तत्त्वों का समावेश कराया। इसी परिवर्तित वातावरण में 1954 में भारतीय संसद् और 1955 में कांग्रेस पार्टी के अवाड़ी अधिवेशन में 'समाजवादी नमूने के समाज' के निर्माण के लक्ष्य को रखते हुए प्रस्ताव पारित किए गए, मगर अभी भी मिश्रित अर्थव्यवस्था की अवधारणा भारतीय आर्थिक विकास की अवधारणा के रूप में विद्यमान रही। इसी परिवेश में भारत की द्वितीय औद्योगिक नीति संबंधी प्रस्ताव 1956 में आया। इस आर्थिक-राजनीतिक परिवेश में अर्थशास्त्रियों के एक समूह की स्पष्ट राय आती रही कि सार्वजनिक क्षेत्र की तरफ पलड़ा काफी झुका हुआ है और तथाकथित निजी क्षेत्र विगत दिनों की अवधारणा के रूप में मौजूद रह गया है।[6] 1956 की औद्योगिक

नीति के संबंध में ऊपर की यह टिप्पणी एक भ्रमित अवधारणा की अभिव्यक्ति थी, क्योंकि इस प्रस्ताव में भी निजी क्षेत्र की अर्थव्यवस्था में भूमिका को स्वीकारा गया था और इसे सार्वजनिक क्षेत्र का विरोधी नहीं, अपितु सहयोगी के रूप में रखा गया था, यहाँ भी कांग्रेस पार्टी की सर्व वर्ग संग्रहवाद की नीति स्पष्ट रूप में लक्षित थी। भारत में सुचारु आर्थिक विकास के लिए जिस ढंग की बाहरी संरचना की जरूरत थी, वह भारत का निजी क्षेत्र खड़ा नहीं कर सकता था और भारतीय राजसत्ता ने इस जिम्मेदारी को अपने ऊपर ले लिया था। इसके अलावा पूँजी-प्रधान उद्योगों की स्थापना भारतीय निजी पूँजी की वित्तीय क्षमता के दायरे से बाहर थी और यह दायित्व भी इस औद्योगिक नीति-प्रस्ताव ने सार्वजनिक क्षेत्र को सौंप रखा था। अगर इन तथ्यों की रोशनी में इस नीति-वक्तव्य की विवेचना की जाए, तब कहा जा सकता है कि औद्योगिक नीति-प्रस्ताव सार्वजनिक क्षेत्र को निजी क्षेत्र के प्रमोटर की भूमिका में खड़ा कर रहा था।

1956 की औद्योगिक नीति-प्रस्ताव के मूल तत्त्व

अपने पूर्व की, यानी 1948 की औद्योगिक नीति-प्रस्ताव की तरह ही इस औद्योगिक नीति-प्रस्ताव ने भी आर्थिक क्षेत्र का वर्गीकरण किया था। इसने उद्योगों को तीन शेड्यूलों में बाँटकर रखा था, जिनमें नए औद्योगिक प्रतिष्ठानों के निर्माण की जिम्मेदारी सिर्फ सार्वजनिक क्षेत्र (सरकार) को दी गई थी।[7] 'सुरक्षा, आणविक ऊर्जा और उड्डयन (Air transport) उद्योगों को, खास वरीयता के साथ सार्वजनिक क्षेत्र में रखते हुए इस प्रस्ताव में कुल 13 उद्योगों को सार्वजनिक क्षेत्र में रखा गया था। जिन 13 उद्योगों को पूर्णरूपेण सार्वजनिक क्षेत्र के लिए संरक्षित किया गया, उनमें पहले से स्थापित निजी क्षेत्र के उद्योगों का न तो राष्ट्रीयकरण किया गया और न उनके विस्तार और प्रसार पर रोक ही लगाई गई। सिर्फ यही किया गया, कि उन्हें अपने प्रसार और विस्तार के लिए सरकार की अनुमति लेनी होगी। इसके साथ-साथ यह भी कहा गया कि सरकार अगर आवश्यक समझेगी, तब इनमें प्रतिष्ठानों के निर्माण के लिए निजी पूँजी को आमंत्रित कर सकती है और निजी पूँजी ऐसी हालत में या तो बड़े सहयोगी या अन्य किसी रूप में आ सकती है।[8]

दूसरी सूची में 10 उद्योगों को रखा गया, जिनमें सार्वजनिक और निजी दोनों उद्यमी प्रतिष्ठान लगा सकते थे। समझ यही थी कि सरकार क्रमिक गति से इनमें नए उद्योग लगाएगी और निजी पूँजी सरकारी प्रयासों में मददगार की भूमिका में रहेगी। अन्य बचे उद्योग लाइट और खाद्य पदार्थ के साथ-साथ भवन निर्माण वस्तुओं आदि समेत निजी पूँजी के लिए खुले रहेंगे। इन सबको तीसरी सूची में रखा गया था।

कहा जा सकता है कि 1956 के औद्योगिक नीति-प्रस्ताव ने सार्वजनिक क्षेत्र को उद्योगों के निर्माण आदि में एक बड़ा आयाम जरूर उपलब्ध कराया, मगर इसके साथ-

साथ 'समाजवादी नमूने के समाज' की अवधारणा के प्रति यह नीति एक सार्थक दिशा को प्रस्तुत नहीं कर सकी, क्योंकि इसने कोई ऐसा संकेत नहीं दिया, जिससे यह लगे कि सरकार क्रमिक गति से निजी क्षेत्र के औद्योगिक क्रिया-कलापों को कम करते हुए अंततः उसे आर्थिक दृश्यपटल के प्रमुख स्थानों से हटा देगी। उलटे इसने निजी क्षेत्र की भूमिका को जरूरी माना और उसे सरकारी आर्थिक मदद देने और अन्य तरीकों से मदद करने की, जैसे—सेवा क्षेत्र, राजकोषीय मामलों और यहाँ तक कि वित्त प्रदान करने तक की वचनबद्धता दी। इस तरह की बहुमुखी मदद का परिणाम लाजमी रूप से अर्थव्यवस्था में एकाधिकारवाद को पैदा करने और बढ़ाने के हालातों को पैदा करता है और भारतीय अर्थव्यवस्था इसका शिकार बन गई। भारत के निजी औद्योगिक जगत् को इस नीति का स्वागत करने में जरा भी हिचक नहीं हुई। सरकारी स्तर के बयानों ने भी निजी पूँजी का पक्ष लेते हुए बयान दिए। उस काल के भारत के वित्त मंत्री टी.टी. कृष्णामचारी ने कहा—'यह औद्योगिक नीति संभवतः अब तक निजी क्षेत्र को दिए जानेवाली सबसे बड़ी सहूलियत है।'[9] भारत में प्रकाशित होनेवाले एक अखबार ने मुखपृष्ठ पर मुख्य शीर्षक पंक्ति में लिखा—'भारत का स्टॉक बाजार इस औद्योगिक नीति प्रस्ताव का समर्थन करता है।'[10] लोकसभा में प्रधानमंत्री ने कहा—'इसमें मुझे कोई संदेह नहीं कि भारत की वर्तमान स्थिति में निजी क्षेत्र को एक महत्त्वपूर्ण दायित्व निभाना है।'[11]

1956 की औद्योगिक नीति का जो लक्ष्य था, सार्वजनिक क्षेत्र की औद्योगिक इकाइयों की आर्थिक पुनर्संरचना में प्रमुख भूमिका निभाने का, उसके विपरीत सरकारी बयान दिए जाने लगे। भारत के व्यापार और उद्योग मंत्री लाल बहादुर शास्त्री ने आंध्र प्रदेश के चैंबर ऑफ कॉमर्स ऐंड इंडस्ट्रीज की एक मीटिंग में सरकार के नीति-दस्तावेज के संबंध में स्पष्टता से कहा—'औद्योगिक इकाइयों को सरकार द्वारा अपना लिये जाने का अगर कारण है, तो यही है कि इनमें लगनेवाली पूँजी काफी बड़ी है और निजी क्षेत्र के लिए इसे जुटाना काफी कठिन है या सरकार इसे अपेक्षाकृत ज्यादा अच्छी शर्तों पर चलाने में सक्षम है।'[12] हालाँकि ऐसा बयान एक खास संगठन की सभा में माननीय मंत्री द्वारा दिया गया था, मगर इसका परिप्रेक्ष्य संपूर्ण भारत का था। इसी तरह प्रधानमंत्री जवाहरलाल नेहरू के बयान ने इस तरह के तर्कों को तब संपुष्ट कर दिया, जब उन्होंने कहा, 'भारत में निजी क्षेत्र एक अच्छी चीज है, इसे दबाकर रखना एक बुरी चीज है।'[13] इस तरह के नीति-वक्तव्यों के असली उद्देश्यों का प्रकटीकरण 1956 की औद्योगिक नीति को स्वीकृत किए जाने के दो वर्ष बाद ही, 1958 में उस समय हुआ जब सरकार ने सार्वजनिक क्षेत्र के प्रोजेक्टों को अनधिकारिक (Non-officialization) करने की प्रक्रिया को शुरू कर दिया और सार्वजनिक क्षेत्र और निजी क्षेत्र के बीच सहयोग के दरवाजे को खोला। सरकार ने स्टेट ट्रेडिंग कॉरपोरेशन के चेयरमैन के पद पर चंदू

लाल पारेख को आसीन करा दिया और डी.पी. गोयनका तथा पी.एस. लोकनाथन जैसे उद्योगपतियों को इसके बोर्ड ऑफ डायरेक्टरों में रख दिया। महाराष्ट्र चैंबर ऑफ कॉमर्स के अध्यक्ष ए.पी. भट्ट को भारत सरकार के प्रतिष्ठान हिंदुस्तान एंटीबायोटिक का चेयरमैन बना दिया गया और एक अवकाशप्राप्त जज, मेहरचंद महाजन को हिंदुस्तान के बुल लिमिटेड का अध्यक्ष बहाल कर दिया गया।[14] इसके बाद योजना आयोग ने अनुशंसा की कि सार्वजनिक क्षेत्र के मुनाफा वाले प्रतिष्ठानों के 20 से 25 प्रतिशत शेयरों को निजी क्षेत्र के उद्योगों को दे दिया जाए। विकास प्रक्रिया का विश्लेषण और मूल्यांकन दरशा रहा था कि निजी क्षेत्र के पक्ष में एक विचित्र ढंग की षड्यंत्रकारी कोशिश चल रही थी कि सरकारी धन के बहाव को निजी क्षेत्र की तरफ किया जाए और इसके बाद जब वे पूँजीगत मामले में स्थायित्व ग्रहण कर लें, तब सार्वजनिक उद्यमों पर उनके नियंत्रण को बढ़ाकर उससे मुनाफा कमाने का अवसर इन्हें उपलब्ध करा दिया जाए। इन नीतियों का मुख्य लक्ष्य यही लगता है कि निजी क्षेत्र को सुविधाजनक स्थिति में रखे रहने के हालातों को बनाए रखना और सार्वजनिक धन के व्यय के द्वारा खड़ा किए गए बाहरी संरचनात्मक ढाँचों के द्वारा निजी क्षेत्र को मदद करना, नीति बन गई थी। औद्योगिक नीति की मूल स्थापनाओं से इस तरह का विचलन और नीति-प्रस्ताव में मौजूद छिद्रों का उपयोग, निजी क्षेत्र ने बखूबी किया और मुनाफा अर्जित करता रहा। हालाँकि इस नीति-दस्तावेज में नेहरूवादी वैचारिकता के तत्त्व वर्तमान थे, फिर भी उसमें ऐसे विरोधाभास भी मौजूद थे और उन विरोधाभासों का अप्रतिबद्ध तत्त्वों ने खूब दुरुपयोग किया।[15] बाद के अनुभवों ने दिखा दिया कि इस नीति की कमजोरियों का निजी पूँजी के बड़े-से-बड़े घरानों ने खूब दुरुपयोग करके, अपनी आमदनी को बढ़ाकर, एकाधिकारवादी स्थिति में अपने को लाने की स्थितियों को बनाया। आगे चलकर उन क्षेत्रों में भी निजी पूँजी को उद्योग लगाने के लाइसेंस दिए जाने लगे, जो सार्वजनिक क्षेत्र के लिए संरक्षित किए गए थे। सरकार ने स्टानवाक (इस्सो—Esso) के साथ तेल की खोज के लिए समझौता किया, जिसमें सार्वजनिक पूँजी को अल्पमत में रखा गया। इस तरह के अनेक साख-समझौते सरकार ने निजी पूँजी के साथ किए, जिससे भारी और कोर/धुरीन औद्योगिक क्षेत्रों में निजी पूँजी का प्रवेश बढ़ता गया, निजी पूँजी पहले की अपेक्षा ज्यादा प्रभावकारी बनती गई और क्रमिक गति से एकाधिकारवाद का विकास होता गया। निजी पूँजी पक्षीय विकास की इस प्रक्रिया के कारण भारतीय अर्थव्यवस्था पर जो कुप्रभाव पड़ना शुरू हुआ, वह उत्पादन में ह्रास, कीमतों में उछाल, बेरोजगारी में बढ़ोतरी आदि के रूप में सामने आकर अवाम की स्थिति को बुरी तरह कुप्रभावित किया। इसका राजनीतिक पकटीकरण 1967 में राज्यों में हुए चुनावों में सामने आया, जब देश के प्राय: सभी प्रमुख राज्यों में कांग्रेस सत्ता से बाहर कर दी गई।

स्थिति में सुधार के प्रयास

1967 के चुनाव से प्राप्त अनुभवों ने दरशाया था कि इस बदलाव की मुख्य वाहक शक्तियाँ भारत की श्रमजीवी जनता, किसान, मजदूर, निम्न-मध्यवर्गीय तबका, शहरी गरीब आदि थे। इसमें उन्होंने ही अपनी कठिनाइयों के निवारण के लिए संघर्ष की प्रेरक शक्ति का काम किया था। इस स्थिति से निकलने के लिए इंदिरा गांधी ने, जब वे प्रधानमंत्री के रूप में आईं, कुछ कदमों को उठाने की कोशिशें कीं। अन्य कदमों के अलावा एक महत्त्वपूर्ण कदम 14 बैंकों का 1969 में राष्ट्रीयकरण किया जाना था। 28 अगस्त, 1969 को दिल्ली में बैंकर्स क्लब के सामने दिए गए अपने भाषण में इंदिरा गांधी ने उन लक्ष्यों और उद्देश्यों को व्याख्यायित किया, जिसके कारण बैंकों का राष्ट्रीयकरण किया गया था। उन्होंने कहा, 'असमानता के कारण सामाजिक तनाव बढ़ता जा रहा है··· ।

'क्योंकि बहुत सारे लोगों के मन में यह संशय घर करता जा रहा है कि उनके साथ अन्याय हो रहा है, इस कारण कोई भी इस तरह का कदम, जो इसे कम करे, ऐसे सभी लोगों को सुरक्षा प्रदान करना हैं।'[16] देखा जा सकता है कि यह बयान अपने आपमें राजनीतिक ज्यादा था, इसकी तुलना में कि यह दरशाए कि बैंकों को सार्वजनिक क्षेत्र में लिया जाना इस उद्देश्य से प्रेरित है कि इसकी पूँजी का उपयोग अवाम की सामाजिक-आर्थिक समस्याओं के निराकरण में किया जाएगा।

बैंक राष्ट्रीयकरण के परिणाम

बैंकों के राष्ट्रीयकरण के पूर्व की बैंक नीति—खासकर कर्ज देने के संबंध में—काफी असंतुलित थी। यह असंतुलन कृषि क्षेत्र के मामले में सबसे असंतोषजनक था। कृषि क्षेत्र में लगे किसानों को तमाम अनुसूचित वाणिज्यिक बैंकों द्वारा दिया कर्ज उनके द्वारा दिए गए कुल कर्ज-राशि का मात्र 0.2 प्रतिशत ही था। जून 1969, यानी 14 बैंकों के राष्ट्रीयकरण के कुछ माह पूर्व, उनके द्वारा दिए गए संपूर्ण कर्ज-राशि का महज 1 प्रतिशत ही था, यहाँ तक कि एस.बी.आई. ने भी, जिसका गठन खासकर लघु और मझोले उद्योगों को मदद करने के लिए किया गया था, किसी भी सूरत में भिन्न नीति नहीं अपनाई थी। बेतरतीबी से दिया गया कर्ज मुद्रास्फीति को बढ़ा रहा था और अर्थव्यवस्था के लिए कई तरह की कठिनाइयाँ पैदा कर रहा था। इसे ठीक करके सही मार्ग पर ले जाने के लिए कई सधे कदमों को उठाने की जरूरत थी। बैंकों की कर्ज-नीति या अन्य अनियमितताओं को ठीक करने में बैंकों का राष्ट्रीयकरण एक कारगर अवसर प्रदान कर सकता था, बशर्ते कि बैंक नीति को सही दिशा में ले लाया जाता, तब। नीचे की तालिका बैंकों की कर्ज-नीति संबंधी आँकड़ों और तथ्यों को दरशाती है—

तालिका नं. VIII–1

अनुसूचित बैंकों द्वारा कृषि, लघु और मझोले उद्योगों को दिए गए कर्ज (रुपए करोड़ में)

	एस.बी.आई. + सहायक बैंक		14 राष्ट्रीयकृत बैंक		सरकारी क्षेत्र के सभी बैंक		अन्य वाणिज्यिक बैंक कुल			
	जून	मार्च	जून	मार्च	जून	मार्च	जून	मार्च	जून	मार्च
	1969	1970	1969	1970	1969	1970	1969	1970	1969	1970
कुल कृषि	99.91	125.34	62.42	124.20	162.33	249.54	26.08	36.54	188.41	268.08
कुल लघु उद्योग	103.01	155.22	153.79	214.86	256.80	370.08	37.30	48.51	299.10	418.50
(1) लघु उद्योग	103.03	152.24	148.08	198.72	251.06	350.06	34.54	42.54	285.60	393.90
(2) रोड ट्रांसपोर्ट	00.00	2.89	5.41	15.88	5.48	18.86	2.74	5.74	8.22	24.33
(3) औद्योगिक संपदा	X	X	0.26	0.26	0.26	0.26	0.02	0.10	0.28	0.36
कृषकों को कर्ज	11.06	46.53	29.16	8285	40.22	129.38	13.38	21.05	57.61	150.43

नोट : कृषि की रकम में जोड़ा हुआ है।

1. 79 करोड़ रुपए बागबानी के विकास, खाद और अन्य के लिए।
2. 28 करोड़ रुपए विद्युतीकरण आदि के लिए बिजली बोर्ड को दिया गया।
3. 29 करोड़ रुपए कृषि और अन्य को अप्रत्यक्ष कर्ज के रूप में दिया गया।
4. 150 करोड़ रुपए सीधे कृषकों को दिया गया कर्ज।

स्रोत—रिजर्व बैंक ऑफ इंडिया, एनुअल रिपोर्ट ऑन दि वर्किंग ऑफ आर.बी.आई. ऐंड ट्रेंड ऐंड प्रोग्रेस ऑफ बैंकिंग इन इंडिया के अंत तक, टेबुल 17, पृ. 34।

ऊपर की तालिका कृषकों और कृषि को दिए गए बैंकों द्वारा कर्ज को राष्ट्रीयकरण के पूर्व और पश्चात्, जून, 1969 से मार्च, 1970 के बीच की स्थिति को दरशाती है। एस.बी.आई. और उसके सहायक बैंकों द्वारा कृषि को दिए गए जून, 1969 की 11 करोड़ रुपए की कुल राशि, मार्च, 1970 में बढ़कर 47 करोड़ हो गई। 14 राष्ट्रीयकृत बैंकों के मामले में 29 करोड़ रुपए जून, 1969 से बढ़कर मार्च, 1970 में 83 करोड़ रुपए हो गईं और अन्य वाणिज्यिक बैंकों के मामले में यह रकम जून, 1969 की 12 करोड़ रुपए की राशि से बढ़कर मार्च, 1970 में 21 करोड़ रुपए हुई। सार्वजनिक क्षेत्र के द्वारा कृषि को दी गई कुल राशि जून, 1969 में उनके द्वारा दी गई कुल कर्ज-राशि का 1.26 प्रतिशत था, जो 1970 के मार्च माह तक उछाल लेकर 4.27 प्रतिशत पर चला गया।'[17]

इस अवधि में यानी जून, 1969 से मार्च, 1970 तक राष्ट्रीयकृत बैंकों और अन्य वाणिज्यिक बैंकों, दोनों ने ही कृषि क्षेत्र को दिए जानेवाले अपने कर्ज की राशि में बढ़ोतरी तो जरूर की, मगर इसे बहुत संतोषप्रद नहीं कहा जा सकता। हालाँकि इनके कर्जों में 60 प्रतिशत की वृद्धि देखी गई। फिर भी, जब उनके द्वारा दिए गए कर्जों की कुल राशि के साथ इसकी तुलना की जाती है, तब कृषि को दिया गया यह कर्ज नगण्य लगता है।

जुलाई, 1969 से मार्च, 1970 के 9 माह के अंदर सभी राष्ट्रीयकृत बैंकों ने कृषि क्षेत्र को दिए जानेवाली कर्ज-राशि में इजाफा किया। इनके द्वारा दी गई 62 करोड़ रुपए की राशि 1970 के मार्च माह तक 124 करोड़ रुपए हो गई। इस कर्ज-राशि में बागबानी के विकास, खाद के खर्चों को पूरा करना और इसी तरह के अन्य खर्चों के लिए 79 करोड़ रुपए, बिजली बोर्ड को दिया गया 28 करोड़ रुपए और 150 करोड़ रुपए कृषकों को सीधे कर्ज के रूप में दी गई राशि सम्मिलित थी। इसके बावजूद कृषि विकास के लिए पर्याप्त पूँजी का भारी संकट कृषि क्षेत्र झेलता रहा और इसमें सबसे परेशान तबका छोटे किसानों का रहा। आश्चर्य की बात यह रही कि अगर बैंक छोटे किसानों को कर्ज नहीं देना चाहे, तब क्यों नहीं उन्होंने लैंड मौरटेज बैंक, को-ऑपरेटिव बिजली बोर्ड आदि संस्थाओं को, जिनका संबंध कृषि से सीधा जुड़ा हुआ था, कर्ज नहीं दिया?

राष्ट्रीयकरण के पूर्व से बैंकों की पूँजी का बड़े औद्योगिक घराने अपने हित में इस्तेमाल करते आ रहे थे। राष्ट्रीयकरण के बाद छोटे उद्योगों के अंदर यह उम्मीद जगी कि बैंकों से बड़े पूँजीपतियों का वर्चस्व समाप्ति के बाद अब उन्हें बैंकों के कर्जों को प्राप्त करने की सुविधा मिलेगी, मगर आश्चर्य की बात यह थी कि जिस तरीके से बैंकों ने राष्ट्रीयकरण के बाद भी अपनी कर्ज-नीति को चलाया, वह संतोषजनक नहीं रही, इन्होंने लघु उद्यमियों को दिए जानेवाले करोड़ों की राशि में इजाफा तो कुछ जरूर किया, मगर यह रकम जुलाई, 1969 की 154 करोड़ रुपए से बढ़कर मार्च, 1970 में मात्र 215 करोड़ की राशि तक ही गई। इसी अवधि में एस.बी.आई. और उसके सहायक बैंकों

द्वारा भी लघु उद्योगों को दिया गया कर्ज 103 करोड़ रुपए से बढ़कर 155 करोड़ ही था। सार्वजनिक क्षेत्र के सभी बैंकों द्वारा लघु उद्योगों को दिया गया कर्ज 257 करोड़ रुपए से बढ़कर मार्च, 1970 तक 370 करोड़ रुपए ही हो सका। 1969 में बैंकों द्वारा दी गई कर्ज-राशि उनके कुल दिए गए कर्ज का मात्र 8 प्रतिशत थी, जो मार्च 1970 तक बढ़कर सिर्फ 10 प्रतिशत हुई, यानी इसमें मात्र 2 प्रतिशत की बढ़ोतरी ही दर्ज हो सकी। अगर कृषि क्षेत्र और लघु उद्योगों के क्षेत्र; दोनों को बैंकों द्वारा दिए गए कर्ज की सम्मिलित राशि को देखा जाए, तब इसमें जो इजाफा हुआ, वह जुलाई 1969 के 419 करोड़ रुपए से बढ़कर मार्च, 1970 तक 620 करोड़ रुपए, या कुल 200 करोड़ रुपए की बढ़ोतरीवाला था। इस 200 करोड़ रुपए के अतिरिक्त कर्ज में से आधा ही कृषि और लघु उद्योगों को मिला, बाकी आधा बड़े कारखानेदार और बड़े व्यापारी हड़प ले गए।

हालाँकि बैंकों का राष्ट्रीयकरण तो हो गया था, मगर बड़े औद्योगिक घरानों के प्रति कर्ज देने के मामले में उनकी झुकाव की नीति में कोई बदलाव नहीं दिखा। इस तथ्य को उस काल के वित्त मंत्री वाई.बी. चव्हाण ने राज्यसभा में दिए गए अपने भाषण में स्वीकारते हुए कहा था 'राष्ट्रीयकृत बैंकों द्वारा उपलब्ध कुल कर्ज-राशि का बड़ा भाग बड़े औद्योगिक घरानों के शीर्षस्थ 5 घराने ही झटक लिये'।[18] वित्त मंत्री ने स्पष्ट किया कि लघु उद्योगों को 29 जून, 1973 तक बैंकों द्वारा दी गई कर्ज-राशि 36,492 लाख रुपए थी, जिसे 80,547 लघु उद्योग इकाइयों को दिया गया, मगर 5 बड़े औद्योगिक समूहों को राष्ट्रीयकृत बैंकों द्वारा उपलब्ध कराई गई कुल कर्ज-राशि उनके द्वारा दिए गए कुल कर्ज का 29 जून, 1973 तक 5.28 प्रतिशत था, जबकि यही प्रतिशत इसी अवधि में लघु उद्योगों के लिए मात्र 1.38 प्रतिशत ही रहा था।[19] वित्तमंत्री के अनुसार अपनी 49 कंपनियों के साथ टाटा ने 5001 लाख रुपए का कर्ज लिया था, जो बैंकों को 29 जून, 1973 तक अदा करना था। बिड़ला समूह की 192 कंपनियों के पास जो कर्ज था 1367 लाख रुपए, इसी अवधि में बैंकों को लौटाना था, मफत लाल समूह की 23 कंपनियों को इस अवधि में बैंकों को लौटानेवाला कर्ज 2152 लाख रुपए और बांगड़ की 86 कंपनियों को बैंकों के कर्ज का 2362 लाख रुपए लौटाना था। राज्यसभा में बहस के दौरान यह भी खुलकर सामने आया कि बड़े औद्योगिक घरानों को 31 दिसंबर, 1972 तक राष्ट्रीयकृत बैंकों द्वारा दिए गए कर्ज का 90 प्रतिशत मिल गया था। इस कर्ज-राशि में बिड़ला समूह को 47.30 करोड़, बिड़ला के ही सहायक कोठारी को 1.75 करोड़ और रुइया को 5.59 करोड़ रुपए[20] मिला था। ऊपर के विवरण दरशाते हैं कि राष्ट्रीयकरण के बाद भी बैंकों की कर्ज-नीति में कोई बुनियादी बदलाव नहीं आया, जिस मेहनतकश अवाम ने बैंकों के राष्ट्रीयकरण के लिए लगातार कठोर संघर्ष किया था, वह पूर्व की ही भाँति लाभान्वित होने से वंचित

रह गया। इस तरह की नीति के कारण सार्वजनिक धन का बहाव बड़े औद्योगिक घरानों की तरफ हो एकाधिकारवाद को बढ़ावा दिया।

विदेशी पूँजी के साथ साख-समझौते (Collaboration)

सरकारी वित्तीय संस्थाओं और सरकारी मदद के द्वारा प्राप्त राशि का उपयोग करके बड़े औद्योगिक घरानों ने अपनी पूँजी का विस्तार करके अपनी एकाधिकारवादी स्थिति को तो मजबूत किया ही, इसके अलावा एक अन्य कारक, जिसने उन्हें एकाधिकारवादी बनाने में काफी मदद की, वह कारक था—विदेशी पूँजी के साथ भारतीय निजी पूँजी द्वारा किया गया साख-समझौता। नीचे की तालिका 1970 के बाद 1989 तक भारतीय पूँजी और विदेशी पूँजी के बीच हुए साख-समझौतों का विवरण प्रस्तुत करती है—

तालिका नं. VIII-2

विदेशी पूँजी के साथ किए गए समझौतों की स्थिति

वर्ष	अमेरिका	इंग्लैंड	जर्मनी	जापान	इटली	फ्रांस	NRI.
1970-71	41	39	28	15	08	07	09
1980-81	125	125	100	34	25	–	
1986-87	130	189	183	111	56	39	25
1988-89	134	191	178	96	53	42	25
निवेश के लिए स्वीकृत रकम (रु. करोड़ में)							
1970-71	0.48	0.02	0.13	0.74	–	–	–
1980-81	2.24	0.71	0.46	0.64	0.28	0.54	–
1986-87	29.37	7.72	20.16	5.62	2.33	2.05	7.9
1988-89	93.13	13.93	30.93	17.43	27.86	11.78	16.80

स्रोत—स्टाटिस्टिकल आउटलाइन आफॅ इंडिया (टाटा सर्विसेज, 1989)

ऊपर की तालिका दरशाती है कि भारतीय पूँजी के साथ सबसे ज्यादा साख-समझौता भारतीय पूँजी और ब्रिटिश पूँजी के बीच हुआ था। इसकी कुल संख्या 544 थी। इसके बाद क्रमशः जर्मनी के साथ 489, अमेरिका के साथ 430, जापान के साथ 256, इटली के साथ 142 और फ्रांस के साथ 112 तथा एन.आर.आई. 52 की संख्या के साथ सबसे पीछे थे। देखा जा सकता है कि 1970-71 से 1988-89 के बीच इस तरह की विदेशी कंपनियों के साथ किए गए समझौतों के जरिए कुल 292.2 करोड़ रुपए भारत आए, यानी प्रतिवर्ष 15 करोड़ रुपए औसतन भारत आता रहा। इन समझौतों के द्वारा

जिस देश से सबसे ज्यादा पूँजी आई, वह अमेरिका था—इससे 125.22 करोड़ रुपए की कुल पूँजी इस अवधि में भारत आई। इसका मतलब था कि भारत में जितनी पूँजी इस तरह के विदेशी समझौतों से आई, उसका 43 प्रतिशत भाग केवल अमेरिकी पूँजी थी। हालाँकि संख्या की दृष्टि से अमेरिका समझौते की कुल संख्या में प्रथम स्थान पर नहीं था, बल्कि इंग्लैंड के 544 और जर्मनी के 489 समझौतों की तुलना में इसका स्थान तीसरे नंबर था। 549 समझौतों के साथ इंग्लैंड के खाते में 22.5 करोड़ रुपए जाता था यानी इंग्लैंड से उतनी ही रकम भारत आई। यह रकम जर्मनी से भारत आनेवाली 51.74 करोड़ रुपए और इटली से आनेवाली 30.47 करोड़ रुपए से कम थी। इस तुलना में जापान और फ्रांस क्रमश: 17.50 करोड़ रुपए और 14.37 करोड़ रुपए के साथ एक को छोड़कर आखिरी स्थान पर थे। भारत में जिन समझौतों के जरिए यह सारी पूँजी आई, उनकी कुल संख्या इंग्लैंड के साथ हुए समझौते से कम ही थी।

ऊपर की तालिका में संगृहीत आँकड़े दिखाते हैं कि भारत पर ब्रिटिश वित्तीय पूँजी की पकड़ इस काल में क्रमश: कमजोर होती नजर आ रही है, हालाँकि संख्या की दृष्टि से ब्रिटेन की पूँजी के साथ भारतीय पूँजी के समझौतों की संख्या ज्यादा है, मगर इंग्लैंड से भारत में इन समझौतों द्वारा निर्यात की गई पूँजी कम है। जब साम्राज्यवाद अपनी चारित्रिक विशेषता में बदल गया है और माल निर्यात की जगह पूँजी का निर्यात इसका मुख्य लक्ष्य हो गया है, तब दूसरे साम्राज्यवादी देश इंग्लैंड को भारत के बाजार से क्रमिक गति से बाहर करते जा रहे हैं और उसकी जगह लेते नजर आ रहे हैं। इस मामले में अमेरिकी वित्तीय पूँजी का स्थान सर्वोपरि दिखता है, हालाँकि संख्या की दृष्टि से भारतीय पूँजी के साथ अमेरिकी पूँजी का समझौता कम है, इस प्रकार भारत की अर्थव्यवस्था पर अमेरिकी वित्तीय पूँजी का प्रभाव 1970–71 से 1988–89 में बढ़ता दिखता है।

ऊपर की तालिका एक और रहस्य का उद्घाटन करती है। यह दिखाती है कि 'समाजवादी नमूने के समाज' के निर्माण और सार्वजनिक क्षेत्र की अर्थव्यवस्था में निर्णायक भूमिका की स्थितियाँ कमजोर होती दिखती हैं, क्योंकि इन साख–समझौतों से भारत में आनेवाली साम्राज्यवादी वित्तीय पूँजी सारी–की–सारी प्राय: निजी क्षेत्र में आई है। इन्होंने भारत के नव–उपनिवेशवादी शोषण को बढ़ाया है और साम्राज्यवाद के साथ भारत के संपर्कों को समाप्त करने के संवैधानिक प्रावधानों का खुला उल्लंघन किया गया है, जिससे साम्राज्यवादी वित्तीय पूँजी के साथ भारत का अर्थतंत्र अपेक्षाकृत ज्यादा संबद्ध हो गया है। यह प्रक्रिया जनवादी विकास की दुश्मन और एकाधिकारवाद की मददगार है। इस प्रक्रिया में विदेशी पूँजी के साथ 1970–71 से 1986–1987 के वर्षों में कितने समझौते हुए, उनके द्वारा कुल कितनी विदेशी पूँजी भारत आई और भारत से कितना मुनाफा अर्जित कर बाहर ले गई आदि संबंधी आँकड़े नीचे की तालिका में दिए गए हैं—

तालिका नं. (VIII-3)
विदेशी पूँजी के साथ किया गया समझौता और भारत से बाहर इनके द्वारा धन का बहाव

क्र.	विषय	1970-71	1980-81	1986-87
1	अंतिम रूप दिए गए समझौतों की संख्या	183	526	957
2	अंतिम रूप दिया गया निवेश (रु. करोड़ में)	24.52	89.23	106.96
3	रकम, जो भारत के बाहर गई (रु. करोड़ में)	95.26	204.15	813.50
4	क. तकनीकी दक्षता (रु. करोड़ में)	20.63	104.93	358.40
5	ख. सूद की भरपाई (रु. करोड़ में)	12.80	22.32	318.90
6	अर्जित मुनाफा (रु. करोड़ में)	43.48	55.92	85.50

स्रोत—ऊपरोद्धृत।

ऊपर की तालिका दरशाती है कि विदेशी पूँजी के साथ भारतीय पूँजी के समझौतों की संख्या 1970-71 में कुल 183 थी, जो 1980-81 में बढ़कर 526 और 1986-87 में बढ़कर 957 हो गई। पिछले दशक की तुलना में इसमें क्रमश: 343 और 187 प्रतिशत और 431 या 82 प्रतिशत का इजाफा हुआ। निवेश के लिए स्वीकृत राशि में हुआ इजाफा क्रमश: 64.71 करोड़ रुपए और 17.12 करोड़ रुपए का हुआ, जो क्रमश: 264 प्रतिशत और 20 प्रतिशत की बढ़ोतरी पीछे के दशक की तुलना में था। देखा जा सकता है कि दो क्षेत्रों में समझौतों की संख्या और स्वीकृत निवेश-राशि में वर्णनीय बढ़ाव था, लेकिन भारत से पूँजी का विदेशों में बहाव सभी क्षेत्रों में वर्णनीय था, प्रत्येक दशक में इसकी प्रवृत्ति बढ़ी हुई राशि को भारत से बाहर ले जाने की रही थी। 1980-81 में यह बढ़ाव 114 प्रतिशत की दर से 1970-71 की राशि पर था और 1986-87 में यही प्रतिशत 298 हो गया। यह स्पष्ट उदाहरण था कि समझौतों की संख्या और निवेश के लिए स्वीकृत राशि घटती जा रही थी, मगर भारत से विदेशों में जानेवाले धन के बहाव की गति बढ़ती जा रही थी—यानी विदेशी पूँजी का भारत में निवेश कम, मगर भारत से बाहर जानेवाले धन के बहाव में बढ़ोतरी। विदेशी पूँजी के साथ हो रहे भारतीय पूँजी के समझौतों की यही चारित्रिक विशेषता थी। तकनीकी ज्ञान के लिए भारत से बाहर जानेवाले धन के बहाव में 1970-71 की घटना में 409 प्रतिशत की बढ़ोतरी 1980-81 में हुई और सूद की अदायगी के रूप में जो राशि भारत को देनी पड़ी, उसमें 1980-81 में 1970-71 की तुलना में 79 प्रतिशत की वृद्धि हुई थी और 1986-87 में 1980-81 की तुलना में यह बढ़ोतरी

और ज्यादा थी। इसी तरह से लगाई गई विदेशी पूँजी पर मुनाफा की दर भी 27 से 53 प्रतिशत की दर से 1970-71 और 1980-81 में क्रमशः बढ़ी। इस प्रक्रिया ने भारत की संपदा की लूट में देशी और विदेशी पूँजी की सम्मिलित सहभागिता के राज को स्पष्ट कर दिया था। भारत में एकाधिकारवाद की बढ़त में भारतीय पूँजी विदेशी पूँजी से सहयोग प्राप्त कर रही थी और विदेशी पूँजी को भारत की लूट में भारतीय पूँजी मदद कर रही थी। इस तरह भारत की बड़ी पूँजी का एक गठबंधन विदेशी पूँजी के साथ होता जा रहा था, जिस कारण भारत में एकाधिकारवाद की जड़ें मजबूत होती जा रही थीं।

छोटे और मझोले उद्योगों की बंदी

एकाधिकारवाद के बढ़ाव का एक लक्षण बड़े औद्योगिक घरानों में बढ़ाव और छोटे तथा मझोले उद्योगों की लगातार हो रही बंदी में दिखता है, क्योंकि छोटे और मझोले उद्योग ऐसी विकास प्रक्रिया में बड़े उद्योगों के साथ प्रतिस्पर्द्धा में न टिक पाने के कारण आर्थिक दृश्यपटल से बाहर होते जा रहे थे। भारत में पूँजी का बड़े औद्योगिक घरानों के पास केंद्रीभूत होते जाना और लघु तथा मझोले उद्योगों का बंद होते जाना, दोनों ही प्रक्रियाएँ साथ-साथ चलती देखी जा सकती हैं। देखा जा सकता है कि जैसे-जैसे भारत में एकाधिकारवाद अपने को मजबूत करता जा रहा था, लघु उद्योगों की बंदी की प्रक्रिया भी उसी तरह से तेज होती जा रही थी। 1980 के दशक के आते-आते भारतीय पूँजी विदेशी पूँजी के साथ संयुक्त आर्थिक क्रिया-कलाप को आगे बढ़ाने की मजबूत स्थिति में आ गई थी और 1980 के दशक में लघु उद्योगों की बंदी की प्रक्रिया ने किस तरह तीव्र गति प्राप्त कर ली थी, नीचे की तालिका दरशा रही है—

तालिका नं. (VIII-4)

1980 के दशक में लघु उद्योगों की बंदी,

वर्ष उद्योगों की किस्में, बैंकों का कर्ज (रु. करोड़ में)

वर्ष	बड़े	मझोले	लघु	कुल	बड़े	मझौले	लघु	कुल
1980	409	992	23149	24550	1324	178	306	1808
1985	637	1186	117733	119606	3655	220	1071	4271
1988	1915	*	217436	219351	4947	*	1980	6927

नोट : *इसके अंक बड़े उद्योगों में शामिल हैं।

स्रोत—ऊपर उद्धृत।

1980 में सभी वर्गों की 24,550 औद्योगिक इकाइयाँ बंद हुईं और इनमें 23,149 अकेले लघु उद्योग थे, जिनका प्रतिशत कुल बंद उद्योगों का 94.29 प्रतिशत होता है। यही प्रतिशत 1985 के लिए 98.43 प्रतिशत और 1988 के लिए 99.12 प्रतिशत था।

ऊपर की तालिका में दिए गए अंक दिखाते हैं कि लघु उद्योगों की बंदी बड़े पैमाने पर हुई और जब वे उद्योगों से बाहर हुए, तब उन सारे उद्योगों पर बड़ी पूँजीवाले उद्योगों ने कब्जा कर लिया।

जहाँ तक बैंकों के कर्ज का सवाल था, अन्य किस्म के उद्योगों की तुलना में लघु उद्योगों पर बैंकों का कर्ज सबसे कम था। 1980 में इन पर कुल उद्योगों के कर्जों का मात्र 2 प्रतिशत ही था, जबकि इसी साल में बड़े उद्योगों पर यह प्रतिशत 73.23 प्रतिशत का था। तालिका में दिए गए सारे वर्षों के दरम्यान यही प्रवृत्ति दिख जाती है। 1985 में कुल बंद औद्योगिक इकाइयों का 98 प्रतिशत से भी ज्यादा, 1988 के लिए कुल बंद औद्योगिक इकाइयों की संख्या 2,19,351 थी और उनमें लघु उद्योगों की इकाइयों की संख्या 2,17,436 थी, जो कुल बंद इकाइयों का 99 प्रतिशत से भी ज्यादा थी। इन कुल चंद औद्योगिक इकाइयों के खिलाफ बैंकों की बकाया राशि 1985 और 1988 में क्रमशः 4,271 और 6,927 करोड़ रुपए की थी और इनमें लघु उद्योगों के खिलाफ बकाया कर्ज-राशि 1985 और 1988 में क्रमशः 1,071 और 1,980 करोड़ रुपए ही थी यानी कुल कर्ज का क्रमशः 25 और 28 प्रतिशत। 1980, 1985 और 1988 में बड़े बंद उद्योगों की संख्या क्रमशः 409, 637 और 1915 थी यानी क्रमशः 2 प्रतिशत, 0.53 प्रतिशत और 0.87 प्रतिशत। बंद लघु उद्योगों की तुलना में चंद बड़े उद्योगों की संख्या अतिशय कम या 'न' के बराबर थी, मगर उनके खिलाफ बैंकों के कर्ज की बकाया राशि के मामले में तसवीर एकदम उलटी थी। बैंक कर्ज के मामले में बड़े बंद औद्योगिक उद्यमों के खिलाफ 1980, 1985 और 1988 में कुल कर्ज-राशि का क्रमशः 73 प्रतिशत, 65 प्रतिशत से ज्यादा और 71 प्रतिशत से ज्यादा था।

बड़े उद्योगों के द्वारा कर्ज अदायगी के मामले में बरती जानेवाली इस तरह की बड़ी अनियमितताओं के बावजूद बैंकों ने अपनी कर्ज देने की नीति को इस तरह बना रखा था कि लघु उद्योग, जिनके खिलाफ कर्ज की नगण्य राशि बकाया थी, उन्हीं के प्रति उनकी कर्ज-नीति हमेशा उदासीन रही और बड़ी अनियमितता बरतनेवाले बड़े उद्योगों को ही कर्ज के मामले में बैंकों ने वरीयता का स्थान दिया। लघु उद्योगों के प्रति अगर बैंकों की कर्ज-नीति थोड़ी भी उदार रहती, तब ये लघु उद्योग इतने बड़े पैमाने पर बंदी के शिकार कभी नहीं होते। इतने बड़े पैमाने पर लघु उद्योगों की बंदी का स्वाभाविक परिणाम था बड़े पैमाने पर श्रमशक्ति का बेरोजगार होना, उनकी आमदनी का छिन जाना और देश के आंतरिक बाजार में माल के ग्राहकों के रूप में उनको अपनी स्थिति से खदेड़ दिया

जाना। स्वाभाविक था कि इससे देश के आंतरिक बाजार का संकुचन हो और आर्थिक विकास में समस्या पैदा हो। इस तरह की नीति का स्वाभाविक परिणाम एकाधिकारवाद को बढ़ावा देनेवाला था।

विदेशी पूँजी की घुसपैठ

इस काल में भारतीय अर्थव्यवस्था में विदेशी पूँजी भी अपनी घुसपैठ के लिए प्रयासरत दिखी। अपनी घुसपैठ को भारतीय अर्थव्यवस्था में बढ़ाने के लिए इसने बड़े चालाकीपूर्ण ढंग से प्रबंधन (Manipulation) और राजसत्ता पर दबाव के दो तरीकों को, खासकर इस्तेमाल किया। बहुराष्ट्रीय कंपनियाँ तो पहले से ही काम कर रही थीं। डी.के. घोष के मुताबिक 740 व्यापारिक घराने, जिनका संबंध विदेशी व्यापार से था, में से 588 व्यापारिक घराने 202 विदेशी कंपनियों के सहायक थे, जिनकी कुल लागत पूँजी 253 करोड़ रुपए की थी।[21] मगर रिजर्व बैंक आफ इंडिया की रिपोर्ट के मुताबिक 1972–73 में कुल 724 विदेशी नियंत्रणाधीन कंपनियाँ थीं, जिनमें से 197 शाखाएँ थीं और 527 विदेशी नियंत्रणाधीन रुपए के द्वारा काम करनेवाली या रूपी कंपनियाँ थीं।[22] अपनी रिपोर्ट में आर.बी.आई. ने लिखा—193 शाखाएँ मार्च, 1972 के आखिर तक इस तरह की विदेशी कंपनियों के भारत में लगे कुल एसेट के 90 प्रतिशत बुक वैल्यू का 193 ब्रांचों द्वारा हिसाब-किताब की जिम्मेवारी थी।[23] जबकि चुनिंदा 516 कंपनियाँ विदेशी नियंत्रणाधीन 'रूपी कंपनियों' के कुल लागत पूँजी (Paid-up Capital) का 90 प्रतिशत का हिसाब-किताब रखती थीं।[24]

देखा जाए, तब सारी विदेशी पूँजी के साथ भारतीय पूँजी के समझौते और एतद् द्वारा भारत में विदेशी पूँजी का प्रवेश एकाधिकारवादी अर्थव्यवस्था को आगे बढ़ाने में मदद कर रही थी और भारत की आर्थिक विकास-नीति को विदेशी पूँजी के उस सपनों को साकार करने में मदद कर रहा था, जिसे विदेशी पूँजी भारत की आजादी के पूर्व से ही स्वतंत्र भारत में अपने हितों को बढ़ावा देने के लिए पाल रखी थी। 1945 में ब्रिटिश वित्तीय पूँजी के भारत में एक समाचार-पत्र ने यह व्यक्त किया था कि उस काल में और भविष्य में भी साम्राज्यवाद की इच्छाएँ क्या थीं। उसने लिखा था, 'ब्रिटिश व्यापारिक हित का मकसद वर्तमान में या भविष्य में भारत देश छोड़कर चला जाना किसी तरह से नहीं है, यद्यपि कुछ की नजर में यह सहयोगी की भूमिका भविष्य में अदा करेगा। यह कभी भी इसको स्वीकार नहीं करेगा कि एक ऐसे देश से, जिसकी खुशहाली में इसकी भूमिका रही है, यह बेइज्जत होकर चला जाए।'[25] इसी तरह का एक बयान सर रेनविक हैड्डो, एसोसिएटेड चैंबर ऑफ कॉमर्स के अध्यक्ष का आया था। उन्होंने कहा था, 'यूनाइटेड किंगडम में बहुत से उद्योगपति हैं, जो भारत में कल-कारखाने भारत के

स्थायी फायदे के लिए खड़े कर सकते हैं, बशर्ते कि उनके साथ सही व्यवहार किया जाए, मगर वे इस बात पर कभी सहमत नहीं होंगे कि उनके पैसों को कोई दूसरा लगाकर मुनाफा कमाए और खर्च करे। इस तरह का एकतरफा प्रबंध ब्रिटेन के साथ पूँजीगत मामलों और दक्षता प्रदान करने के सिलसिले में नहीं हो सकता।'[26] रॉयल सोसाइटी के मंत्री ए.वी. हील ने अपेक्षाकृत ज्यादा स्पष्टता से कहा, 'उन्हें (भारतीयों को) यह महसूस होना चाहिए कि ब्रिटिश उद्योग यह सब प्यार के वशीभूत नहीं करेगा। उन्हें यह महसूस होना चाहिए कि अपनी तकनीक और संसाधन के द्वारा ब्रिटिश उद्योगों को प्रबंधन में नाममात्र की भागीदारी देकर नहीं लगाया जा सकता।'[27] अगर इसे लगाना है, तब ब्रिटेन को बराबरी का दर्जा देना होगा।

ऊपर के कुछ बयान प्रमाण हैं कि भारत से अपनी सत्ता की विदाई के बाद ब्रिटिश साम्राज्यवादी क्या चाहते थे। ऊपर का विश्लेषण यह भी स्पष्ट करता है कि सत्ता में रहते हुए ब्रिटिश साम्राज्यवादियों ने भारत की लूट-खसोट का जो तरीका अपनाया था, उसका एक महत्त्वपूर्ण तरीका ब्रिटिश पूँजी के साथ भारतीय पूँजी का समझौता करने के तरीके को स्वतंत्र भारत ने अपनी आर्थिक नीति में जारी रखा और उसे विस्तार में लागू करने के प्रसंग में कई साम्राज्यवादी देशों की वित्तीय पूँजी के साथ भारतीय इजारेदार घरानों के साथ समझौता करने की नीति को बढ़ावा दिया। फलतः बिड़ला ब्रदर्स लि. का ब्रिटेन के न्यूफील्ड संगठन के साथ मोटरगाड़ियों का भारत में निर्माण के लिए, टाटा का ब्रिटेन के इंपीरिकल केमिकल उद्योग के साथ भारी केमिकल उद्योग की भारत में स्थापना के लिए समझौता कमशः 1945 और 1946 में ही हो गया था। सरकार ने इस प्रक्रिया को आजादी के बाद भी जारी रखा।

भारत जैसे विकासशील देश में इस तरह से और इतने बड़े पैमाने पर विभिन्न साम्राज्यवादी देशों की वित्तीय पूँजी के साथ देशी पूँजी के समझौते का परिणाम कई तरह के गंभीर अंतर्विरोधों को पैदा करता है, जिससे सार्वजनिक धन की लूट होती है और सरकार मुद्रास्फीति, ऊँची दर से टैक्स लगाने आदि के लिए बाध्य होती है और अंततः सबों का परिणाम होता है कि अर्थव्यवस्था एक ऐसे संकट में फँसती है, जो नियंत्रण के बाहर होता है। भारत में भी इसका परिणाम कीमतों में उछाल और अर्थव्यवस्था में गिरावट का दौर शुरू होने के रूप में आया। भारत में इसका प्रत्यक्ष परिणाम दिखा कि बड़े औद्योगिक प्रतिष्ठानों ने लघु और मझोले उद्योगों को अर्थव्यवस्था से हटा दिया, उन्हें अपने में मिलाकर अपना आर्थिक क्षेत्र बढ़ा लिया, श्रम की दक्षता बढ़ाने के रूप में उद्योगों से मजदूरों की छँटनी, बेरोजगारी की हालात में कम मजदूरी देना, श्रम को सुव्यवस्थित करने के नाम पर मनमाने ढंग से श्रम के साथ व्यवहार करने आदि की जो नीति चलाई गई, इससे अर्थव्यवस्था में संकट आ गया। इससे लाभ उठाते हुए भारत के

बड़े औद्योगिक घरानों ने अपने एकाधिकारवाद को काफी मजबूत बना लिया। 1989 तक भारत के बीस बड़े औद्योगिक घरानों ने अर्थव्यवस्था के एक खास भाग पर अपना एकाधिकार कायम कर लिया। नीचे की तालिका यह दरशाती है—

तालिका नं. VIII-5

भारत के 20 बड़े औद्योगिक घरानों का बढ़ता आर्थिक साम्राज्य

क्र. सं.	औद्योगिक घराने	कुल पूँजी (रु. करोड़ में)			कुल बिक्री (रु. करोड़ में)		
		1972	1981	1989	1972	1981	1989
1	बिड़ला	589	1692	9674	590	2162	6852
2	टाटा	642	1840	6621	693	2390	6780
3	रिलायंस	–	271	3241	–	315	1227
4	आई.के. सिंघानिया	121	520	1829	104	552	1587
5	थापर	136	430	1763	155	590	1493
6	मफत लाल	184	535	1297	191	798	1688
7	बजाज	63	215	1228	83	318	1170
8	मोदी	58	242	1192	94	425	1828
9	लारसन ऐंड टुब्रो	79	220	1130	56	180	1214
10	एम.ए. चिदंबरम	–	44	1032	–	28	747
11	टी.वी.दास. अयंगर	51	227	929	82	309	1081
12	हिंदुस्तान लीवर	78	247	925	188	610	2510
13	ए.सी.सी.	134	343	909	94	270	730
14	श्रीराम	121	269	799	176	531	1129
15	आई.टी.सी.	75	–	742	237	–	1797
16	यूनाइटेड ब्रेवरीज	36	–	716	46	–	726
17	आई.सी.आई.	135	338	674	149	417	1239
18	बांगड़	125	281	357	143	446	772
19	किर्लोस्कर	86	398	633	71	429	719
20	बालचंद	99	202	626	103	285	686

स्रोत—सी.एम.आई.ई. से संग्रह।

ऊपर की तालिका दरशाती है कि किस तरह भारत के एकाधिकार घरानों ने अपनी पूँजी को आम भारतीय जनों के शोषण से बढ़ाया और किस तरह इनकी सहयोगी साम्राज्यवादी वित्तीय पूँजी भारत से अकूत लाभ अर्जित कर ले गई, खासकर खाद्यान्नों और सामानों की बढ़ी कीमतों से फायदा उठाकर, जिनका उन्होंने भारत में निर्यात किया। इस तरह की शोषण की प्रक्रिया ने भारतीय मेहनतकश अवाम की हालत ही बिगाड़ दी, खासकर भारत का ग्रामीण क्षेत्र तो दरिद्र ही हो गया। इस तरह की बढ़ती आर्थिक कठिनाइयों के परिणामस्वरूप जनता में जो अंसतोष व्यापक रूप ग्रहण करता जा रहा था, उससे भयभीत शासक वर्ग की चिंता बढ़ी और इसी का परिणाम था कि इंदिरा गांधी के 20 सूत्री कार्यक्रम की घोषणा की गई।

वास्तव में 20 सूत्री कार्यक्रम की अवधारणा विश्व बैंक द्वारा दी गई राय का परिणाम थी, क्योंकि विश्व बैंक भारत के ग्रामीण हलकों में फैल रहे व्यापक असंतोष से स्वयं चिंतित था और किसी भी तरह के बुनियादी बदलाव की आशंका को टालना चाहता था। वह भारत में भूमि सुधार को लागू करने के पक्ष में था, मगर जनवादी नहीं, पूँजीवादी ढाँचे के अंदर। 20 सूत्री कार्यक्रम ने शासक वर्ग को कुछ राहत जरूर दी। कुछ राहत मिलने के बाद भारत ने विदेशी बाजार में प्रवेश की, खासकर विकासशील देशों के बाजारों में प्रवेश की नीति को अपनाया। यह भारत की आर्थिक नीति का एक पहलू बना। भारत की पूँजी नगण्य थी और इसमें इसने विदेशी पूँजी के साथ मिलकर इसे अंजाम देने का प्रयास किया, मगर साम्राज्यवादी देशों की बड़ी वित्तीय पूँजी की तुलना में यह अतिशय नगण्य थी और तेल प्रधान पश्चिम एशिया के तेल बाजार और दक्षिण–पूर्व एशिया के बाजारों में साम्राज्यवादी वित्तीय पूँजी का वर्चस्व और पकड़ इतनी बड़ी और कठोर थी कि भारत की नगण्य पूँजी को इसने जब धक्का दिया, तब भारत इस मोरचे पर भी धराशायी हो गया, भारतीय पूँजी को सफलता नहीं मिल सकी। इस आर्थिक संकट ने अब राजनीतिक संकट का रूप ले लिया और भारत में राजनीतिक अस्थिरता का दौर शुरू हो गया।

देखा जाए, तब विकास की यह सारी प्रक्रिया भारतीय संविधान की 'प्रस्तावना' और 'राज्य के नीति निर्देशक सिद्धांतों' के प्रावधानों के विपरीत थी और संविधान एकाधिकारवाद, इजारेदारवाद के खिलाफ, साम्राज्यवाद के साथ अर्थव्यवस्था के संपर्कों को समाप्त करने, गरीबी उन्मूलन, आर्थिक विषमता कम करने आदि का प्रावधान करता है, मगर भारत में आर्थिक विकास–नीति इसके विपरीत चलाई गई।

संदर्भ और टिप्पणियाँ

1. (The enormous growth of industry and the remarkably

rapid process of concentration of production...) वी.आई. लेनिन इंपीरियलिज्म दि हाइएस्ट स्टेज ऑफ कैपिटलिज्म, फॉरेन लैंग्वेज पब्लिशिंग हाउस, मास्को 1966 'कंसन्ट्रेशन ऑफ प्रोडक्शन ऐंड मोनोपॉली', पृ. 12 से आगे।

2. 1938 में राष्ट्रीय कांग्रेस द्वारा गठित योजना कमेटी की रिपोर्ट को विशेष विवरण के लिए देखा जा सकता है।
3. 'बंबे प्लान के दस्तावेज' को देखा जा सकता है।
4. भारत सरकार की पहली औद्योगिक नीति–दस्तावेज को पूर्ण विवरण के लिए देखा जा सकता है।
5. फिसकल कमीशन की रिपोर्ट, 1949–50, पृ. 14।
6. एच. बेंफेट सुबैया, इंडियन इकोनॉमी सिंस इडिपेंडेंस, 1961, पृ. 94।
7. 1956 की औद्योगिक नीति–प्रस्ताव, मूल दस्तावेज।
8. इंडिया पाकेट बुक ऑफ इकोनॉमिक इन्फॉर्मेशंस, नई दिल्ली, 1967, पृ. 263।
9. आई.बी.आर.डी. के चेयरमैन इग्यूचेन ब्लैक को दिया गया पत्र। 6 सितंबर, 1956।
10. कैपिटल, कलकत्ता, 3 मई, 1956।
11. लोकसभा में प्रधानमंत्री का भाषण, 23 मई, 1956।
12. हिंदू, 1 जनवरी, 1961।
13. इकोनॉमिक टाइम्स, 15 मार्च, 1962 (1962 के इंडियन चैंबर ऑफ कॉमर्स ऐंड इंडस्ट्रीज के अधिवेशन में नेहरू का भाषण)।
14. कैपिटल, कलकत्ता, 10 अप्रैल, 1958।
15. डी.के. रंगाकर, 'इंडस्ट्रियल पॉलिसी' इकोनॉमिक टाइम्स एनुअल नंबर, 1975, पृ. 24।
16. मिनिस्ट्री ऑफ इन्फॉर्मेशन ऐंड ब्रॉडकास्टिंग, भारत सरकार, प्राइमिनिस्टर ऑन बैंक नेशनलाइजेशन, दिसंबर, 1969, पृ. 23–24।
17. संसदीय फिनांशियल एडवाइजरी कमेटी में वित्त मंत्री वाई.वी. चह्वाण का बयान, 19 अक्तूबर, 1970।
18. 6 अगस्त, 1974 को राज्यसभा में दिया गया वित्त मंत्री का भाषण।
19. ऊपरोद्धृत।
20. न्यूज, दिल्ली, 12 सितंबर, 1973।
21. कंपनीज न्यूज ऐंड नोटस्, जनवरी, 1975
22. आर.बी.आई. बुलेटिन, नवंबर, 1974।

23. ऊपरोद्धृत।
24. ऊपरोद्धृत।
25. कैपिटल, 15 नवंबर, 1945।
26. टाइम्स ऑफ इंडिया, 11 दिसंबर, 1945।
27. भारत ज्योति, अप्रैल 1946।

□

9

विकास की भ्रमित दिशा रोकने में असफलता

स्वतंत्र भारत में अपनाई गई विकास की यह समझ कि द्रुत औद्योगिक विकास के लिए सार्वजनिक क्षेत्र और निजी क्षेत्र के सहयोगपूर्ण समन्वय के आधार पर एक मिश्रित अर्थव्यवस्था जरूरी है, एक ऐसी समझ थी, जो अंतर्विरोधी स्वार्थों के समन्वय का सपना सँजोए हुए थी। यह कभी भी विकास के लिए लाभप्रद परिणाम न लानेवाली थी और न लाई। ऐसी बात नहीं थी कि देश में संपदा का उत्पादन नहीं हुआ, बल्कि उत्पादित संपदा का संकेंद्रण चंद बड़े औद्योगिक घरानों के हाथों में होता गया और विकास का जो मूल लक्ष्य, गरीबी को क्रमिक गति से घटाने, रोजगार पैदा करने और सबसे बढ़कर देश के आंतरिक बाजार को विस्तारित और मजबूत करने आदि के लक्ष्यों को हासिल करके, स्वावलंबी आर्थिक विकास की नीति की सफलता को हासिल करने का उद्देश्य दूर जाता दिखाई दिया। विकास के फलों के वितरण का जो तरीका चलाया गया, वह इन लक्ष्यों के उलटा परिणाम ला रहा था, आम जनता की गरीबी और उनमें बेरोजगारी तेजी से बढ़ी, मगर उससे भी तेजी से बड़े घरानों की संपदा में इजाफा होता गया। निजी क्षेत्र और सार्वजनिक क्षेत्र दोनों को एक साथ अपने-अपने निर्धारित आर्थिक क्षेत्रों में आर्थिक क्रिया को आगे बढ़ाने की सरकार की नीति के कारण जो परिणाम आ रहे थे, वह सरकार के लिए भी चिंता का कारण बनते जा रहे थे। सरकार की इस चिंता का प्रकटीकरण 1965 में मानोपोली कमीशन के गठन में हुआ, जिसका लक्ष्य यह था कि पता लगाया जा सके कि इस तरह से पूँजी और आर्थिक संसाधनों का चंद बड़े पूँजीपतियों के हाथों में केंद्रित होते जाने का कारण क्या है और किस कारण से ये बड़े पूँजीपति एकाधिकारवाद की स्थिति में आ रहे हैं, जब मोनोपॉली इंक्वायरी कमीशन की रिपोर्ट आई, तब उस रिपोर्ट ने खुलासा किया कि देश के 75 बड़े औद्योगिक घराने 1,536 कंपनियों का नियंत्रण करते हैं। मोनोपोली इंक्वायरी कमीशन ने अपनी रिपोर्ट में इंडस्ट्रियल लाइसेंसिंग पॉलिसी इंक्वायरी की रिपोर्ट के साथ अपनी पूरी सहमति

जाहिर की, जिसने 1963–64 में ही 20 औद्योगिक घरानों की सूची तैयार की थी, जिनमें से प्रत्येक की पूँजी (asset) 35 करोड़ रुपए की थी। मोनोपॉली कमीशन की रिपोर्ट का भी निष्कर्ष था कि एकाधिकारवाद के उदय और विकास का प्रमुख कारण कर्ज लेकर समय पर अदायगी न करने के बहुआयामी तरीके (Multiple application of forclose capacity) में अंतर्निहित था और इसके साथ औद्योगिक क्षेत्र में अपनाई गई उदारीकरण की नीति के सम्मिलित योगफल का नतीजा था कि चंद औद्योगिक घरानों ने एकाधिकारवादी स्थिति को प्राप्त कर लिये। दोनों ही कमीशनों, इंडस्ट्रियल लाइसेंसिंग पॉलिसी जाँच कमीशन और मोनोपॉली जाँच कमीशन की रिपोर्टों ने संपत्ति और संसाधनों के चंद हाथों में संकुचित होते जाने और चंद औद्योगिक घरानों के एकाधिकारवादी स्थिति में जाने संबंधी जिस आशंका को प्रकट किया था, उसे चंद वर्षों बाद 1987–88 के इन 20 औद्योगिक घराने की कुल परिसंपत्तियों (Assets) और विकास की तीव्र गति के आकलन ने प्रमाणित कर दिया। नीचे की तालिका इस तथ्य को उजागर करती है—

तालिका नं. IX–1

20 सबसे बड़े औद्योगिक घरानों की परिसंपत्तियाँ और विकास की मिश्रित दर (Compound Rate)

क्र.	औद्योगिक घराने	कुल परिसंपत्तियाँ (रु. करोड़ में)		मिश्रित वार्षिक विकास दर	
		1972	1981	1987–88	1972–87–88
1	बिड़ला	589	1692	5564	16.2
2	टाटा	642	1840	5559	15.5
3	रिलायंस	–	271	2033	39.9
4	आई.के. सिंघानिया	121	520	1566	18.0
5	थापर	136	430	1317	16.3
6	मफत लाल	184	535	1131	12.9
7	बजाज	63	215	994	19.9
8	लारसन ऐंड टुब्रो	79	220	931	17.9
9	मोदी	58	242	903	20.1
10	एम.ए. चिदंबरम	–	44**	862	–
11	हिंदुस्तान लीवर	78	247	775	16.5
12	टी.वी.दास. अयंगर	51	227	767	19.8
13	ए.सी.सी.	134	343	759	12.3

14	श्रीराम	121	269	685	12.3
15	बांगड़	125	281	652	11.6
16	बालचंद	99	202	592	12.7
17	आई.टी.सी.	75	–	567	14.4
18	आई.सी.आई.	135	338	537	9.0
19	किर्लोस्कर	86	398	518	12.7
20	यूनाइटेड ब्रेवरीज	36	–	489	19.0
कुल		2812	8314	27166	15.5

नोट : *1981 से 1987 का
**1980 का

स्रोत—सी.एम.आई.ई., बेसिक स्टेटिस्टिक्स रिलेटिंग टू दि इंडियन इकोनॉमी, अगस्त, 1989।

ऊपर की तालिका में दिए गए आँकड़े 20 बड़े औद्योगिक घरानों की कुल परिसंपत्तियों के बढ़ाव को दरशाते हैं। 1963-64 में इनकी कुल परिसंपत्तियाँ 1,346 करोड़ रुपए की थीं, जो 1972 में बढ़कर 2812 करोड़ रुपए, 1981 में बढ़कर 8,314 करोड़ रुपए और 1987-88 में 27,166 करोड़ रुपए हो गई। बढ़ने का प्रतिवर्ष औसत बढ़ाव 155 प्रतिशत का रहा।

1987-88 में बिड़ला अपनी कुल 5,564 करोड़ रुपए की परिसंपत्तियों के साथ 20 घरानों में सबसे ऊपर रहा और टाटा इससे थोड़ी कम परिसंपत्तियों, 5559 करोड़ रुपए के साथ टाटा दूसरे स्थान पर था। तालिका में दिए गए घरानों की सूची में सबसे ऊपर के 5 औद्योगिक घराने कुल 20 बड़े उद्योग घरानों की कुल परिसंपत्तियों के 59 प्रतिशत के मालिक थे। यही क्रम 1981 में भी रहा और वे 60.3 प्रतिशत के मालिक रहे, 1987-88 में इसमें थोड़ी गिरावट आई, जो अतिशय कम थी। स्पष्ट था कि इन पाँच घरानों की परिसंपत्तियाँ काफी तेज और चिह्नित करने लायक गति से बढ़ीं। इनमें रिलायंस की परिसंपत्ति में विकास-दर तो आश्चर्यचकित करने वाली थी—1981 में अपने 271 करोड़ रुपए की कुल परिसंपत्ति को इसने 1987 में बढ़ाकर 2033 करोड़ रुपए का कर ली। यह विकास औसत प्रतिवर्ष 39.9 प्रतिशत का रहा (Compound growth)। एम.ए. चिदंबरम ने भी कोई कम करिश्मा नहीं किया—1980 की अपनी कुल परिसंपत्ति 44 करोड़ रुपए को इसने भी कल्पनातीत ढंग से बढ़ाकर 1987-88 में 867 करोड़ रुपए कर लिया। इस तरह के केंद्रीकरण के कारणों की छानबीन किए जाने पर पता चला कि ऐसा करिश्मा निजी क्षेत्र के प्रति उदारवादी नीति को अपनाए जाने और

एम.आर.टी.पी. तथा फेरा (MRTP और FERA) द्वारा लगाए गए प्रतिबंधों को या तो हटाए जाने या उन्हें प्रभावकारी ढंग से लागू नहीं किए जाने के कारण संभव हो गया। सरकार ने एकाधिकारवाद के विकास की खोजबीन तो की, इस पर चिंता भी जताई, मगर इसे रोकने के उपायों के संबंध में कोई कदम नहीं उठाया गया।

इस संबंध में एक बड़ा ही मौजूदा सवाल, जो जवाब का आकांक्षी था, वह था कि इन बड़े औद्योगिक घरानों के पास जो पूँजी केंद्रीभूत हुई, वह आखिर आई कहाँ से? इस सवाल का जवाब 1981 में खोजा गया, मगर आधा-अधूरा ही। 1981 में कुल लागत पूँजी 576 करोड़ रुपए में से मात्र 19 करोड़ रुपए का हिसाब लगाया गया, बाकी का नहीं। इस 19 करोड़ रुपए की कुल रकम में इन बड़े औद्योगिक घरानों में से प्रत्येक की अपनी निजी पूँजी कितनी लगी थी, इसका जब आकलन किया गया, तब पता चला कि इनकी अपनी पूँजी के निवेश का औसत प्रत्येक के लिए मात्र 3.3 प्रतिशत का ही था। इस पूँजी निवेश में सबसे ज्यादा अपनी निजी पूँजी लगानेवाला औद्योगिक घराना जे.के. सिंघानिया का था, जिसने 1.7 प्रतिशत की अपनी पूँजी लगाई थी और सबसे कम अपनी निजी पूँजी लगानेवाला उद्योगपति श्रीराम था, जिसने अपनी 31 करोड़ रुपए के पूँजी निवेश का मात्र 0.5 प्रतिशत ही अपनी पूँजी लगाई थी। हिसाब लगाया गया, तब छह बड़े औद्योगिक घरानों का 1981 में उनकी कुल पूँजी निवेश में उनकी अपनी पूँजी का जो हिस्सा था, वह नीचे की तालिका दरशाती है—

तालिका नं. IX-2

निवेशित पूँजी (Paid-up capital) में बड़े औद्योगिक घरानों का हिस्सा- 198 1

क्रम	औद्योगिक घराने	कुल निवेशित (Paid-up) कैपिटल (रु. करोड़ में)	परिवार का शेयर होल्डिंग (रु. करोड़)	परिवार का कुल में प्रतिशत हिस्सा
1	टाटा	191.83	6.69	3.5
2	बिड़ला	169.66	3.00	1.8
3	मफत लाल	80.85	5.30	6.6
4	जे.के. सिंघानिया	47.90	3.40	7.1
5	थापर	55.21	0.70	1.3
6	श्रीराम	30.96	0.13	0.5
कुल		576.96	19.22	3.3

स्रोत—ऊपरोद्धृत।

ऊपर की तालिका में औद्योगिक घरानों का उनका निजी हिस्सा 1981 में जो था, वह बड़े ही रोचक निष्कर्षों को सामने लाता है—

1. सरकार और सार्वजनिक क्षेत्र की वित्तीय संस्थाओं द्वारा प्रदत्त भारी रकम के बल पर औद्योगिक घराने अपनी नाममात्र की पूँजी लगाकर भी कंपनियों पर अपना नियंत्रण बिना किसी खतरे के बनाए हुए थे।
2. इंकम टैक्स (आयकर) और वेल्थ टैक्स (संपत्ति कर) के बहुत से छिद्र थे, जिनका दुरुपयोग कर टैक्सों को अदा करने से बचा जा सकता था और बड़े औद्योगिक घरानों ने इसका पूरा दुरुपयोग करके लाभ उठाया तथा अपने परिवार के कम-से-कम शेयर होल्डिंग्स के सहारे कम-से-कम खर्च के बाद भी कंपनियों का नियंत्रण अपने पास रखा।
3. शेयरों को जाली नामों और बेनामी ट्रस्टों के नामों से आवंटित करके किसी भी तरह के खतरे की आशंका से बचने का उपाय कर लिया गया।

सबसे आश्चर्य की बात यह थी कि सरकार इन सारी अनियमितताओं से वाकिफ थी, फिर भी इसके प्रति उदासीन रही। कभी भी इन अनियमितताओं को रोकने, इन बड़े औद्योगिक घरानों द्वारा बरती जा रही अनियमितताओं के लिए उनके खिलाफ किसी तरह की कानूनी या प्रशासनिक काररवाई करने संबंधी कोई कदम नहीं उठाया गया। इस उदासीनता के कारणों को खोजा जाए, तब इसके अलावा कोई कारण नहीं दिखता कि सरकार का वर्ग-चरित्र ही पूँजी की रक्षा करना था और विकास की नीति बड़ी पूँजी की पक्षधर थी और गरीबों तथा आमजन के लाभों के प्रति उसकी जो रुचि थी, वह सिर्फ इन्हें कुछ खैरात स्वरूप दे देना ही था, राष्ट्रीय आय में उनके न्यायपूर्ण हिस्सेदारी से मतलब था ही नहीं।

विकास नीति की विडंबना

अपनी आर्थिक विकास नीति में सरकार ने 'समाजवादी नमूने के समाज' के निर्माण का जो लक्ष्य रखा, वह अपने आपमें विरोधी वैचारिकता पर आधारित था। इसमें निजी क्षेत्र की भूमिका को स्वीकारते हुए, सार्वजनिक क्षेत्र के साथ-साथ चलने के प्रावधानों को रखते हुए, 'समाजवादी नमूने के समाज' के निर्माण की परिकल्पना करके सोचा गया था कि निजी क्षेत्र इसमें सहयोग करेगा। निजी क्षेत्र, जो समाजवाद का प्रबल दुश्मन होता है, के प्रति सोच कितनी गलत थी, यह प्रमाणित होता जा रहा था।

हालाँकि नेहरू काल में 1948 और 1956 के औद्योगिक नीति-प्रस्ताव में इजारेदारी और एकाधिकारवाद के ऊपर रोक लगाने के लिए प्रयासों का वर्णन था, मगर नेहरूजी की समाजवाद के प्रति जो वैचारिकता थी, जैसे—शांतिपूर्ण ढंग से, समझा-बुझाकर

वर्ग अंतर्विरोधों को समाप्त करना, अर्थव्यवस्था के विकास के लिए निजी क्षेत्र की मौजूदगी की उनकी स्वीकारोक्ति आदि, ये विचार 'समाजवादी नमूने के समाज' के निर्माण में बड़ी बाधाएँ थीं। अर्थव्यवस्था का चरित्र पूँजीवादी था, हालाँकि औद्योगिक लाइसेंसिंग नीति के जरिए सरकार ने यह प्रयास जरूर किया था कि एकाधिकारवाद के विकास पर अंकुश लगाया जाए, मगर चूँकि अर्थव्यवस्था का चरित्र पूँजीवादी था, इस कारण पूँजीवादी विकास के नियम काम कर रहे थे और आर्थिक विकास के रूप में अर्थव्यवस्था में एकाधिकारवाद का जन्म और विकास होता गया। अर्थव्यवस्था में एक बार जब एकाधिकारवाद का जन्म हो गया, तब वह अर्थव्यवस्था को नियंत्रित करने की क्रिया को क्रमिक गति से बढ़ाता गया। एकाधिकारवाद द्वारा अर्थव्यवस्था को नियंत्रित करने के तरीकों के विश्लेषण में एक महत्त्वपूर्ण तत्त्व, जिसे स्वीकारा गया है, वह है, एकाधिकारवादी पूँजी द्वारा कारटेलों, ट्रस्टों, सिंडीकेटों आदि जैसी आर्थिक संस्थाओं का निर्माण करना, जिनके द्वारा आपसी प्रतिस्पर्द्धा को घटा देते हैं, कीमतों का निर्धारण करने लगते हैं, मुनाफा को आपस में बाँटते हैं, यानी बाजार पर नियंत्रण करके सीधे-सादे उपभोक्ताओं को लूटते हैं।[1] भारत की अर्थव्यवस्था में एकाधिकारवादी प्रवृत्ति का प्रकटीकरण होने लगा। आर्थिक नीतियों की परस्पर विरोधी अवधारणाओं, जैसे—'समाजवादी नमूने के समाज' का निर्माण, मगर निजी पूँजी को समाप्त किए बिना समाजवाद की स्थापना, मगर वर्ग संघर्ष को शांतिपूर्ण ढंग से हल करके आदि का लाभ उठाकर एकाधिकार पूँजी ने अब कारटेलों, सिंडीकेटों, ट्रस्टों आदि का निर्माण करना और इनके द्वारा अर्थव्यवस्था को नियंत्रित करना शुरू कर दिया। सबसे बड़ी विडंबना यह रही कि एकाधिकारवादी पूँजी का निर्माण बड़े औद्योगिक घरानों को दी गई वही पूँजी थी, जिसे उन्होंने सार्वजनिक क्षेत्र की वित्तीय संस्थाओं, राष्ट्रीयकृत बैंकों समेत और विदेशी कंपनियों के साथ साख-समझौतों के परिणामस्वरूप प्राप्त किया था। उनकी कुल परिसंपत्तियों में उनकी औसत हिस्सा पूँजी मात्र 3 प्रतिशत ही थी।[2] इसी पूँजी से बड़े औद्योगिक घरानों ने अपने आर्थिक साम्राज्य का विस्तार करके राष्ट्रीय आय के बड़े भाग को हड़पने में अपने को ला दिया।

मोनोपॉली कमीशन

भारत जैसे विकासशील देश में, जो राष्ट्रीय पूँजीपति वर्ग के द्वारा शासित था, एकाधिकारवाद को पूर्णता में स्वीकार करने पर राष्ट्रीय पूँजी का एकाधिकारवादी पूँजी के साथ का अंतर्विरोध सामने आने लगा। इस कारण सरकार ने मोनोपॉली जाँच कमीशन को बहाल किया। कमीशन को एकाधिकारवादी पूँजी की शक्तियों और प्राइवेट सेक्टर की मोनोपॉली और रेस्ट्रिक्टिव ट्रेड प्रैक्टिसेज (Monopoly and Restrictive Trade

Practices (MRTP)) के संबंध में पता लगाना था। मोनोपॉली इन्क्वायरी कमीशन ने अपनी रिपोर्ट 1965 में दी। मोनोपॉली इन्क्वायरी कमीशन की जाँच का विषय टर्म्स ऑफ रेफेरेंस (Terms of Reference) बहुत माकूल नहीं था, क्योंकि जाँच के दायरे में सरकार की नीति को—जिसके परिणामस्वरूप एकाधिकारवाद का विकास हो गया था, नहीं रखा गया था। इसकी जाँच के दायरे में सिर्फ यही रखा गया था कि एकाधिकारवाद का भारतीय अर्थव्यवस्था पर प्रभाव पड़ा। मोनोपॉली कमीशन ने दो तरह के केंद्रीयकरण (Monopolization) के संबंध में जाँच की—पहली : उत्पादन से संबंधित केंद्रीयकरण और दूसरा क्षेत्र या देश के हिसाब से केंद्रीयकरण। कमीशन ने इन दोनों तरह के केंद्रीयकरण की व्याख्या की और यह स्पष्ट किया कि देश की अर्थव्यवस्था में ये किस तरह कार्यरत हैं। यह भी स्पष्ट किया कि किन-किन वस्तुओं के उत्पादन क्षेत्रों में उच्चतम, मध्यम, निम्न स्तर के एकाधिकारवाद मौजूद हैं और कौन सा क्षेत्र एकाधिकारवाद के क्षेत्र से अभी बाहर था। इसी के साथ कमीशन ने बताया कि इन ऊपर वर्णित दोनों श्रेणियों में कौन सा उत्पादन क्षेत्र किस श्रेणी के एकाधिकावाद में आ गया था।[3]

मोनोपोली इन्क्वायरी कमीशन ने जिन 75 बड़े औद्योगिक घरानों को चिह्नित किया, उनके नियंत्रण में 1236 कंपनियाँ थीं। इसके अतिरिक्त सरकारी और नॉन-बैंकिंग कंपनियों द्वारा संचालित कंपनियाँ थीं, जिनका शुमार इन 1,536 कंपनियों में नहीं किया गया था। 1963-64 में इन सब की कुल स्वागत पूँजी (Paid-up Capital) 646 करोड़ रुपए और इनकी कुल परिसंपत्तियाँ (Assets) 2006 करोड़ रुपए की थीं। इसमें इन दोनों तरह की कंपनियों, 75 बड़े औद्योगिक घरानों और सरकारी तथा नॉन-बैंकिंग कंपनियों की हिस्सेदारी का अनुपात कमश: 46.5 प्रतिशत और 44.1 प्रतिशत था। इसमें कमीशन ने पाया कि 75 बड़े औद्योगिक घराने किसी खास वस्तु के उत्पादन क्षेत्र में ही सिर्फ एकाधिकारवाद को नहीं बनाए हुए थे, बल्कि विभिन्न तरह की वस्तुओं के उत्पादन क्षेत्र पर अपना एकाधिकार बना लिये थे।

मोनोपॉली कमीशन ने अपनी जाँच में पाया कि एकाधिकारवाद के विकास को तीव्र गति प्रदान करने का मुख्य कारण था मैंनेजिंग एजेंसी का वह विचित्र सिस्टम, जिसने कंपनियों को एक ही साथ प्रतिष्ठानों की एक श्रृंखला को नियंत्रित करने की ताकत प्रदान कर दी थी। टाटा संस, बिड़ला ब्रदर्स, श्रीराम एसोसिएशन आदि एक समय में ऐसी मैनेजिंग एजेंसियाँ थीं, जिनके व्यापारिक परिवार एक समय में कई कंपनियों को नियंत्रित करते थे और जब यह प्रथा समाप्त हो गई, तब भी उनकी यह स्थिति बनी रही। दूसरी बात यह रही कि अंतर-कंपनी निवेश (Inter-companies investment) की प्रथा ने भी एकाधिकारवादी ढंग की पूँजी के संकेंद्रण की प्रक्रिया को प्रभावी ढंग से मदद की।

उद्योगों के अनुसार संकेंद्रण की बात हो या अंतर-कंपनी के अनुसार, दोनों ही मामलों में इन बड़े औद्योगिक घरानों के पास पूँजी का संकेंद्रण होता गया। इस स्थिति में निवेश करनेवाली कंपनी की स्थिति होल्डिंग कंपनी की बन गई और बाकी सब इसके सहायक की भूमिका में आ गए। अंतर-कंपनी (Inter-company) निवेश के कारण उद्योगों की प्रबंधन प्रथा, इनका डायरेक्टरशिप एक-दूसरे के साथ जुड़कर (Inter-locking) अंततः एक ऐसे औजार के रूप में काम करने लगी कि बड़ी कंपनियों में निर्णय करने की शक्ति का संकेंद्रण होकर चंद व्यक्तियों के एक छोटे समूह के हाथों में आ गया और यह इसी प्रकार एकाधिकारवादी घरानों के कब्जे में आ गया।

इंडस्ट्रियल लाइसेंसिंग जाँच कमेटी (दत्त कमेटी) ने रेखांकित किया कि सबसे बढ़कर सरकार की वह दोषपूर्ण नीति रही, जिसने कभी भी स्पष्ट रूप से उद्योगों को लाइसेंस देनेवाली, अथॉरिटी को एकाधिकारवाद के बढ़ाव को प्रभावी ढंग से रोकने के लिए निर्देशित नहीं किया। इसका परिणाम इतना बुरा हुआ कि एक ही कंपनी एक खास उत्पाद के लिए तीन-तीन लाइसेंस प्राप्त करने की अपनी चालबाजी पूर्ण कारवाइयों में सफल रही। औद्योगिक लाइसेंस देनेवाली अथॉरिटी ने भी उन्हें ही लाइसेंस देने में रुचि दिखाई, जिनका औद्योगिक संदर्भ या बिजनेस क्रेडेन्शियल अच्छा था, जितनी बड़ी कंपनी, मनचाहे उद्योगों के लिए लाइसेंस प्राप्त करने का उतना ही ज्यादा सुनहरा अवसर उन्हें प्राप्त होता गया। सरकार की दोषपूर्ण नीति और लाइसेंस देनेवाली अथॉरिटी की बड़े औद्यागिक घरानों की प्रति पक्षपातपूर्ण नीति का सम्मिलित परिणाम हुआ कि इन्होंने औद्योगिक क्षेत्र में नए उद्योगों के प्रवेश को बाधित कर दिया और एकाधिकारवादी औद्योगिक घरानों को और ज्यादा विस्तार का मौका दिया। मोनोपॉली इन्क्वायरी कमीशन ने अपनी रिपोर्ट में इसकी खास चर्चा करते हुए लिखा, 'हम लोग इस तथ्य से आश्वस्त हैं कि औद्योगिक लाइसेंसिंग प्रथा से नियंत्रण रखने की प्रक्रिया का अन्यथा जो भी प्रयोजन हो, इसने उद्योगों में नए उद्योग लगाने की क्रिया को बाधित कर दिया और इस प्रकार एकाधिकारवाद और संकेंद्रण को मजबूत किया।'[4] विदेशी पूँजी के साथ किए गए साख-समझौतों ने औद्योगिक घरानों के हाथों में उद्योगों के संकेंद्रण के साथ-साथ लघु और मध्यम दर्जे के उद्योगों को अपने बड़े औद्योगिक साम्राज्य में समाहित कर लिये जाने की क्रिया को काफी बल प्रदान किया। सरकार ने द्रुत औद्योगिक विकास के लिए टैक्सों में छूट के द्वारा उद्योगों को उत्साहित करने की नीति अपनाई। इस सुविधा का बड़े औद्योगिक घरानों ने बड़े पैमाने पर दुरुपयोग किया। सरकार ने निर्यात को बढ़ावा देने के लिए टैक्सों में छूट की जो नीति अपनाई, उसके द्वारा बड़े पैमाने पर लाभान्वित होनेवाले तत्त्व बड़े औद्योगिक घराने रहे, जिन्होंने बड़े ही चालाकीपूर्ण ढंग से इसका लाभ उठाया। आयात के मामले में भी दी गई छूट का चालाकीपूर्ण ढंग से बड़े व्यापारिक

घरानों ने इस्तेमाल करते हुए मनचाही विदेशी मुद्रा को प्राप्त करने में सफलता पाई और योजना में जिन क्षेत्रों को निम्न वरीयता के स्थान पर रखा गया था, उन क्षेत्रों में भी अपने औद्योगिक प्रतिष्ठानों को खड़ा कर लिया। विभिन्न तरह की टैक्स—छूटों को—टैरिफ, आयात-निर्यात टैक्स (Custom duty) आदि के लाभों को प्राप्त करने के लिए बड़े औद्योगिक घरानों ने सही और गलत दोनों ही तरीकों का इस्तेमाल किया, यहाँ तक कि अपने इस मकसद की प्राप्ति के लिए उन्होंने सत्ता के शीर्ष पर बैठे व्यक्तियों को दूसरे ढंग से भी प्रभावित किया। योजनाबद्ध विकास ने किस हद तक बड़े औद्यौगिक घरानों को, अपने विस्तार और विकास में मदद की, इस पर मोनोपॉली इन्क्वायरी कमीशन ने अपनी टिप्पणी देते हुए कहा—आजादी के तुरंत बाद के वर्षों में जिन ताकतों और प्रक्रियाओं ने द्रुत औद्योगिक विकास के लिए काम किया, वे उसी लाइन पर था, जिससे एक ही साथ बड़े औद्योगिक घरानों के हाथों में आर्थिक शक्ति का संकेंद्रण भी होता गया···संसाधनों का आवंटन और वरीयता का ठीक किया जाना, यानी सेटलमेंट किया जाना, इसने लाइसेंसिंग की नीति को आवश्यक रूप से अनिवार्य बनाया, जिससे नए उद्योगों का निर्माण और पुराने को विस्तार दिया जाए। इस तरह के प्रत्येक कदम ने आर्थिक शक्ति को केंद्रीकृत किया।'[5] कमीशन ने सरकार की नीतियों की आलोचना करते हुए कहा कि योजना ने एकाधिकारवाद पर अंकुश लगाने के बजाय उसे विकास में मदद पहुँचाई।[6] तकनीकी ज्ञान, दक्षता प्राप्त तकनीकी स्टाफ, पूँजी आदि के धारक बड़े औद्योगिक घरानों ने द्वितीय पंचवर्षीय योजना, जिसने औद्योगिक विकास के मौके को उपलब्ध कराया, के प्रत्येक पहलू का इन बड़े औद्योगिक घरानों ने बढ़-चढ़कर लाभ उठाया। औद्योगिक विकास के लिए विभिन्न तरह के टैक्सों में दी गई छूटों का एक पूँजीवादी ढंग के विकासवाले समाज के अंदर अपनी आर्थिक शक्ति को बढ़ाने के लिए सबसे बढ़कर लाभ उठाया। ये बड़े औद्योगिक घराने अपनी एकाधिकारवादी स्थिति को बढ़ाने के लिए इस हद तक चले गए कि इन्होंने ओद्योगिक लाइसेंस देनेवाली अथॉरिटी, नौकरशाही और उच्च सरकारी पदों तथा अन्य कई तरह के लोगों को गलत ढंग से खुश करके भी अपने लक्ष्य की प्राप्ति की। भारतीय अर्थव्यवस्था में एक बिक्री बाजार अस्तित्व में था, जो माल बिक्री के द्वारा अकूत मुनाफा कमाने का मौका देता था। बड़े औद्योगिक घरानों ने इसका लाभ उठाते हुए गरीब और मजबूर क्रेताओं का बुरी तरह से शोषण किया। इस तरह अर्जित की गई इनकी उच्च मुनाफा-दर ने इनकी एकाधिकारवादी स्थिति को काफी सहायता पहुँचाया। कंपनी कानून के प्रावधानों की खामियों और छिद्रों का उपयोग करते हुए इन घरानों ने बोनस शेयरों को जारी करके अपनी पूँजी (Capital stock) को काफी बढ़ा लिया।

बैंकों के राष्ट्रीयकरण के पूर्व वाणिज्यिक बैंकों का स्वामित्व पूर्णरूपेण बड़े

औद्योगिक घरानों के ही पास था। इन्होंने अवाम द्वारा बैंकों में जमा राशि का उपयोग अपने औद्योगिक साम्राज्य के विस्तार के लिए ही किया। इस प्रकार वाणिज्यिक बैंकों ने एकाधिकारवादी पूँजी को बढ़ाने में बड़ी मदद की। 1969 में प्रमुख बैंकों तथा बाद में कुछ और बैंकों के राष्ट्रीयकरण एवं सरकार द्वारा घोषित 'मास बैंकिंग' (mass banking) नीति आने के बाद भी इन बैंकों की कर्ज प्रदान करने की नीति में कोई बुनियादी बदलाव नहीं दिखा। अभी भी बैंकों द्वारा प्रदत कर्ज-राशि से लाभान्वित होनेवाले ये बड़े औद्योगिक घराने ही रहे। इसके अलावा सार्वजनिक वित्तीय संस्थाएँ थीं, जिनमें केंद्रीय और राज्यों के वित्त निगम आदि थे, जिन्होंने भी इन बड़े औद्योगिक घरानों के एकाधिकारवादी पूँजी को मजबूती प्रदान करने में अहम भूमिका का निर्वहण किया। ऐसे वित्तीय संस्थान, जो औद्योगिक पूँजी प्रदान करनेवाले थे, जैसे—आई.सी.आई.सी.आई. आदि ने भी अपनी नीति को इस ढंग से संचालित किया कि बड़े औद्योगिक घरानों की पूँजी में काफी इजाफा हुआ, उनका एकाधिकारवाद का दायरा विस्तृत होता चला गया और उस विस्तार के फलस्वरूप हुए उनके मुनाफे ने उनकी आर्थिक ताकत को और ज्यादा बढ़ा दिया। दत्त कमेटी ने दरशाया कि संस्थाओं द्वारा दी गई कुल कर्ज-राशि का करीब 56 प्रतिशत भाग इन्हीं बड़े औद्योगिक घरानों के पास चला गया, जिसको लेकर इन औद्योगिक घरानों ने अपने आर्थिक साम्राज्य का विस्तार कर लिया।

उद्योगों के विभिन्न क्षेत्रों में विस्तार और तकनीकी एकीकरण (Diversification and technical integration) की तकनीक का इस्तेमाल करके इन बड़े घरानों ने देश की अर्थव्यवस्था में अपने एकाधिकारवाद को काफी बढ़ा लिया। इसका स्पष्ट उदाहरण टाटा ग्रुप है, जो पहले सिर्फ लोहा और स्टील के उत्पादन संबंधी कार्यों में ही लगा था, मगर बाद में क्रमिक गति से लोहा और स्टील से संबंधित विभिन्न क्षेत्रों में अपने क्रिया-कलापों को विस्तारित तो किया ही, साथ ही साथ अन्य उत्पादन क्षेत्रों, जैसे—खनिज, वाहनों के निर्माण आदि में भी अपने को विस्तारित कर लिया। देखा जा सकता था कि इसी तरह बिड़ला या अन्य बड़े औद्योगिक घराने अपने कार्य क्षेत्र को विभिन्न तरह की वस्तुओं के उत्पादन में विस्तारित करते गए। मोनोपॉली इन्क्वायरी कमीशन की रिपोर्ट ने स्पष्ट किया कि देश के कुल कपड़ा उत्पादन का 75 प्रतिशत, कारों के उत्पादन का 66 प्रतिशत, बिजली के पंखों के कुल उत्पादन का 27 प्रतिशत, रेल डिब्बों के उत्पादन का 24 प्रतिशत, कमरों को वातानुकूलित करनेवाली एअर कंडीशन का 16 प्रतिशत पर बिड़ला का नियंत्रण हो गया था। इसी तरह टाटा स्टील और स्टील के अन्य सामानों (steel ingots) के अलावा अपने औद्योगिक एकाधिकारवाद को विस्तारित करके विशेष तरह के औजारों, मशीनों, साबुन, तेल आदि के उत्पादन क्षेत्रों में बढ़ा लिया। इतना ही नहीं, बल्कि दूसरे व्यापारिक और औद्योगिक घरानों के साथ समझौता (Collaboration) करके इन बड़े औद्योगिक

घरानों ने अपने एकाधिकारवाद में काफी इजाफा किया।

ऊपर वर्णित ढंग के पूँजीवादी विकास के समर्थक अर्थशास्त्री यह दलील देते हैं कि एकाधिकारवाद के विकास से पूँजी निर्माण होता है, जो देश के औद्योगिकीकरण के लिए जरूरी है। ऐसी विडंबनापूर्ण दलीलों की व्यर्थता को स्पष्ट करते हुए दत्त कमेटी के चेयरमैन आर.सी. दत्त ने कहा कि इस दलील से सहमत नहीं हुआ जा सकता कि एकाधिकारवाद की स्थिति में पूँजी का निर्माण होता है और आर्थिक शक्ति के संकेंद्रण से स्वत: आर्थिक विकास को बढ़ावा मिलता है। ऐसे तर्क उनकी राय में गलत और व्यर्थ थे। उन्होंने स्पष्ट किया कि आर्थिक विकास या औद्योगिक विकास के लिए वांछित धन मात्र अंतर-कंपनी (Inter-companies) संबंधों को स्थापित करके नहीं बढ़ाया जा सकता, बल्कि इससे कुछ चंद व्यक्ति इस तरह की बचतों का इस्तेमाल ही कर सकते हैं और वह भी जैसा वे इसको उचित समझते हैं, मगर औद्योगिक विकास के लिए जरूरी अतिरिक्त पूँजी का निर्माण इस तरह के पूँजी के संकेंद्रण से कदापि नहीं हो सकता। अपने तर्कों में श्री दत्त बड़े ही व्यावहारिक दिखते हैं, क्योंकि भारतीय अर्थव्यवस्था का अनुभव दरशाता है कि बड़े औद्योगिक घरानों ने कभी भी पूँजी निर्माण की दर को नहीं बढ़ाया, बल्कि सबकुछ, जो इन्होंने किया, वह यही था कि बैंकों में जमा जनसामान्य के धन का और सार्वजनिक वित्तीय संस्थाओं के धन का बुरी तरह से दुरुपयोग करके ही इन घरानों ने अपने मुनाफे और औद्योगिक क्रिया-कलाप को बढ़ाया।

व्यावहारिक रूप में यह भी देखा गया है कि यह तर्क कि पूँजी का संकेंद्रण उच्च स्तर की प्रबंधन-तकनीक को कायम करता है और बढ़ाता है, एक गलत अवधारणा है। इससे ऊँची दर से मुनाफा अर्जन का तर्क भी प्रमाणित नहीं होता। यह जिस तरह के अस्त-व्यस्ततावाले प्रबंधन को बढ़ाता है, उसका स्वाभाविक परिणाम यही आता है कि प्रबंधन बड़े औद्योगिक घरानों के परिवारों के हाथों में सिमट जाता है, जितना ही ज्यादा संपत्ति और संसाधनों का संकेंद्रण होता है, ज्यादा लोगों का प्रबंधन में हिस्सेदारी का अवसर उतना ही कम होकर चंद परिवारों में सिमट जाता है। एकाधिकारवाद प्रबंधन के जनवादी चरित्र की तो हत्या ही कर देता है और प्रबंधन पूर्णत: अजनतांत्रिक बन जाता है।

एकाधिकारवाद आर्थिक विकास के जिस वीभत्स स्वरूप को सामने लाया, वह देश के आर्थिक स्वास्थ्य के लिए बड़ा ही दु:खदायी दिखा, भारत के संविधान में स्थापित आर्थिक और राजनीतिक लक्ष्यों के बिल्कुल विपरीत परिणामवाला। इसके साथ ही इस तरह की विकास प्रक्रिया ने भारत की सामान्य जनता की उस आकांक्षा की भी हत्या कर दी, जिसमें लोगों को उनकी गरीबी, दरिद्रता आदि से निजात दिलाने के लक्ष्यों को निर्धारित किया गया था। मोनोपॉली इन्क्वायरी कमीशन ने यह महसूस किया कि एकाधिकारवाद ने आर्थिक शक्ति का संकेंद्रण चंद औद्योगिक घरानों के हाथों में करके

देश के ऊपर कितनी विपत्ति ला दी। इस कारण इसने जिन सुधारात्मक कदमों को उठाने की अनुशंसाएँ कीं, वे हालाँकि बहुत हल्की थीं, फिर भी, इसमें विधायी (Legislative) और गैर-विधायी (Non-legislative) दोनों तरह की अनुशंसाएँ थीं। गैर-विधायी अनुशंसाओं में प्रमुख थे—

(क) एक स्थायी मोनोपॉली ऐंड रेस्ट्रिक्टिव ट्रेड प्रैक्टिसेज कमीशन की स्थापना।

(ख) औद्योगिक लाइसेंसिंग प्रक्रिया का छोटे और मझोले उद्योगों के पक्ष में उदारीकरण, ताकि उन्हें बड़े औद्योगिक घरानों के साथ मुकाबला करने के योग्य बनाया जा सके।

(ग) कुछ चुनिंदा कंपनियों को आयात लाइसेंस देने के बजाय उन सारे उत्पादकों को आयात लाइसेंस दिए जाएँ, जो आयातित वस्तुओं का सीधा उपयोग अपनी उत्पादन इकाइयों में करते हैं।

(घ) सार्वजनिक क्षेत्र द्वारा ऐसी काररवाइयों को करने-कराने की जरूरत संबंधी प्रावधान, जो एकाधिकारवादी शक्तियों द्वारा किए जा रहे दुर्गुणों या दोषपूर्ण काररवाइयों को संतुलित कर सके (Countervaling action by public sector)।

मोनोपॉली इन्क्वायरी कमीशन का उद्देश्य चाहे कुछ भी हो, मगर इसके सुझाव, खासकर इसका आखिरी सुझाव, ऊपर दिया गया 'घ' का सुझाव, स्पष्ट से एकाधिकारवाद के ऊपर अंकुश लगाने संबंधी था। कमीशन का यह सुझाव जिस सरकार को लागू करना था, उस सरकार का चारित्रिक गुण (Credential) एक पूँजीवादी सरकार का था। मोनोपॉली कमीशन के सुझावों और सरकार के चरित्र में एक विरोधाभास था, यही वह अंतर्विरोध था, जो कमीशन के सुझावों को लागू किए जाने में मुख्य बाधा के रूप में खड़ा था। इस तरह के चरित्रवाली सरकार से बुनियादी बदलाव की उम्मीद करना, एक ऐसा मिथक था, जो व्यवहार में आने वाला नहीं था।

मोनोपोली इन्क्वायरी कमीशन के विधायी (Legislative) कदमों में संपत्ति और संसाधनों के चंद हाथों में संकेंद्रण के खिलाफ विधायी कदम उठाने से संबंधित सुझाव थे। विभिन्न तरह के सुझावों में तीन प्रमुख सुझाव थे—

(क) परिमाणात्मक और गुणात्मक रूपों में जब उत्पादन और वितरण हानिकारक रूप में दिखने लगें, तब उसे रोकने के लिए कदम संबंधी विधान का निर्माण।

(ख) प्रत्येक औद्योगिक शेयरों का नियमन ऐसे ढंग से करना, जिससे अवाम के हितों को हानि पहुँचाने से रोका जा सके।

(ग) जब भी ऐसी जरूरत दिखे, इसे समित (curb) करने संबंधी कदमों को उठाने संबंधी विधान को बनाना आदि।

कमीशन की अनुशंसाओं पर अगर जाँचपूर्ण नजर डाली जाए, तब यह पता चल जाता है कि इसकी अनुशंसाएँ अपने आपमें अस्पष्ट और दोषपूर्ण थीं, क्योंकि कमीशन की अनुशंसाओं में यह धारणा अंतर्निहित है कि एकाधिकारवाद हमेशा जनसामान्य के हितों के खिलाफ नहीं रहता। यही कारण था कि कमीशन ने अनुशंसा की कि एकाधिकारवाद पर अंकुश तब लगाया जाए, जब वह जनसमान्य के हितों के लिए खतरनाक या हानिप्रद दिखे। जब कमीशन ने अनुशंसा करते हुए एकाधिकारवाद पर अंकुश लगाने के कदमों को उठाने की बातें कीं, तब उसने यह नहीं स्वीकार किया कि एकाधिकारवाद स्वतंत्र प्रतिस्पर्द्धावाली उत्पादन व्यवस्था से एकदम भिन्न चरित्रवाला है। इसे कमीशन ने उस उत्पादन व्यवस्था से भिन्न नहीं माना, जिसमें उत्पादनकर्ता बिखरे हुए एक-दूसरे से पूर्णतः अलग-थलग रहकर एक ऐसे बाजार के लिए उत्पादन करते हैं, जो उनके लिए जानकारीपूर्ण नहीं होता। कमीशन ने यह स्वीकार नहीं किया कि आर्थिक शक्ति का केंद्रीकृत हो जाना यह संभव बना देता है कि कच्चे माल की उपलब्धता, उसके स्रोतों की जानकारी, उत्पादन के सारे साधनों और उत्पादन के औजारों का एकाधिकारवादीकरण, मानव संसाधनों समेत आदि का मोटा-मोटी आकलन करना और अंदाजा लगा लेने की क्रिया को संभव बना देता है। ऐसी स्थिति में जो कुछ नहीं बदलता, वह मात्र यही चीज है कि उत्पादन संबंध और शोषण के बीच का संबंध मात्र नहीं बदलता। अभी भी, उत्पादन प्रक्रिया का चरित्र सामाजिक ही रह जाता है और शोषण के द्वारा प्राप्त लाभ व्यक्तिगत ही रहता है। पूँजीवादी अर्थशास्त्र के इस नियम को समझने में कमीशन असफल रह गया या जानबूझकर इसे नजरअंदाज कर दिया, जो भी कदम उठाने की अनुशंसा इसने की, वह ऐसा नहीं थी कि स्थायी निदान को संभव बनाती।

उठाए गए कदम

मोनोपॉली इन्क्वायरी कमीशन की अनुशंसाओं को ग्रहण करने की दिशा में उठाए गए कदमों के सिलसिले में 1970 में मोनोपॉली रेस्ट्रिक्टिव ट्रेड प्रैक्टिसेज एक्ट लाया गया और एक स्थायी कमीशन 'मोनोपॉलीज और रेस्ट्रिक्टिव ट्रेड प्रैक्टिसेज 'कमीशन की स्थापना भी की गई, जिसका कार्य था अलग-अलग मामलों की जाँच (case to case) करना, अर्थव्यवस्था पर इनके बुरे प्रभावों का पता लगाना और उन कुप्रभावों को समाप्त करने के लिए उठाए जानेवाले कदमों की सलाह देना रखा गया, मगर शुरू से ही मोनोपॉली ऐंड रेस्ट्रिक्टिव ट्रेड प्रैक्टिसेज दोनों को एक दूसरे से संबद्ध नहीं माना, बल्कि दोनों के बीच भेद करके देखा। इसने समस्या को दो श्रेणियों में बाँटकर रखा। मोनोपोलिस्टिक (एकाधिकारवादी) ट्रेड प्रैक्टिसेज से मतलब था प्रभावकारी औद्योगिक फर्मों द्वारा की गई ट्रेड प्रैक्टिस (Dominant) यानी किसी व्यक्तिगत या एक ग्रुप, जो

तीन से ज्यादा औद्योगिक फर्मों का समूह नहीं है और जो उद्योग जगत् में इस तरह का प्रभाव क्षेत्र बना लिया हो कि वे बाजार को उत्पादित वस्तुओं की कीमतों या प्रतिस्पर्द्धा को नियंत्रित करने के मामले में प्रभावकारी स्थान प्राप्त कर लिया हो।[7] 'द्वितीय; रेस्ट्रिक्टिव ट्रेड प्रैक्टिसेज से मतलब था—दो या दो से ज्यादा संघों (Association) या ग्रुपों द्वारा प्रतिस्पर्द्धा को नकारने के लिए की गई काररवाइयाँ, चाहे इन फर्मों का बाजार हिस्सा (Market share) बहुत प्रभावकारी हो या न हो।

मोनोपॉली इन्क्वायरी कमीशन की अनुशंसाओं को कार्यान्वित करने के लिए जिस कमीशन का गठन किया गया, उसे मात्र अनुशंसा करने का ही अधिकार दिया गया। उनकी अनुशंसाओं को मानना या न मानना सरकार की मरजी पर था। दूसरी बात थी कि ज्यादातर मामलों में मोनोपॉली ऐंड रेस्ट्रिक्टिव प्रैक्टिसेज कमीशन के सदस्यों में वैचारिक एकता नहीं बन पाती थी और एकमततावाला विचार शायद ही आता था। ऐसी वैचारिक विभिन्नता के आने का कारण स्पष्ट था—मोनोपॉली। एकाधिकारवादी घराने प्राय: कमीशन के सदस्यों को प्रभावित करने में सफल हो जाया करते थे, यहाँ तक कि गलत तरीकों को अपनाकर भी। रेस्ट्रिक्टिव ट्रेड प्रैक्टिसेज के मामले में कमीशन को कानूनी कोर्ट (Court of Law) का अधिकार प्राप्त था और इसे रेस्ट्रिक्टीव ट्रेड प्रैक्टिसेज की जाँच के क्रम में प्रत्येक केस की अलग-अलग जाँच करनी थी। यह प्रक्रिया इतनी अप्रभावकारी थी कि इससे एकाधिकारवाद के बढ़ावे पर शायद ही किसी तरह की रोक लगाई जा सकती थी, क्योंकि अगर एक मामले में किसी एक ग्रुप पर कुछ प्रतिबंध की बातें कर भी दी जाती थीं, तो भी अन्य ग्रुपों पर इसका प्रभाव तब तक नहीं हो सकता था, जब तक कि रजिस्ट्रार उनके मामलों की कमीशन के पास इसके लिए अनुशंसा नहीं करता और कमीशन अपना निर्णय नहीं दे देता। एक समान मामले में कमीशन के निर्णयों को सभी फर्मों के उस तरह के मामले में लागू नहीं होने देने के त्रुटिपूर्ण तरीकों के कारण एकाधिकारवाद पर रोक लगाना कठिन था।

वास्तविकता यही रही कि एम.आर.टी.पी. एक्ट ने दत्त कमीशन के सारे सुझावों को अपने अंदर समाहित नहीं किया। कुछ मामलों में तो इसने दत्त कमीशन के सुझावों को इस तरह तोड़ा-मरोड़ा कि उनका मकसद ही दत्त कमीशन के सुझाव के विपरीत प्रभाववाला हो गया। इसको प्रमाणित करने के लिए एक उदाहरण ही काफी है कि कोई कंपनी बड़े औद्योगिक घरानों से संबंधित है या नहीं, इसको प्रमाणित करने की जिम्मेदारी दत्त कमीशन ने कंपनी के ऊपर डाली थी। दत्त कमीशन ने यह प्रावधान करने की सलाह दी थी कि आवेदनकर्ता कंपनी को यह प्रमाणित करना पड़ेगा कि वह किसी बड़े औद्योगिक घराने से संबद्ध नहीं है, लेकिन एम.आर.टी.पी. एक्ट ने कानून में यह जिम्मेवारी आवेदक कंपनी के बदले सरकार के ऊपर यह जिम्मा डाल दिया कि वह

प्रमाणित करे कि आवेदक कंपनी एक बड़े औद्योगिक घराने की कंपनियों की शृंखला की ही एक कड़ी है। इसका स्पष्ट परिणाम बड़े घरानों के पक्ष में चला गया—बिड़ला ने बड़ी आसानी से 185 अंडरटेकिंग्स को स्वीकार तो किया, मगर इस प्रावधान के कारण, जो कानूनी छिद्र उपलब्ध हो गए, उससे लाभ उठाते हुए वह 40 को छोड़कर बाकी सारी कंपनियों को स्वतंत्र कंपनी स्वीकार करा लेने में सफल हो गया, जबकि ये सारी कंपनियाँ बिड़ला घराने से संबद्ध थीं। इसी तरह की बातें अन्य बड़े औद्योगिक घरानों ने भी करके अपना बचाव कर लिया।

एम.आर.टी.पी. एक्ट के तहत सरकार को या मोनोपॉली कमीशन को, जो शक्तियाँ प्रदान की गई थीं, वे बड़े औद्योगिक घराने के क्रिया-कलापों को नियंत्रित करने के लिए काफी नहीं थीं। 1975 में उद्योग मंत्रालय और नागरिक आपूर्ति विभाग की एक जाँच में पाया गया था कि करीब-करीब 203 ऐसी वस्तुएँ या आइटम्स थे, जिनमें किसी खास एक ही उद्योग का एकाधिकार हो, वहाँ न तो मोनोपॉली कमीशन और न ही एम.आर.टी.पी. एक्ट कुछ कर सकता था। मोनोपॉली कमीशन उनके ऊपर तभी कुछ प्रतिबंधात्मक कदम उठा सकता था, जब वे रुकावट देनेवाले (Restrictive) या एकाधिकारवादी व्यवहार (Practices) में लगे हों, मगर जिन वस्तुओं/आइटमों में मात्र एक ही कंपनी का एकाधिकार था और प्रतिस्पर्द्धा करनेवाली कोई अन्य कंपनी नहीं थी, तब मोनोपॉली कमीशन कुछ नहीं कर सकता था, क्योंकि ऐसे में रेस्ट्रिक्टिव ट्रेड प्रैक्टिसेज का सवाल ही नहीं उठता था। इसी तरह मोनोपोली कमीशन रेस्ट्रिक्टिव ट्रेड प्रैक्टिसेज के मामले में एक अर्ध-न्यायिक शक्ति (Semi-judicial) प्राप्त कमीशन था और इसके फैसलों को उच्चतम न्यायालय में चुनौती दी जा सकती थी। ऐसी स्थिति में मोनोपॉली कमीशन, जब तक अपनी जाँच पूरी नहीं कर लेता, तब तक कंपनियों की कारवाइयाँ चलती रहती थीं। न तो कमीशन को जुर्माना करने का अधिकार था और न अंतरिम रोक (Interim injunction) लगाने का अधिकार था। एम.आर.टी.पी. एक्ट को क्यों बड़े औद्योगिक घरानों के सहायक के रूप में बना दिया गया, इसका जवाब इससे ज्यादा आधिकारिक रूप में और कहीं नहीं पाया जा सकता, जितना मोनोपॉली कमीशन के एक सदस्य एच.के. प्राणजापे के एक बयान में पाया जाता है। एच.के. प्राणजापे ने अपने बयान में यह स्पष्ट और बेलाग ढंग से कहा है कि राजनीतिक नेतृत्व—खासकर शासक पार्टी—का राजनीतिक और बड़े औद्योगिक घरानों के बीच एक तरह का संबंध (Nexus) बना हुआ था, जिस कारण एम.आर.टी.पी. एक्ट के बहुत सारे प्रावधानों को लागू करने में आधे मन से और बड़े ही सामान्य ढंग की रुचि दिखाई गई।[8] प्राणजापे के तर्कों में पर्याप्त बल और सच्चाई दिखती है, क्योंकि प्रमाण मिलते हैं कि किस तरह भारत का शासक वर्ग और उसका राजनीतिक नेतृत्व बड़े औद्योगिक घरानों के प्रति

सहानुभूति का भाव रखता था। इसे प्रमाणित करने के लिए एक प्रमाण ही काफी है कि मोनोपॉली कमीशन ने सरकार को अनुशंसा की कि बड़े औद्योगिक घरानों के ऊपर सरकार और सार्वजनिक वित्तीय संस्थाओं का जो धन कर्ज के रूप में है, उन सब को इक्विटी शेयरों में बदल दिया जाना चाहिए, मगर सरकार ने इस अनुशंसा को कभी भी सही अर्थों में लागू करने में कोई रुचि नहीं दिखाई। इसके जो कुपरिणाम आए, उस पर प्राणजापे कहते हैं कि यही नहीं कि इस तरह के कर्ज को इक्विटी शेयर में बदल देने संबंधी प्रावधानों को अप्रभावी हो जाने के लिए उन्हें बदल दिया गया, बल्कि शासक वर्ग द्वारा यह उचित समझा गया कि नए प्रोजेक्टों के लिए सरकारी और सार्वजनिक वित्तीय संस्थाओं को दिए जानेवाले कर्ज को भी, जो बड़े औद्योगिक घरानों को दिए गए थे, इस तरह के प्रावधानों से अलग कर दिया जाए।[9] जो भी हो, प्राणजापे ने इस तरह के नापाक गठबंधन को महज एक अनैतिक काम माना, मगर इसका दायरा नैतिक और अनैतिक मापदंड से आगे काफी दूर तक जाता है। सत्ता और बड़े औद्योगिक घरानों के बीच बना यह नापाक गठबंधन का सवाल वास्तव में एक वर्गीय सवाल था, जो शासक वर्ग के हितों का बड़े औद्योगिक घरानों के स्वार्थों के साथ मेल कराता था। ऐसी अवस्था में इस तरह की सरकारें, जैसी सरकारें भारत में चल रही थीं, अपने वर्ग हित में किसी भी घृणित सीमा तक जा सकती हैं। इसमें कोई आश्चर्य की बात नहीं है कि जब अपने वर्ग हित को पूरा करने का प्रश्न आया, तब सरकार ने स्वतंत्र भारत के संविधान के इस उपबंध का खुलकर उल्लघंन किया, जिसमें एकाधिकारवाद को रोकने संबंधी संविधान के निर्देश हैं। इसमें भी कोई आश्चर्य की बात नहीं कि बड़े औद्योगिक घराने एम.आर.टी.पी. एक्ट के मामले में अपने केसों की जाँच एक स्वशासी कमीशन मोनोपॉली कमीशन, के द्वारा किए जाने की अपेक्षा सरकार द्वारा किए जाने के पक्ष में हो गए, क्योंकि सरकार के चरित्र और बड़े औद्योगिक घरानों के आर्थिक स्वार्थों में मेल था और सरकार बड़े औद्योगिक घरानों की रक्षा हर कदम पर करती रही। द्रुत औद्योगिक विकास के नारे की तरफ जब सरकार ने अपनी नीति को मोड़ दिया, तब यह विचार किया ही नहीं गया कि इसका परिणाम क्या होगा, या बड़े औद्योगिक घरानों के द्वारा औद्योगिकीकरण को आगे बढ़ाने के विकल्पस्वरूप अन्य रास्ते भी हैं, जिसे अपनाकर भारत के संविधान की मर्यादा के अंदर औद्योगिक विकास किया जा सकता है।

एम.आर.टी.पी. एक्ट पर प्रहार

एम.आर.टी.पी. एक्ट पर पहला संगीन हमला उस समय हुआ, जब सरकार ने उन 90 जिलों में, जिनमें औद्योगिकीकरण की संभावनाएँ और संसाधन तो मौजूद थे, मगर औद्योगिकीकरण शून्य के बराबर था, बड़े औद्योगिक घरानों के पक्ष में फैसला करके,

उन्हें उन जिलों में उद्योग लगाने की अनुमति दे दी। इसके साथ ही सरकार ने औद्योगिक क्रिया-कलापों को बाहरी संरचनाओं का निर्माण कर मदद करने संबंधी घोषणा भी की और कहा कि माल ढुलाई के मामले में विशेष सुविधा, यानी खास सब्सिडी देगी, ताकि उत्पादित माल की प्रतिस्पर्द्धा करने की क्षमता बढ़ाई जा सके। औद्योगिक कानून, डेवलपमेंट और रेगुलेशन, (Development and Regulation) में संशोधन प्रस्तावित करके सरकार ने एम.आर.टी.पी. एक्ट में बड़े औद्योगिक घरानों पर कोर (core) उद्योग में जाने संबंधी लगी रोक को निरस्त कर दिया और यह इस नाम पर किया गया कि इससे औद्योगिकीकरण में तेजी आ जाएगी। इसके अलावा सरकार बड़े औद्योगिक घरानों को लघु उद्योगों के क्षेत्र में प्रवेश कराने संबंधी प्रस्ताव भी लेकर सामने आ गई। दलील दी गई कि जिस माल के उत्पादन को लघु उद्योग उस हद तक नहीं कर पाते, जिससे स्थानीय माँगों की पूर्ति हो सके, उस माल के उत्पादन में बड़े औद्योगिक घरानों को प्रवेश की अनुमति दी जाएगी।

इतना ही नहीं, बड़े औद्योगिक घरानों की उम्मीद से भी आगे बढ़कर वित्तमंत्री वी.पी. सिंह द्वारा पेश 1985-86 के केंद्रीय बजट में एम.आर.टी.पी. एक्ट के अंदर लघु उद्योगों की निर्धारित परिसंपत्तियों की सीमा 20 करोड़ रुपए से बढ़ाकर 100 करोड़ रुपए कर दी गई। इस 5 गुना बढ़ोतरी के साथ ही एम.आर.टी.पी. के अंदर आनेवाली कुल 101 कंपनियों में से 49 कंपनियाँ इसके घेरे से बाहर निकल गईं।' सरकार की ऐसी क्रिया से अर्थव्यवस्था में एकाधिकारवाद को बढ़ने का मौका मिला। इसके पूर्व भी 1981 और 1982 में एम.आर.टी.पी. एक्ट में संशोधन करके सरकार ने इसे कमजोर बना दिया था और बड़े औद्योगिक घरानों को अपना एकाधिकारवाद विस्तृत करने का अवसर दे चुकी थी। 1981 के संशोधन में किसी कंपनी या अंडरटेकिंग को प्रभावकारी स्थिति में होने संबंधी शर्तों और परिभाषा को बदलकर यह कर दिया गया कि उक्त कंपनी का किसी उत्पाद को उत्पादित करने, वितरित करने, नियंत्रण करने या अन्य किसी में उस माल या उत्पाद के कुल उत्पादन का कम-से-कम एक-तिहाई पर नियंत्रण होना चाहिए।[12] 1982 में इसे पुनः संशोधित कर नियंत्रण की शर्त को घरेलू बाजार के लिए उत्पादन किए जानेवाले उत्पादों तक सीमित कर दिया गया और निर्यात के लिए किए गए उत्पादन को इससे मुक्त कर दिया गया।

इसके अलावा भी 1982 के संशोधन ने प्रभावकारी प्रतिष्ठानों को श्रेणीबद्ध करते हुए उन्हें इंडस्ट्रियल डेवलपमेंट ऐंड रेगुलेशन एक्ट (Industrial Development and Regulation Act) के दायरे में रखकर उनको दो श्रेणियों में ऐसे प्रतिष्ठान, जिनके पास लाइसेंस की शक्ति थी और जिसके पास लाइसेंस की शक्ति नहीं थी, बाँटा। इस तरह से श्रेणीबद्ध किए जाने में ऊपर के वर्गीकरण में, यानी जिसके पास लाइसेंस की

शक्ति थी, प्रभावकारी प्रतिष्ठान उन्हें माना गया, जिनकी लाइसेंस की ताकत किसी खास वस्तु के उत्पादन के लिए थी, उसके साथ संबंधित प्रतिष्ठान की लाइसेंस शक्ति के साथ मिलकर उस खास वस्तु की भारत में उत्पादन की स्थापित कुल क्षमता का कम-से-कम एक-चौथाई अवश्य होना चाहिए था। ऐसे प्रतिष्ठानों के मामले में जो आई.डी.आर. एक्ट के दायरे में नहीं आते थे, उनके मामले में किसी प्रतिष्ठान को प्रभावकारी (Dominant) प्रतिष्ठान की श्रेणी में आने के लिए उसे स्वयं और अपने तमाम संबंधित प्रतिष्ठानों के साथ मिलकर संपूर्ण भारत या उसके एक बड़े भाग में किसी वस्तु के उत्पादन, विनिमय और वितरण के कम-से-कम एक-चौथाई भाग पर उसका नियंत्रण होना जरूरी था। इस संबंध में सरकार ने बड़े औद्योगिक घरानों को मदद करने के लिए जिस तरह का आर्थिक खेल खेला, उस पर एक टिप्पणी में कहा गया था कि 'किसी कंपनी की लाइसेंस शक्ति इसकी क्षमता के माप का या बाजार पर उसकी वास्तविक पकड़ क्या है, इसका आकलन करनेवाला सही मापक हो ही नहीं सकता था।'[13]

इसके अलावा एम.आर.टी.पी. एक्ट में किए गए संशोधनों ने सरकार को और ज्यादा शक्ति प्रदान कर दी, जिससे सरकार की बड़े औद्योगिक घरानों के पक्ष में निर्णय किए जाने की ताकत बढ़ गई। उच्च राष्ट्रीय प्राथमिकतावाले उद्योगों, निर्यात के लिए उत्पादन किए जानेवाली वस्तुओं के उत्पादन को विस्तारित करने या मुक्त व्यापार क्षेत्र (Free Trade Zone) में स्थापित किए जाने के लिए प्रस्ताव से उद्योगों के मामले में सरकार को यह अधिकार दे दिया गया कि वह ऐसे उद्योगों को एम.आर.टी.पी. के दायरे से मुक्त कर दे। एम.आर.टी.पी. एक्ट के विरोध में सरकार का नजरिया तो इतना नकारात्मक था कि उसने सच्चर कमेटी की रिपोर्ट, जिसने एम.आर.टी.पी. एक्ट के प्रभाव को बढ़ाने के लिए इसके प्रशासन को विस्तारित करने की अनुशंसा की थी[14], उसे लागू तो नहीं किया, बल्कि ठीक इसके विपरीत बड़े औद्योगिक घरानों को मदद करने के उद्देश्य से औद्योगिक लाइसेंसिग पॉलिसी को उदार बनाकर बड़ी पूँजी को कई रियायतें दे दीं। इसके लिए मनगढ़ंत तर्क दिया गया कि ऐसा करने से उत्पादन और औद्योगिकीकरण में तीव्र विकास होगा। सरकार तो बड़े औद्योगिक घरानों के पक्ष में और एम.आर.टी.पी. एक्ट के खिलाफ इस हद तक चली गई कि विकास के लिए उत्पादन बढ़ाने की अवधारणा (Production oriented approach to Development) और पिछड़े क्षेत्रों में उद्योगों को बढ़ावा देने के नाम पर एम.आर.टी.पी. एक्ट को तो सरकार ने ठंडे बस्ते में डाल दिया और एकाधिकारवादी घरानों को हर तरह की सुविधा उपलब्ध करा दी। नतीजा हुआ कि संविधान में प्रदत्त एकाधिकारवाद को नियंत्रित करने, उसे बढ़ने न देने की जिस अनिवार्यता का भारत के संविधान ने राज्य के ऊपर दायित्व सौंपा है, वह सरकार द्वारा बड़े ही असम्मानजनक ढंग से कुचला गया—बड़े औद्योगिक घरानों

का हित संविधान से बड़ा हो गया, सरकार पूँजी की कार्यकारिणी की भूमिका में आ गई। इसके विकल्प को सरकार ने ठुकरा दिया।[15]

1984 के आते-आते वैश्विक पूँजीवादी सिस्टम जिस तरह के आर्थिक संकट में फँस चुका था, से वह भारत को भी कुप्रभावित करता आ रहा था, क्योंकि भारतीय पूँजीवाद भी वैश्विक पूँजीवादी के साथ अभिन्न रूप से संबद्ध था। संकट की इस बेला में भारत की केंद्रीय सरकार ने एम.आर.टी.पी. एक्ट में कुछ संशोधन सच्चर कमेटी की कुछ अनुशंसाओं के आधार पर करने संबंधी प्रस्तावों को रखा। जो भी हो, प्रस्तावित संशोधन की मूल दिशा या प्रधान जोर कुछ परिभाषाओं को इस तरह से स्पष्ट करना था कि कुछ ऐसे बड़े औद्योगिक घराने, जो एम.आर.टी.पी. एक्ट के दायरे में नहीं आ सके थे, उन्हें इसके दायरे में लाना था। कुछ अवधारणाओं, जैसे, 'माल की परिभाषा', समूह और अंतर-संबंधित प्रतिष्ठानों, शक्ति विस्तार (capacity expansion) की सीमा, विभिन्न तरह के अंतर-संबंधों की स्थितियाँ आदि ऐसी अवधारणाओं को पुनर्परिभाषित करने के उद्देश्यों को स्पष्ट करते हुए कहा गया था कि इससे एम.आर.टी.पी. एक्ट को ज्यादा प्रभावकारी बनाया जाएगा, मगर अब तक के प्राप्त अनुभवों ने दिखाया कि सरकार के संपूर्ण क्रिया-कलाप जिधर जा रहे थे वह एकाधिकारवाद पर अंकुश लगाने की उलटी दिशा में जा रहा था, क्योंकि सरकार यह नहीं स्वीकार कर रही थी कि असंतुलित क्षेत्रीय और वर्गीय विकास, विलंबित औद्योगिक विकास, बेरोजगारी आदि जैसी अनेक आर्थिक कठिनाइयाँ, जिनसे सरकार निजात पाना चाहती थी, पूँजीवादी विकास की चारित्रिक विशेषता की उपज थीं और इसका उच्चतम प्रकटीकरण एकाधिकारवाद का विकास था। केंद्रीय सरकार बार-बार इसी तरह का मौका देकर, जिससे एकाधिकारवाद को अपना आर्थिक साम्राज्य विस्तारित करने का मौका मिलता रहता था, यह उम्मीद करती थी कि आर्थिक विकास और अर्थव्यवस्था में बढ़ता जा रहा संकट हल हो जाएगा। वास्तव में सरकार की इन क्रियाओं का विश्लेषण और उनको समझने के लिए जरूरी हो जाता है कि उन्हें वर्गीय सवाल के दायरे में देखा जाए। भारत में सत्ताधारी तबका भारतीय राष्ट्रीय पूँजीपति वर्ग के हितों का प्रतिनिधित्व करनेवाला था और इसके स्वार्थों की रक्षा और मजबूती प्रदान करने का सरकार का प्रयास एक तरफ एकाधिकारवाद को मजबूत और विस्तारित करता जा रहा था, तो दूसरी तरफ सामान्य जनों की कठिनाइयों को बढ़ा भी रहा था। नतीजा था कि भारत में पूँजीवादी विकास प्रक्रिया के बढ़ते जाने के रूप में समाज में वर्गीय अंतर्विरोध भी तेज होता जा रहा था।

न्यायपालिका का बदलता रुख

एम.आर.टी.पी. एक्ट के सवाल पर भारतीय न्यायपालिका ने जो रुख अपनाया,

उससे न्यायपालिका के संबंध में प्रचारित इस अवधारणा का कि न्यायपालिका निष्पक्ष होती है, मिथक भंग हो गया। 1977 में टेल्को (TELCO) बनाम आर.आर.टी.ए. (RRTA) के मामले में भारतीय उच्चतम न्यायालय ने जो फैसला किया, उसने न्यायपालिका की निष्पक्षता के मिथक को भंग कर दिया। भारतीय उच्चतम न्यायालय ने अपने निर्णय में यह रुख स्पष्ट से ले लिया कि एम.आर.टी.पी. एक्ट की धारा 33 के प्रावधान यह नहीं विश्लेषित करते कि वे निषेधात्मक व्यापार व्यवहार यानी रेस्ट्रिक्टिव ट्रेड प्रैक्टिसेज पर रोक लगाने का कानूनी प्रावधान रखते हैं, बल्कि मात्र उन्हीं व्यापार व्यवहारों (Trade Practices) को प्रतिबंधित करने की बातें करते हैं, जिनको रजिस्ट्रेशन की जरूरत थी। न्यायपालिका के इस निर्णय का प्रभाव यह हुआ कि एम.आर.टी.पी. एक्ट का प्रभाव काफी घट गया और सरकार को अपने एकाधिकारवादी घरानों के प्रति सहानुभूतिवाली काररवाइयों को सही ठहराने की दलीलें मिल गईं। अब सरकार को तर्क मिल गया था कि वह अपने कदमों को राष्ट्रीय सुरक्षा, राज्यों की सुरक्षा तथा आवश्यक वस्तुओं की आपूर्ति को सार्वजनिक हित में नियमित बनाए रखने के नाम पर अपना बचाव कर सके। एक टिप्पणी में कहा गया कि मौलिक एक्ट (या ओरिजिनल एक्ट) की धारा 38 उस स्थिति को रखती थी, जिसे वह 'दरवाजा' (Gateway) कहा जा सकता है, जिससे होकर रेस्ट्रिक्टिव ट्रेड प्रैक्टिसेज जा सकती थी और सार्वजनिक हित को क्षति पहुँचा सकती थी, मगर इस एक्ट में प्रस्तावित संशोधनों ने इस तरह के अनेक दरवाजों को खोल दिया, जिनमें निषेध की आधिकारिक मान्यता और सरकार की मंजूरी प्राप्त हो गई।[16]

सार्वजनिक क्षेत्र के संबंध में मोनोपोली कमीशन का विचार

मोनोपॉली कमीशन ने यह आशंका जाहिर की थी कि इस तथ्य को नजरअंदाज नहीं किया जा सकता कि सार्वजनिक क्षेत्र में एकाधिकारवाद भी मनमाने ढंग से कीमतों को वसूलता है और निम्न श्रेणी की वस्तुएँ और सेवाओं की आपूर्ति करता है।[17] सार्वजनिक क्षेत्र के कारखानों के प्रति मोनोपॉली कमीशन का दृष्टिकोण यह था कि उनके क्रियाकलापों को इस तरह से व्यवस्थित किया जाए कि वे सार्वजनिक हित में आगे बढ़कर योगदान करें और उन आदतों को नहीं अपनाएँ, जिन्हें अपनाकर निजी क्षेत्र गलत तरीकों के द्वारा मुनाफा अर्जित करते हैं। मोनोपॉली कमीशन ने किसी भी समय और किसी भी अवसर पर सार्वजनिक क्षेत्र के उद्यमों पर वैसा ही निषेध (Restriction) लगाने की अनुशंसा नहीं की थी जैसा निजी क्षेत्र के संबंध में किया था, लेकिन दुर्भाग्यवश न्यायमूर्ति सच्चर ने सार्वजनिक क्षेत्र और निजी क्षेत्र को एक ही पलड़े में रख दिया और दोनों पर एक समान निषेध (Restriction) लगाने की राय दे

डाली। ऐसी राय घुमा–फिराकर निजी क्षेत्र को मदद पहुँचानेवाली थी और ज्यादा मजबूत बनानेवाली थी। ऐसे सुझावों में यह ध्यान में नहीं रखा गया था कि आर्थिक विकास का एक राजनीतिक लक्ष्य भी था, जो 'समाजवादी नमूने के समाज' की रचना का था और इस लक्ष्य की प्राप्ति में सार्वजनिक क्षेत्र के उद्यमों को महती भूमिका का निर्वहन करना था, मगर सच्चर कमेटी ने सार्वजनिक क्षेत्र को एम.आर.टी.पी. एक्ट के दायरे से बाहर रखे जाने को एक अप्रगतिशील (Regressive) कदम माना।[18]

भारतीय अर्थव्यवस्था में एकाधिकारवाद का हो रहा विकास और उसके कुपरिणाम के लिए किए जानेवाली जाँच एक अतिशय महत्त्वपूर्ण घटना थी, क्योंकि इसके कारण भारत के अवाम की आर्थिक तंगी बढ़ती जा रही थी और विकास के लाभों का संकेंद्रण चंद बड़े औद्योगिक घरानों के पास चला जा रहा था, मगर विडंबना यह थी कि इतने महत्त्वपूर्ण विषय के प्रति सरकार का रवैया असहयोग का था, सरकार मोनोपॉली कमीशन के प्रति उदासीन थी और उसे महत्त्व नहीं दे रही थी। सरकार द्वारा कमीशन के प्रति बरती जा रही नकारात्मक रुख का प्रमाण था कि सरकार इससे संबंधित सभी मामलों को इसके पास भेजती भी नहीं थी, बल्कि ज्यादातर मामलों में उनका निष्पादन स्वयं कर लिया करती थी। 1 जून, 1970 से 31 दिसंबर, 1980 तक के समय में एम.आर.टी.पी. एक्ट की धारा 21, 22 और 23 के अंदर 665 आवेदन आए और इन आवेदनों में से 601 यानी कुल का 90 प्रतिशत का निष्पादन सरकार ने स्वयं कर लिया। मोनोपॉली कमीशन चूँकि सिद्धांत में एक स्वशासी (Autonomous) संस्था था, इस कारण बहुत सारे केसों में यह स्वयं फैसला लेकर मामलों की सुनवाई नहीं कर सकता था। राजेंद्र सच्चर कमेटी ने कुछ सुझावों को रखा था, जिससे कमीशन की शक्ति कुछ ज्यादा प्रभावी हो सकती थी, मगर सरकार ने उन्हें स्वीकार ही नहीं किया। एम.आर.टी.पी. एक्ट में 1984 में किए गए संशोधन ने यह प्रावधान जरूर बनाया था कि मोनोपॉली कमीशन के पास आए (Referred) केसों के संबंध में कमीशन स्वयं जाँच कर सकता है, मगर इस प्रावधान को भी सभी तरह के मामलों में लागू नहीं किया गया।

बड़े औद्योगिक घरानों के आर्थिक स्वार्थों के साथ सरकार की संबद्धता इसी बात से स्पष्ट हो जा रही थी कि सरकार ने कमीशन की शक्तियों को कम कर दिया और उसे अपने पास सुरक्षित कर लिया। सरकार ने बहुत सारे महत्त्वपूर्ण (Mandatory) विषयों पर फैसला करने के कमीशन के अधिकारों को उससे लेकर अपने पास सुरक्षित कर लिया। सरकार ने अपने पास यह अधिकार सुरक्षित कर लिया कि वह कमीशन की किसी अनुशंसा को लागू करे या न करे। एच.के. प्राणजापे ने अपनी स्पष्ट आलोचना में लिखा है कि बहुत सारे जाँचकर्ताओं (Observers) की यही भावना है कि बहुत सारे मौकों पर औद्योगिक घरानों की यहाँ मन:स्थिति रहती थी कि उनके मामले सीधे

सरकारी पदाधिकारियों के द्वारा देखे जाएँ और निष्पादित किए जाएँ, क्योंकि नौकरशाहों से सौदा करना अपेक्षाकृत इसलिए आसान नहीं था कि उन्हें इनसे ज्यादा हमदर्दीपूर्ण व्यवहार मिल जाएगा, बल्कि अन्य तरीकों से भी सौदा पटाने में आसानी होगी और सत्ता के शीर्ष पर आसीन राजनेताओं के साथ मोल-तोल कर मामला निपटाना और ज्यादा आसान बन जाता था।[20]

कमीशन के प्रति सरकार के उदासीन रवैए की स्थिति यह थी कि कमीशन का गठन 9 सदस्यों को लेकर करना था, मगर सरकार ने कभी भी इसके अध्यक्ष के अलावा दो-तीन सदस्यों से ज्यादा की बहाली की ही नहीं। भारत जैसे विषमता वाले देश में जरूरत थी कि दक्ष और काबिल व्यक्तियों को लेकर कमीशन की एक से ज्यादा पीठों (Benches) की स्थापना की जाती, मगर सरकार ने ऐसा कभी नहीं किया। यहीं पर आम हितों के ऊपर शासक दल और बड़े औद्योगिक घरानों के बीच बने एक गठबंधन (nexus) के सहारे वर्ग हित को ऊपर रख दिया जाता रहा। सरकार कमीशन को नपुंसक स्थिति में डालकर उसके सारे महत्त्वपूर्ण अधिकारों पर किसी-न-किसी रूप में बंदिश लगाकर बड़े औद्योगिक घरानों को लाभ पहुँचाती रही। सरकार के इस रवैए के कारण जब एकाधिकारवाद मजबूत होता गया, तब उसी के साथ एकाधिकार की सीमा 100 करोड़ रुपए से 500 करोड़ रुपए करने की माँग भी उठती गई। मकसद था एम.आर.टी.पी. एक्ट को निरर्थक बना देना। सरकार की इन काररवाइयों को किसी भी हालत में स्वतंत्र भारत के संविधान की 'प्रस्तावना' और 'राज्य के नीति निर्देशक सिद्धांतों' की रोशनी में संवैधानिक नहीं कहा जा सकता। स्पष्ट रूप में संविधान के प्रावधान राजसत्ता के चरित्र को जिस तरह से निर्मित किए जाने के आदेश देते हैं, विकास की चलाई गई नीति और उसके तहत राजसत्ता का जो स्वरूप सामने आया है, वह गैर-संवैधानिक है।

संदर्भ और टिप्पणियाँ

1. वी.आई. लेनिन, साम्राज्यवाद : पूँजीवाद की चरम अवस्था, मास्को, फॉरेन लैंग्वेज पब्लिशिंग हाउस, 1966, पृ. 20।
2. सी.एम.आई., बेसिक स्टाटिस्टिक्स रिलेटिंग टू इंडियन इकोनॉमी, अगस्त 1989।
3. मोनोपोली इन्क्वायरी कमीशन की रिपोर्ट, 1965, पृ. 1-6
4. ऊपरोद्धृत।
5. ऊपरोद्धृत।
6. ऊपरोद्धृत।
7. पूर्ण और विस्तृत विवरण के लिए देखा जा सकता है : मोनोपोली ऐंड रेस्ट्रिक्टिव ट्रेड पैक्टिसेज एक्ट, 1969-70।
8. एच.के. प्रणजापे, 'पॉलिसी ऑन बिग हाउसेज' इकोनॉमिक टाइम्स, 1 मई, 1979।

9. ऊपरोद्धृत।
10. भारत का संविधान, 'राज्य के नीति निर्देशक सिद्धांत', धारा 39।
11. देखा जा सकता है—एम.आर.टी.पी. एक्ट, सेक्शन 26।
12. ऊपरोद्धृत सेक्शन 2 (डी)।
13. ए.एन. ओझा, 'रिसेंट एमेंडमेंट्स टू दि एम.आर. टी.पी. एक्ट', इकोनॉमिक ऐंड पॉलिटिकल वीकली, 16 दिसंबर, 1987, पृ. 1999।
14. सच्चर कमेटी रिपोर्ट, 1978 को देखा जा सकता है।
15. विकल्प के संबंध में देखा जा सकता है—
    एफ.एल. बरारवाला, इंडस्ट्रियल लाइसेंसिंग, मोनोपॉलिज ऐंड रेस्ट्रिक्टिव ट्रेड प्रैक्टिसेज, लॉ ऐंड प्रैक्टिस, बांबे जस्मिन लॉ पब्लिशर्स, दिय्याग, छठी मंजिल, सेस्सन डाक, कोलाबा, पृ. 270।
16. एच.के. प्राणजापे, 'दि एम.आर.टी.पी. एमेंडमेंट बिल-ए ट्रोजनर्स', इकोनॉमिक ऐंड पोलिटिकल वीकली, 28 अप्रैल, 1984, पृ. 721।
17. मोनोपोली इन्क्वायरी कमीशन, पूर्वोद्धृत।
18. न्यायमूर्ति राजेंद्र सच्चर 'एम.आर.टी.पी., इकोनॉमिक टाइम्स, 22 नवंबर, 1984।
19. एम.आर.टी.पी. एक्ट, 1984 में किए गए संशोधन के मूल पाठ को देखा जा सकता है।
20. एच. के प्रणजापे, 'एम.आर.टी.पी. एमेंडमेंट बिल : ए ट्रोजन हार्स,' पूर्वोद्धृत, पृ. 724-25।

□

10

भटकाव का आर्थिक-राजनीतिक परिणाम

1956 के औद्योगिक नीति-प्रस्ताव की विकृत व्याख्या और उसके प्रति भटकावपूर्ण नजरिया तथा इजारेदार घरानों के ऊपर अंकुश लगाने संबंधी एक कमजोर और अप्रतिबद्ध राजनीतिक इच्छाशक्ति आदि का सम्मिलित योगफल प्रधान रूप में यह कारण बना, जिसने अर्थव्यवस्था में एकाधिकारवाद (monopoly) के विकास को प्रशस्त मार्ग प्रदान कर दिया। 1956 के औद्योगिक नीति-प्रस्ताव में सिर्फ यही नहीं प्रस्तावित किया था कि भविष्य के भारत की आर्थिक पुनर्संरचना का स्वरूप क्या होगा, बल्कि इसने यह भी प्रस्तावित किया था कि स्वतंत्र भारत के संविधान के अध्याय iv, 'राज्य के नीति निर्देशक सिद्धांतों', में राज्य के स्वरूप और चरित्र के संबंध में की गई स्थापनाओं और लक्ष्यों को साकार रूप देने के लिए राज्य को जो निर्देश दिए गए हैं, उन्हें लागू करना राज्य का संवैधानिक दायित्व है। इस संदर्भ में संविधान का स्पष्ट निर्देश था कि धन और संसाधनों के चंद हाथों में संकुचित होने की क्रिया को रोकने का राज्य का संवैधानिक दायित्व है। संविधान में प्रविष्ट 'राज्य के नीति निर्देशक सिद्धांतों' की धारा 39 स्पष्ट कहती है कि राज्य अपनी नीति के द्वारा खासकर इसको सुनिश्चित कराएगा कि—

(बी) समुदाय (community) के भौतिक संसाधनों का वितरण इस प्रकार हो कि उससे सभी लोगों का हित (common good) साधन हो।

(सी) कि आर्थिक ढाँचा (Economic system) या स्वरूप ऐसा न हो कि संपदा और उत्पादन के साधनों का संकेंद्रण जनसामान्य के हितों को हानि पहुँचाने वाला (Common deriment) बन जाए।[1]

ऊपर वर्णित संविधान में दिए गए प्रावधान यह स्पष्टत: बताते हैं कि भौतिक संसाधनों और संपदा का चंद हाथों में संकेंद्रण होना सामान्यजनों के हित के खिलाफ है। अगर इस संकेंद्रण की प्रक्रिया को आर्थिक क्षेत्र में बढ़ने की अनुमति राज्य द्वारा दी जाती है, तब यह भारत के संविधान की आत्मा (Spirit) के खिलाफ है। इस

कारण संविधान भारतीय राजसत्ता को निर्देशित करता है कि उसे एक ऐसी आर्थिक व्यवस्था (Economic System) को ईजाद और विकसित करना है, जिसमें भौतिक संसाधनों का वितरण इस प्रकार हो, जो सामान्यजनों के हितों की रक्षा करता हो। एकाधिकारवाद/इजारेदारवाद संविधान के इस निर्देश के खिलाफ जाता है, क्योंकि वह भौतिक संसाधनों और उत्पादन के साधनों का संकेंद्रण चंद हाथों में करने की चारित्रिक विशेषता को रखता है, एकाधिकारवाद को बढ़ाता है। इस कारण एकाधिकारवाद को किसी भी रूप में जारी रहने की अनुमति राज्य द्वारा दिए जाने की क्रिया भारतीय संविधान की आत्मा के खिलाफ की क्रिया है। 1956 के औद्योगिक नीति-प्रस्ताव भारत की आर्थिक पुनर्संरचना के निर्माण में इसी तरह का प्रावधान करते थे कि अर्थव्यवस्था का स्वरूप ऐसा रहे, जो स्थापित राजनीतिक लक्ष्यों के अनुरूप हो। इन्हीं दो लक्ष्यों यानी अर्थव्यवस्था में एकाधिकारवाद पर रोक लगाने तथा 'समाजवादी नमूने के समाज' के निर्माण के लक्ष्यों को पूरा करने के उद्देश्यों से मिश्रित अर्थव्यवस्था और सार्वजनिक क्षेत्र के उद्यमों की अर्थव्यवस्था में वरीयता के लक्ष्य को रखा गया था।

1956 की औद्योगिक नीति का अंतर्विरोध

1956 के औद्योगिक नीति-प्रस्ताव को भारत के भविष्य के आर्थिक पुनर्गठन का विधान बताया गया। फिर भी, इसे अमल में लाने की सरकारी चेष्टा उदासीन रही और इसे पूर्ण राजनीतिक इच्छाशक्ति के साथ लागू किए जाने का प्रयास कभी किया ही नहीं गया। सरकार की ऐसी उदासीनता के अलावा इस नीति-प्रस्ताव में इस तरह के विरोधी चरित्रवाले प्रावधान भी मौजूद थे, जिनके परस्पर अंतर्विरोधों का चरित्र असमझौतावादी (Irreconcilable) था। इस औद्योगिक नीति-प्रस्ताव में निजी क्षेत्र को अर्थव्यवस्था से समाप्त कर देने का लक्ष्य नहीं रखा गया था, बल्कि जो कुछ निजी क्षेत्र के संबंध में तय किया गया था, वह यह दरशा रहा था कि निजी क्षेत्र को एक अनिवार्य कारक के रूप में स्वीकार किया गया था। हालाँकि आर्थिक विकास का जिम्मा सार्वजनिक क्षेत्र के उद्यमों के ऊपर रखा गया था, फिर भी निजी क्षेत्र की अर्थव्यवस्था को एकदम से नकारा नहीं गया था।[2] सार्वजनिक क्षेत्र के उद्यमों को निजी क्षेत्र के विरोधी के रूप में स्वीकार नहीं किया गया था, बल्कि इसे निजी क्षेत्र के विकास के लिए माकूल परिस्थितियों के निर्माण करनेवाले के रूप में रखा गया था। जब सार्वजनिक क्षेत्र के उद्यमों को यह दायित्व सौंपा गया, तब सार्वजनिक क्षेत्र की अर्थव्यवस्था का चरित्र निजी क्षेत्र के सहायक की भूमिकावाला बन गया। सार्वजनिक क्षेत्र की ऐसी चारित्रिक स्थिति ने आर्थिक विकास में औद्योगिकीकरण को गति प्रदान तो जरूर की, मगर साथ-ही-साथ भौतिक संसाधनों के संकेंद्रण को चंद हाथों में होने की स्थिति को भी बढ़ा दिया। पूँजीवादी विकास के

नियमों के अनुसार अर्थव्यवस्था में विकास का क्रम तो शुरू हो गया, मगर उससे भी तेजी से संसाधनों और उत्पादन के साधनों के चंद हाथों में संकेंद्रण की गति भी अर्थव्यवस्था ने पकड़ ली। निजी क्षेत्र के विकास की कितनी बड़ी संभावना उत्पन्न हो गई, इस पर की गई एक टिप्पणी में कहा गया—1956 के औद्योगिक नीति-प्रस्ताव ने नेहरूवादी दर्शन की कुछ वैचारिकताओं को अपने में समाहित तो किया, मगर साथ-ही-साथ इसने विरोधी वैचारिकताओं के अस्तित्व की मौजूदगी को भी स्वीकार कर लिया, जो उन विचारों के प्रति अप्रतिबद्धतावाले थे।[3]

ऊपर का उदाहरण उन राजनीतिक संभावनाओं को दिखाता है, जिन्हें निजी क्षेत्र को उपलब्ध कराया गया। इसने ऐसा अवसर प्रदान किया कि निजी क्षेत्र ने इस नीति-दस्तावेज में विद्यमान छिद्रों का, जो निजी क्षेत्र के पक्ष में थे, बखूबी उपयोग करके अपने दाय्ररे का विस्तार किया और यह सब औद्योगिक विकास के नाम पर किया जाता रहा। सरकार की निजी क्षेत्र के प्रति झुकाववाली नीति का परिणाम हुआ कि द्रुत औद्योगिक विकास के नाम पर सरकार ने बड़े औद्योगिक घरानों, बहुराष्ट्रीय कंपनियों समेत, उन क्षेत्रों में भी निजी उद्योग लगाने संबंधी लाइसेंसों को दिया, जो क्षेत्र सार्वजनिक क्षेत्र के उद्यमों के लिए संरक्षित थे। इसके अलावा सरकार ने तीन पाश्चात्य देशों की कंपनियों को तेल क्षेत्र में अपनी रिफाइनरी खड़ी करने की अनुमति दे दी और इस्सो (ESSO) के साथ तेल खोजने संबंधी एक समझौता किया, जिसमें सरकार की हिस्सेदारी अल्पमतवाली रही—यानी स्वामित्व इस्सो (ESSO) का रहा। जब निजी क्षेत्र आर्थिक तौर पर अर्थव्यवस्था में मजबूती के साथ हस्तक्षेप करने की स्थिति में नहीं था, तब सार्वजनिक क्षेत्र ने बड़े उद्योगों के क्षेत्र में विस्तार किया, मगर सार्वजनिक क्षेत्र के विस्तार के साथ-साथ निजी क्षेत्र ने भी बड़ी तेजी से अपने को विस्तारित किया।

जनता दल सरकार में औद्योगिक नीति

जनता पार्टी सरकार की औद्योगिक नीति भारतीय अर्थव्यवस्था के लिए ज्यादा घातक परिणाम लाई। प्रधानमंत्री के रूप में गांधीवादी मोरारजी भाई देसाई ने औद्योगिक नीति को जिस तरह प्रस्तुत किया, वह पहले की औद्योगिक नीतियों को काफी क्षति पहुँचानेवाली थी, क्योंकि उनको जिस वैचारिकता और दार्शनिकता के साथ लाया गया, वे सब पहले की दार्शनिक वैचारिकताओं आदि से भिन्न थीं। हालाँकि जनता पार्टी सरकार ने दावा किया कि वह भी 1956 की औद्योगिक नीति को ही लागू कर रही है, मगर उसका नजरिया भिन्न था, जो 1956 की औद्योगिक नीति की प्रमुख स्थापनाओं के प्रतिकूल चरित्रवाला था। वह 1956 की औद्योगिक नीति के कतिपय नकारात्मक पहलुओं को ही सामने रखा और कहा कि बेरोजगारी बढ़ रही है, शहरी और देहाती

हलकों के बीच आर्थिक असमानता की खाई और ज्यादा चौड़ी होती जा रही है, उद्योगों की बंदी की रफ्तार बढ़ गई है और कई उद्योग इससे बुरी तरह कुप्रभावित हो गए हैं।[4] इन समस्याओं के हल के लिए अपने सुझावों और कदमों के रूप में 1977 की जनता सरकार की औद्योगिक नीति में कहा गया—अब तक बड़े उद्योगों के निर्माण पर ही बल दिया जाता रहा है और लघु तथा कॉटेज उद्योगों के प्रति नकारात्मक रवैया रखा जाता है, जिसके कारण इनकी अर्थव्यवस्था में भूमिका घटती गई है। जनता सरकार की औद्योगिक नीति होगी कि जो कुछ भी लघु और ग्रामीण, कॉटेज उद्योगों के द्वारा उत्पादित किया जा सकता है, उन वस्तुओं का उत्पादन उन्हीं के द्वारा हो।[5] जनता सरकार द्वारा लघु और ग्रामीण उद्योगों पर इतना ज्यादा बल दिए जाने के पीछे जो दार्शनिकता काम कर रही थी, वह दकियानूस और पीछे की तरफ देखनेवाली एक ऐसी दार्शनिक विचारधारा थी, जो प्राचीन भारत की स्वावलंबी ग्रामीण अर्थव्यवस्था के अनुकूल या उसी तरह की वैचारिकता के आधार पर कार्यक्रम बनाना चाहती थी। इस तरह की विकासवाली वैचारिकता में प्राचीन भारतीय सभ्यता और संस्कृति के प्रत्यक्ष दृष्टिगत होनेवाले दुर्गुणों को तो निकाल दिया जाता है, मगर हिंदू धार्मिकता के बुनियादी सिद्धांतों और संस्थाओं को मौजूद रखते हुए उसे आधुनिक मशीनी उत्पादन प्रणाली और उत्पादन संबंधों के आधार पर निर्मित सभ्यता और संस्कृति से श्रेष्ठ और उच्चतर बताया जाता है, जबकि ऐतिहासिक विकास ने उस प्राचीन प्रणाली को आज की विकसित सभ्यता-संस्कृति की तुलना में निरर्थक प्रमाणित कर दिया है। ऐसी विचारधारा मशीनों को भयावह नजरिए से देखती है, विनाश करनेवाली, और प्राचीन ग्रामीण अर्थव्यवस्था को आदर्श मान लेती है। इस औद्योगिक नीति में लघु एवं ग्रामीण उद्योगों के उत्पादन के लिए संरक्षित वस्तुओं की संख्यावाली सूची में कुछ और वस्तुओं को जोड़कर उसे और विस्तारित किए जाने की क्रिया इजारेदारियों के विकास पर अंकुश लगानेवाली क्रिया जरूर थी, जिसका स्वागत किया जा सकता था, मगर सार्वजनिक क्षेत्र के उद्यमों के प्रति इसकी वैमनस्य वाली नीति इसके सारे सकारात्मक परिणामों का सत्यानाश कर देती थी। जनता सरकार की औद्योगिक नीति का मुख्य जोर लघु और ग्रामीण उद्योगों के विकास पर था, मगर बड़े औद्योगिक घरानों द्वारा उन वस्तुओं के उत्पादन पर, जैसे—ब्रेड, बिस्कुट आदि जिनका उत्पादन लघु उद्योगों द्वारा किया जा सकता था, रोक लगाने का कोई प्रावधान नहीं था। इसमें कोई भी प्रगतिशील कदम नहीं सुझाया गया था, बल्कि बड़े औद्योगिक घरानों को—बहुराष्ट्रीय कंपनियों समेत—यह अवसर प्रदान किया गया था कि वे बड़े और पूर्ण मशीनीकृत ढंग से उत्पादित किए जानेवाले कारखानों के शेयरों को 100 फीसदी रख सकते थे। इसका परिणाम आया कि लघु उद्योगों पर ज्यादा बल दिया जाना और दूसरी तरफ विदेशी और देशी बड़े औद्योगिक समूहों और बहुराष्ट्रीय कंपनियों को भारत की

अर्थव्यवस्था में प्रवेश की अनुमति के कारण सार्वजनिक क्षेत्र के उद्यमों की अर्थव्यवस्था में प्रमुख भूमिका को काफी क्षति पहुँची।

1980 की औद्योगिक नीति

1977 की जनता सरकार की औद्योगिक नीति सार्वजनिक क्षेत्र के उद्यमों को काफी क्षति पहुँचानेवाली तो थी ही, मगर उस सरकार के पतन के बाद 1980 में जो नई औद्योगिक नीति आई, वह भी एकाधिकारवादी इजारेदारवाद (Monopoly) को अपेक्षाकृत और ज्यादा मुरौवत देनेवाली थी। एकाधिकारवाद को सहूलियतें देने की क्रिया को आर्थिक संघवाद (Economic Federalism) के लुभावने नारे के साथ लाया गया। 1980 की औद्योगिक नीति के आधार की व्याख्या, जो भारत सरकार के उद्योग मंत्री ने की, वह स्पष्ट संकेत देती थी कि सरकार 1956 की औद्योगिक नीति के द्वारा स्थापित प्रावधानों से विचलन की तरफ जा रही है। उन्होंने स्पष्ट किया कि 1956 के औद्योगिक नीति-प्रस्ताव वास्तव में हमारी अर्थव्यवस्था की मूल्य-प्रणाली (Value system) को प्रदर्शित करनेवाले थे और जो भी हो, यह दस्तावेज निष्कर्षत: निर्माण में लचीलेपन (Constructive flexibility) के गुण को रखनेवाला था। इस प्रस्ताव में अर्थव्यवस्था को खड़ा करने के लिए जरूरी खंभों या पायों के निर्माण संबंधी बाहरी ढाँचों (Infrastructure) को बनाने का जिम्मा सार्वजनिक क्षेत्र के उद्यमों को सौंपा गया था। इसकी वजह यह थी कि ऐसा करना ज्यादा विश्वसनीय ढंग से इनका निर्माण करना था, क्योंकि इनके निर्माण में बड़ी पूँजी की जरूरत थी और ऐसे कार्यक्रमों को पूरा किए जाने की अवधि भी काफी लंबी थी, मगर आर्थिक विकास के लिए जरूरी थी।[6]

1980 की औद्योगिक नीति का जो सार तत्त्व ऊपर वर्णित है, यह स्पष्ट संकेत देता है कि सरकार का मंसूबा यही था कि पूँजी-प्रधान उद्योगों और औद्योगिक बाहरी संरचनाओं का निर्माण सार्वजनिक क्षेत्र द्वारा पूरा कर लिये जाने के बाद सरकार निजी क्षेत्र को अर्थव्यवस्था में प्रमुख भूमिका के निर्वहन में लाएगी। सरकार का यह उद्देश्य 1980 की औद्योगिक नीति-घोषणा में जिन सामाजिक-आर्थिक लक्ष्यों को हासिल किए जाने की घोषणा की गई थी, उससे स्पष्ट हो जाता था। 1980 के औद्योगिक नीति-प्रस्ताव में सार्वजनिक क्षेत्र को मजबूत करने, उसे विस्तारित करने आदि की कोई चर्चा इसमें नहीं थी, मगर निजी क्षेत्र की भूमिका को प्राथमिकता के साथ दरशाया गया था। इस नीति-प्रस्ताव का एक प्रमुख लक्ष्य रखा गया था—देश के अंदर विद्यमान क्षेत्रीय आर्थिक असंतुलन को समाप्त करना। यह उद्देश्य देश की आर्थिक-सामाजिक सेहत को ठीक करने के लिए स्वीकार किया गया एक उदात्त लक्ष्य था—यह एक सराहनीय कदम था, जो देश के राजनीतिक मसलों के समाधान, जैसे—देश की एकता, अखंडता,

विभाजनकारी आंदोलनों के खिलाफ एक कारगर उपाय आदि हो सकता था, मगर इस उदात्त उद्देश्य की पूर्ति या इसे प्राप्त करने के लिए जिन उपायों को रखा गया, वे उपाय देश की अर्थव्यवस्था के लक्षित उद्देश्य की पूर्ति को हानि पहुँचानेवाले थे। इस उद्देश्य की प्राप्ति के उपायों की चर्चा करते हुए 1980 के औद्योगिक नीति-प्रस्ताव में कहा गया था कि अन्य क्षेत्रों की तुलना में अनौद्योगिक क्षेत्रों को अपेक्षाकृत ज्यादा विकास पक्षीय नीति को रखते हुए इस लक्ष्य को प्राप्त किया जाएगा। इस जुमले का जिस अर्थ में उपयोग किया गया था, वह हानि पहुँचानेवाला था, क्योंकि इस जुमले में अंतर्निहित भाव यह था कि इस लक्ष्य की प्राप्ति के लिए निजी क्षेत्र के प्रति उदारवादी नजरिया अपनाया जाना आवश्यक शर्त थी। इस उद्देश्य की प्राप्ति के लिए सरकार ने अपना मनसूबा बना लिया था कि औद्योगिक लाइसेंसिंग नीति को ज्यादा उदारवादी बनाकर उन क्षेत्रों और वस्तुओं के क्षेत्र में भी निजी पूँजी के प्रवेश की अनुमति दी जानी जरूरी है, जो क्षेत्र पहले से सार्वजनिक क्षेत्र के उद्यमों के लिए संरक्षित/आरक्षित थे। यह सरकार की एक ऐसी कोशिश थी, जिसको प्रयोग के तौर पर सरकार इस मकसद से लागू करना चाह रही थी कि भविष्य में देश की अर्थव्यवस्था में निजी क्षेत्र की भूमिका का विस्तार किया जाएगा और यह क्रिया सार्वजनिक क्षेत्र के उद्यमों को घाटा लगाकर तथा उनकी अर्थव्यवस्था में प्रधान भूमिका को कम करके भी लागू किया जाएगा।

एक अन्य उद्देश्य, जिसकी प्राप्ति की घोषणा इस औद्योगिक नीति-दस्तावेज में की गई, वह था—'आर्थिक संघवाद' (Economic federalism) को प्राप्त करना। इस उद्देश्य से किस तरह आर्थिक नीति से भटकाव हो रहा था, उसे देखा जाए, तब स्पष्ट इसका प्रमाण मिल जाता है। इसमें कहा गया था कि देहाती और शहरी क्षेत्रों में विकास की संभावनावाले लघु उद्योगों में निजी और सार्वजनिक पूँजी को बराबरी के स्तर पर निवेश को प्रोत्साहित करते हुए 'आर्थिक संघवाद' के उद्देश्य को हासिल किया जाएगा।[8] 'आर्थिक संघवाद' (Economic Federalism) के लक्ष्य को पूरा करने या प्राप्त करने के जिस तरीके को इस औद्योगिक नीति-प्रस्ताव में रखा गया, वह दरशा रहा था कि देश की अर्थव्यवस्था में अब निजी पूँजी की भूमिका सहायक ही नहीं रहेगी, बल्कि इसके बदले अब उसकी भूमिका अगर सार्वजनिक पूँजी से बड़ी भले न रहे, फिर भी सार्वजनिक पूँजी के बराबर जरूर रहेगी। इस तरह की प्रतिपादित अवधि ने उस राजनीतिक लक्ष्य या अवधारणा को, जिसे सार्वजनिक क्षेत्र के उद्यमों की अर्थव्यवस्था में नियंत्रण की भूमिका में रखकर प्राप्त करने की संकल्पना थी, उसे जबरदस्त चोट पहुँचाई। इस अवधारणा की, यानी निजी पूँजी को सार्वजनिक पूँजी या निजी क्षेत्र को सार्वजनिक क्षेत्र के बराबर की भूमिका में लाकर सरकार ने एक ही झटके में 'समाजवादी नमूने के समाज' के लक्ष्य और उसे सार्वजनिक क्षेत्र के उद्यमों की

अर्थव्यवस्था में निर्णायक की भूमिका में रखकर प्राप्त किए जाने के लक्ष्य से आर्थिक नीति का विचलन हो गया। अब निजी क्षेत्र अर्थव्यवस्था में सहायक की भूमिका में नहीं रहा, उसे सार्वजनिक क्षेत्र के समकक्ष खड़ा कर दिया गया। इसका परिणाम हुआ कि जिस राजनीतिक लक्ष्य 'समाजवादी नमूने के समाज' की स्थापना के लिए जिस तरह की आर्थिक व्यवस्था की संकल्पना की गई थी, वह लक्ष्य ही विलुप्तप्राय हो गया। अर्थव्यवस्था के मूल्यांकन के नाम पर जिन उपायों को करने की सिफारिश की गई और जो कदम उठाए गए, उन प्रस्तावित उपायों में सार्वजनिक क्षेत्र के उद्यमों के खिलाफ एक तरह के हमले किए गए। कहा गया कि सार्वजनिक क्षेत्र के उद्यमों के प्रति लोगों के विश्वास में काफी क्षरण हो गया है और उपाय के रूप में जो कुछ प्रस्तावित किया गया, वह था सार्वजनिक क्षेत्र के उद्यमों की कार्यकुशलता और दक्षता की जाँच के लिए एक मुहिम चलाना। जब निजी क्षेत्र के लिए प्रस्तावित उपायों की तुलना सार्वजनिक क्षेत्र के उद्यमों की कार्य-कुशलता बढ़ाने के लिए प्रस्तावित उपायों से की जाती है, तब सरकार की मनोवृत्ति की भिन्नता को स्पष्ट में देखा जा सकता है। निजी क्षेत्र के लिए जो प्रस्ताव लाया गया, वह 'आर्थिक संघवाद' (Economic federalism) की अवधारणा थी। कहा गया कि सरकार की यह कोशिश होगी कि विगत तीन सालों से एक गलत अवधारणा के तहत कि लघु और बड़े उद्योगों के स्वार्थ एक-दूसरे के विरोधी हैं, जिस तरह का बनावटी विभाजन इन दोनों के बीच किया जाता रहा है, उसे समाप्त करना होगा। समेकित औद्योगिक विकास के लिए सरकार द्वारा किए जानेवाले सारे प्रयासों में यह प्रस्तावित लक्ष्य रखा जाएगा कि 'आर्थिक संघवाद' को आगे बढ़ाया जाए। 'आर्थिक संघवाद' को बढ़ावा देने के लिए यह प्रस्तावित किया गया कि प्रत्येक जिले में, जिन्हें औद्योगिक रूप से पिछड़ा चिह्नित किया गया है, कुछ न्यूक्लियस प्लांटों की स्थापना की जाए और जितना ज्यादा संभव हो सके, उतना सहायक और लघु तथा कॉटेज उद्योगों की स्थापना की जाए।[9] इन स्थापनाओं में अंतर्निहित भावों का अंदाजा लगाया जा सकता था। यहाँ 'आर्थिक संघवाद' को बढ़ावा देने और औद्योगिक विकास को निजी पूँजी के साथ सम्मिलित करने के पीछे यह भाव था कि लघु उद्योगों को परिभाषित करते हुए उसकी वित्तीय-सीमा का जो निर्धारण किया गया था, उस सीमा को बढ़ा देने का लक्ष्य इसमें अंतर्निहित था। लघु उद्योगों की पूर्व से निर्धारित वित्तीय सीमा को बढ़ाने के पीछे यही मकसद काम कर रहा था कि इसके द्वारा बड़ी पूँजी को लघु उद्योगों के लिए आरक्षित क्षेत्रों में प्रवेश के नए द्वार को खोल दिया जाए। इसे जब पुनः परिभाषित किया गया, तब किसी भी इकाई में निवेश की सीमा को एक लाख रुपए से बढ़ाकर दो लाख रुपए, लघु उद्योगों के मामले में निवेश-सीमा को 10 लाख रुपए से बढ़ाकर 20 लाख रुपए और सहायक उद्योगों (Ancillaries) के मामले में 15 लाख रुपए से बढ़ाकर

25 लाख रुपए कर दिया गया। इस प्रकार बड़ी पूँजी का लघु उद्योगों के लिए आरक्षित क्षेत्र में प्रवेश का दरवाजा खोल दिया गया।

1980 की औद्योगिक नीति में 'आर्थिक संघवाद' और औद्योगिक समन्वय संबंधी प्रस्तावित कदमों को जब व्यवहार में लागू किया गया, तब उसका परिणाम बड़ा ही नकारात्मक आया, क्योंकि लघु उद्योगों की निवेश-सीमा को बढ़ा दिए जाने के कारण बड़े औद्योगिक घरानों को लघु उद्योगों के लिए आरक्षित क्षेत्रों में प्रवेश करने और लघु उद्योगों को दिए जानेवाली सारी सुविधाओं का लाभ उठाने का मौका दे दिया गया था। लघु उद्योगों के लिए अब इन बड़ी पूँजीवाले बड़े औद्योगिक घरानों के साथ प्रतिस्पर्द्धा करके उत्पादन प्रक्रिया में टिक पाना कठिन हो गया और इनकी बंदी का दौर शुरू हो गया। लघु उद्योगों से लाखों परिवारों की रोजी चलती थी, करोड़ों लोग उसमें काम करते थे, अब इन सब पर संकट आ गया। 1980 और उसके बाद लघु उद्योगों की बंदी की स्थिति नीचे की तालिका दिखाती है—

तालिका नं. 10-1

लघु और मध्यम दरजे के कारखानों की बंदी की स्थिति

क्र.	वर्ष	मध्यम	लघु	कुल
1	1980	992	23,145	24,137
2	1985	1186	1,17,783	1,18,969
3	जून, 1988	—	2,17,436	—

स्रोत—स्टाटिस्टिकल आउटलाइन ऑफ इंडिया (टाटा सर्विसेज)

ऊपर की तालिका दरशाती है कि 'आर्थिक संघवाद' और 'औद्योगिक समेकन' (Industrial integration) के नाम पर उठाया गया कदम मध्यम और लघु उद्योगों के लिए कितना घातक प्रमाणित हुआ। पाँच वर्ष से कम या पाँच साल की अल्प अवधि में इन उद्योगों की बंदी का क्रम इतनी तेज गति से चला कि मध्यम दर्जे के उद्योगों की बंदी का प्रतिशत 119.55 प्रतिशत रहा और लघु उद्योगों के बंदी का प्रतिशत तो 508.89 प्रतिशत 1985 के लिए रहा और 1988 के जून माह तक इस प्रतिशत ने 939.45 प्रतिशत के आँकड़े को छू लिया। इस तरह का परिणाम सरकार की 1980 की औद्योगिक नीति में प्रस्तावित 'आर्थिक संघवाद' और 'औद्योगिक समेकन' के लिए उठाए गए कदमों के कार्यान्वयन का ही नतीजा था।

लघु और मझोले उद्योगों को तो इस औद्योगिक नीति के कारण कई तरह की कठिनाइयों का सामना करना पड़ा, मगर दूसरी तरफ इस नीति से बड़े औद्योगिक घरानों

के और विदेशी बहुराष्ट्रीय कंपनियों को कई तरह की सुविधाओं से नवाजा गया, जिसके कारण उन्हें अपने लाभ और अतिरिक्त मूल्य को बढ़ाने तथा नए-नए क्षेत्रों में प्रवेश का मौका मिला। 1980 की औद्योगिक नीति में निजी क्षेत्र में अनधिकृत रूप से अतिरिक्त क्षमता (Excess capacity) को बढ़ा लिये जाने को नियमित करने के लिए एतद् संबंधी प्रक्रिया को सरलीकृत करने का प्रावधान किया गया था। इस सिलसिले में कतिपय इंगित किए गए आधारों पर फेरा (FERA) और एम.आर.टी.पी. (MRTP) कंपनियों को अनधिकृत रूप से अपनी अतिरिक्त क्षमता को बढ़ा लिये जाने की श्रेणी में रखा गया। इस सुविधा के तहत सामान्य तौर पर 25 प्रतिशत की अनधिकृत क्षमता विस्तार का जो प्रावधान था, वह अपने आप सबके लिए उपलब्ध हो गया। यह कुल स्थापित क्षमता और जितनी जरूरत क्षमता की थी, उसके समेत, सबको अपने आप वह क्षमता उपलब्ध हो गई। बड़े औद्योगिक घरानों को दूसरी सुविधा यह दी गई कि उद्योगों के विस्तार के सिलसिले में यह प्रावधान किया गया कि 1951 के इंडस्ट्रियल डेवलपमेंट और रेगुलेशन (Industrial Development and Regulation Act, 1951) के द्वारा निर्धारित अनुसूची प्रथम में सभी उद्योगों के प्रवेश के लिए नियम को सरल बना दिया गया। इस प्रकार लघु और बड़ी औद्योगिक इकाइयों के बीच के विरोधी स्वार्थों की स्वीकृति का मतलब था कि एक वास्तविकता की अनदेखा कर देना।

दूसरी बात यह थी कि भारत जैसे श्रम-प्रधान देश में अधिकतम उत्पादन (Maximization of production) और अधिकतम रोजगार सृजन (Maximazation of employment) विकास के लिए जरूरी थे, क्योंकि उत्पादित माल की बिक्री की गारंटी तभी हो सकती थी, जब लोगों की बढ़ी आमदनी के कारण देश के आंतरिक बाजार का विस्तार होता। देश के आंतरिक बाजार का विस्तार लोगों की आमदनी में हुई बढ़ोतरी पर निर्भर था और आमदनी की बढ़ती ही लोगों की क्रय शक्ति को बढ़ाती। इस प्रकार लोगों की क्रय शक्ति में बढ़ाव इस बात पर निर्भर था कि कितने लोगों को रोजगार उपलब्ध कराया जा रहा है और उनकी आमदनी को बढ़ाकर बाजार में क्रेता के रूप में उनके प्रवेश को सुनिश्चित किया जा रहा है, मगर 1980 के औद्योगिक नीति-प्रस्ताव में जो प्रावधान महत्त्व के स्थान पर रखे गए थे, वे बड़े औद्योगिक घरानों को विभिन्न तरह की सुविधाओं के द्वार या तो फेरा (FERA) और एम.आर.टी.पी. कानूनों के अंशों को उदार बताकर या लघु उद्योगों की निवेश राशि की सीमा को बढ़ाकर दिए जाने का प्रस्ताव था। सबसे बढ़कर सरकार द्वारा बड़े औद्योगिक घरानों को यह सुविधा देनी थी कि इंडियन इंडस्ट्रिज डेवलपमेंट और रेगुलेशन एक्ट की अनुसूची (Schedule) एक में दिए गए उद्योगों में यह अनुमति प्रदान करना था कि सभी उद्योगों को इस सूची के उद्योगों में अपनी क्षमता के विस्तार (Automatic expansion of capacity) को स्वयं करने की सहूलियतें प्राप्त हो जाएँ। इन सभी सुविधाओं को बड़े औद्योगिक घरानों को दिए जाने की क्रिया का औचित्य यह कहकर ठहराया गया कि इससे स्थापित क्षमता का ज्यादा-से-ज्यादा उपयोग होगा और यह आर्थिक विकास को तेजी से आगे बढ़ाएगा। इस औद्योगिक नीति के एक मूल्यांकन में कहा गया था कि सरकार के हाल के औद्योगिक नीति-वक्तव्य ने औद्योगिक उदारीकरण के द्वारा तेज आर्थिक विकास की प्रक्रिया को उलट दिया है। इसने भारतीय एकाधिकारवादी औद्योगिक घरानों और विदेशी बहुराष्ट्रीय कंपनियों को ओपेन जेनरल लाइसेंस दे दिया है, जो लघु उद्योगों और ग्रामीण घरेलू उद्योगों को समाप्त कर देंगे।[10] इस तरह की सरकारी क्रिया स्पष्ट रूप से बड़े औद्योगिक घरानों की अर्थव्यवस्था में भूमिका को बढ़ाने की तरफ इंगित थी और इसके परिणामस्वरूप उद्योगों में एकाधिकारवाद या इजारेदारवाद को बढ़ावा देनेवाली थी।

आजादी के बाद के शुरुआती कुछ वर्षों में, जब 'समाजवादी नमूने का समाज' राजनीतिक लक्ष्य के रूप में रखा गया था और उसे अमली प्रारूप देने का प्रयास चला था, तब एकाधिकारवाद के विकास को प्रतिबंधित करने का प्रयास किया गया था। इस प्रयास की कड़ी में 1951 का इंडस्ट्रियल डेवेलपमेंट ऐंड रेगुलेशन एक्ट बना था। इसका लक्ष्य एकाधिकारवाद के विकास को रोकना था और इसमें प्रावधान किया गया था कि एकाधिकारवाद के विकास को रोकने के लिए इसके अंदर नियम और कानून बनाए जा सकते थे, जैसे—बड़े उद्योगों के निर्माण या पहले से विद्यमान बड़े उद्योगों को विस्तारित करने के लिए उसे सरकार से लाइसेंस लेना जरूरी होगा। यह भी प्रावधान किया गया था कि लाइसेंस देने के समय सरकार उनको उद्योग की स्थापना किस जगह पर होगी (Location), उद्योग का आकार क्या होगा, आदि संबंधी शर्तों को रखेगी। इस कानून के द्वारा सरकार को यह अधिकार आरक्षित किया गया था कि कुछ खास उद्योगों के मामले में सरकार उनके उत्पादन में ह्रास की स्थिति में, गुणवत्ता के क्षरण की हालत में, कीमतें बढ़ाई जाने की हालत आदि जैसी स्थितियों में उनकी जाँच करेगी। यह प्रावधान खासकर ऐसे उद्योगों के लिए बनाया गया था, जो राष्ट्रीय महत्त्ववाले संसाधनों और स्रोतों का उपयोग करते हैं और इस स्थिति में भी जाँच की जा सकती है, जब उद्योग शेयर होल्डरों को हानि पहुँचा रहे हों। इस कानून में यह भी प्रावधान किया गया था कि अगर उद्योग सरकार द्वारा निर्देशित शर्तों का उल्लंघन कर रहे हों, तब सरकार उनका अधिग्रहण कर सकती है। कानून यह भी अधिकार सरकार को देता था कि वह उत्पादित सामानों की कीमतें, कितना उत्पादन होगा और उत्पादित सामानों का वितरण किन चैनलों के द्वारा होगा, आदि संबंधी कारकों को तय कर सकती थी। यह कानून किसी खास उद्योग या कई उद्योगों के समूह के लिए डेवलपमेंट

काउंसिल के गठन का भी अधिकार देता था। ये सारे और इसी तरह के अन्य कई प्रावधान विद्यमान थे, जिनका उपयोग करके भारतीय अर्थव्यवस्था में एकाधिकारवाद के विकास को रोका जा सकता था।

आर.के. हजारी द्वारा जाँच

व्यवहार में देखा गया कि 1951 का कानून प्रभावकारी रूप से काम नहीं कर रहा है। इसके प्रावधानों को लागू करनेवाले पदाधिकारी और विभाग इसको न तो गंभीरता से लेते हैं और न इसे सही ढंग से लागू करने में रुचि दिखाते हैं। इस तरह की अप्रतिबद्धता के कारण जो परिणाम आ रहे थे, वे चिंता के विषय थे। इस कानून के कार्यान्वयन की गड़बड़ियों की जाँच के लिए आर. के. हजारी की अध्यक्षता में गठित जाँच दल ने जाँच के पश्चात् इस कानून को प्रभावकारी ढंग से लागू किए जाने के लिए कतिपय सुधारात्मक (Ameliorative) उपायों और कदमों को उठाने संबंधी सुझावों को दिया। खासकर लाइसेंसिंग पॉलिसी के मामले में हजारी कमेटी ने पाया कि किस तरह बड़े औद्योगिक घराने कानून के प्रावधान का, जिसके द्वारा लाइसेंस देने का प्रावधान है, दुरुपयोग कर रहे हैं। उनका यह तरीका है कि एक ही वस्तु के उत्पादन के लिए वे कई आवेदन देते हैं (Multi application)। एक ही वस्तु के उत्पादन के लिए लाइसेंस प्राप्त करने के वास्ते कई आवेदनों को दिए जाने की क्रिया बिड़ला के मामले में कितनी स्पष्ट थी, कि इस पर हजारी कमेटी ने अपनी टिप्पणी में लिखा—बिड़ला द्वारा किए गए ऐसे कृत्य की कोई तुलना नहीं है और इसे नजरअंदाज भी नहीं किया जा सकता। काफी हद तक ऐसा किया जाना दूसरे उद्योगों को, जो अस्तित्व में हैं या जो स्थापित होने के योग्य है, उत्पादन प्रक्रिया में आने से बाधित कर देता है—यह एक खुला सवाल है। एक हद तक इस निष्कर्ष पर आना उचित है कि बिड़ला प्रतिष्ठानों ने अपनी अंतिम क्रिया में, भले वे सही हों या नहीं, बहुत सारे उद्योगों को लाइसेंस के मामले में मौका मिलने के पूर्व ही लाइसेंसों को हड़पकर उन्हें उद्योग जगत् में प्रवेश करने से रोक दिया है।[12] हजारी कमेटी रिपोर्ट ने स्पष्टतया यह लिखा कि जिन कंपनियों ने लाइसेंसों के लिए आवेदन दिए, इनमें सबकी सब बहुत दक्षतावाली या बहुत ही ढंग से प्रबंधित कंपनियाँ हों, ऐसी बात नहीं थी। कुछ कंपनियाँ तो लाइसेंस लेने के मकसद मात्र से ही अस्तित्व में आई थीं। रिपोर्ट ने स्पष्ट कहा—संभवत: यह कोई दुर्घटना नहीं थी कि बिड़ला समूह की कुछ कंपनियाँ, जो लगातार लाइसेंस प्राप्त करने के लिए आवेदकों में सम्मिलित थीं और बहुतों को लाइसेंस प्राप्त हो भी गए, वे बिड़ला समूह के मुनाफे या बैलेंस शीट में शायद ही कुछ इजाफा देनेवाली थीं।[13] लाइसेंसिंग नीति को सही और दक्षतापूर्ण ढंग से लागू किए जाने में सरकार की अनिश्चितता और बड़े औद्योगिक घरानों द्वारा राजनीतिक

और आर्थिक क्षेत्रों में की जानेवाली चालाकीपूर्ण काररवाइयों के सम्मिलित योगफल का परिणाम हुआ कि क्षेत्रीय आर्थिक विषमता को कम करने की योजना असफल हो गई। हजारी कमेटी की रिपोर्ट ने लिखा कि संतुलित क्षेत्रीय आर्थिक विकास की उपलब्धियाँ और उद्यमियों का विस्तृत क्षेत्रों में बटँवारा करने की जो योजना रखी गई, उसका लक्ष्य संदेह के घेरे में रह गया।[14] औद्योगिक लाइसेंसिंग पॉलिसी की सबसे निराशाजनक बात यह रही कि एक बार जब लाइसेंस दे दिया गया, तब संबंधित सरकारी अधिकारियों द्वारा एतत् संबंधी नियमों को सही ढंग से लागू किए जाने संबंधी कोई काररवाई नहीं की गई। बिड़ला समूह की कंपनियों ने, जो लाइसेंस प्राप्त किया, उसके 50 प्रतिशत का उन्होंने इस्तेमाल ही नहीं किया। इससे संबंधित पदाधिकारियों को यह भी पता नहीं था कि कितने लाइसेंस दिए गए हैं, कितना निवेश किया गया है या एक खास समय सीमा में कितनी विदेशी मुद्रा की उन कंपनियों की प्रतिबद्धता है, आदि। यह सरकार की विस्तृत रूप में योजनाबद्ध विकास के प्रति असफलता थी। लाइसेंसिंग पॉलिसी ने औद्योगिक क्षमता को बढ़ा-चढ़ाकर सामने रखा और इसके कारण लाइसेंस प्राप्ति के बाद भी उद्योगों की स्थापना न किए जाने की क्रिया को बल पहुँचाया। यह खासकर बड़े औद्योगिक घरानों के मामले में देखा गया। इसका परिणाम हुआ कि नए उद्यमियों का प्रवेश उद्योगों को लगाने के मामले में बड़े औद्योगिक घरानों ने बाधित कर दिया और अपने एकाधिकारवाद को मजबूत कर लिया। हजारी कमेटी की रिपोर्ट पर भारतीय संसद् में हुई बहस के परिणामस्वरूप 1967 के जुलाई माह में दत्त कमेटी या इंडस्ट्रियल लाइसेंसिंग पॉलिसी इन्क्वायरी कमेटी का गठन सुविमल दत्त की अध्यक्षता में की गईं। अपनी रिपोर्ट में दत्त कमेटी ने बड़े औद्योगिक घरानों को परिभाषित किया और स्पष्ट किया कि किस तरह इन बड़े औद्योगिक घरानों ने अपने प्रबंधकीय मामलों (Management affairs) का दुरुपयोग करते हुए सरकारी टैक्सों और अन्य देय रकमों के भुगतान को नहीं देने का प्रबंध किया या नहीं अदा किया। कमेटी ने नोट किया कि हालाँकि प्रतिष्ठानों के रोज-ब-रोज के कार्य स्वतंत्र रूप से उन लोगों या अधिकारियों द्वारा चलाए जाते हैं, जिनमें कानूनी रूप से इन कार्यों को किए जाने का प्रावधान है, फिर भी अंतिम रूप से नीतियों को संचालित करने का स्रोत एक सामान्य अथॉरिटी (Common authority) के ही पास में है।[15] एक ही अथॉरिटी से नियंत्रण के तरीके की जाँच के अलावा कमेटी ने 'प्रभावकारी इक्विटी' (Effective equity) की अवधारणा[16] का उपयोग करते हुए यह निर्णय किया कि एक-तिहाई या इससे ज्यादा इफेक्टिव इक्विटी किसी कंपनी के नियंत्रण के लिए मान्य सूचकांक (Index) है। इस आधार या मापदंड पर तय करते हुए कमेटी ने पाया कि 20 अपेक्षाकृत बड़े घराने, 53 बड़े औद्योगिक घराने और 60 बड़ी स्वतंत्र कंपनियों को दत्त कमेटी ने चिह्नित किया। कमेटी के आकलन में 73 बड़े

औद्योगिक घराने सभी प्राइवेट कॉरपोरेट सेक्टर द्वारा मशीनरी पर प्रस्तावित कुल निवेश का 56 प्रतिशत के धारक हैं। इसी तरह सभी प्राइवेट कॉरपोरेट सेक्टर द्वारा आयातित कुल पूँजीगत सामानों (Capital goods) का 60 प्रतिशत 73 बड़े औद्योगिक घरानों के हिस्से में है। इसके साथ-साथ यह भी खुलासा हुआ कि मशीनरी पर कुल प्रस्तावित निवेश का 41 प्रतिशत और पूँजीगत मालों के स्वीकृत आयात का 40 प्रतिशत 20 बड़े औद्योगिक घरानों के जिम्मे है।

कमेटी ने यह भी खुलासा किया कि लाइसेंस प्राप्त कर लेने के बाद उन लाइसेंसों के आधार पर उद्योगों की स्थापना न करने के मामले सबसे ज्यादा बड़ी स्वतंत्र कंपनियों और विदेशी कंपनियों के साथ जुड़े हुए थे। इनमें सबसे ऊपर बिड़ला समूह की कंपनियाँ थीं, जो 166 लाइसेंसों के साथ प्रथम, इसके बाद 47 के अंक के साथ टाटा का स्थान दूसरा था। इसके अलावा कमेटी ने बड़ी कंपनियों और उच्च पदाधिकारियों, केंद्रीय मंत्रियों और अन्य प्रभावशाली व्यक्तियों के बीच एक कुत्सित गठजोड़ का पर्दाफाश करते हुए कमेटी ने यह स्पष्ट किया कि प्राय: सभी कंपनियों और औद्योगिक घरानों ने अपने लियाँजाँ ऑफिसरों को बहाल कर रखा है, जो दिल्ली में रहकर उच्च पदाधिकारियों और अन्य प्रभावकारी ऑफिसरों से संपर्क बना हर तरह के उपायों के द्वारा उन्हें इस बात के लिए राजी करते हैं कि वे निर्णयों को कंपनियों के पक्ष में कराएँ। 1956 के औद्योगिक नीति प्रस्ताव में सरकारी क्षेत्र के लिए आरक्षित क्षेत्रों में बड़े औद्योगिक घरानों के प्रवेश की अनुमति देना और लघु उद्योगों की निवेश सीमा को बढ़ाकर बड़े औद्योगिक घरानों को उसके लिए निर्धारित सुविधाओं का लाभ उठाने का मौका देने के अलावा कमेटी ने जिसे सबसे दु:खदायी कदम माना, वह था—बड़े औद्योगिक घरानों को बेजरूरी उपभोक्ता सामानों (Non-essential consumer goods) के क्षेत्र में भी विदेशी कंपनियों के साथ समझौता (Collboration) करने की अनुमति देना। जिन 720 वस्तुओं के क्षेत्र में विदेशी कंपनियों के साथ बड़े औद्योगिक घरानों को साख-समझौता (Collaboration) की अनुमति दी गई, उनमें 70 वस्तुएँ उपभोक्ता वस्तुएँ थीं।[17] कमेटी ने सरकारी वित्तीय संस्थानों की टर्म लेंडिंग पॉलिसी की आलोचना की कि वे बड़े औद्योगिक घरानों को ही कर्ज देने की नीति पर चलते जा रहे हैं।

अपनी अनुशंसाओं के क्रम में दत्त कमेटी ने खुले तौर पर एकाधिकारवाद के बढ़ते प्रभावों की आलोचना की और सरकार की लाइसेंसिंग पॉलिसी को इसके लिए जिम्मेदार ठहराते हुए कहा कि इसके गलत कार्यान्वयन के परिणामस्वरूप अर्थव्यवस्था के विभिन्न क्षेत्रों में एकाधिकारवाद बढ़ता जा रहा है। दत्त कमीशन की अनुशंसाओं में एकाधिकारवाद की बढ़ोतरी पर अंकुश लगाने तथा बड़े औद्योगिक घरानों द्वारा विभिन्न आर्थिक क्षेत्रों में लगातार अपना एकाधिकारवादी प्रभुत्व को बढ़ाते जाने की क्रिया को

रोकने तथा उन्हें कुछ खास क्षेत्रों तक ही सीमित करके रखने संबंधी सुझावों को दिया। दत्त कमेटी के सुझावों में एक महत्त्वपूर्ण सुझाव यह था कि सरकारी कर्जों, सार्वजनिक वित्तीय संस्थाओं द्वारा दिए गए कर्जों और डिबेंचरों को इक्विटी शेयर में बदल दिया जाना चाहिए। इस सुझाव का मतलब था कि बड़े औद्योगिक घरानों द्वारा मुख्यत: सरकारी कर्जों और सार्वजनिक वित्तीय संस्थाओं से लिये गए कर्ज की रकमों के इक्विटी शेयर में बदलने पर उन सारे उद्योगों का, जो मूलत: सरकारी और सार्वजनिक वित्तीय संस्थाओं के कर्जों से ही चलाए जा रहे थे, स्वामित्व का राष्ट्रीयकरण हो जाता, मगर दत्त कमेटी के इन सुझावों को सरकार ने कभी भी गंभीरता से नहीं लिया। सरकार की लाइसेंसिंग पॉलिसी, सार्वजनिक क्षेत्र की वित्तीय संस्थाओं को बड़े औद्योगिक घरानों को बड़े पैमाने पर पूँजी उपलब्ध कराने की नीति, विदेशी पूँजी के साथ बड़े औद्योगिक घरानों द्वारा किए जानेवाला साख-समझौते के प्रति सरकार की नीति तथा सबसे बढ़कर, इन औद्योगिक घरानों, उच्च स्तरीय नौकरशाही के ऑफिसरों तथा राजनीतिज्ञों के बीच बना एक कुत्सित गठबंधन इतना प्रभावी था कि इसने ऐसे सारे सुझावों को बेअसर कर दिया था तथा बड़े औद्योगिक घरानों को अपने एकाधिकारवाद को और ज्यादा मजबूत और विस्तारित करने का अवसर देता रहा।

नई प्रवृत्ति का आगमन

1970 के दशक के मध्य तक आते-आते देखा जा सकता है कि भारतीय अर्थव्यवस्था में एक नई प्रवृत्ति का आगमन हो गया। यह नई प्रवृत्ति उत्पादन पर जोर देने की थी और एकाधिकारवाद को नियंत्रित करना या उसे रोकने संबंधी कदम उठाने की इस नीति का लक्ष्य गौण हो गया था। इस प्रवृत्ति के लिए संविधान के प्रावधानों में पहले से चली आ रही आर्थिक नीति 'समाजवादी नमूने के समाज' के निर्माण के लक्ष्य को हासिल करने के लिए किए जा रहे प्रयासों का महत्त्व भी गौण हो गया, यही नहीं, देखा जाने लगा कि भारतीय संविधान में राजसत्ता का जो चरित्र निर्धारित किया गया है, उसे प्राप्त करना सरकार का दायित्व नहीं रह गया है, बल्कि इस नीति में उत्पादन को बढ़ाने का लक्ष्य सर्वोपरि हो गया है, चाहे भारत के संविधान के प्रावधानों का उल्लंघन करके ही इस लक्ष्य को क्यों न प्राप्त किया जाए। इस नीतिगत बदलाव को जानने के लिए एक महत्त्वपूर्ण सवाल का जवाब ढूँढ़ना जरूरी है। यह जानना जरूरी हो जाता है कि इस बदलाव के लिए कौन सा वस्तुनिष्ठ (Material) आधार (Base) भारतीय अर्थव्यवस्था में तैयार हो गया, जिसने इस बदलाव को ला दिया। 'आधार और संरचना' (Base and Stgructure) के सिद्धांत के आधार पर अगर इस बदलाव के लिए उत्पन्न स्थितियों की खोज की जाए, तब इस सवाल का जवाब मिल जाता है।

पीछे के अध्यायों में एकाधिकारवाद के विस्तार और उसके हाथों में पूँजी और संसाधनों का संकेंद्रण होते जाने का विश्लेषण किया गया है। उन विश्लेषण को ध्यान में रखकर भारतीय अर्थव्यवस्था के विकास की दिशा का मूल्यांकन बताता है कि 1970 के मध्य के आते-आते भारतीय पूँजीवाद प्रौढ़ हो चुका था, इस स्थिति में आ चुका था कि निजी पूँजी के आधार पर बिना सरकारी बड़ी मदद के भी वह अब देश की आर्थिक व्यवस्था को पूँजीवादी आधार पर चला सकता था। दूसरी बात यह थी कि एकाधिकारवादी, इजारेदारवादी विकास को नहीं रोके जाने के कारण बड़े औद्योगिक घरानों ने जिस बड़े पैमाने पर अपनी अतिरिक्त पूँजी का संग्रह किया था और अर्थव्यवस्था के विभिन्न क्षेत्रों में अपना प्रभाव बढ़ा लिया था, उस अतिरिक्त पूँजी के निवेश के लिए अब इन बड़े औद्योगिक घरानों को अपेक्षाकृत और बड़े निवेश के क्षेत्र की जरूरत आ गई थी। यही वह वस्तुनिष्ठ स्थिति थी, जिसने यह आधार (Base) उपलब्ध करा दिया कि जो अतिरिक्त पूँजी बड़े औद्योगिक घरानों के पास जमा हो गई थी, उसके निवेश के लिए वे अर्थव्यवस्था के और ज्यादा क्षेत्रों को खोलने की माँग को लेकर सरकार पर दबाव बढ़ाते जाते। उन्होंने सरकार पर यह दबाव बढ़ाया कि 1956 की औद्योगिक नीति से हटकर भी अर्थव्यवस्था को खोला जाए। अब सार्वजनिक क्षेत्र के उद्यमों को अर्थव्यवस्था में निर्णायक भूमिका में रहने और 'समाजवादी नमूने के समाज' की स्थापना के लक्ष्य को उनके उस स्थान से, जहाँ उन्हें 1956 की औद्योगिक नीति में रखा गया था, हटा देने की माँग बड़ी निजी पूँजी ने की। सरकार का बड़ी पूँजी की तरफ झुकाव, अंततः 1975 में आर्थिक नीति में पूँजी की तरफ खिसकाव में आया, जब एक हद तक आर्थिक नीति को उदार बनाया गया। अक्तूबर, 1975 में सरकार ने आर्थिक नीति को बड़ी पूँजी के पक्ष में उदार बनाते हुए, 21 उद्योगों को लाइसेंस के दायरे से अलग करते हुए, उन्हें उनके लाइसेंस में दी गई क्षमता से बढ़कर असीमित स्तर तक फैलाव की अनुमति दे दी। इसके अलावा विदेशी कंपनियों और भारतीय एकाधिकारवादी घरानों के लिए इन 21 उद्योगों के अलावा 30 और उद्योगों को लाइसेंस मुक्त कर दिया गया। सरकार ने यह घोषित कर दिया कि इनकी जो क्षमता है, उससे 25 प्रतिशत अधिक क्षमता तक का विस्तार स्वतः कानूनी हो जाएगा और इसके अलावा 25 प्रतिशत और क्षमता विस्तार को 5 वर्षों में हासिल कर लेने पर उसे स्वतंत्र लाइसेंस प्राप्त हो जाएगा। बड़े उद्योगों के मामले में, हालाँकि लाइसेंस प्रथा को सरकार ने वापस तो नहीं लिया था, मगर बड़े औद्योगिक घराने मनमाने ढंग से अपनी क्षमता का विस्तार करते रहे और सरकार बाद में उन्हें इसकी स्वीकृति देती रही। इस प्रकार भारत के संविधान में वर्णित एकाधिकारवाद पर अंकुश लगाने का प्रावधान बेमानी बनता रहा।

राजीव गांधी का शासनकाल

राजीव गांधी के प्रधान मंत्रित्वकाल में भारत की आर्थिक नीति में बड़े बदलाव को देखा जा सकता है। राजीव गांधी के शासन काल में भारत की आर्थिक नीति, जो 1956 की औद्योगिक नीति में प्रस्तावित की गई थी, यानी आर्थिक क्षेत्र में सार्वजनिक स्वामित्ववाले उद्योगों की अर्थव्यवस्था में प्रधान भूमिका और राजनीतिक क्षेत्र में 'समाजवादी नमूने के समाज' की स्थापना, इस लक्ष्य से भटकाव का जो सिलसिला चला, उससे एकाधिकारवादी पूँजी को काफी बल और सहायता दोनों मिलीं। राजीव गांधी राज में '21वीं सदी की ओर चलें' का नारा प्रचारित किया गया। इस नारे ने अर्थव्यवस्था और आर्थिक नीति में उदारीकरण को सबसे ज्यादा बल पहुँचाया। उदारीकरण इस बहाने से किया गया कि देश के विकास के लिए औद्योगिकीकरण की गति को तेज करना बहुत जरूरी है, अर्थव्यवस्था को एक उच्च सीमा तक ले जाने की जरूरत पर बल दिया गया और इसके लिए अर्थव्यवस्था के आधुनिकीकरण को आवश्यक बताते हुए आधुनिक तकनीक के उपयोग को अनिवार्य माना गया। '21वीं सदी की तरफ चलें' के नारे का यही राज था। इस नारे की आड़ में राजीव गांधी के शासन काल में भारतीय अर्थव्यवस्था का जो पहले से लक्ष्य चला आ रहा था, यानी मिश्रित अर्थव्यवस्था की अवधारणा तथा इसी अवधारणा के अनुकूल राजनीतिक-सामाजिक व्यवस्था में 'समाजवादी नमूने' के समाज की स्थापना का लक्ष्य, से जो भटकाव हुआ, वह बड़ा भटकाव था। इस भटकाव में सार्वजनिक क्षेत्र के उद्यमों की अर्थव्यवस्था में महती भूमिका को हानि पहुँचाकर भी उदारीकरण की गति को आगे बढ़ाया गया। उदारीकरण के लक्ष्य की प्राप्ति के लिए उद्योगों की क्षमता को बढ़ाने संबंधी योजना को मंजूर किया गया और इसे उदार बनाते हुए उन उद्योगों को, जो चाहते थे कि अर्थव्यवस्था को एक मापक अर्थव्यवस्था (Economy of scale) बनाया जाए, उन्हें अपनी औद्योगिक इकाइयों की क्षमता को बढ़ाने की अनुमति दे दी गई। अब उन्हें स्वत: अपनी क्षमता की स्वीकृति दे दी गई। अब वे आधुनिकीकरण के नाम पर अपनी क्षमता को 49 प्रतिशत तक बढ़ा सकते थे। 30 जनवरी, 1986 को एकाधिकारवादी घरानोंवाले उद्योगों को एक और तोहफा सरकार ने तब दिया, जब एम.आर.टी.पी. और फेरा (FERA) से 23 उद्योगों को इस आधार पर मुक्त कर दिया गया कि वे केंद्र सरकार द्वारा घोषित पिछड़े इलाकों में स्थापित उद्योग हो, एक अन्य लाभ के रूप में उदारीकरण ने बड़ी कंपनियों को एकाधिकारी/इजारेदार (Monopoly) की श्रेणी में आनेवाले मानदंड को बदलकर उनकी परिसंपत्ति का जो निर्धारण 20 करोड़ रुपए था—यानी 20 करोड़ रुपए की परिसंपत्ति वाली औद्योगिक इकाइयाँ एकाधिकारवादी इकाई में गिनी जाती थीं—उस सीमा को बढ़ाकर 100 करोड़ रुपए यानी पाँच गुना ज्यादा कर दिया गया। नतीजतन 112 कंपनियाँ एकबारगी ही

एम.आर.टी.पी. और फेरा के दायरे से बाहर आ गईं। फिर भी, अभी भी 379 औद्योगिक इकाइयाँ इसके दायरे में रह गईं। इसके अलावा मई, 1985 में सरकार ने 27 उद्योगों को एम.आर.टी.पी. एक्ट की धारा 224 से मुक्त कर दिया और फिर दिसंबर, 1985 में इनमें से 22 उद्योगों को एम.आर.टी.पी. और फेरा (FERA) के बंधन से मुक्त करते हुए उन्हें लाइसेंस लेने के प्रावधान से छूट दे दी। सरकार की इस क्रिया ने इन 22 उद्योगों को हर तरह के बंधनों से मुक्त कर दिया और वे अब आजाद हो गए अपनी मर्जी से काम करने को। इसके अलावा लघु उद्योगों की निवेश सीमा को तो सरकार ने बढ़ाकर उनमें बड़ी कंपनियों के प्रवेश का रास्ता तो साफ कर ही दिया था, इसके अलावा 200 उत्पादों को, जो पहले लघु उद्योगों के लिए आरक्षित थे, उन्हें सरकार ने मध्यम और बड़े उद्योगों के लिए खोल दिया। 1988 में उदारीकरण को पुन: एक बार आगे बढ़ाते हुए सरकार ने घोषणा कर दी कि जो उद्योग एम.आर.टी.पी. और फेरा के दायरे में हैं, अगर वे 50 करोड़ की लागत तक के उद्योग केंद्र द्वारा घोषित पिछड़े इलाके में लगाते हैं और 15 करोड़ रुपए तक के निवेश से अन्य जगहों, यानी जो इलाका पिछड़ा नहीं घोषित है, उन्हें लाइसेंस की जरूरत नहीं है। इन घोषणाओं का सम्मिलित प्रभाव हुआ कि लाइसेंस प्राप्त करके उद्योग लगानेवाले उद्योगों की शर्तों के अंदर आनेवाले उद्योगों की संख्या एकबारगी घटकर 56 से 26 पर आ गई और यह सब पिछड़े इलाकों में उद्योग लगानेवाली कंपनियों को इन्कम टैक्स की धारा 80 एच-एच (80 HH) के तहत इन्कम टैक्स में छूट दी गई, जो उनके मुनाफे पर 10 वर्षों के लिए दिया गया। इसके अलावा केंद्र सरकार द्वारा घोषित पिछड़े इलाकों में जिन कंपनियों ने उद्योग लगाया था, उन सब को 8 वर्षों तक के लिए उनकी आमदनी का 25 प्रतिशत कम करके इन्कम टैक्स की छूट दे दी गई। इस प्रकार इस तरह के पिछड़े इलाकों में नए उद्योग लगानेवालों को इन्कम टैक्स में दोहरी छूट मिल गई।

यह तर्क दिया जा सकता था कि कीमतों में आए बढ़ाव के कारण लघु उद्योगों के निवेश की सीमा को बढ़ाना जरूरी था, मगर एकबारगी उसे 5 गुना बढ़ा देने के पीछे कोई औचित्य नहीं दिखता, सिवा इसके, जिसे दत्त कमेटी ने बड़े उद्यमों, उच्च स्तरीय नौकरशाहों और राजनीतिज्ञों का एक कुत्सित गठजोड़ के कारण बड़े उद्योगों को लाभ पहुँचाने की क्रिया कहा।

अगर भारत के औद्योगिक परिदृश्य का सम्यक् मूल्यांकन किया जाए, तब पता चलता है कि कुछ औद्योगिक घराने, जो आजादी पूर्व से ही भारतीय अर्थव्यवस्था में अपनी उपस्थिति दर्ज करा लिये थे और एक खास हद तक अपने को विकसित भी कर चुके थे, आजादी के बाद के वर्षों में औद्योगिकीकरण के नाम पर उद्योगों को जो सुविधाएँ दी गईं, उसका सही और गलत दोनों तरह से इस्तेमाल कर अपने को एकाधिकारवादी

स्थिति में ले आए। इन्होंने सरकार की लाइसेंस पॉलिसी का गलत और सही, दोनों तरह से भरपूर शोषण करके, जिन उद्योगों में उनकी रुचि थी, उन उद्योगों में किसी अन्य की प्रतिस्पर्द्धा को बखूबी और चालाकीपूर्ण तरीके से रोक दिया। इसके लिए उन्होंने गलत तरीकों तक का उपयोग किया, जिसकी चर्चा दत्त कमेटी ने की है। औद्योगिक परिदृश्य का मूल्यांकन स्पष्ट करता है कि जिस बड़ी संख्या में इन्होंने अपनी पूँजी का विस्तार किया और अपने औद्योगिक साम्राज्य को बढ़ाया, वह सरकार की औद्योगिक नीति के दोषपूर्ण होने के कारण था और बड़े उद्योगों का उच्चस्तरीय नौकरशाही तथा राजनीतिज्ञों के उस कुत्सित गठजोड़ का परिणाम था, जिसने सार्वजनिक संसाधनों तक उनके द्वारा हथिया लेने में मदद की। दत्त कमेटी ने इस गठजोड़ की निंदा की, मगर इसको समाप्त करने के लिए सरकार ने कोई कदम नहीं उठाया। महालनोविस कमेटी और मोनोपॉली इन्क्वायरी कमीशन दोनों ने भारत के योजनाबद्ध आर्थिक विकास पर अपने निर्णयात्मक विश्लेषणों में कहा है कि योजनाबद्ध विकास प्रक्रिया ने एकाधिकारवाद पर रोक लगाने के बजाय उसे बढ़ावा दिया। इस आलोचनात्मक टिप्पणी का यह अर्थ लगाना गलत है कि योजनाबद्ध विकास की नीति ही गलत थी। वास्तव में भारत में एकाधिकारवाद के मजबूत होते जाने के कारणों का पता लगाने के लिए एक अत्यधिक वैज्ञानिक दृष्टि के आधार पर, बिना किसी मनोवादी तर्क को अपनाए, मूल्यांकन की जरूरत है।

अगर पीछे के अध्यायों की व्याख्याओं और मूल्यांकनों पर नजर डाली जाए, तब पता चल जाता है कि योजनाबद्ध विकास नहीं, बल्कि योजनाबद्ध विकास को लागू करने की सरकार की नीति में भारी भटकाव थे, जो योजना को निष्फल बना देते थे। सर्वप्रथम देखा जा सकता है कि सरकार के अधीन, यानी सार्वजनिक क्षेत्र की कर्ज देनेवाली वित्तीय संस्थाओं ने कर्ज देने की जो नीति अख्तियार की, वह बड़े उद्योगपतियों के पक्षवाली थी। इंडियन इंडस्ट्रियल फिनांस कॉरपोरेशन, इंडस्ट्रियल क्रेडिट ऐंड इन्वेस्टमेंट कॉरपोरेशन ऑफ इंडिया (ICICI) इंडियन इंडस्ट्रियल डेवलपमेंट बैंक (IDBI) आदि के अलावा राज्यों की वित्तीय कॉरपोरेशनों के साथ-साथ लाइफ इंश्योरेंस कॉरपोरेशन, वाणिज्यिक बैंकों, सार्वजनिक क्षेत्र के बैंकों समेत, आदि ने कर्ज देने की जो नीति अपनाई, वह बड़े औद्योगिक घरानों के पक्षवाली थी। इनके द्वारा उपलब्ध कराई गई पूँजी से बड़े औद्योगिक घरानों ने अकूत मुनाफा अर्जित कर अपनी पूँजी को बढ़ाया, एकाधिकारवादी बने और अपनी रुचिवाले उद्योगों में अन्य नए प्रतिस्पर्द्धियों के प्रवेश को बाधित कर दिया।

द्वितीय औद्योगिक लाइसेंस नीति को, जिस तरह से लागू किया गया, वह तरीका इतना दोषपूर्ण रहा कि उसने एकाधिकारवाद पर अंकुश लगाने के बदले उसे बढ़ावा दिया। लघु उद्योगों की निवेश सीमा में वृद्धि, उत्पादों को आरक्षित लिस्ट से बाहर ला देना, एम.आर.टी.पी. और फेरा के बंधनों को ढीला करते जाना आदि ऐसे कदम थे,

जिन्होंने एकाधिकारवाद को बढ़ावा दिया। इसके बाद भी बड़ी कंपनियों को बैकवर्ड क्षेत्र में उद्योग लगाने के नाम पर इन्कम टैक्स से लेकर अन्य कई तरह की छूटें दी जाती रहीं। आगे चलकर तो दत्त कमेटी की अनुशंसाओं के विरुद्ध ऐसे प्रावधान किए गए कि एम.आर.टी.पी. एक्ट और फेरा को इजारेदार घरानों के पक्ष में कर दिया गया।

वास्तव में आजादी के बाद सत्ता में आई कांग्रेस भारतीय राष्ट्रीय पूँजीपति वर्ग के स्वार्थों का प्रतिनिधित्व करती थी, जिसके अंदर एक ऐसा तबका था, जिसका संबंध विदेशी पूँजी से भी था। भारत की आर्थिक पुनर्संरचना पूँजीवादी लाइन पर की जा रही थी और पूँजीवाद के विकास के साथ इजारेदारियाँ बड़ी तेजी से बढ़ती हैं। यही भारत में हुआ।

संदर्भ और टिप्पणियाँ

1. भारत का संविधान 'राज्य के नीति-निर्देशक सिद्धांत' धारा 39 (बी) और (सी) (b) (that the ownership and control of the material resources of the community are so distributed as best to *subjerve* the common good (c) that the operation of the economic system does not result in the concentration of wealth and means of production to the common detriment…("Directive principles of state policy", Art 39 (b) (c))
2. एच.वे. कटसुबैया, इंडियन इकोनॉमी सिंस इंडिपेंडेंस 1961, पृ. 94।
3. डी.के. रंगनेकर 'इंडस्ट्रियल पॉलिसी', इकोनॉमिक टाइम्स, एनुअल नंबर, 1975, पृ. 24।
4. जनता सरकार द्वारा जारी इंडस्ट्रियल पॉलिसी रिजोल्यूशन, 1977।
5. ऊपरोद्धृत।
6. The Industrial policy announcement of 1965, in fact, reflects the value-system of our economy and, has, however, conclusively the constructive flexibility. In terms of this Resolution the task of raising the pillar of economic infrastructure in the economy was intrusted to the public sector for reason of its greater reliability, for the very large investment requires and the longer gestation periods of the projects crucil for economic development ("Industrial policy Resolution, 1980' द्वारा उद्धृत : पुष्पा चौहान, दि इंडियन इंडस्ट्रीज : हाउबिग हाउसेज मोनोपोलाइज्ड देम, जानकी प्रकाशन, न्यू दिल्ली, द्वितीय संस्करण 2006, पृ. 103।
7. 1980 के औद्योगिक नीति-प्रस्ताव में क्षेत्रीय आर्थिक असंतुलन को मिटाने के उपाय के रूप में जो वर्णन आया, वह 'अपेक्षाकृत ज्यादा महत्त्व देने' को कहा गया। इसमें प्रयोग किया गया जुमला था—'थ्रो प्रिफेंरेंशियल डेवलपमेंट'।

   Through preferential development. ऊपरोद्धृत। पृ. 104।
8. ऊपरोद्धृत।
9. ऊपरोद्धृत।
10. वी. के. मल्होत्रा को उद्धृत करते हुए ऊपरोद्धृत और के.पी.एम. सुंदरम ने लिखा है, इंडियन इकोनॉमी, दिल्ली, एस. चाँद ऐंड कंपनी, 1988, पृ. 141।

11. देखा जा सकता है : दि इंडस्ट्रियल (डेवलपमेंट ऐंड रेगुलेशन एक्ट) 1951।
12. आर.के. हजारी, इंडस्ट्रियल प्लानिंग ऐंड लाइसेंसिंग पॉलिसी, फाइनल रिपोर्ट, 1967, पृ. 8।
13. ऊपरोद्धृत, पृ. 9।
14. ऊपरोद्धृत, पृ. 17।
15. भारत सरकार, रिपोर्ट ऑफ दि इंडस्ट्रियल लाइसेंसिंग इन्क्वायरी कमेटी, जुलाई, 1969, पृ. 12।
16. प्रभावकारी इक्विटी (Effective equity) का मतलब था—सरकारी संस्थानों द्वारा इक्विटी में हिस्सेदारी तथा आप्रवासी भारतीय शेयरधारकों का इसमें किया गया योगदान को छोड़कर कुल इक्विटी।
17. दत्त कमेटी रिपोर्ट, पूर्वोद्धृत।

□

11

उपसंहार

लॉर्ड माउंटबेटन प्लान या समझौते के बाद भारत को जो आजादी मिली, उससे ब्रिटिश साम्राज्यवाद के राजनीतिक प्रभुत्व से भारत आजाद तो जरूर हो गया, मगर अपने आर्थिक स्वार्थों को बचाने के साम्राज्यवादी ब्रिटेन के जाल से भारत नहीं निकल सका। 26 जनवरी, 1950 को जो संविधान लागू हुआ, जिसने भारत को एक सार्वभौम गणराज्य के रूप में घोषित किया, वह एक ऐसी संविधान निर्मात्री सभा के द्वारा निर्मित था, जिसे जनता द्वारा बालिग मताधिकार के आधार पर नहीं चुना गया था। इसमें विभिन्न तरह के नामजद सदस्य, देशी रियासतों के प्रतिनिधि आदि तो थे ही, मगर जिन लोगों को जनता के द्वारा चुना गया था, उन्हें चुनने के लिए वोट देने के आधार को संपत्ति के आधार पर तय किया गया था, और वे संपत्तिधारक, जिन्हें संविधान निर्मात्री सभा के सदस्यों को चुनने का अधिकार मिला, उनकी संख्या भारत की कुल आबादी का मात्र 11 प्रतिशत ही थी। कहा जा सकता है कि संविधान निर्मात्री सभा का चरित्र जनवादी नहीं था, बल्कि संपत्तिधारी लोगों, देशी नरेशों के प्रतिनिधियों आदि के सम्मिलित सदस्यों की यह सभा थी और जिसमें देश की 89 प्रतिशत जनता का कोई प्रतिनिधित्व नहीं था।

दूसरी बात यह थी कि संविधान निर्मात्री सभा की एक यह भी मजबूरी थी कि जिस काल में वह संविधान का निर्माण कर रही थी, वह काल वैश्विक पैमाने पर साम्राज्यवाद और फासीवाद के खिलाफ के राजनीतिक माहौल का था—खासकर फासीवाद के खिलाफ लड़ी जानेवाली लड़ाई में फासीवाद को पराजित करने में उस काल के सोवियत रूस की अग्रणी भूमिका और उपनिवेशवाद के खिलाफ संघर्ष कर रही गुलाम जनता को मदद देने की उसकी कारखाइयों ने वैश्विक पैमाने पर जिस राजनीतिक वातावरण का सृजन किया था, वह उपनिवेशवाद और साम्राज्यवाद के खिलाफ और समाजवाद की तरफ झुकी हुई राजनीति थी। इसका असर भारत की संविधान निर्मात्री सभा पर भी काफी मजबूती के साथ पड़ रहा था। हालाँकि भारत की संविधान निर्मात्री सभा में

पूँजीवादी वैचारिकतावाले सदस्यों का अपार बहुमत था, मगर उनकी भी मजबूरी थी कि भारतयि राष्ट्रीय मुक्ति संग्राम में जिस तरह से साम्राज्यवाद विरोधी सभी वर्ग-शक्तियों के संयुक्त मोरचे ने अपनी भूमिका निभाई थी और स्वतंत्रता संघर्ष को पूर्णाहुति तक पहुँचाया था, उस प्रभाव को एकदम से नकार देना पूँजीवादी वैचारिकतावाली संविधान निर्मात्री सभा के लिए कठिन था। कहा जा सकता है कि संविधान निर्माता एक ही साथ दो वैचारिकताओं से संघर्ष कर रहे थे—पूँजीवादी ढंग की आर्थिक-सामाजिक संरचना के निर्माण का प्रयास और वैश्विक पैमाने पर साम्राज्यवाद और उपनिवेशवाद विरोधी राजनीति का प्रभाव, जिसका झुकाव समाजवाद की तरफ था—के बीच के द्वंद्व का प्रभाव उन पर पड़ रहा था। संविधान निर्माताओं की दूसरी मजबूरी यह थी कि वे इस बात को समझ रहे थे कि भारत की आजादी गांधी की अहिंसात्मक संघर्ष के परिणामस्वरूप नहीं मिली है, बल्कि यह साम्राज्यवाद विरोधी सर्ववर्गशक्तियों के समुच्चय वाले उस मोरचे के संघर्ष का परिणाम है, जिसमें भारत की मेहनतकश जनता- किसानों, मजदूरों, शहरी गरीबों आदि की भूमिका काफी प्रमुख रही है। कांग्रेस पार्टी इस संयुक्त मोरचे का आजादी के संघर्ष के वर्षों में लगातार नेतृत्व करती रही है और स्वतंत्र भारत में भी सत्ता में बने रहने के लिए जरूरी है कि इस संयुक्त मोरचे को कायम रखा जाए। संविधान सभा में कांग्रेस पार्टी के अपार बहुमत के बावजूद इस राजनीतिक अनिवार्यता को छोड़कर संविधान बनाना उनके लिए कठिन था। इस कारण संविधान के चरित्र को ऐसा बनाया गया, जिसमें पूँजीवादी और समाजवादी दोनों वैचारिकताओं के साथ समझौता किया गया। संपत्ति के अधिकार को मौलिक अधिकारों की सूची में रखकर पूँजीवादी वैचारिकता को संविधान में स्थापित किया गया, तो दूसरी तरफ समाजवादी अवधारणाओं को संविधान में 'राज्य के नीति निर्देशक सिद्धांत' के अध्याय में रखा गया, मगर इसके पीछे न्यायालय की शक्ति नहीं दी गई। इस प्रकार समाजवादी तत्त्वों का समावेश संविधान में कराकर भी संविधान के चरित्र को पूँजीवादी बना दिया गया। फिर भी संविधान की जो दिशा रही, उसमें भी एक समझौतावादी अवधारणा को प्रविष्ट कराया गया, जिसको संविधान की 'प्रस्तावना' में रखा गया और न्याय, सामाजिक, आर्थिक और राजनीतिक आदि के रूप में समाहित किया गया। इस प्रकार संविधान का स्वरूप ऐसा बनाया गया कि जिस तरह स्वतंत्रता संघर्ष में विभिन्न वर्ग-शक्तियों की एकता के आधार पर साम्राज्यवाद के खिलाफ मोरचा बनाकर संघर्ष को जीता गया था, उसी प्रकार भारत के भविष्य की आर्थिक-सामाजिक संरचना के निर्माण में विभिन्न वर्ग-शक्तियों की एकता को बनाकर एक विशेष ढंग की राजसत्ता का निर्माण किया जा सके, मगर आजादी के पूर्व और आजादी के बाद की राजनीतिक स्थितियाँ भिन्न थीं। आजादी के पूर्व स्वतंत्रता संघर्ष में भारत की आजादी का प्रश्न एक ऐसा कारक था,

जिसने सभी साम्राज्यवाद विरोधी शक्तियों को एक साम्राज्यवाद विरोधी मोरचे में एकजुट होकर संघर्ष करने की वस्तुनिष्ठ स्थिति को पैदा कर दी थी। आजादी के बाद वह कारक समाप्त हो गया था और अब साम्राज्यवाद विरोधी मोरचे की सारी वर्ग-शक्तियाँ भारत के भविष्य की आर्थिक-सामाजिक संरचना को अपने-अपने वर्ग हित में किए जाने की कोशिश के साथ सामने आ गई थीं। यह बदलाव आजादी के पूर्व और पश्चात् के काल के बीच का महत्त्वपूर्ण अंतर था।

देखा जा सकता है कि स्वतंत्र भारत के भविष्य की आर्थिक-सामाजिक पुनर्संरचना के प्रश्न पर मूल रूप से तीन प्रवृत्तियाँ सामने आईं। इसमें एक प्रवृत्ति आधुनिक पूँजीवाद की प्रवृत्ति थी, जो भारत को पश्चिमी यूरोपीय देशों में वर्तमान पूँजीवादी राजसत्ता के अनुकूल भारतीय राजसत्ता का निर्माण करके एक आधुनिक पूँजीवादी आर्थिक-सामाजिक संरचना को खड़ी करना चाहती थी। यह प्रवृत्ति आजादी के पूर्व ही लंबे प्लान के द्वारा भारत के बड़े औद्योगिक घरानों ने पेश की थी। दूसरी प्रवृत्ति गांधीवादी अवधारणा पर आधारित वह प्रवृत्ति थी, जो आधुनिक उद्योगों को खतरनाक मानती थी और भारत के भविष्य की आर्थिक-सामाजिक संरचना को प्राचीन भारत की स्वावलंबी ग्राम-व्यवस्था की तरफ ले जानेवाली थी। मगर इसका आधार काफी कमजोर था, क्योंकि ऐतिहासिक विकास प्रक्रिया ने इसको आधुनिक विकास के लिए अप्रासंगिक बना दिया था। इस कारण इस वैचारिकता के लिए कोई वस्तुनिष्ठ आधार नहीं था। तीसरी प्रवृत्ति समाजवाद की प्रवृत्ति थी, जिसने द्वितीय विश्वयुद्ध में फासीवाद की पराजय में अहम भूमिका का निर्वहन किया था, उपनिवेशवाद के खिलाफ संघर्षरत गुलाम जनता के पक्ष में अविचल रूप से खड़ी थी और आर्थिक विकास के मामले में तमाम पूँजीवादी और साम्राज्यवादी देशों को पीछे छोड़कर चल रही थी, वैश्विक पूँजीवादी आर्थिक संकट का जिस पर प्रभाव नहीं हो सका था, आदि। वैश्विक पैमाने पर इसने अपनी श्रेष्ठता को स्थापित कर दिया था और मेहनतकश अवाम के बड़े पैमाने पर इसके प्रति झुकाव को देखा जा सकता था। द्वितीय विश्वयुद्ध में अपनी महती भूमिका के बल पर इसने एक वैश्विक समाजवादी व्यवस्था का निर्माण भी कर लिया था।

इन तीनों प्रवृत्तियों के बीच के संघर्ष में दूसरी प्रवृति, यानी प्राचीन भारत की स्वावलंबी ग्रामीण-व्यवस्था की तरह के आर्थिक-सामाजिक ढाँचे की तरह की आर्थिक-सामाजिक संरचना को भविष्य के भारत के लिए स्वीकारने का अर्थ था विकास को पीछे की तरफ ले जाना। भारतीय राष्ट्रीय पूँजीपति वर्ग, जिसने राष्ट्रीय आंदोलन का नेतृत्व किया था, को भी यह व्यवस्था स्वीकार्य नहीं थी, भले ही वह कुछ देर के लिए चरखा चला ले, मगर आर्थिक क्षेत्र में वह आधुनिक उद्योगों के आधार पर ही विकास का आकांक्षी था। इस कारण भविष्य के भारत के आर्थिक-सामाजिक पुनर्निर्माण के प्रश्न

का संघर्ष दो ही वैचारिकताओं—आधुनिक पूँजीवादी ढंग से विकास और समाजवादी ढंग से विकास—के बीच का ही संघर्ष रह गया था। इस संघर्ष में कांग्रेस की, जो सत्ता में आई थी—विचारधारा आजादी पूर्व स्वतंत्रता के लिए किए जानेवाले संघर्ष में जिस तरह की नीति यानी साम्राज्यवाद विरोधी 'सर्व वर्ग शक्ति संग्रहवाद' की रही थी, कांग्रेस ने उसे ही अपनाया यानी विभिन्न वर्ग-शक्तियों की एकता के आधार पर आर्थिक विकास को बढ़ाना और ऐसी आर्थिक-सामाजिक संरचना का निर्माण करना, जिसमें विभिन्न वर्ग-शाक्तियों को एक साथ लेकर चला जाए। कांग्रेस को सत्ता में रहते हुए इस 'सर्व वर्ग-शक्ति संग्रहवाद' की नीति का राजनीतिक लाभ जरूर मिला कि वह एक लंबी अवधि तक सत्ता में रही। एक तरह से करीब-करीब आजादी के बाद के 60 वर्षों तक—चंद वर्षों को छोड़कर—कांग्रेस केंद्र की सत्ता पर आरूढ़ रही। एक बहुदलीय प्रणाली में भी एकल दलवाली सत्ता के रूप में वे विद्यमान रही। मगर क्रमिक गति से जैसे-जैसे भारतीय पूँजीवाद मजबूत होता गया, इस राजनीतिक वैचारिकता का अंतर्विरोध सामने आता गया।

वास्तव में आजादी के बाद सत्ता में आई कांग्रेस पार्टी भारत के भविष्य की आर्थिक-सामाजिक संरचना को जिस तरह से आगे बढ़ाना चाहती थी, वह रणनीति वही थी, जिसे उसने राष्ट्रीय मुक्ति आंदोलन में चलाया था और उसका नेतृत्व किया था, यानी—'सर्व वर्ग शक्ति संग्रहवाद' की रणनीति। सारी वर्ग-शक्तियों को एक साथ लेकर आगे बढ़ने की उसकी रणनीति का ही परिणाम था कि अर्थव्यवस्था के स्वरूप का निर्धारण करते हुए कांग्रेस ने मिश्रित अर्थव्यवस्था की अपनी अवधारणा में सार्वजनिक और निजी उद्योगों को एक साथ लेकर चलने की कल्पनावाली अर्थव्यवस्था का लक्ष्य निर्धारित किया और उसमें सार्वजनिक क्षेत्र की भूमिका को निर्णायक या प्रधान बनाया, क्योंकि आजाद भारत में निजी पूँजीपति बड़ी औद्योगिक संरचना को खड़ा करने के लिए पर्याप्त पूँजी नहीं रखते थे। इस कारण उद्योगों के लिए जरूरी बाहरी संरचना (Super structure) को खड़ा करने का जिम्मा राज्य के ऊपर रखकर इसने सार्वजनिक क्षेत्र के उद्योगों की भूमिका को प्रधान बनाया। इसी 'सर्व वर्ग शक्ति संग्रहवाद' की अवधारणा के अनुकूल अपने रजनीतिक लक्ष्य को निधारित करते हुए कांग्रेस ने 'समाजवादी नमूने के समाज' (Socialistic Pattern of society) का लक्ष्य रखा, जो न पूर्णत: पूँजीवादी था, न पूर्णत: समाजवादी। सार्वजनिक और निजी पूँजी, दोनों की सम्मिलित अर्थव्यवस्था में इस राजनीतिक लक्ष्य को पूरा करने के उद्देश्य से ऐसी नीति अपनाई जाती थी, जो पूँजीवादी और समाजवादी वैचारिकता की धारक शक्तियों को एक साथ समन्वय करके ले चलने की नीति थी। इस प्रकार की आर्थिक-राजनीतिक संरचना के द्वारा जो 'आधार' (Base) तैयार होनेवाला था, उसी के अनुरूप कांग्रेस ने विदेश नीति

में, वैचारिक स्तर पर विभाजित विश्व में, तटस्थता (Nonaligned) की विदेश नीति की अवधारणा के आधार पर भारत को समाजवादी खेमे और पूँजीवादी खेमे दोनों से अलग रखने की नीति का अनुसरण करने की नीति पर ले जाने का प्रयास किया। इस 'सर्व वर्ग शक्ति संग्रहवाद' की राजनीतिक रणनीति का लाभ कांग्रेस को यह मिला कि वह एक बहुदलीय पूँजीवादी जनतांत्रिक पद्धतिवाले देश में करीब छह दशकों तक सत्ता में एकल पार्टी शासक की तरह रही। कांग्रेस का केंद्र में सत्ता में इतने दिनों तक रहना इस 'सर्व वर्ग शक्ति संग्रहवाद' की अवधारणा से चिपके रहने की मजबूरी बनाए रहा, क्योंकि कांग्रेस के सामने यह खतरा हमेशा रहा कि इस 'सर्व वर्ग शक्ति संग्रहवाद' की रणनीतिक लाइन से हटने पर उसे सत्ता से च्युत होने का खतरा लगा रहता था और कांग्रेस का नेतृत्व इस जोखिम से बचना चाहता था। इस कारण कांग्रेस के शासनकाल में पूँजीवादी जनवादी क्रांति के दायित्वों को भी पूरा करने में कांग्रेस क्रमिक गति से भटकाव का शिकार होती रही। सत्ता में बने रहने के लिए कांग्रेस प्रतिगामी शक्तियों से, जो कांग्रेस के अंदर और बाहर मौजूद थीं और जनवादी कदमों का विरोध करती थीं, समझौता करती रही।

कांग्रेस के अंदर और बाहर की प्रतिगामी शक्तियों के साथ कांग्रेस नेतृत्व के समझौतावादी रुझान की झलक तो शुरू से ही मिल रही थीं, क्योंकि आजादी के बाद देश में कार्यरत ब्रिटिश या अन्य देशों की वित्तीय पूँजी के खिलाफ कोई कदम नहीं उठाया गया, उनका राष्ट्रीयकरण नहीं किया गया। इसके पीछे एक मिथक काम कर रहा था कि यह पूँजी भारत में द्रुत औद्योगिक विकास के लिए जरूरी पूँजी की माँग को पूरा करने में मदद करेगी। इस प्रकार साम्राज्यवाद के साथ भी एक समझौते की प्रवृत्ति सामने आई। औद्योगिक पूँजी जुटाने के लिए सार्वजनिक क्षेत्र में जिन वित्तीय संस्थाओं का निर्माण किया गया, उनकी कर्ज-नीति बड़े औद्योगिक घरानों को ही कर्ज उपलब्ध कराने की रही, जिससे इस नीति को बल मिलता था। इन सार्वजनिक वित्तीय संस्थाओं के बोर्ड ऑफ डायरेक्टरों में बड़े उद्योगपतियों को रखने से भी इस नीति को बल मिला। बैंकों के राष्ट्रीयकरण के बाद भी इस नीति में कोई खास बदलाव नहीं आया।

औद्योगिक पूँजी जुटाने का एक तरीका सरकार ने अपनाया कि निजी पूँजी को विदेशी कंपनियों के साथ साख-समझौता (Collaboration) की छूट दी, इससे भारतीय अर्थव्यवस्था में साम्राज्यवादी वित्तीय पूँजी के प्रवेश का रास्ता खुला और क्रमिक गति से इस तरह के समझौतों से विदेशी पूँजी का आना तो कम होता गया, मगर भारत से मुनाफा अर्जित करके धन को बाहर ले जाने का क्रम बढ़ता गया यानी नव-उपनिवेशवादी शोषण का शिकंजा भारत पर बढ़ता चला गया।

पूँजी जुटाने के एक अन्य तरीके के रूप में घाटे की अर्थव्यवस्था (Deficit financing) थी, जिसने महँगाई को बढ़ाया और इसका इस्तेमाल कर निजी पूँजी ने अकूत मुनाफा अर्जित करके अपनी पूँजी को बढ़ाया। सार्वजनिक वित्तीय संस्थाओं की कर्ज-नीति, विदेशी कंपनियों के साथ भारतीय बड़ी निजी पूँजी को साख-समझौता करने की अनुमति और घाटे की अर्थव्यवस्था का सम्मिलित प्रभाव हुआ कि भारत में कुछ औद्योगिक घरानों ने इतनी पूँजी जमा कर ली कि वे एकाधिकारवादी (Monopoly) की स्थिति में आ गए।

दूसरी प्रमुख बात यह रही कि योजनाबद्ध आर्थिक विकास और सरकार की औद्योगिक नीतियों को जिस तरह से चलाया गया, वह तरीका दोषपूर्ण तो था ही, साथ-ही-साथ गलत सैद्धांतिकता पर आधारित विचारों के साथ उन्हें कार्यान्वित किया गया। यह सैद्धांतिक भटकाव, जो नेहरू काल से ही शुरू हुआ, वह लगातार चलता रहा। उसे ठीक करने के कुछ प्रयास नेहरू काल और उसके बाद के वर्षों में जरूर किए गए, जब इंडस्ट्रियल लाइसेंसिंग इन्क्वायरी कमेटी (सुविमल दत्त या दत्त कमेटी), मोनोपोली कमीशन, आर.के. हजारी कमेटी आदि के गठन द्वारा इजारेदारियों, एकाधिकारवाद के बढ़ते जाने की क्रिया के कारणों का पता लगाने का प्रयास किया गया। इस संबंध में एक मोनोपॉली स्थायी कमीशन का गठन भी किया गया, एम.आर.टी.पी. एक्ट और फेरा (MRTP Act and FERA) जरूर आया, मगर प्रावधानों को सही ढंग से लागू किए जाने के बजाय इनमें लगातार छूट देकर बड़े औद्योगिक घरानों को लाभ पहुँचाया जाता रहा। इन सारी काररवाइयों के पीछे एक गलत सैद्धांतिक समझ काम कर रही थी, और यह गलत समझ नेहरूवादी वैचारिकता से आई थी जिसे लगातार चलाया जाता रहा। यह गलत सैद्धांतिक समझ थी कि इसने निजी पूँजी और सार्वजनिक पूँजी को परस्पर विरोधी नहीं माना था, बल्कि एक-दूसरे के पूरक के रूप में प्रस्तुत करती थी। वह इस बात को अस्वीकार करती थी कि निजी स्वामित्व पर आधारित उत्पादन संबंध और सार्वजनिक स्वामित्व पर आधारित उत्पादन संबंध के अर्थशास्त्रीय नियम (Economic laws) बिल्कुल एक-दूसरे से भिन्न चरित्रवाले होते हैं और इनके परस्पर के अंतर्विरोध ऐसे होते हैं, जिनके बीच कभी भी समन्वय नहीं हो सकता (Irreconcilable)। इन दोनों के बीच समन्वय स्थापित करने का और इन दोनों को एकदूसरे का पूरक विरोधी नहीं बताने के प्रयास को नेहरू ने इस सोच से लागू किया था कि वर्ग संघर्ष को खारिज किया जाए और दोनों के बीच एक समझौतावादी रुझान के तहत एकता कायम की जा सके। यह वैचारिकता गांधीवाद की उस वैचारिकता की उपज थी कि समझा-बुझाकर, हृदय परिवर्तन के द्वारा निजी पूँजीवालों को सार्वजनिक हित में काम करने के लिए तैयार किया जा सकता है। यह वैचारिकता इस पक्ष को छोड़ देती थी कि पूँजी का जब तक मुनाफा अर्जित करना उसका लक्ष्य रहेगा, पूँजीवाद तेजी से विकसित होगा और उससे

भी तेजी से अर्थव्यवस्था में आर्थिक एकाधिकारवाद का बढ़ाव होगा। इस गलत रुझान पर योजना और औद्योगिक नीतियों को चलाने के प्रयास के कारण भारतीय अर्थव्यवस्था में आर्थिक एकाधिकारवाद मजबूत होता गया और 1970 के दशक के मध्य तक भारतीय पूँजीवाद प्रौढ़ हो गया और अर्थव्यवस्था में पूँजीवादी ढंग के बदलावों के लिए सरकार पर अपना शिकंजा मजबूत करता गया।

इसके अलावा सार्वजनिक क्षेत्र के लिए आरक्षित वस्तुओं के उत्पादन के क्षेत्र में बड़ी पूँजी को प्रवेश करने, लघु उद्योगों की निवेश सीमा को पाँच गुना बढ़ाकर उनमें बड़ी पूँजी के प्रवेश का रास्ता खोलने और उनके लिए आरक्षित उत्पादों में बड़ी पूँजी के प्रवेश की अनुमति दिए जाने के कारण बड़ी पूँजी को अपना क्षेत्र विस्तार करने और अधिक मुनाफा कमाने का अवसर दिया जाता रहा। इस कारण भारतीय अर्थव्यवस्था में इजारेदारी और एकाधिकारवाद को बढ़ने का अवसर मिलता रहा। इस तरह की कारसवाइयाँ संविधान की 'प्रस्तावना' और 'नीति निर्देशक सिद्धांतों' का खुला उल्लंघन करके की जाती रहीं। सरकार की ऐसी कारसवाइयों को किसी भी आधार पर भारत के संविधान की 'आत्मा' के अनुरूप नहीं कहा जा सकता था।

कृषि के क्षेत्र में भूमि सुधार के कार्यक्रमों को उसी हद तक लागू किया गया, जिस हद तक पूँजीवाद के विकास के लिए जरूरी समझा गया। कांग्रेस के भुवनेश्वर, जयपुर, नागपुर आदि अधिवेशनों में कृषि सुधार से संबंधित प्रस्ताव तो जरूर पारित किए गए, मगर उन्हें अमल में लाने का सचेतन प्रयास कभी किया ही नहीं गया। भूमि सुधार के द्वारा अन्न-संकट को हल किए जाने की जगह 'हरित क्रांति' की वैचारिकता ने लिया, जिससे बड़े भू-स्वामियों को ही लाभ हुआ और छोटे तथा मझोले किसानों की हालत खराब होती गई। हाँ 'हरित क्रांति' की अवधारणा में उन्नत खाद, बीज, कृषि के आधुनिक उपकरणों के उपयोग आदि के द्वारा अपनी उपज को बड़े भू-स्वामियों ने बढ़ा लिया, अन्न-संकट काफी हद तक दूर कर लिया गया, मगर छोटी जोतवाले किसानों की स्थिति बिगड़ती चली गई। भारत के संविधान में कृषि संबंधी और पशुधन संबंधी उपायों की जो चर्चा की गई है, उसका कार्यान्वयन इस तरह किया गया कि धनी किसानों को ही लाभ मिला।

1970 के मध्य से 'समाजवादी नमूने के समाज' के निर्माण, सार्वजनिक क्षेत्र की अर्थव्यवस्था में महती भूमिका की अवधारणा की जगह पर उत्पादन बढ़ाने की अवधारणा को ज्यादा बल दिया जाने लगा। खासकर राजीव गांधी के प्रधानमंत्रित्व काल में '21वीं सदी में चलें' नारे का आशय था टेक्नोलॉजी का आयात करना और उत्पादन क्षमता का अधिक-से-अधिक उपयोग किया जाना। इस नारे को अमली रूप देने के लिए निजी क्षेत्र को अर्थव्यवस्था में प्रधान भूमिका में लाने का प्रयास किया जाता रहा। नतीजा हुआ

कि भारतीय अर्थव्यवस्था में निजी पूँजी निवेश और वितरण के क्षेत्र में ज्यादा सहूलियतें दिए जाने के कारण देश का आर्थिक संकट क्रमिक गति से बढ़ते-बढ़ते ऐसी स्थिति में आ गया कि भारत संकटग्रस्त देश बन गया। इस संकट से निकलने का कारगर रास्ता था कि पूर्व से चली आ रही आर्थिक नीति में जो भटकाव आए थे, जिनके कारण अर्थव्यवस्था में निजी क्षेत्र मजबूत होता गया था, एकाधिकारवाद बढ़ रहा था, उसे रोका जाता, सार्वजनिक क्षेत्र की भूमिका को मजबूत किया जाता और निजी क्षेत्र को क्रमिक गति से समाप्त किया जाता आदि, मगर ऐसे कदमों को उठाने के बदले सरकार ने अंतरराष्ट्रीय मुद्राकोष और विश्व बैंक से पैसे लेकर समस्या का हल निकालना चाहा। नतीजा हुआ कि इन साम्राज्यवादी वित्तीय संस्थाओं ने भारत की अर्थव्यस्था की पूर्व की आर्थिक नीति की बुनियाद को ही बदलने के लिए सरकार को विवश किया और सरकार ने 1990-91 में इन संस्थाओं के सामने बड़े ही शर्मनाक ढंग से आत्मसमर्पण करते हुए उनकी शर्तों को मान लिया। अब बाजारीकरण, सार्वजनिक क्षेत्र के उद्यमों का विनिवेश, विदेशी वित्तीय पूँजी का बे-रोकटोक भारत की अर्थव्यवस्था में प्रवेश, आर्थिक खुलापन आदि भारत की आर्थिक नीति के प्रधान कारक बन गए। संविधान के प्रावधान अलग रख दिए गए और भारत के संविधान में राजसत्ता के जिस चरित्र को मान्यता दी गई है, उसके ठीक उलटा चरित्र भारतीय राजसत्ता करती जा रही है, आदि। भारत में एक गैर-संवैधानिक सरकार चलाई जा रही है।

BIBLIOGRAPHY

1. A. Ghosh, 'A critique of anti-trust Policy in India', Anti-Trust Bulletin, Winter, 1974.
2. A. Gosh, Role of large industrial houses in Indian industries, 1948.
3. A.D. Austin, Conglomerate Merger : A New Source of Anti-trust Rensions, Corporate Practice Commentator, 1970-71 Annual.
4. A. Brilof, 'Conglomerates administration on slaught to cut their growth': The Financial Times, 8 April, 1969.
5. Ashok Roy, 'Company (Amendment) Act, 1974', The Economic Times, 25 October, 1974.
6. A.M. Khusro, 'Myth and Misconceptions', Financial Express, 12 March, 1992.
7. Arun Ghosh, 'Indian External Debt in Relation to Res. P. Prospect', Economic and Political Weekly, 6 Feb, 1993.
8. Barara Lee and John nellis, Enterprise Reform and Privatization in Socialist Economics, World Bank Discussion paper, 104.
9. B.B. Bhattacharya, 'Whither Long-Term Fiscal Policy will Continue to Haunt us', Yajana, 16-31.
10. Bahirji : 'World Financial Portrait, Economic of Mergers', The Financial Express, 25 April, 1966.
11. B. Datta, 'Inter corporate investments : Walchand Group' Company News and Notes, 16 April, 1970.
12. B.B. Ghosh, 'Takeover and inter-company investments', Chartered Secretary, March, 1973.

13. B. Johnson, 'Local companies in the takeover game', Times (London), 4 July, 1972.
14. Business Week : 'How the merger laws have bitten?' Business Week, 18 June, 1966.
15. B. Bharta, Merchant, Monopoly laws—A, Comparative study of India and USA, Bombay, N.M. Tripathi Limited 1976.
16. B. Kalotikar, 'Bias to big business', Democratic World, 18 January, 1975.
17. B. Shiva Rao, The Framing of India's Constitution—A Study, 1968.
18. C.I. Ball, 'Implications of the ciry code of takeovers and mergers', Chartered Secretary, March, 1969.
19. C. Balasubramaniam, 'Role of the MRTP Act to prevent the concentration of economic power', National Investment and Finance Weekly, 28 July, 1974.
20. C. Achutan, 'Inter-company investments and Indian Company law', Chartered Secetary, February, 1975.
21. C.V.N. Rao, 'Group' Companies' Economic Times, 20 Feb., 1975.
22. C.V.N. Rao, 'Loopholes and Ambiguities in MRTP Act.' Economic Times, 3 January, 1975.
23. CMIE, (Centre for Monitoring India Economy—Various Years).
24. Central Statistical Organization (Various Years Reports).
25. Census of India, 1990, Service of India paper I of 1991, Provisional Pollulation Totals, 25 March, 1991.
26. C.I. Kurien, 'Small Sector in New Industrial Policy', Economic and Political Weekly, 4 march, 1978.
27. C.H. Hanumantha Rao, 'Public Vs. Private : Debating an Issue', Economic Times, 21 December, 1985.
28. Dr. R.K. Hazari Committee Report, 1961.
29. D.T. Lakadawala, 'Consistency Between Macro and Micro Planning', Economic Research and Training Foundation, 1984.
30. D.T. Lakadawala, 'Lesson of Planning', V.T. Krishnamachari Memorial Lecture, 1987, Institute of Economic Growth.

31. D.K. Rangneker, Minute of Dissent in Direct Tax Enquiry Committee (Final Report), 1971.
32. D.G. Goyder, 'Public control and mergers', Modern Law Review (UK) Nov. 1965.
33. D. Maclean, 'The Money market and scope for inter-company business', The Financial Times, 29 Jan., 1972.
34. D.L. Mazumdar, 'Inter-company investments, mergers and takeovers', Chartered Secretary, March, 1973.
35. Drafts of Shri K.M. Munshi and D. Ambedkar, Shiva Rao, Select Documents II, 84-91.
36. Economic Survey (Various years).
37. Economic and Political Weekly, 4 March, 1978.
38. Economic Times Research Bureau, 'Corporate Sector in India', 1984.
39. Future of Public Sector in India, Documentation Centre for Corporate and Business Policy Research, 1979.
40. F.L. Berarwala, 'Does MRTP Act need an amendment?' Financial Express, 26 August, 1975.
41. F.D. Beerarwala, 'large houses and MRTP Act;' Financial Express, 8 August, 1975.
42. F.D. Wallace, 'Some principles of acquisition', The Corporate Mergered by W.W. Alberts and J.E. Segall, 1966.
43. Gaurav Dutt and Martin Ravallian, Regional Disparities Targetting and Poverty in India, 1989. World Bank Paper, WPS, 373.
44. Government of India, Public Undertaking Survery (1989-90), Vol. I.
45. Granville Austing, The Indian Constitution Cornerstone of a Nation, 1972.
46. Gwyer and Appadorai, Speeches and Documents on the Indian Constitution, 1921-47.
47. Howe Geoffrey, 'Government Policy on mergers', Trade and Industry, 1 November, 1973.

48. H. L. Khanna, 'The concentration of economic power and role of MRTP Act for industrial development', National Investment and Finance Weekly, 28 July, 1974.
49. H.D. Sharma, 'Tata Group : shareholding direct and indirect control', Mainstream, 26 April, 1975
50. H.L. Soward and J.S. Mofsky, 'Corporate takeover Practice' Commentator, 1965-66, Annual.
51. 'Indian Finance : Mergers : New Approach Needed', Indian Finance, 12 June, 1965.
52. Indian labour Year Book, 1982 and 1987.
53. Industrial Policy, 1948.
54. Industrial Policy Resolution, 1956.
55. Industrial Policy Resolution,1977.
56. Industrial Policy Resolution, 1980.
57. Industrial Licensing Policy Enquiry Committee (Dutt Committee), Report, (Constituted in July, 1969).
58. Irfan-UI-Haque, International Competitiveness, Interaction of the Public and Private Sectors, Economic Development, Institute of World Bank, F.D.I. Seminar Series, World, Bank.
59. J.D. Sethi, 'Delhorning Growth Rate', Financial Express, 9, 10, 1 May, 1990.
60. Janata Party, Statement on Economic Policy, November, 1977.
61. Jayanti Ghosh, 'Sickness in Industry—A Case Study of Deliberate Management Policy', Economic and Political Weekly, Vol. XIV, No. 2, 13 January, 1979.
62. J.L. Nain, 'Concept of concentration of economic power under MRTP Act and its impact on industrial growth', National Investment and Finance Weekly, 28 July, 1974.
63. J.L. Nain, 'Social Philosophy behind the monopolies and Restrictive Trade Practice Act', National Investment and Finance, 1974.
64. J.S. Cousions, 'Regulations for takeovers', Financial Times, 15 December, 1975.

65. K.B. Rohatgi, Company law in India (Principles and Practice, Delhi, Metropolitan Book Co. (P) Ltd., I Faiz Bazar.
66. K.K. Shah, 'Monopolies Act and India's Foreign trade and collaborations,' National Solidarity, Annual.
67. K.M. Munshi, Indian Constitutional Documents vol. I, Pilgrimage to freedom, 1902-1952.
68. K., Sharma, 'The concentration of Economic power and the role of MRTP Act for industrial development', National Investment and Finance weekly, 28 July, 1974.
69. K.N. Kabra, 'Joint Sector Concept : Evolution and Evaluations' Mainstream, 17 and 26 Mar, 1973.
70. K.N. Raj, 'New Economic Policy Engine of Growth', Economic Time, 21 December, 1985.
71. K.N. Raj, Indian Economic Growth, Lecture, The Indian Economic Journal, Vol. 26, No. 2, Special Conference No. 2, 1978.
72. K.N. Raj, The Indian Economic Association, Conference Vol. 1987.
73. L.K. Jha, Thrust in the Indian Economy, Zakir Hussain Memorial Lecture, 13 Feb., 1986.
74. L.C. Gupta, Expert Study of Trading in Share in Stock Exchange.
75. Mohnot, Monopoly, concentration and industrial licensing.
76. M. Immam, 'An analysis of MRTP Act', National Investment and Finance weekly, 28 July, 1974.
77. M.B. Wenborn, 'The monopolies and mergers act in action', Chartered Secretary, July, 1986.
78. National Sample Survey Organization (Various year Reports)
79. N. Ashford, 'The Merger of two Electrical Giants', The Financial Times, 6 October, 1975.
80. N.C. Ramarathnam, Reform of corporate tax structure : inter-corporate dividends, In : All India Conference of Tax Executives, 3rd New Delhi, 1968. Working Paper, New Delhi,

Federation of India Chambers of Commerce and Industry, 1968.

81. N. Jha, 'Inter-company investmrnts', Commerce, June, 1966.
82. N. Jha, 'Inter-company loans', Chartered Accountant, July 1967.
83. N.K. Sengupta, Corporate Management in India, Delhi, Vikas Publishing House (p) Ltd.
84. Nan Deveja, 'Privatization in India : Various Problems Area', Management Journal, Vol. 4, No. 1, Jan., 1991.
85. Onkar Nath, Companies Amendment Bill 1972, an analytical study, Taxmann Publications.
86. P.B. Menon, 'Concentration of economic power and the role of MRTP Commission for industrial development', National Investment and Finace Weekly, 28 July, 1974.
87. P.O. Stener, Mergers : Motives, effects and policies, The University of Michigna, 1974.
88. P. Waiker, 'Mergers and Public interest', Times (London), 15 December, 1973.
89. Planning Commission, Seventh Five-Year Plan, 1985-90 Mid-Term Appraisal : An overview, March, 1988.
90. Planning Commission, Plan Documents of act of the Five-Year plan.
91. P.N. Dhar, 'Economic Reforms, why we need them', Observer Research Foundation, 1992.
92. P.R. Brahmanand and others (eds) Indian Economic Development and Policy, 1979.
93. Palu, Bhattacharya and Kuchhal, Joint Sect, 'Guidelines and Policy', Economic and Political Weekly, 9 Dec., 1972.
94. Privatization, The Indian Context. (1991), PHD Chamber of Commerce and Industry, New Delhi, Economic Desk Note (Misnco).
95. Praful Bidwai, 'Limits of Liberalization', Times of India, 15 Feb, 1985.
96. Prem Shankar Jha, 'Black Money and Crime', Times of India, 7 December, 1981.

97. Prem Shankar Jha, 'Nationalize or not to Nationalize', The Illustrated Weekly of India, 18 Feb., 1979.
98. P. Gupta and S. Gupta, 'Estimates of the Unreported Economy in India', Economic and Political Weekly, Vol. XVII, No. 3, 16 Jan., 1982.
99. R. Galphin, 'U.S. Power and Multi-national Corporations, 1975', Company News and Notes, June, 1980.
100. Reserve Bank of India Bulletin, Suppliment, Nov. 1992.
101. Reserve Bank of India, Foreign Collaboration in Industry, 1968.
102. Rserve Bank of India, Report of Policy Group and New Task Force on External Debt Statistics of India, 1992.
103. R.B., Manche, 'Inter-firm profitability differences', Quarterly journal of Economics, May, 1974.
104. R. Mauthner, 'Merger moves in Europe', The Financial Time, 18 March, 1969.
105. R.L. Gupta, 'Concentration of economic power : a role of MRTP Act' National Investment and Finance Weekly, 28 July, 1974.
106. R.L.: Gupta, 'A second look at MRTP Act', Economic Times, 19 August, 1974.
107. R.D. Hammond, 'Growth through mergers', Anti-trust Bulletin, Sept-Dec., 1965.
108. R.K. Holson, 'Another Look at business combinations'. Journal of Accountancy, July, 1963.
109. Ruddar Dutt, 'Nationalization : Facts and Fancies', Mainstream, Vol. XVII, No. 30, 24 March, 1979.
110. R.S. Nigam, 'Law relating to monopolies and restrictive trade practices : an overview', *Business analyst,* May-December, 1972.
111. Ruddar Dutt, 'IMF Loan—a Boom or Bane,' Indian *Economic Plan,* Vol. I, No. 4 Dec, 1981.
112. Ruddar Dutt, *India's New Economic Policy,* 1987.
113. Ruddar Dutt, 'External Debt Extent and Debt—Trap', *Economic Times,* 10 July, 1989.

114. Ruddar Dutt, *'Public Sector and Privatization'*, Presidential Address, 74th Annual Conference of the Indian Economic Association, 28 November, 1991.

115. Ruddar Dutt. 'Public Sector—The Changing Scenario' *Economic and Social Change,* December, 1989.

116. Ruddar Dutt. 'New Industrial policy : The Internal contradiction', *Financial Express,* 23 July, 1990.

117. Ruddar Dutt and Raj Dutt (eds.), *BhartiyaArthavyavastha,* Delhi, Pragati Publication, 1993.

118. S. Chandhausi, 'Inter companyinvestment : no rigidity in policy main aim promotion of trade relationship', *The Economic Times,* 7 April, 1966.

119. S. Aronovitch and M.C. Sawyer, 'Mergers, growth and Concentration', *Oxford Economic Papers,* March, 1975.

120. S.L., Kohli, 'Companies under MRTP Act and foreign subsidies', *Company News and Notes,* March, 1975.

121. S. TukeoversMclachlan, 'How the odds Are stacked against the bidder', *Financial Times,* 4 July, 1972.

122. S. Mclachlan, 'Merger study rules in need of change', *Financial Times,* 5 February, 1973.

123. SED De, Montmorendy, 'Takeovers Bids', *Journal of Business Law,* July, 1963.

124. Sant Mehta, 'Effect of New Industrial policy on Labour', *Financial Express,* 7 Nov., 1991.

125. S. Dilip Swamy, *Multinational Corporations and world Economy,* (1980).

126. S. Ganguli, *Survey of Indian Industry,* 1986 (in Hindi).

127. S. Gurumurthy, 'Bribery and Capital Flight', *Financial Express,* 21-26 July, 1987.

128. S.K. Goyal, *The Impacts of Foreign Subsidiaries on India's Balance of Payment,* May, 1979 (Mimeo).

129. S.R. Mohmot, 'Peoplization via Privatization', *Financial Express,* 5 May, 1991.

130. *The Industries (Development and Regulation) Act,* 1951.
131. T.L. Sarkar and others, 'State Level Public Enterprises in India', *Economic and Political Weekly,* 25 Feb, **??**
132. 'The Memorandum of Industrial growth' *Mainstream,* 19 August, 1972.
133. Tej Bahadur Sapru and other, Constitutional Proposals of the Sapru Committee, *the Sapru Report.*
134. The Congress Resolution of 1929.
135. *The Constitution of India.*
136. U. Dar, (Mrs) and Kohli, S.L. : 'Inter corporate investments' *Company News and Notes,* March, 1974.
137. V.D. Kulshrestha, 'MRTP Act-held or hindrance to industrial growth', *National Investment and Finance Weekly,* 28 July, 1974.
138. Veena Bakshi, 'The Directive Principles of State Policy in the Indian Constitution', in A.G. Noorani (ed.) *Public Law in India,* 1982.
139. V.K., Singhania, 'Inter corporate flow of funds and the shareholders right', *All India Faculty Development Seminar on Company Law Reforms,* Delhi School of Economics, March, 1974.
140. V.K. Singhania, 'Inter corporate investments under the companies Act', *The Chartered Secretary,* August, 1977.
141. V.K., Singhania, 'Control on Inter-corporate investments under the MRTP Act, 1969', *Chartered Secretary,* October, 1977.
142. V.K., Singhania, 'Inter-corporate investments making Act more effective', *Economic Times,* 24 August, 1978.
143. V.K., Singhania, 'Concentration of economic power in Indian corporate Private sector : Contribution of Inter-corporate investments', *Chartered Secretary,* August, 1978.
144. V.K. Singhania, 'Sachar proposal on inter-corporate investments : Second thoughts needed', *Economic Times,* 26 September, 1978.

145. V.K., Singhania, 'Alternation to make Sachar panel proposals effective', *Economic Times,* 27 September, 1978.
146. V.K. Singhania, 'Sachar Committee's recommendations : Inter-industrial inter-corporate investments—A critical assessment', *Chartered Secretary,* October, 1978.
147. V.K., Singhania, 'Inter-corporate shareholdings—A sizewise survey', *Chartered Secretary,* October, 1978.
148. V.K., Singhania, *Memorandum on provisions regulating inter-corporate investment under Companies and MRTP Acts,* submitted to the Sachar Committee.
149. V. V. Ramnathan, *Privatization in Developing Countries,* Routledge, London, 1990.
150. World Bank, *India :Poverty, Employment and Social Services,* 1989.
151. Young Indian, *Monopolies in India,* Young India, 31 July, 1975.

Cases and Report

1. A.I.R., 1952. S.C. 252.
2. A.I.R., 1955. S.C. 33.
3. A.I.R., 1958. S.C. 751.
4. A.I.R., 1967. S.C. 1643.
5. A.I.R., 1981. S.C. 298.
6. A.I.R., 1973. S.C. 1461.
7. A.I.R., 1980. S.C. 1789.
8. A.I.R., 1983. S.C. 239.
9. India, Government, *The Report of Company Law Committee,* 1952.
10. India Government, *Report of Joint Committee on Companies Bill,* 1953, Published in Gazette of India, Extraordinary Part II, sec. 2, No. 23-A, dated 2 May, 1955.
11. India, Government, *Report of the Company Law Committee,* 1950-51, vol. I and II (Written Evidence) Delhi, Published by the Manager of Publications.

12. India Government, *Report of the Committee on Distribution of Income and Levels of Living, Distribution of Income and Wealth and Concentration of Economic Power,* Planning Commission, February, 1964.

13. India Government, *The Monopolies and Restrictive Trade Practices Bill 1967.* Report to the Joint Committee, New Delhi, Rajya Sabha Secretariat.

14. India Government, *Report of Joint Committee on companies (Amendment) Bill* 1959.

15. India Government, *The Companies (Amendment) Bill* 1972, Report of the Joint Committee, New Delhi, Lok Sabha Secretariat.

16. India Government, *Guidelines for Industries* 1974-75, New Delhi, Ministry of Industrial Development.

17. India Government, *Annual Reports on the Working and Administration of the Companies Act,* 1956, Department of Company Affairs, Ministry of Law, Justice and Company affairs.

18. India Government, *Annual Administrative Reports on the Working of monopolies and Restrictive Trade Practices Commission,* Department of Company Affairs, Government of India.

19. India Government, *The report of High-powered Expert Committee on Companies and MRTP Acts,* August, 1978.

20. *Bela Banerjee Vs. State of W.B.,* A.I.R., 1954 S.C. 170.

21. *Chandra Bhawan Boarding Vs. State of Mysore,* A.I.R. 1970, S.C. 2042.

    "We see no conflict on the whole between the provisions contained in Part III and Part IV. They are complementary and supplementary to each other."

22. *Hoskot Vs State of Maharastra,* A.I.R., 1978, S.C. 1548.

23. *India Vs Metal Corporation,* A.I.R., 1967, S.C. 637.

24. *Jalan Trading Co. Vs. D.M. Aney,* A.I.R., 1979, S.C. 233.

25. *Kerala Vs Thomas,* A.I.R., 1976, S.C. 490.

26. Mathew, J., in *Keshvananda Vs. State of Kerala,* A.I.R., 1973, S.C. 1461 at p. 17-18.

27. *PuthummeVs. Kerala* A.I.R. 1978, S.C.

28. *Report of the Fiscal Commission,* 1949-50.

29. *Report of the Study Team on Public Sector undertakings,* 1967.

30. *Report of the Village and Small Scale Industries Committee* (Karve Committee), 1955.

31. *Report of the International Perspective Planning Team,* 1963.

32. *All India Report of the Census of Small Scale Industries,* Vol., F, June, 1976.

33. *Report of the Import and Export Policy Committee,* 1962.

34. *Report of the Committee on Trade Policies,* 1984.

35. *Report of the Committee on the Financial System,* 1991.

36. R.B.I. Fiscal Report of the Committee to Enquiry into the Securities Transaction of the Banks and Financial Institution *(Janaki Raman Committee Report,* No. 6)

37. *Report of the Committee on Controls and Subsidies,*May, 1979.

38. Randhir Singh Vs. Union of India, A.I,R. 1982., S.C. 870. It is submitted that although the judicial attempt to read the directive principles into fundamental rights is the only alternative left for the implementation of the directive principles, it is contradiction in terms to read the positive duties commanding positive action into negative rights demanding inactions.

39. *Sunil Batra Vs Delhi Administration,* A.I.R. 1978, S.C. 1675.

40. *Sanjeev Coke Mfg. Co. Vs M/s Bharat coking coal Ltd.,* A.I.R., 1983 S.C. 239.

41. *State of Bombay Vs. Balsara,* A.I.R. S.C. 223.

42. The directive Principles embody social and economic rights which are clearly part of the broad spectrum of human right. Minerva Mills Ltd. Vs India, A.I.R. 1980, *S.C.* 1789.

43. The judgment of Justice Bhagwati in Minerva Mills Vs India, A.I.R. 1980.

44. Vajravelu Vs Special Deputy Collector A.I.R. 1967, S.C. 1017 and Cooper Vs India, A.I.R. 1970, S.C. 569.